DE

# LA COMPÉTENCE

DES TRIBUNAUX FRANÇAIS

A L'ÉGARD DES ÉTRANGERS.

TOULOUSE, IMPRIMERIE DE A. CHAUVIN, RUE MIREPOIX, 3.

DE

# LA COMPÉTENCE

## DES TRIBUNAUX FRANÇAIS

À

## L'ÉGARD DES ÉTRANGERS

EN MATIÈRE CIVILE, COMMERCIALE ET CRIMINELLE,

PAR

### M. Henri BONFILS

Docteur en Droit, avocat à la Cour impériale de Toulouse.

Mémoire couronné par la Faculté de Droit de Toulouse.

PARIS

A. DURAND, LIBRAIRE-ÉDITEUR,

7, RUE DES GRÈS-SORBONNE.

1865

Dans l'année scolaire 1860-61 , S. Exc. M. le ministre de l'instruction publique indiquait comme sujet du concours, ouvert devant la Faculté de droit de Toulouse, l'étude de la *Compétence des tribunaux français à l'égard des étrangers en matière civile, commerciale et criminelle*. Le choix d'un sujet si intéressant par les questions qu'il soulève, par l'ordre des idées qu'il éveille, par son importance pratique, témoignait hautement de la sollicitude de S. Exc. pour les aspirants au doctorat. En présence de l'accroissement incessant des relations internationales, du nombre considérable des procès soulevés en France par les étrangers, inviter les candidats à se mêler au mouvement de leur époque, leur fournir l'occasion d'étudier l'une des parties les plus attrayantes du droit international, était une heureuse pensée.

L'ouvrage actuellement offert au public, obtint au concours la deuxième médaille d'or. Le temps accordé par les règlements universitaires avait à peine suffi pour effleurer un sujet si fécond et si varié. Des questions délicates étaient restées dans l'ombre. Obéissant aux bienveillants conseils de ses maîtres qui croyaient ce premier essai digne d'être publié, l'auteur a porté la lumière dans les parties restées obscures, réparé les omissions, et conservé seulement les idées que la réflexion lui a montrées marquées du sceau de la vérité.

La jurisprudence a été l'objet d'une étude attentive et toute spéciale. Souvent en désaccord avec la Cour Suprême, l'auteur, malgré son respect pour les décisions de la cour, a cru devoir lui résister énergiquement et s'inspirer des belles paroles de Scaccia sur la Rote : *Et si Rotæ auctoritas sit magna præsertim apud me..... tamen non est tanta ut legi et rationi non sit postponenda. Rotæ enim opiniones non ut legem habemus, sed eas ex lege et ratione consideramus, et quod in eis legis auctoritate, congruit, cum Rotæ laude accipimus; quod vero non congrueret, cum pace ejus respueremus* (Scaccia, § 1, quest. 7, n° 219).

En un mot, l'auteur s'est efforcé de rendre son œuvre digne du public éclairé auquel il l'offre aujourd'hui, sinon sans défauts, du moins avec la confiance d'avoir corrigé ceux que l'étude et l'amitié lui avaient signalés.

Toulouse, 15 octobre 1864.

# INTRODUCTION.

———

Le droit des gens est l'ensemble des principes qui règlent la coexistence et le commerce social des peuples, poursuivant, dans une marche harmonique et providentielle, le but général indiqué par le Créateur à l'humanité tout entière et le but spécial propre à chaque peuple lui-même. Entre les peuples, les rapports sont de deux classes : rapports de peuple à peuple comme personnes morales, constituées en Etats plus ou moins organisés ; rapports entre les divers membres d'un peuple comme individus et des membres d'un autre peuple. Le droit des gens se présente aussi sous un caractère public et privé.

Le droit international privé devait trouver une application chez les peuples aussitôt qu'ils entraient dans un commerce social avec d'autres peuples. Les rapports privés d'individus appartenant à des nations différentes devaient être réglés par des principes de droit. Aussi, quelque infime que fût le degré de civilisation atteint par les divers peuples de l'antiquité, apparaissent cependant, dès l'origine de leurs histoires, les éléments informes d'un droit international privé. A leur naissance, jalouses et égoïstes, armées pour la conquête, emportées par leurs passions, les nations traitent l'étranger comme un ennemi. Mais les désirs du luxe s'étendent, les besoins de la vie matérielle créent des relations commerciales, et les peuples ouvrent insensiblement leur sein aux étrangers. Le sentiment de la justice ne les guide point encore, leur intérêt seul les conduit. La civilisation grandit, les relations s'accroissent et le droit international acquiert une plus grande importance. Dans l'antiquité, les deux nations qui se sont le plus avancées vers la civilisation, Athènes et Rome, Athènes surtout, cité aux mœurs douces, policées et artistiques, nous offrent une législation assez complète sur la condition des étrangers.

A des degrés divers, l'apparition du christianisme, les croisades, les découvertes géographiques et scientifiques, la communication plus facile des idées et des sentiments, la diffusion des connaissances, l'élévation de la moralité publique, l'apparition d'une nouvelle politique issue de la Révolution française, une intelligence plus grande du principe de la solidarité internationale, toutes ces causes, à des degrés divers, ont élaboré lentement, mais sans relâche, les principes du droit international privé actuel.

Cependant, malgré les progrès qui signalent l'époque actuelle, cette branche du droit a besoin d'être mieux développée par l'étude doctrinale et d'être réglée par des conventions. Les législations ne sont plus en parfaite harmonie avec les mœurs et les usages : elles doivent donner asile à des règles plus libérales et plus humanitaires.

Parmi les questions qui forment le domaine du droit international privé, une des plus intéressantes assurément est celle qui a pour objet de déterminer l'étendue du pouvoir judiciaire d'une nation sur les étrangers résidants dans les limites de son territoire.

2. Chaque Etat souverain est indépendant de tous les autres Etats dans l'exercice de son pouvoir judiciaire. Seul, il possède et exerce le pouvoir exclusif de législation et de juridiction sur toute l'étendue de son territoire. Dans les limites de cette juridiction, le pouvoir judiciaire de chaque

nation atteint tous les biens et toutes les personnes. La base de ce pouvoir réside dans les attributs permanents et essentiels de tout Etat souverain. Ces attributs sont : 1º le droit de bien-être et de conservation ; 2º le droit d'indépendance, et 3º le droit d'égalité. L'étendue de ce pouvoir est circonscrite par les limites mêmes du territoire. *Juridictio inhæret cohæret, adhæret imperio.* Quelles sont ces limites? Que comprend ce territoire?

3. Dans sa signification littérale, le territoire d'une nation comprend toutes les contrées soumises à sa souveraineté, et se termine à ses frontières, c'est-à-dire aux limites naturelles ou conventionnelles que la configuration du sol ou des rapports avec les autres peuples lui ont données. Mais dans le langage juridique, ces limites matérielles ne sont pas les véritables confins du territoire. Par des fictions de droit, les diverses législations les prolongent, dans plusieurs circonstances, au delà des frontières. Elles comprennent, dans le territoire lui-même, tous les lieux où la souveraineté d'une nation se manifeste, se produit d'une manière ostensible. Parmi les diverses fictions ainsi admises par le droit des gens, je signalerai celle qui considère le navire de guerre comme une partie du territoire national et celle qui attribue le même caractère aux rivages de la mer.

4. Le territoire maritime de tout Etat s'étend aux ports, rades, golfes, embouchures de fleuves, et à certaines mers resserrées dans les terres, aux mers enclavées. L'usage des nations civilisées a ajouté à cette étendue les parties de la mer voisines des côtes jusqu'à une distance d'une ou deux lieues marines environ. Dans ces limites, le droit de juridiction territoriale exclut celui de toutes les autres nations (1).

---

(1) Grotius, *de jure belli ac pacis*, lib. 2, cap. 3. — Bynkershoek, *quæstiones juris publici*, lib. 1, cap. 8. — Valin, *sur l'ordon. de la marine*, l. 5, tit. 1. — Wheaton, *Droit international*, t. I, p. 169. — Ortolan, *Diplomatie*

5. Dans ces limites, le pouvoir judiciaire d'un peuple s'étend, exclusivement à tout autre, aux propriétés immobilières. Seule, la nation a le droit de régir par ses lois les immeubles, les parcelles du sol soumis à sa puissance. Tout débat, tout litige relatif à ces biens territoriaux appartient en propre à ses tribunaux et est soumis à leur juridiction. Ces immeubles ont pour la nation entière une trop grande importance pour qu'ils puissent se trouver soumis au pouvoir judiciaire d'une puissance étrangère. Certaines qualités indélébiles leur sont imprimées par les lois politiques ou civiles du pays, qualités qui ne pourraient être modifiées par les actes d'un autre Etat, sans une lésion grave des intérêts de la nation. Possédés par des régnicoles ou par des étrangers, ces biens restent toujours soumis à l'exclusive influence des lois et des tribunaux du lieu de leur situation (1). Par voie de conséquence, le pouvoir judiciaire de chaque Etat s'étend à toute procédure civile *in rem* relative à ces biens immobiliers. Les preuves judiciaires, les règles de la prescription, la procédure doivent être régies par les mêmes lois qui régissent les questions d'aliénation et de propriété de ces mêmes immeubles.

6. Ce pouvoir s'étendra-t-il avec la même puissance, avec la même intensité aux biens mobiliers ? Non, la loi qui les régit est celle du domicile de leur possesseur. *Mobilia ossibus inhærent, domicilium sequuntur* (2). Ne faut-il pas dire que c'est au pouvoir judiciaire du pays où est ce domicile qu'appartient plus spécialement la puissance et la juridiction sur les biens mobiliers ?

<hr>

*de la mer*, t. I, p. 175. — Traité entre la France et la Russie, du 11 janvier 1787, art. 28. — Convention entre la France et l'Angleterre, du 2 août 1839, art. 9.

(1) Huberus, *Prælectiones, de conflictu legum*, § 15.

(2) Dumoulin, *sur Orléans*, art. 24. — D'Argentré, *sur Bretagne*, art. 218 et 447. — Pothier, *des choses*, § 3.

7. Quelle est la puissance exercée par les tribunaux d'une nation sur les personnes habitant son territoire? Il faut distinguer les litiges civils ou commerciaux des procès criminels. Pour les premiers, le consentement presque unanime des nations a adopté, à l'état de règle fondamentale (sauf quelques exceptions), la maxime que formulait ainsi le droit de Rome : *In personali actione actor sequitur forum rei.* Les juges naturels du défendeur sont seuls aptes à connaître des contestations civiles personnelles ou mobilières qui l'intéressent. Et si les juges du régnicole sont ceux de la nation au sein de laquelle il vit, les juges naturels de l'étranger sont évidemment ceux du pays qu'il habite. Parallèlement à ce principe, le droit international privé en admet un autre. Les étrangers peuvent proroger la juridiction des tribunaux du pays. — Malgré que le litige ait pris naissance en pays étranger, le pouvoir judiciaire de chaque Etat peut alors être étendu à tous les procès concernant les droits personnels de tous les individus, résidant même temporairement sur le territoire de l'Etat. Cette juridiction, toute fondée sur le droit international, est susceptible d'être circonscrite par les lois particulières de chaque Etat, et en fait l'exercice de cette juridiction n'est pas réglé d'une manière constante et uniforme parmi les nations. Mais si, au cas de prorogation de juridiction, les lois étrangères peuvent fournir la règle de décision quant au fond, les preuves judiciaires, les formes de la procédure sont et demeurent déterminées par la *lex fori*, par la loi du pays où se juge le litige.

8. En matière criminelle, le principe est et devait être tout opposé. Si l'étranger commet un crime ou un délit dans l'étendue du territoire de la nation qui lui donne une généreuse hospitalité, il est soumis au pouvoir judiciaire du pays pour la réparation de cette offense. La police suprême de la nation s'étend sur tous les individus habitant le territoire, citoyens ou étrangers. Toutes les nations ont consacré ce droit. *Cum perigrini quando in territorio alieno versantur,*

*subsint legibus loci, si in territorio delinquant, juxta leges
loci puniendi* (1). Le pouvoir judiciaire de chaque Etat s'é-
tend à la poursuite de toutes les offenses commises contre
les lois de l'Etat dans ses limites territoriales, quels que
soient l'auteur de ces offenses et l'individu lésé. « Il est des
» lois, disait M. Portalis en son exposé des motifs du code
» Napoléon, il est des lois sans lesquelles un Etat ne sau-
» rait subsister. Ces lois sont toutes celles qui maintiennent
» la police de l'Etat et qui veillent à sa sûreté. Nous décla-
» rons que les lois de cette importance obligent indistincte-
» ment tous ceux qui habitent le territoire. Il ne peut à cet
» égard exister aucune différence entre les citoyens et les
» étrangers. Un étranger devient le sujet casuel de la loi du
» pays dans lequel il passe ou dans lequel il réside. Dans le
» cours de son voyage ou pendant le temps plus ou moins
» long de sa résidence, il est protégé par cette loi ; il doit
» donc la respecter à son tour ; l'hospitalité qu'on lui donne
» appelle et force sa reconnaissance. D'autre part, chaque
» Etat a le droit de veiller à sa conservation, et c'est dans
» ce droit que réside la souveraineté. Or, comment un Etat
» pourrait-il se conserver et se maintenir, s'il existait dans
» son sein des hommes qui pussent impunément enfreindre
» sa police et troubler sa tranquillité ? Le pouvoir souverain
» ne pourrait remplir la fin pour laquelle il est établi, si
» des hommes, étrangers ou nationaux, étaient indépen-
» dants de ce pouvoir. Il ne peut être limité, ni quant aux
» choses, ni quant aux personnes. Il n'est rien s'il n'est
» tout. La qualité d'étranger ne saurait être une exception
» légitime pour celui qui s'en prévaut contre la puissance
» publique qui régit le pays dans lequel il réside. Habiter le
» territoire, c'est se soumettre à la souveraineté. Tel est le
» droit politique de toutes les nations. »

Le pouvoir judiciaire de chaque Etat s'étend en outre :

(1) Wolf, *Inst: juris*, p. 1132.

1° à la poursuite des offenses commises à bord de ses bâtiments de guerre ou de commerce en pleine mer, et à bord de ses vaisseaux de guerre dans les ports d'une nation étrangère, quel que soit l'auteur de ces offenses ; — 2° à la poursuite des offenses contre les lois de l'Etat commises par ses citoyens, même en dehors des limites de sa souveraineté ; — 3° à la poursuite du crime de piraterie et d'autres offenses contre le droit des gens généralement adopté, quels qu'en soient les lieux et les auteurs.

Bien des codes de l'Europe n'admettent pas le principe que la justice pénale est territoriale, et plusieurs Etats punissent leurs nationaux pour crimes commis par eux en pays étrangers. Les Etats-Unis, la Grande-Bretagne et la France admettent au contraire ce principe comme base de leurs législations criminelles. La loi française admet de légères exceptions pour certains crimes publics dirigés contre la fortune ou la sûreté de l'Etat.

9. C'est un autre principe généralement reconnu par les nations civilisées que toute sentence définitive, prononcée par le tribunal compétent d'un Etat, doit être respectée et considérée comme définitive par les tribunaux d'un autre Etat. Invoqué devant eux, le jugement rendu produit l'exception *rei judicatæ*. Mais les tribunaux de l'Etat ne sont point tenus de faire exécuter, dans les limites du territoire, les jugements du tribunal étranger. Néanmoins, la convenance, l'utilité réciproque ont fait établir l'usage d'accorder mutuellement l'exécution des sentences des juges étrangers, sous certaines conditions qui varient suivant les pays.

10. A ces principes généraux fournis par le droit général des peuples, ce même droit des gens apporte des exceptions, basées sur l'égalité parfaite des souverains, leur indépendance absolue, et sur l'intérêt commun qui les engage à des relations amicales et à de bons offices mutuels. L'Etat est supposé renoncer à une portion de cette juridiction exclusive qui appartient à toutes les nations. Ces exceptions,

relatives à la personne du souverain, à celles des ambassadeurs, aux troupes et aux vaisseaux de guerre, seront plus loin développées au point de vue spécial de la législation française.

11. Déterminer dans quelle mesure le droit français a admis ces divers principes, montrer l'étendue du pouvoir que les tribunaux de France peuvent et doivent exercer sur les étrangers, forme le sujet de ce travail. Mais avant d'étudier la législation française actuelle, il peut être utile de jeter un rapide regard sur les législations antérieures.

## § 1. — Législation juive.

12. Chez les Hébreux, les étrangers, les gentils étaient exclus de la jouissance des droits civils et politiques. Mais la loi mosaïque ne les traitait pas avec cette rigueur qui lui a été reprochée. Peu compréhensible en présence de ce fait, que, lors du dénombrement opéré sous Salomon, il se trouva à Jérusalem 153,600 étrangers de tous pays, cette rigueur est contredite par plusieurs textes. Moïse ordonne aux juges de rendre aux étrangers une justice impartiale. « Maudit » celui qui viole la justice dans la cause de l'étranger, de » l'orphelin et de la veuve (1). » Un arbitre était souvent choisi pour régler les contestations élevées entre un étranger et un israélite. Parmi les étrangers, quelques-uns formaient une classe particulière. Elle se composait de ceux qui obtenaient le droit de se fixer en Palestine, de s'y livrer au commerce sous la protection des lois. On les nommait *prosélytes d'habitation*. Leurs litiges étaient portés devant un tribunal spécial. Les juges de ce tribunal étaient pris parmi les hébreux, et plus souvent encore au sein des prosélytes eux-mêmes.

(1) Deutéronome, XXVII, 19.

## § 2. — Législation grecque.

13. En Grèce, à Sparte, dans cette ville dont les habitants, d'après Platon, ressemblaient moins à des citoyens établis dans une ville qu'à des soldats campés sous la tente, le caractère national était dur et inhumain. Tout étranger était un barbare, un ennemi. Pour lui, ni droits civils, ni droits politiques. Incapable de devenir propriétaire, il ne peut ester en justice. L'accès des tribunaux lui est interdit, et si sa conduite peut exciter chez les Spartiates le goût de la richesse et du luxe, on l'expulse de la ville.

14. Philanthrope et éclairée, Athènes fut plus douce envers les étrangers. Elle les accueillit avec bienveillance, répandant autour d'eux tous les charmes de sa civilisation. Les étrangers y étaient divisés en plusieurs classes : 1º les étrangers *naturalisés*, qui jouissaient de presque tous les droits des citoyens; 2º les *isotèles* auxquels était seulement conférée la jouissance des droits civils. Ces deux classes d'étrangers avaient, pour ester en justice, la même capacité que les citoyens d'Athènes.

3º Il n'en était pas de même à l'égard des *métoèques*, étrangers résidants dans l'Attique sans y avoir été naturalisés. Cette classe était nombreuse; l'urbanité des Athéniens attirait les intelligences, amies des beaux arts et de la philosophie, tandis que leur libéralisme favorisait le commerce et l'établissement des négociants étrangers. Le dénombrement, opéré sous l'archontat de Démétrius de Phalère, constata 10,000 métoèques dans Athènes, qui ne comptait que 20,000 citoyens. Ces métoèques n'avaient accès auprès des tribunaux qu'avec l'assistance du *prostate*. On appelait ainsi le citoyen d'Athènes choisi comme patron par le métoèque. Il répondait de celui-ci envers l'Etat et l'assistait dans tous les actes civils de la vie. Devant les tribunaux, l'action était même intentée au nom de ce protecteur.

Les étrangers proprement dits, les passants, les voyageurs, ceux qui n'avaient pas dans l'Attique de résidence, ne pouvaient postuler près des tribunaux qu'avec le concours du *proxène*. Mais avec cette assistance, l'accès des tribunaux athéniens était même ouvert aux esclaves des négociants-étrangers qui géraient à Athènes les affaires de leurs maîtres.

L'archonte polémarque était chargé d'instruire entre les étrangers, les actions qui prenaient naissance dans la lésion d'un droit ou d'un intérêt de famille; celles relatives, par exemple, au divorce demandé par la femme, à la restitution de la dot, à la dette alimentaire, à l'infidélité des tuteurs, aux droits successifs, etc., etc. Le même archonte instruisait la procédure spéciale dirigée contre le métoèque qui a agi sans le concours de son prostate. Dans Lysias, Paucléon présente un déclinatoire fondé sur ce qu'on l'a assigné devant ce magistrat, quoiqu'il fût citoyen et non pas étranger.

Le citoyen plaidant contre un étranger avait le droit d'exiger une caution du défendeur, et sur le refus de celui-ci, pouvait le conduire de force devant un magistrat qui mettait ce défendeur récalcitrant en état d'arrestation. Les crimes des Métoèques étaient plus sévèrement punis que ceux des Athéniens (1).

## § 3. — Législation romaine.

15. A Rome, l'accès des tribunaux fut ouvert aux pérégrins. Leur affluence considérable nécessita la création d'un magistrat particulier pour expédier les procès que les pérégrins avaient entre eux ou avec les Romains. Le prêteur pérégrin fut institué en 507 (2). L'importance de cette ma-

---

(1) Pastoret, *Histoire de la législation*, t. VI.
(2) L. 2, § 28, D., *de origine juris*.

gistrature devint telle, que le jurisconsulte Labéon ne dédaigna pas d'en faire le sujet d'un de ses ouvrages (1). Ces étrangers se rendaient devant ce magistrat qui les renvoyait ensuite devant un *judex* habituellement choisi parmi les étrangers eux-mêmes. Je pense que l'on suivait à l'égard de l'étranger défendeur la même règle que celle adoptée entre citoyens et provinciaux : *Quod civis Romanus à siculo petit, siculus judex datur; quod siculus à cive romano, civis romanus datur* (2). Le procès était alors classé parmi les *judicia imperio continentia* (3).

Je n'hésite pas à croire qu'on leur appliquait les règles de compétence consignées dans la loi 19 au Digeste, *de judiciis*. Leur système est assez complet. Celui qui dans un lieu, où il n'avait pas son domicile, avait fait des affaires engendrant une obligation, *undè obligatio oritur*, devenait justiciable des juges du lieu. La décision était la même à l'égard de celui qui avait vendu, déposé ou acheté des marchandises dans un lieu, à moins qu'il ne fût convenu qu'on l'assignerait dans un autre lieu. Le juge du lieu du contrat était donc compétent. Mais le marchand forain ne devenait pas justiciable du juge de ce lieu, si la personne avec laquelle il traitait, à son passage, connaissait le prochain départ de ce marchand, *quem scit indè confestim profecturum*. Etait justiciable du juge du lieu, le marchand qui, quoique non domicilié dans le lieu du contrat, y avait un établissement, *taberna vel officina*. Or, comme les pérégrins, presque tous négociants, avaient, soit à Rome, soit dans les autres villes de l'Italie, des comptoirs et des établissements, il ne pouvait y avoir d'inconvénient à leur appliquer les mêmes principes. Peu importait du reste que le débiteur fût obligé par son fait ou par celui des personnes soumises à son pouvoir.

(1) L. 9 , § 4, D., *dolo malo*.
(2) Cicero, Verr. II , 13.
(3) Gaïus, c. 4 , 105.

Celui qui avait un commis chargé de vendre ses marchandises, devait être jugé à Rome, parce que les contrats passés avec le commis étaient réputés faits avec le maître. Promettait-on tout en contractant dans un lieu de payer dans un autre, on pouvait être assigné devant le juge de l'un ou de l'autre lieu, au moins quand il ne s'agissait pas d'une *condictio certi*. Dans ce dernier cas, la convention produisait des effets plus énergiques et plus complets ; car le défendeur aurait été inutilement assigné partout ailleurs qu'au lieu indiqué pour le paiement (1). Toutefois de graves inconvénients s'étant produits, on imagina de remplacer la *condictio certi* par une action arbitraire. Cette action, dite *de eo quod certo loco*, permettait de réclamer en un lieu la dette qui, d'après la convention, devait être payée dans un autre (2) ; cette action devait avoir une fréquente application entre Romains et pérégrins, comme entre pérégrins eux-mêmes.

En matière criminelle, la loi romaine posait en principe la compétence du juge du lieu où le crime avait été commis (3). Cette règle, applicable à tous les régnicoles de l'empire, devait régir aussi les étrangers. Ils étaient jugés et punis par le juge du lieu où ils avaient commis le crime.

### § 4. — Ancien droit français.

16. Dès la Germanie, l'étranger, le *warganeus*, celui qui ne faisait pas partie de la communauté, était soumis à la violence des Germains. Si l'homme de la tribu voulait bien ne le poursuivre que par des moyens juridiques, l'étranger ne jouissait pas du bénéfice de pairie. Obligé de se laisser

---

(1) Institutes, liv. 4, tit. 6, § 33.

(2) L. 1, D., *de eo quod certo*.

(3) L. 7, § 4, et l. 22, D., *de accusationibus*. — L. 7, D., *de custodia reorum*. — C. 1, Cod. *ubi de criminibus*. — Novelle 134, cap. 5.

juger par le tribunal des hommes libres, près desquels il s'était réfugié, il y trouvait presque toujours les chaines de l'esclavage. Après la conquête de la Gaule, une règle identique fut suivie à l'égard des étrangers isolés, toutes les fois qu'ils ne tombèrent pas en servitude ou n'effacèrent pas leur origine par la recommandation (1). Plus tard, l'aubain, poursuivi par un Français, était justiciable des tribunaux du pays. Il ne pouvait demander le renvoi devant le juge de sa seigneurie ou de sa nation. Son créancier ne pouvait le poursuivre que devant le tribunal de sa résidence actuelle. L'aubain, qui possédait des immeubles, devait être assigné, dans tout procès relatif à ces immeubles, devant la cour du seigneur de qui relevaient ces biens.

17. L'aubain n'avait pas le droit de réclamer directement justice. Il devait avoir un plège, un répondant, s'il voulait ester en justice sur un autre territoire que le sol natal. L'effet de ce plège obligeait la caution à subir toutes les conséquences résultant du procès où elle était intervenue. On était plège des droits, des dommages-intérêts, des frais. Beaumanoir relate cette obligation imposée à l'aubain : « *Quant aucuns plède en le cort d'aucun segneur auquel il n'est ne hons ne ostes, il doit livrer plèges d'estre à droit, et qu'il ne traveillera pas à celi à qui il veut pledier en cort de crestienté. Et li plèges doivent être tels què li sires, en qui cort le ples est, les puist justicier* (2). » L'origine de ce plège est toute germaine. Une fidéjussion générale venait autrefois garantir toute obligation à laquelle se trouvait soumis un homme libre germain. Le Germain, qui avait pour garants tous les hommes libres du canton, pouvait refuser d'entrer en lice avec le *warganeus*, qui réclamait justice jusqu'à ce que cet étranger eût trouvé un répondant. L'*espave*, le *mescru*, l'homme qui appartient à une nation étrangère, était aussi obligé de donner ce

_________

(1) Neye, *Inst. judic.*, t. I.
(2) Coutumes de Beauvoisis, ch. 43, al. 32.

plège. Bacquet le nie. Mais il a fait erreur et confondu le plège dont parle Beaumanoir, fourni par le demandeur avec la caution *judicatum solvi* des Romains, donnée par le défendeur. L'espave était encore soumis à la contrainte par corps.

18. Ces principes furent conservés par les auteurs et par la jurisprudence des siècles qui suivirent l'anéantissement du pouvoir seigneurial au profit de la royauté. En ce qui concerne les contestations élevées entre étrangers, notre ancien droit, peu favorable aux aubains, leur refusait le droit de s'actionner réciproquement en France. Nos jurisconsultes basaient leur décision sur la règle générale qui, en matière personnelle, attribue compétence au juge du domicile. Un seul texte permettait expressément aux étrangers, et pour un cas tout spécial, de s'actionner réciproquement en France devant des juges français. C'était l'art. 1er du titre 2 du liv. 1 de l'ordonnance de la marine de 1681. D'après ses termes, les juges de l'amirauté connaissaient privativement à tous autres, entre toutes personnes françaises ou étrangères, même privilégiées, des litiges concernant la construction, les agrès et apparaux, l'avitaillement, la vente et l'adjudication des navires. Le désir d'avoir une marine avait fait admettre cette exception. Merlin rapporte toutefois un arrêt du parlement de Bordeaux, de septembre 1775, jugeant qu'un Irlandais, retiré en France, pouvait être poursuivi devant les tribunaux du royaume par son créancier également Irlandais. Mais cet arrêt ne fit point jurisprudence. Le parlement de Paris avait déjà jugé, le 7 août 1732, qu'un Anglais ne pouvait être poursuivi en France, pour des billets par lui souscrits en pays étranger au profit d'un étranger. Une sentence analogue fut, postérieurement à l'arrêt de Bordeaux, rendue par le parlement de Douai, en ses deux arrêts du 15 juillet 1782 et 14 décembre 1785.

19. A qui donc devaient s'adresser les étrangers pour obtenir justice et terminer les litiges qui les divisaient? A

leurs consuls. Le consul avait toute juridiction, tant en matière civile qu'en matière criminelle, sur tous les nationaux résidant dans le ressort de son consulat. Obligés de reconnaître sa juridiction et de se soumettre, sauf appel, à ses décisions, ses nationaux ne pouvaient s'adresser à la justice du pays. Leur souverain ne leur avait-il pas donné ce consul pour juge? Ne leur avait-il pas défendu d'en connaître d'autres? L'art. 19 du traité conclu entre l'Espagne et la Grande-Bretagne en 1657, rendu commun à la France par le traité des Pyrénées, portait que les sujets de l'une de ces deux puissances, commerçant ou passant dans le territoire de l'autre, ne pouvaient, pour les contestations élevées entre eux, saisir, sous quelque prétexte que ce fût, la justice du pays. L'appel de la décision consulaire devait être porté devant les juges de la terre natale. Les juges français devaient donc se garder de prendre connaissance des litiges qui s'élevaient entre les sujets d'un gouvernement représenté en France par un consul. Tout démêlé, tout différend était de la compétence exclusive du consul. Le parlement d'Aix jugea, le 22 avril 1742, que le consul d'Espagne était seul compétent pour connaître des procès entre espagnols.

Mais cette juridiction consulaire ne pouvait pas s'étendre évidemment aux contestations élevées entre les nationaux d'un consul et les Français. Nos tribunaux statuaient alors dans l'intérêt du Français demandeur ou défendeur. Le parlement de Provence jugeait que le Français pouvait poursuivre son débiteur étranger devant les tribunaux français (1).

20. Mais ces principes ne pouvaient s'harmoniser avec la rapidité que nécessitent les affaires commerciales. De grandes foires se tenaient à différentes époques de l'année dans les grandes villes, amenant avec elles un concours considérable de marchands étrangers, venus de tous les pays. Dans

______

(1) Arrêts du 2 mai 1670 et du 25 juin 1672.

leurs difficultés, ceux-ci devaient trouver une prompte justice : refuser de les juger, c'était les expulser des foires françaises. La nécessité fit donc fléchir les principes, et dès le
treizième siècle, les règles écrites dans la loi 19, § 1, D. *de
judiciis*, étaient, d'après le témoignage de Pierre Desfon-
taines, adoptées par la jurisprudence coutumière. Elles furent confirmées et étendues dans l'édit adressé par François Ier au conservateur des foires de Lyon, le 1er février
1535. La déclaration de Charles IX, du 28 avril 1565, rendue par les soins du chancelier de l'Hospital, vint corroborer
cet édit et permit de procéder devant les juges-consuls des
lieux où la marchandise avait été achetée ou vendue, où
l'on avait promis de la livrer ou d'effectuer le paiement. Ces
règles ont été plus tard reproduites par l'art. 17 du titre 1er
de l'ordonnance du commerce de 1673, d'après lequel sont
compétents dans les matières attribuées aux juges-consuls,
les juges du domicile du débiteur, du lieu du contrat, du
lieu de la livraison et du lieu du paiement. En outre, en
vertu de plusieurs ordonnances ou édits de nos rois, on assi-
milait aux Français les marchands étrangers établis dans les
villes de Lyon et de Bordeaux, les Suisses servant dans les
troupes du roi ou mariés dans le pays, et les habitants d'Avi-
gnon (1).

21. Demandeur contre un Français, l'étranger devait donner caution pour le paiement des frais et dommages-intérêts
résultant du procès. Nos vieux jurisconsultes l'appelèrent
improprement caution *judicatum solvi*, alors que ce nom
s'appliquait en droit romain à la caution fournie par le défendeur pour le montant de la condamnation future. Cette
dénomination impropre lui est restée depuis. « L'étranger
» ne peut plaider, disait Bourjon, qu'il ne donne caution,
» qui se soumet de payer le jugé, autrement il pourrait

(1) Edits de Louis XI, 1463 ; — de Charles IX, 1569 ; — d'Henri III, mars
1583. — Lettres patentes de Louis XIII, mars 1611, et de Louis XIV, mars 1660.

» impunément troubler les sujets du roi..... En défendant,
» la caution n'est pas nécessaire ; la défense est de droit na-
» turel (1). » Le parlement de Paris avait jugé, le 23 août
1591, qu'elle était due entre étrangers. Bourjon doutait que
cette sentence eût une base bien solide. « Mais elle est de
» nécessité en demandant, encore que ce fût contre un
» autre étranger : la loi est générale et ne distingue pas ;
» ainsi elle a donc lieu en faveur d'un étranger : cependant
» peut-il invoquer régulièrement le droit de la nation ? »
Pothier professait une opinion différente : « Lorsque, dit-il,
» deux étrangers plaident ensemble, si le défendeur l'exige
» du demandeur, il ne peut l'y faire condamner qu'il ne
» l'offre respectivement de son côté (2).

22. En matière criminelle, on admet de nos jours la compétence du juge du lieu du délit. Il n'en fut pas toujours
ainsi. « C'est une lutte curieuse, dit M. Faustin-Hélie, de-
» puis le treizième siècle jusqu'au seizième, que celle du
» juge du domicile de l'accusé contre le juge du lieu du délit.
» Ces deux règles combattent incessamment l'une contre
» l'autre : elles triomphent successivement : elles résistent
» encore après avoir été vaincues (3). » Au treizième siècle,
le juge du domicile était le juge naturel du délinquant. Pour
que le juge du lieu du délit fût saisi, il fallait que le coupable fût surpris *flagrante delicto*. Beaumanoir pose cette
règle à diverses reprises : *Le sire desoz qui auçuns est couquans et levans a la justice de son cors. Nus ne r'a se cort
d'omme qui est prins en présent meffet, soit en mellée, soit en
damace fesant à autrui ; anchois appartient li connaissance au
segneur en qui tere li prise est fète. Mais si les malfeteurs s'en
part sans estre arestés, li connaissance en appartient au segneur*

<hr>

(1) *Droit commun*, liv. 1, tit. 7, ch. 1. — Bacquet, *droit d'aubalne*, 2ᵉ p.,
ch. 16. — *Contrà* Parl. de Paris, 26 mai 1626 et 19 mai 1631.

(2) Pothier, *des personnes*, tit. 2.

(3) *Instruction criminelle*, t. I, p. 574.

*desoz qui est couquans et levans* (1). La même doctrine est présentée par Bouteiller en son grand coutumier et par les établissements de saint Louis.

Les juges royaux luttèrent hardiment contre cette pratique. Et si d'une part Louis X et Philippe V déclaraient les juges du domicile seuls compétents, quel que fût le lieu du crime, d'autre part Philippe le Bel défendait aux juges de faire le renvoi au juge du domicile d'un accusé qui avait commis un délit dans le territoire soumis à leur juridiction. La lutte fut longue. L'ordonnance du 15 avril 1453 déclara, par son article 29, que les crimes devaient être punis là où ils avaient été commis. Celle de Roussillon qui, en janvier 1563, était venu modifier ce principe trop absolu, fut abrogée, quant à cette disposition, par l'ordonnance de Moulins de février 1566. Les règles admises par cette dernière ordonnance furent reproduites dans l'art. 1 du titre 1er de celle de 1670. Le dernier terme de cette longue querelle fut l'admission de la compétence du juge du lieu comme règle générale. Les étrangers étaient donc justiciables des tribunaux français pour les crimes et délits par eux commis sur le territoire de la France.

L'étranger, qui avait commis en pays étranger un crime contre un autre étranger, pouvait être poursuivi en France ; mais, comme le disait l'avocat général Talon, seulement sur la plainte de la partie, *non per viam inquisitionis, sed per viam accusationis* (2).

(2) Coutumes de Beauvoisis, ch. 2, 16, et ch. 30, 85.
(1) Parl. de Paris, 14 août 1632. — *Contrà* Parl. de Provence, 19 janvier 1672.

# DROIT FRANÇAIS MODERNE.

-------

Des procès peuvent naître entre Français et étrangers, ou entre étrangers seulement. Ces contestations s'élèvent en matière civile, commerciale, criminelle ou administrative. Dans ce dernier cas, quelle que soit la qualité des personnes, les matières contentieuses administratives touchant toujours à l'intérêt général, la compétence de nos juridictions administratives ne peut être mise en doute. Seules, ces juridictions peuvent statuer sur des litiges de ce genre : la qualité d'étranger chez l'une des parties est entièrement indifférente. De pareils procès sont du reste fort rares en pratique. Je m'occuperai donc seulement des contestations civiles, commerciales ou criminelles : celles-là ont une importance fort considérable, et le nombre en augmente tous les jours. Les questions auxquelles elles donnent naissance sont à la fois délicates, variées et fort controversées. Pour les exposer plus nettement, trois livres seront consacrés : le premier, à l'étude de la compétence de nos tribunaux en matière civile et commerciale ; le deuxième, au droit criminel. Dans un troisième, je présenterai les exceptions générales que le droit des gens apporte aux principes développés dans les deux premiers livres.

24. Mais avant d'entrer dans le cœur de la matière, il est indispensable, ce me semble, de déterminer brièvement ce

qu'il faut entendre, *dans le cours de cette étude,* par les expressions *français , étranger.*

La qualité de *Français* s'acquiert par la naissance ou la naturalisation. La naissance rend seule Français *ab initio, ipso
jure,* dès l'origine et de plein droit. La naturalisation attribue la qualité de Français à celui qui, jusqu'au moment
où elle s'accomplit, était considéré comme un étranger.
1° Est donc Français de droit l'individu né de parents français, en France ou à l'étranger, peu importe (art. 10, C. N.) ;
sont encore Français de naissance : 2° en vertu de l'art. 1er
de la loi du 7 février 1851, l'individu né en France d'un
étranger, qui lui-même y est né, s'il ne réclame pas la qualité d'étranger dans l'année qui suivra sa majorité, fixée par
la loi française ; 3° l'enfant, né en France, d'un étranger,
lorsqu'il accomplit les formalités prescrites par l'art. 9, C. N.,
ou par la loi des 22-25 mars 1849 (1).

25. Sont Français *naturalisés ,* en prenant cette expression dans son sens le plus large : 1° ceux qui ont été l'objet
d'une naturalisation proprement dite (loi des 3-11 décembre 1849) ; 2° les habitants d'un territoire étranger réuni à
la France (2) ; 3° en vertu de l'art. 2 de la loi du 7 février
1851, l'enfant, né à l'étranger d'un père depuis naturalisé
Français, lorsqu'il remplit les formalités prescrites par l'art. 9,
C. N. (3) ; 4° l'enfant, né d'un ex-Français, qui remplit les
formalités indiquées par l'art. 9, C. N. ; 5° la femme étrangère
qui épouse un Français ; 6° l'ex-Français qui remplit les conditions imposées par l'art. 18, C. N. ; 7° l'ex-Française qui,
devenue veuve, se conforme à l'art. 19, C. N.

---

(1) Demolombe, t. I, n° 163 et suiv. — Aubry et Rau, sur Zachariæ, t. I,
p. 211. — Cass., 19 juillet 1848. — *Contrà* Fœlix, *Droit intern.,* p. 41. —
Marcadé, sur l'art. 9. — Demante, t. I, n° 19 *bis.* — Voir art. 2 de la loi du
7 février 1851.

(2) Alger, 24 février 1862.

(3) Demolombe, t. I, n° 165, 7°,

Quant à notre matière , toutes ces catégories diverses doivent être mises sur la même ligne. Pas de distinctions entre elles. Tout Français jouit des droits civils (art. 8 C. N.). Les droits que nous allons étudier sont essentiellement des droits civils ; nous n'en voulons d'autre preuve que la rubrique du titre où il en est traité.

26. Sont *étrangers* : 1º ceux qui sont nés de parents non Français, soit à l'étranger, soit en France, et qui n'ont pas été naturalisés (*sensu lato*) ; 2º le Français qui a perdu cette qualité, par application des art. 17 et 21, C. N., ou par suite du démembrement d'une portion du territoire français ; 3º la femme française qui épouse un étranger (art. 19, C. N.) ; 4º celui qui, se trouvant dans l'hypothèse prévue par la loi de 7-22 février 1851, a réclamé sa qualité d'étranger.

27. Mais à l'égard de la compétence de nos tribunaux, il est deux catégories d'étrangers qu'il faut assimiler aux Français : 1º ceux qui, conformément à l'art. 13, C. N., établissent leur domicile en France avec l'autorisation du chef de l'Etat ; en vertu du même article, ils jouissent des droits civils (1) ; 2º l'étranger appartenant à une nation qui, par des traités conclus avec la France, a accordé aux Français la jouissance des droits civils dans le pays soumis à sa puissance (art. 11, C. N.).

28. Ainsi, dans cette étude, le mot *français*, opposé à celui d'*étranger*, s'appliquera au Français d'origine, au Français naturalisé et aux étrangers dont il vient d'être parlé (2). Mais nous ne comprendrons pas sous cette dénomination l'étranger qui, sans autorisation du chef de l'Etat, réside en France, même depuis longues années. La plus longue résidence ne lui conférerait pas la jouissance des droits civils.

(1) Rennes, 21 août 1823.

(2) Demolombe, t. 1, nº 266. — Douai, 17 juin 1853. — Cass., 23 juillet 1855.

Cependant MM. Valette et Proudhon ont élevé la théorie de l'*incolat*, en vertu de laquelle l'étranger, établi en France sans esprit de retour dans son pays, se trouve, quant à son état et à sa capacité, régi par la loi française, et par suite jouit des droits civils (1), excepté seulement ceux qui seraient accordés expressément aux Français, à l'exclusion des étrangers. Deux arrêts, l'un de la cour de Rennes, du 8 avril 1814, l'autre de celle de Paris, du 11 juin 1825, semblent admettre cette doctrine, surtout au cas où l'étranger a exercé des fonctions publiques, ordinairement réservées aux seuls Français. Mais un examen moins superficiel montre qu'un autre motif plus juridique est la vraie cause de ces deux décisions. Dans les deux espèces, il s'agissait d'étrangers qui s'étaient établis en France, sous l'empire de la constitution de 1793. Celle-ci, par son art. 4, assurait aux étrangers, ayant demeuré une seule année dans le pays, un domicile complet productif de la jouissance des droits civils et la qualité de citoyens.

L'opinion de M. Valette nous paraît inadmissible, en présence des art. 13 et 102, C. N., et de l'avis du conseil d'Etat du 18 prairial an XI. Le texte de l'art. 13 est trop formel pour que l'on hésite sur la question. Sans l'autorisation du gouvernement, la jouissance des droits civils ne peut exister pour l'étranger. Décider le contraire serait violer la loi (2). La cour d'Alger pensait, le 25 mars 1860, que l'autorisation d'établir son domicile en France n'est, d'après l'avis du conseil d'Etat, soumis à aucune règle uniforme et peut s'induire des faits et des circonstances. A ses yeux, cette autorisa-

(1) Valette, sur Proudhon, t. I, ch. 12. — Serrigny, *Droit public*, t. I, p. 244.

(2) Voir : Demolombe, t. I, n° 240. — Demangeat, *Cond. civ. des étrangers*, n° 81. — Soloman, *des étrangers*, p. 69. — Duranton, t. I, n° 353. — Pardessus, *D. commerc.*, v. 1524. — Paris, 16 août 1811, 21 avril 1838, 25 août 1842 et 5 décembre 1844. — Rouen, 29 février 1840.

tion résultait *implicitement* et tacitement, pour l'Algérie, des ordonnances des 27 septembre 1842, 16 avril 1843 (art. 19 et 21), des décrets des 16 août 1848, 19 mars 1852 (art. 8), 12 juin 1852 et 1er mai 1854. La cour reconnaissait aux étrangers résidant en Algérie un véritable domicile, tant de droit que de fait, susceptible de produire les mêmes effets que le domicile autorisé. La Cour Suprême a cassé cet arrêt le 20 mai 1862. Aucune loi ne dispense de l'autorisation : les décrets invoqués par l'arrêt d'Alger ne concèdent que des droits partiels et déterminés ; on n'en peut conclure à une jouissance entière et totale (1).

29. Cependant, tout en reconnaissant qu'une résidence non autorisée par le gouvernement ne saurait jamais conférer à l'étranger la jouissance des droits civils, je ne la crois pas dénuée de tout effet. Je pense, bien que l'opinion contraire soit partagée par d'éminents jurisconsultes, je pense que l'étranger, qui vient habiter la France et y fixer le siége de ses affaires, y acquiert, indépendamment de toute autorisation, un véritable domicile. Le domicile est un *fait* accompagné d'intention. Ses conditions constitutives sont réalisables par toute personne, par les étrangers comme par les nationaux. L'art. 13, C. N., n'a pas pour objet de décider dans quels cas l'étranger sera ou ne sera pas domicilié en France, mais uniquement dans quel cas il aura la jouissance des droits civils. Cette jouissance, l'étranger domicilié sans autorisation ne l'aura assurément pas, et restera toujours soumis à l'obligation édictée par l'art. 16, C. N. Mais ses meubles seront régis par la loi française, la loi de son domicile : lui-même, en vertu de l'art. 14 de la loi du 17 avril 1832, cessera d'être soumis à l'exercice de la contrainte par corps (2).

---

(1) Grenoble, 23 avril 1863.

(2) Demangeat, *Rev. prat.*, t. I, p. 64. — Jay, *Rev. prat.*, t. I, p. 228. — Rodière, *Revue de législation*, t. I, p. 70. — Valette, sur Proudhon, t. I,

30. Aux diverses catégories de personnes physiques qui sont *Françaises*, il faut joindre les personnes morales, ces êtres de raison, tels que les sociétés commerciales, les communautés religieuses, les établissements publics, etc., qui ont aussi la qualité de Françaises dès leur naissance sur le sol français. Il est bien entendu qu'il faut que ces personnes aient en France une existence légale (trib. de la Seine, 8 mai 1861).

31. A l'inverse, la qualification d'*étrangers* comprend les personnes morales qui naissent sur le sol étranger, telles que les sociétés commerciales. Mais une précision est ici nécessaire. Lorsqu'une société, établie en pays étranger, est d'une nature telle que, d'après la loi française, elle ne peut exister qu'avec l'autorisation du gouvernement, cette société ne peut ester en justice qu'avec l'autorisation du gouvernement français. L'art. 37, Code de commerce, est une véritable loi de police. A la place de la responsabilité personnelle, qui n'existe ici à la charge d'aucun des associés, le gouvernement intervient. Il s'assure de la moralité de l'entreprise, et les tiers ont du moins la garantie générale qui résulte de son approbation. Cependant, jusqu'à la loi du 30 mai 1857, on s'était montré très-tolérant en France. Appliquant largement le principe de la *comitas inter gentes*, la jurisprudence n'exigeait pas des sociétés anonymes, établies en pays étranger, qu'elles eussent obtenu l'autorisation du gouvernement français pour pouvoir plaider devant les tribunaux français. On trouvera dans l'*exposé des motifs*, présenté au Corps législatif le 14 avril 1857, et dans les conclusions données par M. l'avocat général Oscar de Vallée, le 15 mai 1863, devant la cour de Paris, le récit des circon-

p. 237. — Requêt., 24 avril 1827. — Paris, 15 mars 1831. — Cass., 17 juillet 1833. — Riom, 7 avril 1835. — Trib. de la Seine, 14 mars 1856. — *Contrà* Demolombe, t. I, nᵒ 268. — Paris, 21 avril 1838, 25 août 1842, 5 décembre 1844 et 15 décembre 1855.

stances qui rendirent nécessaires la loi du 30 mai 1857. Cette loi est ainsi conçue : « Art. 1er. Les sociétés anonymes » et les autres associations commerciales, industrielles ou » financières qui sont soumises à l'autorisation du gouver- » nement belge, et qui l'ont obtenue, peuvent exercer tous » leurs droits et ester en justice en France, en se confor- » mant aux lois de l'Empire. — Art. 2. Un décret impérial, » rendu au conseil d'Etat, peut appliquer à tous autres pays » le bénéfice de l'art. 1er. »

« La loi, dit le rapport, s'applique particulièrement aux » sociétés anonymes, auxquelles, par un motif de prudence » facile à justifier, on a joint les autres associations qui, » sans être anonymes, sont néanmoins soumises à l'autori- » sation préalable, comme intéressant l'ordre, la morale et » la sécurité publics. » Le gouvernement français a déjà usé de la faculté que lui laisse l'art. 2 de la loi au profit des sociétés établies dans les pays suivants : Turquie et Egypte (7 mai 1859), Sardaigne (8 septembre 1860), Portugal et grand duché de Luxembourg (27 février 1861), Confédéra- tion Suisse (11 mai 1861), Etats romains (5 février 1862), Angleterre (17 mai 1862), Pays-Bas (22 juillet 1863).

Depuis la loi de 1857, la société anonyme étrangère, léga- lement autorisée par le gouvernement du pays où elle est établie, ne peut ester en justice, en France, que tout au- tant qu'elle se trouve dans l'un ou l'autre des deux cas sui- vants : 1o elle a été *spécialement* autorisée par le gouverne- ment français ; 2o un décret impérial, rendu en conseil d'Etat, conformément à l'art. 2 de la loi de 1857, a déclaré applicable au pays où la société a son siége le bénéfice de cette loi.

Cette matière importante a donné naissance à plusieurs décisions judiciaires. La Cour Suprême a d'abord décidé, par application de l'art. 37, C. com., et de la loi du 30 mai 1857, que les sociétés anonymes étrangères, non autorisées par le gouvernement français, ne sont pas recevables à se

porter demanderesses devant les juridictions françaises (1).
Plus tard, sur le pourvoi formé par S. Exc. le garde des
sceaux contre un arrêt de la cour de Rennes, elle a décidé,
contrairement aux arrêts des cours de Rennes, d'Aix et de
Paris, que ces sociétés pouvaient être actionnées, en tant
que *défenderesses*, comme associations *de fait*, devant les juges français. Cette solution, dont l'équité est incontestable,
ne contredit pas la précédente. Ce n'est pas parce que le
législateur, comme le disait M. Dupin dans son réquisitoire,
accordant à l'étranger, dans l'art. 15, C. N., un droit que
celui-ci ne possédait pas, peut le refuser à telle personne
qu'il lui plaît, tandis que n'en conférant aucun au Français
dans l'art 14, C. N., il ne peut le lui enlever (2). Non, assurément : mais ces deux solutions s'harmonisent par un
autre motif. La société anonyme ne peut exciper de la faute
qu'elle a commise en n'observant pas les lois françaises, en
ne se faisant pas autoriser par le gouvernement français,
pour se libérer des obligations par elle contractées. Le refus
de l'action n'est au contraire pour elle que la juste conséquence de cette même faute, de la situation où elle s'est
volontairement placée. En outre, cet arrêt de la cour suprême est en parfaite harmonie avec deux points constants
en jurisprudence, à savoir : 1º que la nullité des sociétés
commerciales anonymes laisse subsister pour le passé la
communauté d'intérêts qui a existé entre les associés (3) ;
2º que le défaut d'autorisation des communautés religieuses
n'empêche pas qu'elles ne forment des sociétés de fait, responsables envers les tiers des engagements par elle contractés (4). C'est donc comme association *de fait*, et seulement

(1) Requet., 1er août 1860. — Orléans, 10 mars et 19 mai 1860.

(2) C'est exactement tout le contraire qu'il faut dire en présence de la règle du
droit des gens : *actor sequitur forum rei*.

(3) Rejet, 11 décembre 1823, 19 mars et 13 mai 1862.— Requet, 16 mai 1859.

(4) Rejet, 30 décembre 1857. — Paris, 8 mars 1858. — Orléans, 30 mai 1857.

ainsi, que les sociétés commerciales étrangères, non autorisées, peuvent être actionnées en justice. La cour de cassation les assimile justement aux congrégations religieuses non autorisées : il y a identité de situation (1). Ce motif suffisait assurément pour asseoir la sentence de la Cour Suprême. Cependant la cour en a donné un autre qui est même le motif principal. Abandonnant le système consacré par la chambre des requêtes, le 1er août 1860, qui exige un décret d'autorisation rendu dans les formes prescrites par l'art. 2 de la loi de 1857, système adopté par l'arrêt de la cour de Rennes, la chambre civile pense que l'Empereur peut, en vertu de sa prérogative cónstitutionnelle, régler, en dehors des formes prescrites par la loi de 1857, par voie diplomatique et au moyen d'un traité avec un souverain étranger, la position des sociétés anonymes, comme il peut déterminer les droits civils dont jouiront réciproquement les sujets des parties contractantes. Cette solution me paraît d'une exactitude parfaite, en présence de l'art. 11, C. N., de l'art. 6 de la constitution et de l'art. 3 du sénatus-consulte du 30 décembre 1852. Loin de les restreindre, la loi de 1857 a eu pour objet d'élargir les droits du souverain (2).

32. La Cour Suprême a jugé, le 25 juillet 1853, qu'une société civile, établie en pays étranger, constitue une *personne* étrangère. On sait que les jurisconsultes français ne sont pas d'accord sur le point de savoir si la société civile forme un corps moral, une tierce personne distincte des associés, et que, d'après la cour de cassation elle-même, les sociétés civiles ne peuvent agir en nom collectif devant les tribunaux, poursuites et diligences de leur gérant (3). L'ar-

____

(1) Cass., 19 mai 1863. — Bordeaux, 23 novembre 1863. — *Contrà* Aix, 17 janvier 1861. — Rennes, 26 juin 1862. — Paris, 15 mai 1863.

(2) Il faut lire sur cette question le remarquable réquisitoire du procureur général près la cour de cassation.

(3) Rejet, 8 novembre 1836.

rêt que je relève me paraît indiquer un changement, au moins partiel, dans la jurisprudence de la cour.

Telles sont les diverses personnes que comprennent, au point de vue qui va m'occuper, les deux catégories de *français* et d'*étrangers*. C'est avec la signification large que je viens de leur reconnaître que le lecteur devra entendre ces deux qualifications.

# LIVRE PREMIER.

## Matière civile et commerciale.

---

33. La compétence de nos tribunaux, à l'égard des litiges qui s'élèvent entre Français et étrangers, ou entre étrangers, peut être envisagée sous deux aspects différents. On peut se demander : 1º si dans tels cas donnés les juges français sont compétents ; 2º leur compétence une fois reconnue pour ces diverses hypothèses, quel est, parmi les tribunaux civils français, celui qui est compétent pour connaître et juger le procès ? Cette double question indique une division fondamentale. Aussi, dans un premier chapitre, je chercherai à déterminer les bases, l'étendue, les limites de la compétence de nos tribunaux, envisagée d'une manière générale. Un deuxième chapitre contiendra les règles qui déterminent devant quel de nos tribunaux, une fois ceux-ci reconnus compétents, doit être portée la contestation.

## CHAPITRE PREMIER.

### DE LA COMPÉTENCE GÉNÉRALE.

34. L'exposition des principes généraux qui régissent la compétence des tribunaux civils à l'égard des étrangers

forme la partie la plus délicate et la plus importante de cet ouvrage. Sur ce champ assez vaste se croisent et s'entremêlent les controverses les plus vives. Les hypothèses sont nombreuses et variées, et les solutions fournies par la doctrine et la jurisprudence le sont comme elles. Aussi risquerait-on de s'égarer quelque peu, si le sujet n'offrait pas par lui-même des divisions simples et naturelles. Trois situations se présentent dès le début : ou bien le litige s'élève directement devant les tribunaux de France entre un Français et un étranger, ou bien deux étrangers saisissent directement ces tribunaux, ou bien encore le procès a déjà été vidé par un tribunal étranger dont la sentence doit être mise à exécution en France. Cette matière se divise donc en trois articles. Le premier sera consacré aux contestations qui s'élèvent entre Français et étrangers ; le deuxième, aux différends qui prennent naissance entre deux étrangers ; et le troisième, à l'importante question de l'exécution en France des sentences étrangères.

## ARTICLE PREMIER.

### DES CONTESTATIONS ENTRE FRANÇAIS ET ÉTRANGERS.

35. L'action qui saisit nos tribunaux de la connaissance du litige survenu entre un Français et un étranger peut être réelle, mixte ou personnelle. La base de la compétence de nos juges varie suivant les caractères de l'action. Il faut donc examiner séparément chaque catégorie d'actions et les principes spéciaux et particuliers qui régissent chacune d'elles.

#### I. — Action réelle immobilière.

36. L'action réelle peut être *mobilière* ou *immobilière*. Les meubles n'étant pas régis par la loi du lieu de leur situation, mais par la loi du domicile de leur possesseur, *mobilia ossi-*

*bus personæ inhærent,* l'action réelle, qui a pour objet une revendication d'objets mobiliers, est, dans notre matière, régie par les mêmes principes que l'action personnelle. Aussi ne dois-je traiter ici que de l'action *réelle immobilière.* Les immeubles, même ceux possédés par des étrangers, sont régis par la loi française. Le territoire est français comme les personnes : la nationalité, dit M. Demolombe, est dans le sol comme dans le sang. Si donc nos tribunaux sont compétents pour juger les différends relatifs aux personnes françaises, comment ne le seraient-ils pas pour prononcer sur les contestations relatives aux immeubles ? Quelle que soit la qualité des plaideurs, le pouvoir judiciaire de nos tribunaux s'étend à toute procédure civile *in rem,* relative aux biens immobiliers situés dans les limites du territoire de la France. Ce principe n'est que la conséquence de la *lex loci rei sitæ,* consacrée formellement par la loi française dans l'art. 3, C. N. *Les immeubles, même ceux possédés par des étrangers, sont régis par la loi française.* Il devait en être nécessairement ainsi. Soumettre notre territoire aux tribunaux étrangers eut été porter atteinte à l'indépendance et à la souveraineté nationales. D'après cette règle, nos tribunaux sont compétents et doivent admettre toute action réelle immobilière.

Si l'on pouvait avoir des doutes sur ce point, ils seraient levés par la disposition de l'art. 59, Proc. civ. : *En matière réelle, le défendeur sera assigné devant le tribunal de la situation de l'objet litigieux.* On pourrait objecter que cet article ne traite qu'une question de *compétence relative,* indique seulement quel est parmi les tribunaux français le juge compétent et suppose reconnue la compétence générale. Cette objection n'est point sans force. Mais ici, la combinaison des art. 59, Proc., et 3, C. N., fait apparaître claire et évidente la pensée des législateurs. L'art. 59 Proc. n'en sera qu'un indice indirect, si l'on veut ; mais cet indice suffit pour nous la faire connaître. Notre ancien droit admettait en ce point la compétence de nos tribunaux (Voir l'art. 3 du traité avec la Suisse, du 18 juillet 1828).

37. Cependant une opinion ancienne n'admet pas que la loi française régisse la transmission par succession *ab intestat* des immeubles, possédés en France par un étranger. Elle doit nier, par voie de conséquence, la compétence de nos tribunaux en cette hypothèse (1). Cette opinion ne me paraît pas admissible. Les lois sur la transmission des biens *ab intestat* sont des lois réelles, qui, en vertu de l'art. 3, C. N., s'appliquent aux immeubles possédés par des étrangers. S'il est vrai que le patrimoine ne peut se concevoir, abstraction faite de la personne, qu'il forme un être de raison, rattaché à la personne de son possesseur, par un lien juridique et intellectuel, il n'en découle pas que la loi du domicile soit seule applicable. Au fond, il s'agit de la transmission des immeubles eux-mêmes. Chaque législation soumet cette transmission à des principes politiques particuliers à chaque Etat. Appliquer la loi étrangère, serait porter atteinte à l'indépendance, à l'intérêt de l'Etat. La loi française régit donc les transmissions *ab intestat* des immeubles : par suite, nos tribunaux, quelle que soit la qualité des personnes, sont compétents pour statuer sur cette transmission. L'indépendance réciproque des Etats s'oppose à ce que les actes, émanés d'une autorité étrangère, puissent produire quelque effet sur les biens immobiliers situés dans le pays (2).

38. Quant à la succession testamentaire, par les mêmes motifs, les tribunaux français sont compétents pour interpréter un testament fait en pays étranger, relativement à des immeubles situés en France, bien que la succession soit ouverte en pays étranger (3). L'action réelle n'est recevable que si elle est relative à des immeubles situés en France.

---

(1) Fœlix, *Droit intern.*, n° 42.
(2) Rodière, *Revue de législ.*, 1850. — Demangeot, *Rev. prat.*, t. I, 1856.
(3) Metz, 23 juillet 1845. — Requêt., 10 novembre 1847.

Les tribunaux français n'ont pas de juridiction sur les immeubles, même appartenant à un Français, situés en pays étranger. Ils ne peuvent donc connaître des actions réelles, relatives à ces immeubles, si ce n'est accessoirement à une autre demande pour laquelle ils sont compétents (1).

39. Par la force même des choses, les actions possessoires rentrent aussi dans la compétence des tribunaux français, lorsque l'immeuble dont la possession est contestée, est situé en France. La qualité des plaideurs est sans influence.

### II. — Action mixte.

40. La détermination des éléments constitutifs de l'action mixte, des signes qui la caractérisent, a fait de tout temps, on le sait, le désespoir des jurisconsultes les plus remarquables. Vinnius, Voet et d'autres avec eux, ont même nié son existence. Mais sans entrer dans cette discussion, très-étrangère au sujet actuel, sans essayer, après Cujas, Dargentré, Tiraqueau et nos jurisconsultes modernes, de déterminer quelles sont les actions mixtes, je crois qu'il est impossible, en présence des art. 59 et 69 Proc. civ., de rejeter le principe des actions mixtes. Notre législation admet leur existence, et je puis dès lors me demander si nos tribunaux sont compétents pour connaître de semblables actions, nées entre Français et étrangers.

L'action mixte, son nom l'indique, renferme tout à la fois les deux éléments de personnalité et de réalité. Si donc elle a trait à des immeubles situés sur le sol français, nos juges seront compétents; car l'action peut être considérée comme réelle. Elle participe de la nature de cette dernière, et les mêmes règles lui sont applicables. Ainsi, les tribunaux français sont compétents pour connaître de l'action en partage des immeubles composant en France la succession d'un

(1) Cass., 19 avril 1852.

étranger, bien que celui-ci soit décédé en pays étranger.
Et s'il y a lieu à rapport, les immeubles sis en France ayant
été l'objet d'un avantage fait à un successible, c'est à nos
juges qu'il appartient de régler ce rapport, d'après les lois
françaises. Il n'est pas besoin de recourir aux tribunaux
étrangers pour faire régler la consistance générale de la succession (1).

41. L'action mixte a-t-elle pour objet des immeubles situés
en pays étrangers, nos tribunaux sont encore compétents,
si, en considérant cette action comme personnelle, ils ont le
pouvoir d'en connaître. Ainsi, l'action en revendication d'un
immeuble, situé à l'étranger, intentée par un Français
contre un étranger, est valablement portée devant nos juges, lorsque cette action est à la fois personnelle et réelle.
En vertu de l'art. 14, C. N., les tribunaux français ont compétence (2). Ainsi encore, la demande en partage d'une
succession ouverte en pays étranger, formée par un Français
contre ses cohéritiers étrangers, peut être portée devant
les tribunaux français, quel que soit d'ailleurs le lieu de la
situation des biens (3). Toutes les fois donc que l'action mixte
considérée, tantôt comme réelle, tantôt comme personnelle,
rentrera, à l'un de ces points de vue, dans la compétence de
nos tribunaux, elle sera, malgré son caractère mixte, valablement intentée en France. Nos juges sont, au contraire,
forcément incompétents, si sous chacun de ces deux aspects
pris séparément, ils ne peuvent apprécier le litige.

### III. — Action personnelle ou mobilière.

42. L'action personnelle prend sa source, soit dans une
convention expresse ou tacite, soit dans un fait qui nous

---

(1) Colmar, 12 août 1817. — Cass., 14 mars 1837.
(2) Douai, 3 avril 1848.
(3) Paris, 17 novembre 1834.

oblige. Cette action ne peut se concevoir séparée de la personne obligée : elle s'y attache intimement. — L'action mobilière, soit *réelle*, soit *personnelle*, est rangée au nombre des meubles. La rédaction de l'art. 529, C. N., n'est pas sans doute irréprochable ; mais le principe n'en est pas moins certain. Toutes les actions mobilières sont des meubles. Mais puisque les meubles suivent la personne, *mobilia personæ ossibus inhærent,* les tribunaux français seront compétents pour connaître de ces actions, s'ils ont juridiction sur la personne elle-même. Les règles de la compétence, relatives à ces actions, sont communes aux actions personnelles, et réciproquement. Par suite, il fallait réunir, dans un seul groupe, les actions personnelles et mobilières, quant à l'exposition des principes de compétence.

43. Ces principes, d'après la législation française, sont différents suivant le rôle que l'étranger joue au procès. Cette matière se divise donc en deux sections principales : la première, relative aux actions personnelles ou mobilières, intentée par un Français *demandeur* contre un étranger *défendeur ;* la deuxième, relative aux procès où l'étranger joue le rôle de *demandeur* contre un Français défendeur.

SECTION I<sup>re</sup>.

*De l'étranger défendeur.*

44. Dans les pays dont la jurisprudence est fondée sur le droit romain, on suit, en général, la maxime, *actor sequitur forum rei,* et il faut que les actions personnelles soient intentées devant les tribunaux du pays, où le défendeur a acquis un domicile fixe. La législation française admet une exception remarquable, exception formulée dans l'art. 14, C. N. : « *L'étranger, même non résidant en France, pourra être cité devant les tribunaux français, pour l'exécution des obligations par lui contractées en France avec un Français : il pourra être*

*traduit devant les tribunaux de France, pour les obligations par lui contractées en pays étranger envers des Français.*

45. Cette dérogation à la maxime générale pourrait, à la rigueur, se concevoir, lorsque l'étranger a contracté en France avec un Français. On supposerait qu'en venant s'engager sur le sol français, il a tacitement consenti à se soumettre à la juridiction française. Mais cette explication, déjà si difficile à admettre, n'est plus recevable, lorsque l'étranger s'est obligé envers le Français, dans son propre pays, à une distance peut-être fort grande de la France, ou lorsqu'il n'est tenu qu'en vertu d'un fait ou d'une situation qu'il n'a pas créée lui-même. La présomption contraire est alors seule admissible. Aussi le projet primitif du Code civil faisait-il en partie cesser, pour ce cas, la compétence de nos juges. Dans ce projet, l'art. 14 établissait une distinction très-prononcée entre les deux espèces de dettes. Pour celles contractées en France, on permettait dans tous les cas de citer l'étranger devant nos tribunaux. Cette partie de la disposition proposée fut adoptée sans discussion. La deuxième partie de l'article, relative aux dettes contractées en pays étranger, ne permettait de poursuivre l'étranger devant nos tribunaux, que s'il se trouvait en France. *Si l'étranger est trouvé en France*, disait le projet, *il pourra être traduit*, etc. Malgré sa gravité, cette dérogation au principe fondamental du droit romain s'expliquait assez aisément par le désir d'éviter aux deux plaideurs, au Français surtout, un déplacement inutile et des frais souvent frustratoires. Le défendeur étranger se trouvant en France, y résidant peut-être pour un long temps, il était inutile d'aller demander aux juges étrangers une sentence, qu'il faudrait soumettre ensuite au tribunal français pour pouvoir l'exécuter, en France, contre la personne ou les biens de cet étranger. Ne pouvait-on éviter ce circuit et saisir directement les juges de France? C'était une économie de temps et d'argent. J'aurais donc, sans les approuver entièrement, plus facilement accepté les

dispositions de notre article, s'il fût resté tel que l'avait fait le premier projet. Mais ces mots, *si l'étranger est trouvé en France*, furent supprimés à la suite d'une conférence entre le conseil d'Etat et le tribunat. Ce fait, non mentionné par M. Locré, a été signalé par M. Daniels, dans les conclusions qui ont précédé l'arrêt de la cour de cassation du 7 septembre 1808. Par l'effet de cette suppression, il n'existe plus aucune différence entre les deux parties de l'art. 14, C. N., les deux expressions *cité* et *traduit* y ont absolument la même signification. L'étranger qui a contracté hors de France avec un Français, peut donc être cité devant la juridiction française. Il pourra ne pas se trouver en France : l'assignation lui sera alors donnée au parquet du procureur impérial, art. 69 Proc. civ.

On regrette avec raison que les législateurs n'aient pas réuni en une seule phrase les deux parties de l'art. 14, et qu'ils aient cru devoir conserver la double expression *cité*, *traduit*. Une rédaction plus précise, adoptée par les codes qui se sont modelés sur le nôtre, aurait prévu bien des contestations. On a, en effet, prétendu établir une différence entre les deux dispositions de l'article, et soutenu que le mot *traduire* ne pouvait s'appliquer qu'au cas où la personne de l'étranger a été trouvée en France. Cette prétention a été rejetée par la cour de cassation, le 1er juillet 1829.

46. Quels sont les motifs qui ont fait édicter cet article ? Il est utile de s'en pénétrer dès le début de cette étude : ils éclaireront bien des questions controversées. Je crois les trouver dans les considérations suivantes : 1º Il serait souvent difficile et même impossible au Français d'obtenir justice contre un étranger devant les tribunaux du pays de ce dernier. Le droit de protection des nationaux ne doit pas être abandonné à la versatilité ou à l'indifférence des juges étrangers. — Cette crainte n'est assurément pas fondée. Lorsque dans l'art. 15, C. N., on estimait, avec raison, les juges français assez indépendants pour rendre la justice entre

un Français *défendeur* et un étranger *demandeur*, devait-on suspecter l'impartialité des juges des autres nations? Le plus sûr et le meilleur moyen de faire croire à l'indépendance et à l'esprit de justice de nos propres tribunaux, consiste à ne pas refuser aux juges des autres nations ces indispensables qualités. A nos yeux, nos magistrats sont les plus impartiaux du monde; mais croit-on que les Anglais dénient le même caractère à leurs juges? Cette défiance peu fondée à l'égard des juges des autres nations civilisées, n'est-elle pas de nature à irriter une juste susceptibilité? Quelque chimérique que fût l'inquiétude, elle a néanmoins exercé une vive influence sur le législateur. Elle l'exerce tous les jours encore sur nos tribunaux, qui ne s'aperçoivent peut-être pas que nier l'impartialité du juge étranger, c'est porter à la leur une rude atteinte, bien imméritée (1).

2º On a voulu éviter aux Français les frais de longs voyages, nécessités souvent par une action d'un minime intérêt, les inconvénients de l'ignorance des usages locaux, du défaut de crédit dans le pays, les difficultés de suivre une affaire par correspondance.

3º Les jugements étrangers n'étant pas de plein droit exécutoires en France, ce serait obliger le Français à suivre un circuit très-coûteux, lorsque l'étranger a, en France, des biens qui peuvent être saisis et exécutés. — Ce motif, présenté dans la discussion au conseil d'Etat, pouvait, je

---

(1) Je ne parle que des tribunaux des nations civilisées, et je serais tout le premier peu disposé à croire à l'impartialité des juges de certaines nations ou peuplades encore enserrées dans les langes de la barbarie. Du reste, plein de sollicitude pour les intérêts de ses nationaux, le gouvernement français s'empresse, dès que des relations commerciales se nouent avec des nations, encore étrangères à notre civilisation, de stipuler par des traités que les litiges élevés entre les Français et les régnicoles seront concurremment jugés par nos consuls et les juges du lieu. On peut voir, en ce sens, les traités conclus avec le roi de Siam, le 15 août 1856 (art. 8); avec la Chine, le 27 juin 1858 (art. 35); avec le Japon, le 9 octobre 1858 (art. 7).

l'ai dit, expliquer la rédaction primitive de l'art. 14, C. N.

4° L'article 14 ne fait qu'établir une juste réciprocité entre le Français et l'étranger, depuis que l'adjonction, dans l'article 15, C. N., des mots, *même avec un étranger*, a donné à ce dernier le droit de poursuivre en toute hypothèse le Français débiteur.

Ce dernier motif est bien faible, alors que l'art. 15, C. N., n'est que la consécration de la règle générale, *actor sequitur forum rei*, et que notre législation n'eût pas pu nier ce droit à l'étranger créancier, sans mettre la France au ban de toutes les nations. Comment l'admettre, quand on sait que chez les nations étrangères, l'art. 14 est regardé comme contraire au droit des gens. Dans divers pays où règne la maxime du droit romain, et notamment en Allemagne, on a pris des mesures de rétorsion contre les Français et contre les peuples qui ont adopté notre législation. Ainsi, dans la Prusse Rhénane, on ne saurait appliquer la disposition de l'art. 14 à un Anglais, à un Autrichien, un Bavarois ou un Hessois ; mais il est permis de l'invoquer contre un Français, un Belge ou un Néerlandais. Et si, comme le dit M. Dalloz, « l'esprit » de philanthropie cosmopolite doit faire encore bien du chemin » dans le monde, avant que les divers Etats de la seule » Europe adoptent à l'envi la règle qui impose au deman» deur l'obligation de s'adresser au juge du domicile du dé» fendeur, » il est à souhaiter « que l'humanité marche ra» pidement vers ce résultat, en dépit des impatiences qui » portent le trouble au sein du commerce et de l'industrie, » ces deux éléments les plus civilisateurs des sociétés (1). »

47. Tels sont nos désirs : nous ne désespérons pas de les voir se réaliser à mesure que s'étendront les relations internationales, que s'abaisseront les barrières encore entretenues par l'ignorance ou la mauvaise foi, que les princes, les législateurs, comme les peuples, se pénétreront de plus

_______

(1) Dalloz, v° *Droit civil*, n° 257.

en plus de la loi de solidarité qui unit tous les hommes entre eux. Loi naturelle, elle ne permet pas que le bien de l'un ne puisse exister qu'au détriment de l'autre ; elle fait, au contraire, profiter toutes les nations des progrès accomplis par chacune d'elles. Loi sublime, longtemps ignorée ou repoussée, elle est la cause latente, mais active, de tous ces traités de paix, d'amitié, de commerce, de navigation, si fréquents pendant ces dernières années. Les passions humaines en arrêteront, sans nul doute, l'entière et complète application : elle n'en est pas moins une des lois essentielles de l'humanité.

Mais quelles que soient les modifications que l'avenir, sous l'influence prononcée de cette loi naturelle, fera subir à la législation française, le principe qui nous régit actuellement est formel. L'art. 14, C. N., doit seul nous occuper. Nous verrons successivement à quelles personnes et à quelles obligations il s'applique, quelle est la nature de sa disposition, principe d'ordre public ou simple faculté, et enfin quelle garantie facilite l'exercice du droit conféré par l'art. 14.

§ 1. Des personnes activement ou passivement régies par l'art. 14, C. N.

48. Cette disposition s'applique en principe à tous les étrangers. Atteignant l'étranger non résidant en France, l'art. 14 est, à plus forte raison, applicable à celui qui réside dans le pays. Il importe même peu que l'étranger n'ait qu'une résidence forcée : ainsi, il a été jugé que les prisonniers de guerre étaient justiciables de nos tribunaux, à raison des obligations contractées avec un Français. Le prisonnier de guerre n'est tel qu'à l'égard de l'Etat, et reste dans la condition d'un simple étranger, à l'égard des régnicoles considérés individuellement (1).

49. L'art. 14, C. N., est applicable non-seulement aux

(1) Paris, 16 germinal an XIII.

personnes physiques, mais aussi aux personnes morales
étrangères, notamment aux sociétés anonymes. Celles-ci
peuvent être actionnées devant nos tribunaux par des Français, alors même qu'elles n'auraient pas en France d'existence légale, en l'absence de l'autorisation du gouvernement
français. Cette autorisation est nécessaire à leur existence,
d'après l'art. 37 C. C. Elle peut être accordée séparément,
ou en masse, à toutes les sociétés établies en tel pays déterminé (loi du 30 mai 1857). Non autorisées, elles sont alors
poursuivies, non comme sociétés régulièrement formées,
mais comme associations de fait. J'ai déjà examiné cette
question et indiqué les errements de la jurisprudence.

50. L'article 14 n'est pas applicable aux étrangers avec la
nation desquels existe un traité qui y déroge. L'art. 3 du
traité conclu entre la France et la Suisse, le 18 juillet 1828,
est ainsi conçu : « Dans les affaires litigieuses personnelles
» ou de commerce, qui ne pourront se terminer à l'amiable
» ou sans la voie des tribunaux, le demandeur sera obligé
» de poursuivre son action devant les juges naturels du dé-
» fendeur, à moins que les parties ne soient présentes dans
» le lieu même où le contrat a été stipulé, ou qu'elles ne
» fussent convenues des juges, par devant lesquels elles se
» seraient engagées à discuter leurs difficultés. — Dans les
» affaires litigieuses, ayant pour objet des propriétés fon-
» cières, l'action sera suivie par-devant le tribunal ou le
» magistrat du lieu, où ladite propriété est située. — Les
» contestations qui pourraient s'élever entre les héritiers
» d'un Français mort en Suisse, à raison de sa succession,
» seront portées devant le juge du dernier domicile que le
» Français avait en France ; la réciprocité aura lieu à l'égard
» des contestations qui pourraient s'élever entre les héritiers
» d'un Suisse mort en France. — Le même principe sera
» suivi pour les contestations qui naîtraient au sujet des tu-
» telles. »

51. La disposition de ce traité est obligatoire pour nos tri-

bunaux sous les deux seules exceptions de l'art. 3. Ainsi doit être annulé pour incompétence un jugement rendu par défaut contre un Suisse par un tribunal français, sur la demande d'un Français (1). Mais faut-il que les parties soient présentes au lieu du contrat, *au moment des poursuites*, pour qu'il y ait lieu à appliquer l'exception? La seule lecture du texte doit faire adopter l'affirmative. Cependant la cour de Colmar entend les mots : *à moins que les parties ne soient présentes dans le lieu même où le contrat a été stipulé*, comme signifiant qu'il suffit que le Suisse se soit trouvé en France, au moment de la passation du contrat, pour le rendre par là même justiciable des tribunaux français. La cour ajoute que cette exception est conçue en *termes ambigus*. C'est un reproche gratuit et immérité qu'elle adresse aux auteurs du traité. Si la cour n'avait pas obéi implicitement à une idée préconçue, elle n'aurait vu aucune trace d'ambiguité dans cette rédaction. La phrase est très-claire, quand on lui laisse dire ce qu'elle signifie : mais si on veut l'interpréter dans le sens admis par la cour de Colmar, il est certain qu'elle est alors plus qu'ambiguë, elle est entièrement inexacte. Pour justifier l'interprétation de la cour, il aurait fallu que le traité portât : *à moins que les parties n'aient été présentes*. Mais quand le rédacteur emploie le subjonctif présent, *ne soient présentes*, c'est-à-dire ne se trouvent *présentement*, au moment *actuel*, celui du procès, pour user plus tard d'un prétérit, *où le contrat a été stipulé*, peut-on dire que les deux verbes se rapportent au même instant dans l'ordre des temps? Le moment auquel pense le rédacteur en écrivant *ne soient présentes* est bien postérieur à celui qu'il vise en disant : *où le contrat a été stipulé*. L'interprétation de la cour blesse la grammaire. En outre, dans son système, cette disposition du traité de 1828 n'est qu'une superfétation inutile en présence de l'art. 14, C. N. La cour déclare ne pas com-

(1) Cass., 12 novembre 1832.

prendre pourquoi le Suisse « devrait, pour devenir justicia-
» ble des tribunaux français, se trouver, au moment de
» l'introduction de l'instance, au lieu même de la passation
» du contrat plutôt que sur un autre point du territoire de
» l'Empire, tandis que l'on s'explique parfaitement comment
» sa présence au lieu et au moment du contrat peut impli-
» quer de sa part désignation du juge qui connaîtra des
» difficultés auxquelles pourra donner lieu l'exécution de ce
» même contrat. » — La réponse me paraît facile. Les auteurs du traité de 1828, dans le but d'éviter un circuit inutile et des frais frustratoires, n'ont pas voulu que lorsque le
Français trouvait son débiteur suisse dans le lieu du contrat,
il fût, malgré ce, tenu de saisir les tribunaux suisses. Le
Français, en effet, après s'être adressé aux tribunaux suisses, devrait revenir en France demander à nos juges l'exécution de la sentence étrangère pour saisir la personne ou
les biens de son débiteur. Mais voulant aussi que la première
partie de l'art. 3 du traité de 1828 ne fût pas une clause
dérisoire, ses auteurs n'ont pas permis au Français de poursuivre son débiteur suisse sur tout autre point du territoire
où il ne se trouve qu'en passant. Accepter l'interprétation de
la cour de Colmar, c'est rendre le traité de 1828 inutile
dans la plupart des cas. N'est-ce pas en effet le plus souvent en France que le contrat se sera formé ? Je n'admets
pas davantage la soumission implicite à la juridiction de nos
tribunaux que la cour voit dans le fait d'avoir contracté en
France. Mais fallût-il accueillir une semblable présomption,
je dirai qu'elle n'existe que lorsque concourent ces deux
conditions : 1º le contrat a été passé en France ; 2º le Suisse
se trouve présent au lieu du contrat au moment de l'introduction de l'instance. Dans ce cas la présomption est forte,
et je comprends qu'elle ait pu être prise en considération
par les auteurs du traité. Le système de la cour de Colmar
doit donc être rejeté. Les parties doivent être présentes au
lieu de la passation du contrat au moment des poursuites,

pour que le Français puisse citer son débiteur suisse devant le juge français (1).

52. Par application de ce traité, la cour de Paris a jugé, le 4 février 1864, que pour la succession d'un Suisse décédé en France, ce n'est pas le domicile du défunt en France, mais sa nationalité et son dernier domicile en Suisse qui déterminent la juridiction compétente pour le règlement des droits et actions concernant l'hérédité.

53. Mais ce traité n'empêche pas que les tribunaux français ne soient compétents pour connaître de la demande formée par un héritier français contre son cohéritier suisse, afin d'opérer sur les biens français du défunt le prélèvement, autorisé par l'art. 2 de la loi du 14 juillet 1819, de la part dont il est exclu en Suisse, par suite des dispositions des lois helvétiques sur les successions (2).

54. Le traité du 16 avril 1846, intervenu entre la France et le grand duché de Bade, relatif à l'exécution des jugements rendus par les tribunaux des deux pays, ne déroge pas à la règle de compétence établie par l'art. 14, C. N. Ce traité ne contient aucune règle relative à l'introduction de l'instance, et les deux ordres d'idées sont trop différents pour conclure de l'un à l'autre (3).

55. L'exception d'incompétence qu'un étranger actionné par un Français oppose, parce que, d'après un traité international, il aurait dû être cité devant la juridiction de son pays, n'est pas une exception d'ordre public. C'est là un bénéfice spécial auquel l'étranger peut renoncer. Sa renonciation ne porte aucune atteinte ni à l'indépendance des Etats ni à l'exercice de leur souveraineté. Cette renonciation, qui peut être expresse ou tacite, doit s'induire de ce

(1) Cass., 26 août 1835. — Nancy, 2 avril 1849. — *Contrà* Colmar, 20 février 1849 et 7 avril 1857.

(2) Paris, 9 août 1858. — Rejet, 18 juillet 1859.

(3) Colmar, 11 décembre 1861.

que devant les premiers juges il a plaidé au fond , sans élever l'exception d'incompétence. Celle-ci doit être proposée *in limine litis,* et ne saurait l'être utilement pour la première fois en appel (1).

56. Le principe de l'art. 14, C. N., souffre aussi quelques dérogations en matière de juridiction consulaire. En règle générale ; les consuls français établis à l'étranger ne sont compétents qu'à l'égard de certaines contestations élevées entre Français (2). Dans les échelles du Levant et en Barbarie, le droit juridictionnel des consuls français est plus étendu. Il résulte de l'ordonnance de 1681 et de l'édit de juin 1778, enregistré au parlement de Provence. Mais entre Français et étrangers , des distinctions doivent être faites d'après les capitulations. Ainsi, le gouvernement ottoman a institué à Constantinople, à Beyrouth, à Smyrne, des tribunaux *mixtes,* composés d'employés ottomans et de négociants européens, chargés de statuer sur les débats commerciaux entre les sujets de l'Empire et les négociants étrangers. A côté existaient des commissions judiciaires *mixtes,* qui jugeaient tous les procès élevés en matière civile ou commerciale entre étrangers de nationalités différentes, résidant sur le territoire ottoman. En vertu d'une convention verbale intervenue entre les légations de France, d'Angleterre, de Russie et d'Autriche, en 1820, ces tribunaux mixtes ont été remplacés par une commission mixte, composée de trois juges commissaires, choisis et nommés, deux par la légation du défendeur, le troisième par celle du demandeur. La procédure y a pour base la maxime *actor sequitur forum rei.* La légation du pays du défendeur a seule le droit de convoquer et de réunir la commission appelée à juger des contestations élevées entre les nationaux de ces

(1) *Contrà* Colmar, 11 décembre 1861. — Voir Aix, 25 novembre et 8 décembre 1858.

(2) Ordonn. du 29 novembre 1833. — Art. 414 et 416 Cod. comm.

quatre puissances. Cette commission prononce en premier
ressort, et la sentence ainsi rendue est homologuée par la
légation du défendeur. L'appel doit être porté devant le tribunal compétent pour connaître en dernier ressort des sentences rendues par le consul de l'appelant. En France, c'est
la cour d'Aix qui vide les appels interjetés contre les décisions des consuls du Levant. C'est donc devant cette commission mixte que le Français, établi dans les échelles du
Levant, devra citer son débiteur anglais, russe ou autrichien. De la composition même de ce tribunal d'exception,
il faut conclure que les sentences par lui rendues ne sont
pas de plein droit exécutoires en France et sont régies par
les art. 2123, C. N., et 546, Proc. civ. (1).

En vertu de l'art. 6 du traité du 17 novembre 1844, les
consuls français établis dans Mascate connaissent des contestations élevées entre les Français et les sujets de l'Iman.
L'art. 35 du traité conclu avec la Chine, le 27 juin 1858,
contient aussi une disposition assez remarquable. Cet article
porte que lorsqu'un sujet français aura quelque motif de
plainte ou quelque réclamation à formuler contre un Chinois,
il devra d'abord s'adresser au consul, qui, après avoir examiné l'affaire, s'efforcera de l'arranger à l'amiable. Il en sera
de même au cas inverse. S'il y a impossibilité de concilia-
tion, le consul français et le fonctionnaire chinois statue-
ront *conjointement* suivant l'équité, après avoir examiné l'affaire.

La même disposition se retrouve dans l'art. 8 du traité
conclu avec le roi de Siam, le 15 août 1856, et dans l'art. 7
du traité passé avec le Japon, le 9 octobre 1857.

57. Un gouvernement, un Etat étranger peut-il être poursuivi en France en vertu de l'art. 14, C. N.? Et plus spécialement, car c'est ainsi que la question s'est toujours présentée dans la pratique, les tribunaux français sont-ils

(1) Clercq et Vallat, *Guide pratique des consulats*, p. 900.

compétents pour valider une saisie-arrêt pratiquée en France sur des sommes dues à un gouvernement étranger par un Français créancier de ce gouvernement ? Cette intéressante question, qui vient de se représenter, il y a quelques mois à peine, mérite quelques développements. Sauf un arrêt contraire de la Cour de Pau, la jurisprudence se prononce avec la cour suprême pour l'incompétence de nos tribunaux. La majorité des auteurs se rallie à cette opinion. L'affirmative ne compte guère que MM. Legat et Demangeat ; mais l'opinion de ces éminents jurisconsultes se fortifie de l'adhésion de Bynkershoek, de Barbeyrac et de Martens.

Pour moi, je distinguerai deux hypothèses : celle où la créance du Français est certaine et incontestable, et celle où cette créance elle-même peut être l'objet d'un débat judiciaire. Au premier cas, je pense que les juges français peuvent valider la saisie quant au fond, et sous le rapport des droits respectifs du saisissant et du saisi. Il ne peut y avoir lieu à immixtion dans les affaires de l'Etat étranger, appréciation de ses règles administratives. Aussi ne puis-je approuver le jugement rendu le 10 juin 1864, par le tribunal civil de la Seine, à propos de l'incendie de cotons appartenant à des Français, opérée par les ordres des chefs des Etats dits confédérés, le 24 avril 1862. La dette était ici certaine, et si le chiffre exact n'en était pas déterminé, il n'y avait pas de doute sur son existence et sa réalité. J'avoue que la position particulière était délicate ; mais puisque en présence de la lettre du ministre des affaires étrangères, le tribunal ne voulait pas reconnaître la qualité d'Etat souverain aux révoltés du Sud, ne pouvait-il condamner nominalement le président Jefferson Davis et autres personnellement, au lieu de donner ce motif séduisant, mais creux et vide de sens, que l'art. 14, C. N., « ne saurait être invo- » qué contre des personnes qui ont agi avec un caractère » public dont l'appréciation échappe à la juridiction fran- » çaise. » Cette décision a été rendue sous l'influence de considérations politiques et non d'après les principes du droit.

Mais voyons les arguments que l'on invoque pour nier au Français le droit d'actionner en France l'Etat étranger son débiteur. Le principe de l'indépendance réciproque des Etats s'oppose à ce qu'un gouvernement étranger soit soumis à la juridiction des tribunaux français. Le droit de juridiction, qui appartient à chaque gouvernement pour juger les diffé rends nés à l'occasion de ses actes, est un droit inhérent à son autorité souveraine, qu'un autre gouvernement ne saurait s'attribuer sans s'exposer à altérer leurs rapports respectifs. — Ces derniers mots visent une question de fait et non un point de droit. Notre législateur, du reste, s'est si peu préoccupé des considérations de ce genre, qu'il n'a pas hésité à écrire l'art. 14, C. N., sans s'inquiéter de déplaire aux gouvernements étrangers. L'indépendance des Etats existe pour les actes de souveraineté : mais quelle incompatibilité pourrait exister entre ce principe et la soumission à la juridiction étrangère, lorsque l'Etat cesse de faire acte de souveraineté pour jouer le rôle d'une personne privée, acquérir, emprunter, etc. Si l'Etat étranger était possesseur d'immeubles sur notre sol, le principe de l'indépendance réciproque le soustrairait-il à la juridiction de nos tribunaux ? Dirait-on encore que l'on entrave la marche de son gouvernement, qu'on lui suscite des embarras qui ne peuvent être mis en balance avec les exigences, d'ailleurs si respectables, des intérêts particuliers, qu'on viole les principes du droit des nations (1) ? Dirait-on, avec M. Chauveau, « *qu'*aucune partie du territoire français n'appartient, ne » saurait appartenir à aucune puissance étrangère, et *que* » dès lors, les règles du droit commun n'étant plus entra- » vées par des raisons politiques, reprennent naturellement » leur cours ; *qu'*il en est autrement des sommes d'argent

(1) Chauveau, sur Carré, quest. 1923.

» qui sont la propriété de cette nation, et auxquelles, par
» conséquent, s'appliquent les principes que *l'on vient* d'ex-
» poser. » J'avoue en toute humilité ne pas saisir le raisonnement du savant professeur. Je ne vois rien d'impossible à
ce que, par suite, par exemple, de ses principes constitutionnels sur la dévolution du domaine privé du chef de
l'État, un Etat se trouve un jour possesseur de biens immobiliers en France. Du reste, je ne puis comprendre que
l'Etat *soit propriétaire* des deniers à lui dus, renfermés encore dans les coffres de son débiteur. Cét Etat a bien un
droit, une créance qu'il peut céder, transporter, etc., un
droit qui augmente son patrimoine; mais de là aller jusqu'à
dire qu'il est propriétaire des sommes dues, la distance me
paraît trop grande et la route trop périlleuse.

Objecte-t-on que l'Etat qui possède des immeubles, hors de
son territoire à titre privé, n'est justiciable de nos tribunaux que parce qu'il se soumet volontairement, en ce qui
concerne ces biens, à la juridiction locale. Il ne tient qu'à lui
d'éviter cette juridiction en aliénant des biens dont la conservation n'intéresse nullement sa souveraineté. — Mais ces
motifs s'appliquent également, lorsque l'Etat étranger, au
lieu d'être propriétaire, est créancier en France. Comment
peut-il se plaindre qu'il soit porté atteinte à son indépendance, quand il ne tient qu'à lui de se soustraire à la juridiction de nos juges, en transmettant à d'autres ces créances
qui n'importent en rien à sa souveraineté ?

Je ne puis admettre l'argument tiré de l'immunité diplomatique. Il n'est point question de la personne du souverain, mais de l'Etat, personne morale, être juridique, susceptible d'avoir des droits et soumis à des obligations.

Mais, disaient les demandeurs en cassation de l'arrêt de
la Cour de Pau, il n'y aurait pas de quittance véritable pour
le tiers-saisi, s'il payait entre les mains du créancier français saisissant. Le gouvernement étranger ne serait pas
obligé de reconnaître comme libératoire le paiement fait par

son débiteur et pourrait user de tous ses droits contre lui. Il est inadmissible qu'un tiers-saisi puisse être contraint à payer deux fois : il a le droit d'obtenir une quittance libératoire, une subrogation incontestable. — Au fond, c'est encore, sous une autre forme, le même argument tiré de la souveraineté. Qu'importe que le gouvernement étranger ne regarde pas le paiement comme libératoire : son débiteur ne paiera pas deux fois. Pour le forcer à payer, il faudrait que l'Etat étranger s'adressât à nos tribunaux, soit pour obtenir un jugement contre ce débiteur, soit pour demander l'exécution de la sentence rendue en pays étranger. Nos juges, liés par leur précédente décision, repousseraient les prétentions du gouvernement. Mais vous exposez, dit-on, le tiers-saisi à des représailles, s'il a des biens ou des débiteurs dans les lieux soumis à la souveraineté du gouvernement étranger. Outre que l'inconvénient existe pour le cas de contestation immobilière, je réponds que le danger existe au même degré quand le saisi est un simple particulier étranger, attendu que les gouvernements prennent souvent fait et cause pour leurs nationaux : or, la Cour Suprême n'irait assurément pas jusqu'à dire que le Français créancier d'un sujet étranger ne peut pas très-valablement saisir-arrêter les sommes ou valeurs qui sont dues à son débiteur, parce que le tiers-saisi possède des biens dans le pays de son créancier. J'ajoute que, de nos jours, peu de gouvernements se permettraient ces représailles, s'ils voulaient conserver à l'étranger un crédit indispensable à leurs opérations financières : il ne faut pas oublier que la France, l'Angleterre, la Hollande et deux ou trois autres petits Etats sont les seuls capables de trouver dans leur propre nation les fonds nécessaires à leurs gouvernements.

Vainement aussi invoque-t-on l'insaisissabilité qui protége les créances sur l'Etat français et ne permet pas d'arrêter sur lui. L'état français jouit de ce bénéfice, en vertu : 1° d'un principe que la législation française ne consacre qu'à son égard ; 2º de lois spéciales qui le concernent *seul*. Ce principe, c'est que l'Etat français est toujours présumé solvable ; ces lois spéciales sont celles des 16 août 1791, 8 nivôse an VI, 22 floréal an VII, et l'arrêté du 16 thermidor an X. De quel droit le gouvernement étranger s'abriterait-il sous ces lois ?

La Cour de cassation a ajouté un autre motif que je transcris *textuellement* : « L'art. 14 n'a trait qu'aux engagements » privés contractés entre particuliers ; cela s'induit naturel- » lement des termes mêmes de cet article, et notamment » de ce qu'il est placé dans un livre du code, qui traite » exclusivement des personnes, et sous un chapitre dont » les dipositions sont destinées à régler uniquement les » droits civils de celles-ci. » A quelles conséquences ne nous conduira pas un semblable argument, dont il n'est pas besoin, je pense, de démontrer la fausseté et la faiblesse ! L'art. 8, C. N., qui accorde aux Français la jouissance des droits civils, est placé sous le même titre, et le droit de contrainte par corps, celui de l'art. 14, étant des droits civils, la Cour de cassation devrait dire que ces droits peuvent bien appartenir à des personnes privées, mais jamais à l'Etat français. Que cette argumentation est petite devant les motifs qui ont fait édicter l'art. 14, C. N. ! Le législateur n'a eu de confiance que dans l'inamovibilité et la science de nos magistrats ; il a craint la partialité du tribunal étranger, et cette crainte va disparaître, alors que le Français se trouve en présence d'un adversaire plus redoutable, de l'Etat devant les tribunaux duquel devrait être porté le litige !

Le système que je combats, viole indirectement encore l'art. 15, C. N. La Cour Suprême n'admettrait-elle pas l'Etat étranger à poursuivre en France son débiteur étranger? Et si elle l'admet (cela s'est souvent fait dans notre ancien droit), comment nos tribunaux, compétents pour donner gain de cause à un gouvernement étranger, malgré sa qualité, comment ne le sont-ils plus quand il s'agit de faire produire contre lui les justes effets d'un droit bien démontré. Les tribunaux français sont compétents pour prononcer sur les contestations civiles entre le gouvernement français et un simple particulier : comment donc les gouvernements étrangers jouiraient-ils d'un privilége que le législateur n'a pas accordé au gouvernement français ?

Ainsi donc, la circonstance que le défendeur est un Etat étranger, ne met aucun obstacle à l'application de l'art. 14, C. N., et sur la question spécialement posée, je dis que les tribunaux français sont parfaitement compétents pour valider, *quant au fond*, sous le rapport des droits du saisissant et du saisi, la saisie-arrêt, faite en vertu d'une créance certaine et prouvée.

Dans l'hypothèse, où l'existence de la créance est contestée, les tribunaux français ne peuvent valider la saisie, que *quant à la forme*, sous le rapport des droits du tiers-saisi. En d'autres termes, ils peuvent décider si les formes prescrites ont été observées, si le saisi a un titre apparent contre le tiers-saisi. Ces conditions concourent-elles, la saisie est déclarée valable. Les sommes dues au gouvernement étranger restent consignées ou séquestrées, jusqu'à ce que le Français saisissant ait fait à l'étranger statuer par les tribunaux administratifs compétents sur la réalité de sa créance contre le gouvernement étranger. Les juges français ne peuvent connaître le fond ; car ils ne peuvent juger, si ce gouvernement se trouve, d'après ses lois administratives, régulièrement engagé par la seule intervention de tels ou tels agents. Cette intervention n'est-elle pas une usurpation d'attributions ? Quelle est l'étendue des pouvoirs d'un ministre des finances militaires de Saint-Sébastien, d'un ministre principal du trésor militaire espagnol ? La fourniture avait-elle été trouvée régulière et acceptée ? Nos tribunaux, qui en France s'arrêteraient devant un débat essentiellement administratif, ne peuvent juger un débat administratif, né

à l'étranger, soumis à des principes constitutionnels différents des nôtres. Ils ne peuvent donc prononcer que sur la
forme. Mais le peuvent-ils? Ne devront-ils pas, sur la demande du tiers-saisi, ou sur celle du saisi, annuler la saisie-
arrêt par application des art. 563 et 565, Proc. civ.? Non ;
car ils violeraient alors de la manière la plus éclatante l'article 567 du même code, aux termes duquel la demande en
main-levée, formée par la partie saisie, tout comme la demande en validité, doit être portée devant le tribunal du
domicile de la partie saisie. D'ailleurs l'art. 563 n'est point
méconnu par le saisissant, qui est en règle, s'il poursuit
l'Etat saisi et dénonce la saisie au tiers-saisi dans les délais
de la loi augmentés en raison des distances. Du reste, il est
certain que la saisie déclarée valable par le tribunal étranger, la sentence devra, pour être exécutée en France, être
rendue exécutoire par les juges français.

Donc, je le répète, la qualité d'Etat étranger chez le défendeur ne fait point obstacle à l'exercice du droit conféré
au Français par l'art. 14, C. N. Un gouvernement étranger
peut être valablement cité devant nos tribunaux à raison
des obligations par lui contractées envers un Français (1).

58. Les héritiers de l'étranger débiteur sont toujours justiciables des tribunaux français. Sont-ils étrangers eux-
mêmes, ils sont soumis à la règle de l'art. 14, C. N. Sont-ils
Français, la compétence de nos tribunaux existe encore, non
plus en vertu du même texte, mais du principe qui soumet
tous les Français aux lois et à la juridiction des tribunaux
du pays. Si parmi les héritiers étrangers, se trouvait un
membre d'une nation avec laquelle existe un traité dérogeant
à l'art. 14, la solution serait différente à l'égard de ce der-

_________________

(1) Demangeat, *Rev. prat.*, t. I. — Pau, 6 mai 1845. — *Contrà* Demolombe,
t. I, n° 251 bis. — Cass., 22 janvier 1849. — Paris, 7 janvier 1825, 12 février
1856. — Trib. de la Seine, 2 mai 1828, 11 juillet 1840, 16 avril 1847, 16 mars
1864, 10 juin 1864.

nier. Il devrait être cité devant les tribunaux de son pays. Ne pourrait-on pas cependant le citer en France, par application de l'art. 59, Proc., *s'il y a plusieurs défendeurs, devant le tribunal du domicile de l'un d'eux, au choix du demandeur?* L'art. 59 ne suppose-t-il pas déjà reconnue, à l'égard de chaque défendeur, la compétence de nos tribunaux?

59. L'étranger, héritier d'un Français, est aussi justiciable des tribunaux français, à raison des obligations contractées par son auteur, non pas parce que son auteur était justiciable de ces tribunaux (je n'admets pas qu'on ait des droits acquis à telle ou telle juridiction), mais en vertu de l'art. 14, C. N. Au moment de l'introduction de l'instance, le débiteur est un étranger (1).

Telles sont les personnes contre lesquelles on peut invoquer l'art. 14, C. N. Voyons actuellement quelles sont celles qui peuvent user du privilége créé par ce texte.

60. Dans cette catégorie, il faut comprendre tous les Français et tous ceux qui leur sont assimilables : tel est le principe. Mais si on ne conteste pas en général à ces personnes le droit d'user de la disposition exceptionnelle de l'art. 14, on a cependant beaucoup controversé sur quelques situations qui exigent un examen particulier.

61. Ainsi, le domicile du Français à l'étranger est-il un obstacle au droit de citer le débiteur étranger devant les tribunaux français, en paiement des dettes contractées dans ce pays? La Cour de Paris s'est prononcée pour l'affirmative par deux arrêts du 28 février 1814 et du 20 mars 1834. Trois motifs ont décidé la Cour : 1° L'art. 14, en accordant au Français ce droit exorbitant de citer l'étranger devant les juges français « suppose au moins que les Français ont un » domicile dans leur pays, domicile qui doit servir à déter- » miner le tribunal français compétent pour statuer, puis- » que, autrement, la loi accorderait aux nationaux le pri-

---

(1) Limoges, 5 avril 1854.

» vilége exorbitant de choisir leurs juges. » — Ce motif est peu exact, puisque le Français domicilié en France n'est pas, d'après bien des jurisconsultes, tenu de saisir le juge de ce domicile, quand il assigne un étranger. 2º Les motifs qui ont déterminé l'adoption de l'art. 14 n'existent plus : le Français n'a pas à argumenter de l'inconvénient de courir après son débiteur : il ne peut se plaindre d'être obligé de se soumettre aux lois des pays étrangers, lois sous lesquelles il s'est placé lui-même. — Les motifs de l'article existent encore, sinon tous, au moins le principal ; car si l'inconvénient de courir après le débiteur a disparu, subsiste encore la défiance de nos législateurs envers les juges étrangers, et c'est là le motif le plus influent. En outre, affirmer que le Français s'est placé sous l'empire des lois étrangères, n'est-ce pas faire une pure pétition de principes ? Ne s'agit-il pas justement de savoir si, par la fixation de son domicile à l'étranger, le Français a renoncé au bénéfice de l'art. 14 ? Cette renonciation est si peu conforme à l'esprit de la loi que, dans la même hypothèse, l'étranger créancier pourrait, à sa convenance, citer le Français débiteur devant le juge français ou devant le juge étranger. — 3º Appliquer cet article, en pareille circonstance, ce serait, d'après la Cour, tromper les étrangers qui, « traitant avec des individus établis en » leur pays, n'ont pas dû penser qu'ils s'exposeraient à être » appelés devant les tribunaux français. » Ce dernier argument, basé sur l'équité, et par là même très-fort à mes yeux, ne peut cependant fonder la solution de la Cour de Paris. L'art. 14 n'est pas l'interprétation de la volonté des parties contractantes. Y a-t-il eu une fraude commise à l'égard de l'étranger ? Nullement ; le Français, régi par son statut personnel qui le suit en tous lieux, y trouve la faculté créée par l'art. 14 et en use : l'étranger n'est-il pas en faute de ne s'être pas enquis de la qualité de son cocontractant, de sa position juridique ? Si, par exemple, la majorité étant fixée dans son pays à dix-huit ans, il avait contracté avec un Français âgé de dix-neuf ans, le croyant majeur, cet étranger pourrait-il postérieurement repousser l'action en nullité ou en rescision intentée par le Français, en invoquant son ignorance du statut personnel de ce dernier? Pourquoi en serait-il différemment dans l'hypothèse présente? Le système de la Cour de Paris s'harmonise mal avec les termes si généraux de l'art. 14 et ses principaux motifs. Dans ce système, l'art. 14 devient inutile précisément à celui qui, dans la pensée du législateur, est présumé en avoir le plus grand besoin; car, si le Français nomade est exposé à contracter en pays étranger, celui qui y a établi son commerce ou ses affaires, contracte bien plus fréquemment. Protéger le premier et repousser le second, c'est méconnaître l'intention des auteurs du code. Voyez, du reste, la bizarrerie du résultat. L'étranger, qui a contracté hors de France avec le Français établi en pays étranger, veut-il échapper à ce dernier, il n'a qu'à se réfugier en France. Son créancier ne pourra pas le citer en pays étranger où ne se trouvent ni la personne, ni l'actif de ce débiteur, et ce même créancier n'aura pas d'action en France. Est-ce là le but que voulait atteindre, la protection que voulait créer le législateur de 1804? Si la conséquence heurte l'équité, c'est à la loi qu'il faut s'en prendre, et non pas au système qui tire de l'art. 14 les conséquences logiques qui découlent de son principe. Critiquez la loi, demandez sa réformation, rien de plus juste et de plus permis. Mais tant qu'elle existe, respectez-la; dût-elle paraître inique, appliquez-la suivant sa lettre et son esprit. Et si la décision blesse l'équité, félicitons-nous de ce résultat : les défauts de la loi rendus sensibles et apparents à tous les yeux, sa réformation sera prochaine (1).

62. La solution serait toute différente, si le Français s'était

----

(1) Legat, *Code des étrangers*, p. 299. — Demolombe, t. I, n° 249. — Aubry et Rau, sur Zachariæ, t. VI, p. 313. — Cass., 26 janvier 1836 et 8 juillet 1840.

établi en pays étranger sans esprit de retour, s'il s'y était fait naturaliser, ou y avait accepté et rempli des fonctions publiques, sans l'autorisation du gouvernement français. Il aurait alors perdu la qualité de français; comment pourrait-il invoquer l'art. 14?

63. La controverse est plus vive sur la question suivante : le privilége de l'art. 14 appartient-il à celui qui, étranger au moment où l'obligation a été contractée envers lui par un autre étranger, a postérieurement acquis la qualité de français? La négative compte bien des adhésions. La naturalisation, dit-on, produit bien son effet sur la capacité de l'étranger, mais à la condition de ne pas nuire aux droits des tiers. L'étranger, qui contracte avec un autre étranger dans leur commune patrie, sait à quoi il s'engage, non-seulement quant au fond même de l'obligation, mais aussi quant à la juridiction à laquelle il sera soumis. L'étranger qui se fait naturaliser français, est obligé de supporter personnellement toutes les conséquences de cette naturalisation, qui est son œuvre : il n'est pas fondé à les faire supporter à des tiers qui n'y ont pris aucune part. L'art. 14 exige que l'obligation ait été contractée en faveur d'un *Français*. Si donc l'étranger, aujourd'hui demandeur, n'a acquis la qualité de français que depuis la création de l'obligation, il doit être déclaré non recevable (1).

L'affirmative me paraît préférable. Comme le disait la Cour de Paris, le 7 mai 1861, l'art. 14 ne s'appuie pas sur l'interprétation de l'intention des contractants, mais tire son origine du désir exclusif de protéger les intérêts des nationaux. L'étranger qui contracte en pays étranger avec un Français, n'entend pas se soumettre à notre juridiction, et pourtant la loi française la lui impose. Le vrai motif de la disposition de notre article se trouve dans la défiance qu'inspirent les déci-

(1) Massé, *op. cit.*, t. II, n° 190. — Rouen, 29 février 1840. — Paris, 5 juin 1829 et 11 décembre 1847.

sions émanées des juges étrangers. Ce mauvais vouloir des tribunaux étrangers, leur partialité n'est-elle pas plus à craindre à l'égard de celui qui a quitté le pays et dépouillé sa nationalité? Le motif de l'art. 14 me paraît, dans cette hypothèse, acquérir une nouvelle puissance. Les rédacteurs du code ont voulu que tout Français pût saisir la juridiction française; ils l'ont voulu, sans se préoccuper du temps de l'engagement, au profit de tout Français sans distinction. — Mais, dit-on, il y avait *droit acquis* pour le débiteur étranger à saisir la juridiction de son pays. — Non, le *fond* ne doit pas être confondu avec la *forme*, le *droit* lui-même avec l'*exercice* du droit. Jamais les formes de procéder, les règles de juridiction et de compétence n'ont créé des droits acquis. Les formes de procéder se règlent d'après la loi du temps où la demande est intentée. Du reste, est-il bien vrai que cette question de compétence ait été l'objet d'une stipulation tacite entre les parties? Comment aurait-elle pu avoir lieu, lorsque l'obligation découle d'un délit ou d'un quasi-délit commis par l'étranger?

La Cour de cassation a récemment décidé la question en ce sens, au profit d'une femme, étrangère au moment de la naissance de l'obligation, mais redevenue Française lors de l'introduction de l'instance. Mais je ne puis accepter entièrement la décision de la Cour Suprême. S'il est vrai, que tant en sa qualité de *commune en biens* et de *donataire* de son mari, que comme *usufruitière légale* des biens de ses enfants mineurs, la femme Pugh, redevenue Française, assignait valablement devant nos juges, l'étranger, devenu débiteur de son mari au cours du mariage, ce droit ne pouvait lui appartenir en sa qualité de tutrice. Ses enfants mineurs étant étrangers, la mère, qui les représentait, ne pouvait avoir plus de droits qu'ils n'en avaient eux-mêmes (1).

(1) Trèves, 18 mai 1807. — Requêt., 7 septembre 1808. — Aix, 24 juillet 1826. — Bastia, 11 avril 1843. — Paris, 7 mai 1861. — Rejet, 9 mars 1863.

64. Par voie de conséquence, l'étranger, d'abord déclaré non recevable à poursuivre son débiteur étranger devant les juges français, à raison de l'extranéité des parties, peut, après avoir obtenu des lettres de naturalisation, actionner de nouveau le défendeur devant les mêmes tribunaux, sans se voir opposer l'autorité de la chose jugée sur la question de compétence (1).

65. Mais l'étranger qui ne serait pas naturalisé Français lors de l'introduction de l'instance, ne pourrait corriger le vice de son action par une postérieure naturalisation. Le droit lui faisait défaut; l'action est mal introduite (2).

66. L'art. 14 est encore applicable lorsque c'est la loi elle-même qui, postérieurement à la naissance de l'obligation, confère au Français le droit de citer les étrangers devant les juges français. La loi, indépendante du fait des parties, ne rétroagit pas lorsqu'elle n'altère pas la substance même des actes antérieurs à sa publication. N'est-il pas vrai que « tout ce qui touche à l'instruction des affaires, tant » qu'elles ne sont pas terminées, se règle d'après les formes » nouvelles, sans blesser le principe de la rétroactivité, que » l'on n'a jamais appliqué qu'au fond du droit (3). »

67. Le Français peut-il invoquer l'art. 14 lorsqu'il agit comme cessionnaire d'un étranger, en faveur duquel l'obligation s'est primitivement formée? La jurisprudence et la majorité des auteurs distinguent entre les créances civiles et les créances commerciales. Au premier cas, l'art. 14 est inapplicable, tandis qu'il peut être invoqué par le Français porteur, en vertu d'un endossement, d'une obligation transmissible par voie d'ordre. Voyons d'abord le cas où la créance cédée est une obligation civile. Pour la négative, on invoque

---

(1) Aix, 24 juillet 1826.
(2) Rouen, 9 février 1840.
(3) Arrêté, 5 fructidor an IX. — Trèves, 18 mars 1807. — Pau, 9 juillet 1809. — Bruxelles, 21 mars 1817.

le caractère exceptionnel de l'art. 14, C. N. Les exceptions doivent être strictement restreintes dans les limites fixées par les termes même des textes qui les autorisent. Or, ici le texte de l'art. 14 apporte un argument puissant. Ne dit-il pas : *pour les obligations contractées en France avec un Français..... en pays étranger envers des Français*. La loi prévoit seulement le cas où la dette a été directement créée au profit d'un Français ; pourquoi étendre sa disposition, lui faire franchir ses justes limites? Si par une supposition favorable au Français, mais assez peu rationnelle, l'art. 14 considère que tout étranger qui contracte avec un Français est réputé connaître la loi française et savoir qu'il aliène l'avantage de la règle *actor, etc.*, ce texte n'a pu disposer que tout étranger qui souscrit, *en pays étranger,* envers un autre *étranger,* une obligation civile payable en *pays étranger*, est, malgré tout, enchaîné par l'exception de l'art. 14, auquel il serait présumé s'être soumis, alors qu'il a pris toutes les précautions nécessaires pour s'y soustraire. Bien au contraire, l'étranger, et ceci explique la rédaction de l'art. 14, l'étranger, qui a traité avec un membre de sa nation, a dû compter sur la juridiction de ses juges naturels. Entre lui et son créancier, les qualités étaient bien connues. Interpréter différemment l'art. 14, c'est décider d'une manière générale et absolue, que nul, sur un point quelconque du globe, ne pourra souscrire une obligation sans renoncer par cela seul au bénéfice de la règle, *actor, etc.*, sans consentir à quitter son pays, ses affaires, ses juges naturels, pour se soumettre à la juridiction des tribunaux français auxquels on n'a nullement pensé en traitant directement avec un non-Français. Ce résultat seul doit faire repousser toute autre interprétation.

Ce serait, en outre, se jouer indignement de la bonne foi de l'étranger, le tromper, que de le traiter, par suite de la cession faite par son créancier, comme s'il s'était primitivement obligé vis-à-vis d'un régnicole. Merlin complète cette

argumentation en faisant remarquer que le cessionnaire
d'une créance est soumis, de la part du débiteur, aux exceptions qui eussent été opposables à son cédant. Le droit romain avait déjà consacré cet équitable principe, admis par
toutes les législations. *Nemo plus juris ad alium transferre po-
test quam ipse haberet.* Le grand jurisconsulte fortifie cette
théorie de l'art. 177 de l'ordonnance de 1579, portant que
ceux qui avaient obtenu le droit de *committimus*, c'est-à-dire
de distraire leurs débiteurs de leurs pays naturels, ne pouvaient en jouir, ainsi que l'avait réglé l'art. 56 de l'ordonnance d'Orléans de 1560, que, « pour droits que lesdits pri-
» vilégiés auraient de leur chef ou à cause de leur femme
» seulement et non en vertu de cession ou transport. » Cette
opinion est acceptée par les autorités les plus imposantes et
par la jurisprudence (1).

Cependant je ne crois pas que telle soit la véritable interprétation de la loi. L'argumentation des partisans de la
négative est assurément vigoureuse ; les conséquences fâ-
cheuses produites par l'art. 14 y sont vigoureusement indiquées. Mais regardez de près, vous ne serez pas convaincu.
C'est plutôt une critique de la loi qu'une interprétation, et
bien des arguments prouvent seulement que l'art. 14 doit
être retranché de notre législation. On déplace le véritable
terrain de la discussion, et l'on met une question de législation au lieu et place d'une question de droit positif. J'ai
déjà répondu sur les questions précédentes aux arguments
présentés ici derechef ; j'en dirai cependant quelques mots
encore. L'art. 14 est exceptionnel, si l'on compare la législation française à celles des autres pays ; mais en France,
il pose, pour les contestations élevées entre Français et

(1) Demolombe, t. I, n° 250. — Massé, *op. cit.*, n° 196. — Merlin, *questions*, v° *étranger*, § 4, n° 3. — Bruxelles, 25 mars 1826. — Douai, 27 février
1828. — Poitiers, 5 juillet 1832. — Rejet, 20 janvier 1833. — Paris, 27 mars
1835, 24 avril 1852 et 14 avril 1860.

étrangers, une règle générale qui doit être suivie. « C'est un
» grand mal, disait Pascal, de suivre l'exception au lieu de
» la règle. Il faut être sévère et contraire à l'exception. »
L'article ne parle que des obligations contractées *avec* ou
*envers* un Français. Mais qui ne sait combien l'argument *à
contrario* est une arme dangereuse? Le législateur, dans
l'art. 14, a procédé suivant sa méthode ordinaire. Il a parlé
du cas le plus fréquent, de la situation la plus commune,
du *quod plerumque fit*. En voulez-vous la preuve? Reportez-
vous aux motifs qui ont fait édicter l'art. 14, et dites s'ils
ne sont pas parfaitement applicables à l'hypothèse actuelle.
Ils sont erronés, inexacts, soit ; je l'ai déjà reconnu : mais
ce qui est indiscutable, c'est qu'ils ont influencé, décidé le
législateur. N'est-ce pas le désir de protéger les nationaux,
n'est-ce pas une défiance exagérée des lumières des juges
étrangers, n'est-ce pas l'idée d'une réciprocité écrite dans
l'art. 15, le désir d'éviter au régnicole les frais coûteux d'un
procès à l'étranger, ne sont-ce pas là les motifs qui ont fait
écrire notre article? Jamais nos législateurs ne l'ont considéré comme l'interprétation de la volonté, de l'intention des
parties contractantes ; et certes, ils ne le pouvaient pas,
surtout dans l'hypothèse où le Français est allé contracter
en pays étranger. Devant les motifs de l'art. 14, la solution
affirmative est seule acceptable dans la question actuelle.

L'argument tiré par Merlin de ce qui se passait sous l'empire du privilége de *committimus* n'est pas plus péremptoire.
C'était en faveur de l'égalité civile que l'extension en avait
été défendue. Mais, dit-on, le cessionnaire ne peut avoir
plus de droit que le cédant, et celui-ci ne peut aggraver la
position du débiteur. Toutes les exceptions opposables au
cédant peuvent être élevées contre la demande du cessionnaire. Or, le cédant ne pouvait citer son débiteur que devant les tribunaux du pays de ce dernier. Pourquoi le Français cessionnaire aurait-il plus de droits? — Je fais à cet
argument une double réponse. Je dis d'abord, avec M. De-

mangeat, que le débiteur cédé ne *doit pas être considéré comme ayant un droit acquis à la compétence de tel tribunal.* J'ai déjà eu occasion de remarquer que la théorie des droits acquis n'est nullement applicable aux questions de juridiction et de compétence. — J'ajoute avec M. Bodin : la cession, qui ne change pas la *créance*, change au contraire le *créancier.* Dès lors, s'il est exact de dire que la position du cessionnaire doit être la même que celle du cédant, *quant aux qualités inhérentes à la créance*, il en est autrement *des qualités inhérentes à la personne du créancier.* Celles-ci doivent être considérées seulement dans la personne du cessionnaire lui-même, désormais seul créancier. Or, le cessionnaire du créancier étranger est Français ; et c'est à la qualité de Français qu'est attaché, par l'art. 14, le droit de citer devant les juges français le débiteur étranger. Donc, le Français cessionnaire de la créance d'un étranger contre un autre étranger peut utilement invoquer l'art. 14, C. N.

Est-il nécessaire d'ajouter que les lois romaines, citées par Merlin, applicables en matière de contrats, ne visent que le fond du droit et ne peuvent être transportées en matière de juridiction. Si, dans l'hypothèse actuelle, le principe *nemo plus juris*, etc., avait la valeur qu'on lui prête, il faudrait aller jusqu'à dire que le Français recueillant, par succession ou par donation, un droit créé au profit d'un étranger contre un autre étranger, ne pourrait user de l'art. 14. Qui oserait aller jusque-là en présence des termes généraux de cet article et de l'interprétation rationnelle que la jurisprudence donne aux mots : *obligations contractées?* — On s'effraie de voir tous les étrangers ainsi soumis à leur insu à la juridiction française, distraits de leurs juges naturels, arrachés à leurs affaires par le fait d'une cession qu'ils ne peuvent empêcher. Qu'on se rassure. L'étranger n'est pas à la discrétion du Français, même avec l'art. 14. Les facultés les plus étendues ont une limite ; cette limite est l'intérêt. Le Français n'usera de son droit que s'il y trouve son utilité. Si son débiteur habite la France, s'il y possède des biens, le Français le citera devant nos tribunaux. Dans l'hypothèse contraire, il saisira certainement les juges étrangers ; car il faudrait faire déclarer exécutoire, ou réviser peut-être, en pays étranger, la sentence française, soutenir deux procès et exposer des frais considérables. Si donc l'étranger ne peut être utilement poursuivi en France que lorsque s'y trouvent sa personne ou ses biens, est-on bien fondé à dire qu'on l'arrache à ses affaires, à son pays, que l'action du Français est inattendue et vexatoire ? L'intérêt de l'étranger n'est donc pas gravement compromis, et s'il peut l'être, la faute, je le répète, retombe sur les créateurs du droit exorbitant de l'art. 14, et non sur ceux qui appliquent rationnellement cet article. Donc le Français, cessionnaire de la créance civile d'un étranger contre un autre étranger, peut utilement invoquer l'art. 14, C. N. La Cour Suprême me paraît accepter cette solution dans son arrêt du 9 mars 1863. Elle applique l'article 14 à une femme, redevenue Française, agissant comme donataire de son mari étranger, devenu pendant le mariage créancier d'un autre étranger (1).

Au reste, si la cession est frauduleuse, si, résultat d'une collusion, elle n'a eu pour but que de distraire l'étranger de ses juges naturels, la solution est toute différente (2).

67 *bis*. En matière commerciale, les cours impériales ont consacré pendant vingt-cinq ans une solution identique à celle adoptée en matière civile, et déclaré que l'art. 14 ne pouvait être invoqué par le Français, cessionnaire, par la voie d'un endossement, d'une lettre de change souscrite par un étranger au profit d'un autre étranger. Un arrêt de la cour de Poitiers, longuement motivé, appuie fortement sur le ca-

(1) Demangeat, sur Fœlix, t. I, p. 334. — Bodin, *Rev. prat.*, 1858, t. V. — Dalloz, v° *Droit civil*, n° 278.
(2) Douai, 12 janvier 1832.

ractère exceptionnel de l'art. 14, C. N., sur l'interprétation restrictive à donner aux termes *obligations contractées*, et sur les embarras et les contradictions de ceux qui, comprenant dans les applications de l'art. 14 les obligations négociables, s'efforcent d'en exclure les cessions de créances civiles (1). Vers 1830, une révolution s'opère dans la jurisprudence. Les cours reconnaissent que le Français, porteur d'une lettre de change souscrite en pays étranger par un étranger au profit d'un autre étranger, peut invoquer le bénéfice de l'art. 14, C. N. Plusieurs jurisconsultes, qui avaient admis la négative au cas de cession d'une créance civile, partagent, en matière d'effets de commerce, l'opinion admise par la jurisprudence. Merlin explique ainsi la différence des deux solutions : « La différence avec une créance
» ordinaire vient de ce que l'endossement n'étant que l'exé-
» cution de la clause *ou à son ordre*, sans laquelle la lettre
» de change ne vaudrait que comme une simple promesse,
» il se lie nécessairement avec la lettre de change elle-même
» et en fait virtuellement partie ; de ce que par là le créeur
» de la lettre de change est censé s'être obligé directement
» envers tous ceux au profit desquels elle serait endossée,
» et leur avoir assuré contre lui les mêmes droits que s'il
» les eût compris tous nominativement dans l'engagement
» qu'il a pris de la payer ; et par une conséquence néces-
» saire, de ce qu'à son égard le porteur n'est pas simple-
» ment le cessionnaire de celui au profit duquel il a sous-
» crit la lettre de change, mais l'un de ceux au profit
» desquels il l'a souscrite, ou, en d'autres termes, son
» créancier direct. Dès lors, il est bien impossible de con-
« tester sérieusement au régnicole, devenu par un endos-
» sement régulier propriétaire d'une lettre de change sous-
» crite par un étranger au profit d'un autre étranger, la

---

(1) Douai, 27 février 1828. — Aix, 25 août 1828. — Pau, 27 mai 1830. — Poitiers, 5 juillet 1832.

» la faculté d'en poursuivre le souscripteur de la manière
» déterminée par l'art. 44, C. N. (1). »

Pour moi, je ne puis qu'appliquer ici les arguments que
je viens de présenter sur la première branche de la question. Mais la jurisprudence veut que l'endossement soit sérieux, c'est-à-dire susceptible de transférer la propriété, et
donné seulement en échange de la somme totale ou partielle
de l'effet, d'après sa véritable valeur commerciale. Cette
précision est nettement indiquée dans l'arrèt de la Cour de
Paris du 1er mars 1856. Je me permettrai de ne pas accepter
cette solution, en présence du caractère propre à la lettre
de change. Avec mon honorable maître, M. Dufour, professeur de droit commercial à la Faculté de Toulouse, je pense
que c'est au papier que l'on doit, que l'obligation est prise en
faveur du papier, qui joue en quelque sorte le rôle de
créancier, et que, par suite, le tiers-porteur de l'effet né-
gociable peut, *dans tous les cas*, user de l'article 44, C. N.,
s'il a la qualité de Français. La même Cour a, du reste, décidé, le 7 mai 1856, que le Français, bien que porteur de
la lettre de change en vertu d'un simple endossement en
blanc, peut citer valablement le souscripteur devant les tribunaux français, si, d'après la législation du pays où la lettre a été souscrite (Angleterre), un tel endossement est
translatif de la propriété de l'effet.

67 *ter*. La question de savoir si l'art. 44, C. N., est applicable, s'est encore présentée en matière d'assurance pour
compte d'autrui. L'étranger assureur *pour compte de qui il*

---

(1) Merlin, *questions*, v° *étranger*, § 4. — Massé, t. II, n° 196. Cass., 25
septembre 1829, 26 janvier 1833, 18 août et 2 décembre 1856. — Paris, 29
nov. 1831, 15 octobre 1834, 27 mars 1835, 6 décembre 1836, 15 février 1838,
25 mars 1841, 14 juillet 1842, 15 juillet 1846, 12 avril 1850, 6 et 7 mars 1852,
8 mars, 7 mai et 26 décembre 1853, 1 mars et 7 mai 1856. — Douai, 12 janvier 1832, 25 janvier 1834, 28 octobre 1851, 17 janvier, 20 février et 2 mars
1853. — Limoges, 16 juin 1854. — Rouen, sans date dans la *Gazette des trib.*
du 4 septembre 1864.

*appartiendra* contracte non-seulement avec l'étranger mandataire qui lui présente la police d'assurances, mais encore
avec le propriétaire des objets assurés, avec le Français
commettant. La formule même, *pour compte de qui il appartiendra*, détruit tout argument que l'on voudrait tirer de
l'intention présumée (1).

68. L'étranger autorisé à établir son domicile en France
peut invoquer la disposition de l'art. 14 et citer devant les
tribunaux français l'étranger avec lequel il a contracté *avant*
cette autorisation. Les arguments déjà présentés sur les
questions précédentes conservent toute leur force. En outre, le droit conféré par l'art. 14 est un droit essentiellement civil : or, l'étranger domicilié avec autorisation a la
jouissance de tous les droits civils ; les droits politiques seuls
lui sont refusés. Veut-on distinguer entre les divers droits
civils plus ou moins rigoureux, je remarque que cette distinction est arbitraire. La loi ne la consacre nulle part : l'accepter, c'est mettre le caprice de chaque auteur à la place
de la volonté du législateur ; c'est traiter la question en législation, et non d'après la loi positive. Aussi ne saurais-je
souscrire à l'arrêt de la Cour de Paris du 6 août 1817. Mais
si l'instance avait été déjà engagée devant le juge étranger,
lorsque intervient le décret d'autorisation, je ne crois pas
que l'étranger autorisé puisse valablement saisir les juges
français. Le quasi-contrat judiciaire s'est déjà formé entre
lui et son adversaire, et j'approuve alors l'arrêt de la chambre des requêtes du 18 mars 1848 (2).

69. Les héritiers du Français, succédant aux droits actifs
et passifs de leur auteur, pourront-ils user du bénéfice de
l'art. 14 ? Il faut faire ici une distinction entre les héritiers
français et les héritiers étrangers. Les premiers invoqueront
avec raison l'art. 14. La loi en attache le privilége à la qua-

______

(1) Aix, 5 juillet 1833.
(2) Démolombe, t. I, n° 266. — *Contrà* Massé, *op. cit.*, n° 191.

lité de Français : cette qualité, ils la possèdent. Peu importe que leur auteur ait ou non intenté l'action avant son décès. Ils trouvent en eux-mêmes le pouvoir, la faculté de citer le débiteur étranger devant les juges français. Les héritiers du créancier français sont-ils étrangers? une sous-distinction est nécessaire. Si leur auteur avait déjà commencé le procès, ils peuvent le suivre devant nos tribunaux : les juges ont été valablement saisis *ab initio;* l'action était recevable, elle doit suivre son cours. Au contraire, si les héritiers étrangers intentent eux-mêmes l'action, le bénéfice de l'art. 14 doit leur être refusé; vainement prétendraient-ils qu'ils succèdent à tous les droits de leur auteur. L'adversaire leur répondrait victorieusement que le défunt n'avait pas un *droit acquis* à modifier la règle générale de compétence, mais une simple espérance d'user de la faculté créée par l'art. 14, si lors de l'exigibilité de sa créance, il avait encore la qualité de Français. Le droit d'user de cet article est inhérent à la qualité de Français. Celui qui l'a perdue ou qui ne l'eut jamais ne jouit point de ce droit. Le législateur a voulu protéger ceux qui sont Français, lors de l'introduction de l'instance. Le procès n'est point entamé : à quel titre useraient-ils de cette faculté?

### § 2. — Des obligations auxquelles s'applique l'art. 14.

70. Les obligations se forment en vertu d'une convention par la volonté des parties, ou sans convention intervenue entre le créancier et le débiteur. Le lien de droit résulte alors, soit de l'autorité de la loi, soit d'un fait personnel à celui qui se trouve obligé. Les engagements qui naissent de l'autorité de la loi, sont créés involontairement, tels que ceux entre propriétaires voisins ou ceux des tuteurs et des autres administrateurs, qui ne peuvent refuser la fonction qui leur est déférée. Les obligations qui naissent d'un fait personnel du débiteur résultent de quasi-contrats, de délits

ou de quasi-délits. On pourrait dire, d'une manière plus générale, que toutes les obligations se forment *consensu*, *vel re*.

71. L'art. 14 s'applique à toutes les obligations, quelle qu'en soit la source. Le texte semble, à première vue, indiquer une autre solution. Des mots, *contractées avec ou envers un Français*, il paraîtrait naturel de conclure que cet article ne s'applique qu'à l'hypothèse, où le lien juridique résulte d'un contrat. Dans ce sens, adopté par la Cour de Paris le 5 juin 1829, on fait en outre valoir deux arguments déjà très-connus; on les tire du caractère exceptionnel de l'art. 14 et de l'acceptation tacite de la juridiction française par l'étranger qui s'engage envers un Français. Or, cette acceptation ne saurait se présumer au cas où l'obligation découle de toute autre source que d'un contrat.

Ce premier sentiment est unanimement rejeté par la doctrine et par la jurisprudence, par la Cour de Paris elle-même. Je ne réfuterai pas de nouveau les arguments tirés du caractère exceptionnel de l'art. 14 et de l'acceptation tacite de la juridiction française. Quant à celui que la Cour de Paris appuyait sur le mot *contractées*, il n'est pas plus concluant. Nos législateurs se sont exprimés (le code fournit de nombreux exemples) en vue de l'hypothèse la plus commune. Ils ont posé le principe pour ce cas fréquent, laissant à la doctrine et aux tribunaux le soin de l'appliquer aux autres : c'est leur méthode habituelle. Du reste, si l'on se reporte aux motifs qui ont fait adopter l'art. 14, l'hésitation n'est point permise. Le Français ne doit-il pas être protégé quelle que soit la source de l'obligation? Que dis-je, n'y a-t-il pas au cas de quasi-contrat, de délit, de quasi-délit une raison plus forte? Comment le Français userait du privilége de l'art. 14, lorsqu'il a lui-même choisi son débiteur, qu'il a traité avec l'étranger, et cette faculté lui serait réfusée quand il n'a rien fait pour devenir le créancier de cet étranger, qu'il l'est devenu involontairement par l'autorité de la loi ou par le fait même de cet étranger? C'est tout simplement impossible, et le sens commun se refuse d'admettre une pareille solution. Aussi la question ne fait-elle plus doute de nos jours, et devant l'unanimité de la doctrine et de la jurisprudence, je me contenterai d'indiquer les principales décisions judiciaires.

72. Ainsi un étranger peut être traduit devant les tribunaux français, à raison de toutes les obligations dont il est tenu envers un Français, sans qu'il y ait lieu de distinguer entre les obligations directes résultant d'un contrat et les obligations indirectes nées de quasi-contrats (1).

73. L'addition faite par un étranger d'une hérédité ouverte en France ou en pays étranger et sur laquelle un Français réclame un legs ou l'exécution d'une obligation, rend l'étranger justiciable de nos tribunaux pour le paiement de ce legs ou de cette obligation (2). L'associé français d'un étranger peut assigner cet étranger devant les tribunaux français, à raison de leur société, encore bien que celle-ci ait son siége en pays étranger (3).

74. L'action en recherche de la maternité peut, devant nos juges, être intentée par un Français contre l'étrangère qu'il désigne comme lui ayant donné le jour : le fait de la maternité engendre au profit de l'enfant des obligations dans le sens de l'art. 14 (4). La femme française, dont le mari a, depuis le mariage, perdu la qualité de Français, peut porter devant le tribunal français du lieu où elle habite une demande en séparation de corps (5). De même, la femme fran-

---

(1) Grenoble, 23 juillet 1828. — Paris, 17 novembre 1834, 7 août 1840, 20 février et 10 juin 1864.

(2) Montpellier, 12 juillet 1826. — Paris, 11 décembre 1847, 11 décembre 1855, 12 janvier 1858. — Limoges, 5 avril 1854. — Orléans, 4 août 1859. — — Requêt., 19 avril 1859.

(3) Cass., 8 juillet 1840.

(4) Cass., 29 juillet 1848.

(5) Douai, 3 août 1858. — Bastia, 11 avril 1843.

çaise mariée à un étranger peut saisir nos tribunaux d'une demande en nullité de mariage. En effet, la femme qui intente une pareille action soutient par là même qu'elle est restée Française (1).

75. Les tribunaux français sont compétents pour connaître de l'action en indemnité, formée à raison du dommage causé à un Français par un étranger (2).

76. Bien que les meubles situés en France échappent au pouvoir des tribunaux français, quand la succession s'ouvre en pays étranger, néanmoins nos juges sont compétents pour statuer sur la demande en partage des biens meubles sis en France, intentée dans le but d'opérer en faveur des héritiers français le prélèvement ordonné par l'art. 2 de la loi du 14 juillet 1819 (3). Mais l'article précité n'est applicable que lorsque les héritiers français ont à se défendre contre des dispositions ou des statuts contraires à quelques-uns des droits essentiels et fondamentaux consacrés par la loi française, tels que la réserve légale, les prohibitions inscrites dans les art. 903 et 904, C. N. L'art. 59, proc. civ., est, du reste, exclusivement applicable aux successions ouvertes en France et régies par la loi française (4).

77. Alors même que les biens meubles se trouveraient en pays étranger, les juges français, compétents en vertu de l'art. 13 du traité d'Utrecht, de la déclaration royale du 19 juillet 1739, pour statuer sur la validité d'un testament fait en France au profit d'un Français par un Anglais domicilié en France, sont également compétents pour régler l'effet du testament sur ces biens mobiliers laissés par le testateur. À l'égard des mêmes biens, ils peuvent aussi valablement

(1) Paris, 13 juin 1814.

(2) Rouen, 7 février 1841. — Rejet, 13 décembre 1842. — Paris, 25 janvier 1856. — Aix, 12 mai 1857.

(3) Cass., 29 décembre 1856.

(4) Paris, 11 décembre 1855 et 6 janvier 1862.

statuer sur l'étendue des droits de l'exécuteur testamentaire (1).

78. Les tribunaux français sont-ils compétents pour déclarer, sur la demande d'un Français, l'absence d'un étranger
qui possède des biens en France? La question s'est présentée devant la Cour de Douai, où elle était soulevée par l'administration de l'enregistrement. Je distingue d'abord les
mesures conservatoires, écrites dans les art. 112 à 115,
C. N., de la déclaration d'absence. Pour les premières, les
tribunaux français me paraissent compétents. Les mesures
conservatoires touchent à ces lois de police et de sûreté, qui
affectent les personnes et les biens situés dans les limites
du territoire. Si en fait, l'étranger n'avait eu en France ni
résidence ni domicile, les parties intéressées, le Français
créancier, le ministère public lui-même, qui voudrait requérir ces mesures provisoires, pourraient porter la demande
devant le tribunal de la situation des biens de l'étranger.

Mais les tribunaux de France ne sont plus compétents s'il
s'agit de déclarer l'absence de cet étranger, de lui appliquer
le régime de l'absence, les envois en possession provisoire et
définitifs, avec toutes leurs conséquences. Comme le remar-
quait la Cour de Douai, la loi, qui organise le régime de l'absence, est un statut personnel. Cette loi modifie trop profondément la personnalité tout entière de l'absent, ses droits
d'époux, de chef de la communauté, de père, d'administra-
teur du patrimoine commun (art. 124, 141, etc., C. N.),
pour pouvoir être appliquée à l'étranger. Il ne peut dépendre des tribunaux français de modifier son état et sa capacité. Qu'importe qu'il possède des biens en France; nulle
corrélation n'existe entre la faculté de posséder des biens et
la question de savoir si telle ou telle personne peut être
déclarée absente. A quel résultat fâcheux n'arriverait-on
pas si, par exemple, la loi personnelle de l'étranger dispo-

(1) Paris, 23 juin 1857 et 12 janvier 1858. — Requêt., 19 avril. 1859.

sait que l'absence ne pourra être déclarée qu'après un délai de trente ans depuis les dernières nouvelles, ou lorsque l'absent aura atteint telle limite d'âge? A ces motifs, tirés du fond du droit, s'en ajoute un autre tiré de la forme, de la procédure à suivre dans l'hypothèse où l'étranger n'avait en France ni domicile ni résidence. Comment remplir à son égard les formalités préalables et protectrices qui sont la condition de la déclaration d'absence? art. 115 et 116, C. N. (1).

79. Compétents pour connaître de la demande principale, nos tribunaux le sont aussi à l'égard des demandes incidentes ou en garantie qui pourraient s'y joindre, quelle que soit la qualité des intervenants, Français ou étrangers. La Cour Suprême a adopté le sentiment contraire, le 27 janvier 1857, dans l'hypothèse où la demande en garantie était formée par un étranger, défendeur principal, contre un autre étranger, à l'occasion d'une demande principale, formée par un Français. Il m'est impossible d'admettre cette solution (2).

80. C'est donc un principe certain. L'article 14, C. N., s'applique à *toutes* les obligations, sans distinction, à *tous* les liens juridiques qui enchaînent un étranger envers un Français. La source de l'obligation, contrat ou quasi-contrat, délit ou quasi-délit, autorité de la loi, est un élément indifférent.

81. Les tribunaux français sont, en outre, seuls compétents pour rendre exécutoire, sur la demande d'un Français (ou d'un étranger), la sentence rendue par un tribunal étranger. (voir l'art. 3e de cette partie.)

---

(1) Douai, 2 août 1854. — Demolombe, t. II, n° 14.

(2) C. 13, Cod. *de judiciis.* — C. 1, Cod. *de ordine judiciorum.* — Demangeat, sur Fœlix, t. I, p. 336. — Cass., 7 juillet 1845 et 15 avril 1861. — Paris, 4 janvier 1856 et 20 février 1864.

§ 3. — Nature de la disposition de l'art. 14, C. N.

82. Toute personne peut renoncer aux droits que lui confère ou lui reconnaît la loi de son pays, toutes les fois que l'ordre public ne s'oppose point à cet abandon. Dès que les principes de morale publique, d'indépendance nationale, de souveraineté, ne peuvent être froissés par la renonciation à un droit quelconque, celui en faveur duquel ce droit a été consacré, peut s'en dévêtir. Sa renonciation, efficace dès l'origine, le lie à jamais dans la limite de ses conséquences légitimes et rationnelles. Au contraire, un principe d'ordre public peut-il être atteint par cette renonciation, celle-ci n'est plus permise. L'intérêt général, apprécié par le législateur, enchaîne la liberté des parties. Leur abandon est nul et inexistant au point de vue du droit : elles-mêmes peuvent argumenter de sa nullité et le considérer comme non avenu. Je rappelle ces principes incontestables pour bien déterminer, dès le début, le véritable caractère de la question actuelle.

83. Quelle est donc la nature de la disposition de l'art. 14? Est-ce une de ces règles d'ordre public, inscrites par le législateur dans l'intérêt de la souveraineté nationale, au bénéfice desquelles nul ne peut renoncer ; est-ce, au contraire, un droit purement personnel, une faculté dont le Français peut, à son gré, refuser le bénéfice?

L'art. 14 n'est assurément pas écrit dans l'intérêt de la souveraineté nationale. Qu'importe à l'indépendance de la France, que le Français use ou n'use pas du bénéfice conféré par ce texte? Comment l'intérêt général peut-il être engagé dans la question? Je comprends que l'on considère les art. 2123, C. N., et 546, Proc., comme édictant dès règles d'ordre public, intéressant la souveraineté nationale. On ne peut permettre que les juges des autres nations aient directement ou indirectement juridiction dans les limites où la France

exerce sa puissance. Les Français ne pourront donc pas renoncer à l'application de ces articles. Ils n'ont pas été inscrits
dans l'intérêt privé des parties, mais dans l'intérêt de la
souveraineté. Mais dans la question actuelle, où voit-on apparaître l'intérêt général ? Parmi les motifs divers qui ont
fait écrire dans le code l'art. 14, il n'en est pas un qui ne
vise l'intérêt privé des parties. C'est toujours l'intérêt exclusif du Français, des nationaux pris individuellement, qui
préoccupe le législateur, jamais celui de la nation. Il ne
pouvait en être autrement. Le droit, conféré par l'art. 14
au Français créancier, est essentiellement un droit accessoire, qui suppose virtuellement un droit principal, celui de
réclamer à un étranger l'exécution d'une obligation. Ce créancier peut renoncer à sa créance, au droit principal, faire
remise de la dette, soumettre sa contestation à des arbitres,
rejeter la juridiction des juges établis par le pouvoir pour
saisir de simples particuliers, et il ne pourrait pas revenir
à la règle fondamentale *actor sequitur forum rei*, renoncer
au droit accessoire et repousser la protection spéciale que
lui offre l'art. 14 ? Le doute n'est pas possible. Il est donc
certain, en présence des motifs de l'art. 14, que le droit
accordé au Français par ce texte est un droit purement
personnel, une faculté créée dans l'intérêt exclusif du Français créancier, au bénéfice de laquelle il peut renoncer sans
blesser aucun principe d'ordre public. Cette solution est
universellement admise par la doctrine et la jurisprudence.

84. La renonciation peut être *expresse* ou *tacite*. Au cas
de renonciation expresse, nulle difficulté n'est possible. Ainsi
un Français n'est-il plus recevable à renouveler en France,
contre un étranger, l'action dont il s'est désisté en pays
étranger, en consentant devant les tribunaux de ce pays
l'annulation du titre de sa créance (1).

(1) Paris, 14 juillet 1809. — Comp. Rej., 21 novembre 1860.

**85.** La renonciation *tacite* découle de faits et de circonstances que les tribunaux apprécient souverainement : c'est une pure question de fait. Mais peut-elle s'induire de ce que le Français a cité son débiteur devant les tribunaux étrangers? Le Français ne pourra-t-il jamais recommencer le procès en France?

**86.** Dès le début doivent être écartées deux questions étrangères au sujet, mais qui, presque toujours maladroitement liées à lui par les plaideurs, ont obscurci la question actuelle en la présentant sous un faux jour. Ainsi, lorsque le procès est encore pendant devant le juge étranger, il ne s'agit point de litispendance, comme l'ont cru les cours de Trèves et de Montpellier et le regrettable M. Fœlix (1). La litispendance ne peut exister qu'entre tribunaux du même pays, chargés par le même pouvoir de rendre la justice (2). Mais, en outre, elle suppose forcément deux tribunaux compétents. Art. 171, Proc. civ. Dans l'hypothèse actuelle, le défendeur étranger prétend à une déclaration, non de litispendance, mais d'*incompétence*. En règle générale, le tribunal du domicile réel ou élu du défendeur est seul compétent pour connaître des actions personnelles. Les tribunaux étrangers sont donc, en principe, seuls compétents pour connaître des demandes élevées contre des étrangers domiciliés en pays étrangers. L'article 14, accordant au Français le privilége de traduire devant nos juges ses débiteurs étrangers, apporte à ce principe une remarquable exception. Cette compétence exceptionnelle, non nécessaire, mais purement volontaire de la part du Français, est évidemment subordonnée à cette condition, que celui, au profit duquel est établie la faculté, en usera. Au contraire, si le Français

_______

(1) Trèves, 8 mars 1807. — Montpellier, 12 juillet 1826. — Fœlix, *op. cit.*, n° 182.

(2) Rejet, 16 février 1842. — Paris, 11 décembre 1855 et 29 juin 1858. — Rouen, 9 février 1859. — Requêt., 11 décembre 1860.

renonce à son privilége, la compétence exceptionnelle s'évanouit, la règle générale, le principe reprennent tout leur
empire. Aussi l'étranger qui demande à nos juges de se dessaisir du procès, parce qu'en portant son action devant un
tribunal étranger le Français a renoncé à la compétence
spéciale de l'art. 14, cet étranger ne propose pas une exception de litispendance. Il ne demande pas un renvoi que le
juge français ne peut pas ordonner. Il argumente de l'incompétence primitive de nos tribunaux, incompétence qui réap-
paraît par la renonciation faite par le Français créancier. Et
s'il paraît, en effet, à nos juges que le Français demandeur a renoncé au bénéfice de l'art. 14, ils doivent déclarer purement et simplement, sans renvoi, leur incompétence (1).

87. C'est encore une erreur de croire qu'il s'agit ici de
l'autorité de la chose jugée, comme le pensait le tribunal
de Nantes, dans un jugement longuement motivé du 6 janvier 1844. En effet, je remarque tout d'abord que la question actuelle se pose dans le cas où l'instance est encore
pendante devant le tribunal étranger, aussi bien que dans
le cas où il a déjà vidé le litige, lorsque se produit en France
la demande du Français. Dans le premier cas, il ne peut
être question ni de la chose jugée, ni de son autorité. Dans
le deuxième, les articles 2123, C. N., et 546, Proc. civ.,
sont sans influence sur la solution présentement cherchée.
L'étranger qui élève l'exception d'incompétence fondée sur
le principe général et sur la renonciation du Français au
bénéfice de l'art. 14, ne prétend en aucune sorte faire exécuter la sentence étrangère. Il argumente seulement du lien
légal, pur et contractuel, qui s'est formé par le consentement spontané et libre des parties. Par la volonté même du
Français, demandeur devant les juges étrangers, le quasi-
contrat judiciaire s'est formé. C'est ce quasi-contrat que l'é-

(1) Massé, *Droit comm.*, t. II, n° 199.

tranger, de nouveau poursuivi en France, veut faire respecter; mais il ne réclame pas l'exécution de la sentence étrangère. Il est vrai que si l'étranger voulait faire exécuter en France le jugement rendu à l'étranger, le Français, dans *le système de la jurisprudence,* pourrait de nouveau débattre ses droits et faire juger la question au fond, tant au point de vue du droit qu'à celui du fait. Qui n'aperçoit la diversité des deux situations? Dans cette dernière hypothèse, l'étranger veut faire produire en France un effet à la sentence étrangère, et l'indépendance réciproque des nations s'oppose à ce que cette sentence soit de plein droit exécutoire sur le sol français. Mais dans la question présente, qu'importe la décision étrangère? L'étranger ne réclame aucune exécution. Vainqueur ou vaincu, il laisse le jugement étranger; il n'argumente que du quasi-contrat volontairement formé entre les parties. La question de l'exécution des jugements étrangers est donc entièrement séparée du sujet actuel. C'est confondre deux ordres d'idées fort différents que de mêler ensemble ces deux questions. La cour de cassation ne s'y est point méprise et a parfaitement marqué la différence qui sépare les deux situations (V. n° 264) (4).

88. La renonciation du Français au bénéfice de l'art. 44, C. N., peut donc s'induire de ce que le Français a cité son débiteur devant les juges étrangers (2). Mais s'en induira-t-elle toujours? Non; il faut que les circonstances qui entourent, qui accompagnent la demande intentée par le Français, indiquent chez lui la volonté formelle de renoncer. Toutes les fois qu'il n'a pas, *sciemment et librement,* saisi les tribunaux étrangers, par un *libre et spontané consentement,* mais qu'il a agi, *contraint et forcé,* sous la pression des cir-

---

(1) *Contrà* Boncenne, *Procédure civ.,* t. III, p. 224. — Il faut lire la brillante réfutation du système de cet auteur, due à la plume exercée de M. Massé, *Droit comm.,* t. II, n° 200. — *Junge,* Aubry et Rau, sur Zachariæ, § 32, 3ᵉ édition.

(2) *Contrà* Montpellier, 12 juillet 1826. — Paris, 22 juin 1843.

constances, l'instance par lui liée à l'étranger ne peut impliquer renonciation. Par exemple, il n'a poursuivi son débiteur que parce que celui-ci ne possédait en France, lors de l'introduction de l'instance, ni biens mobiliers, ni biens immobiliers, et qu'un jugement français n'aurait produit aucun effet dans le pays de cet étranger, où peut-être, par voie de rétorsion, on admet la révision des sentences françaises. Investir les juges français, c'était exposer des frais inutiles. Il n'y a donc pas renonciation à la juridiction nationale. Dans la suite, le Français trouve-t-il en France des biens appartenant à son adversaire, il pourra, nonobstant l'instance pendante ou jugée en pays étranger, saisir les tribunaux français, sans qu'on puisse lui opposer une prétendue renonciation à la juridiction française. On ne peut être censé renoncer à un droit quand on n'a nul intérêt à l'exercer. Au contraire, si l'étranger possède des biens en France, au vu et su du Français, et que celui-ci saisisse les tribunaux étrangers pour les abandonner ensuite et revenir à la juridiction française, l'adversaire opposera avec succès qu'il y a eu renonciation au bénéfice de l'art. 14. Le choix fait par le Français est alors *libre* et *volontaire*, et consomme son droit d'option. C'est donc, comme je le disais, une pure question de fait, que celle de savoir si le Français a tacitement renoncé au privilége de l'art. 14, en portant sa demande devant les tribunaux étrangers. Tel est le sentiment de la Cour de cassation. Si la terminologie de ses arrêts n'est pas toujours uniforme et identique, si la Cour appelle le droit conféré par l'art. 14, tantôt *une faculté, un privilége*, tantôt *un droit d'option, un droit absolu*, elle reconnaît cependant que le droit n'est pas tellement absolu, que le Français n'y puisse renoncer et que la renonciation ne puisse découler de l'option faite en faveur de la juridiction étrangère. Pour la Cour Suprême, le fait d'avoir porté devant un tribunal étranger l'action du Français demandeur, est de nature à produire la renonciation, sauf à chercher dans les circonstances particulières de chaque affaire, si le Français a agi librement et volontairement. La constatation de ces circonstances rentre dans la compétence exclusive des Cours impériales (1).

89. Appelée à se prononcer pour la première fois, le 8 pluviôse an XII, la Cour, se fondant sur ce que les jugements étrangers n'avaient pas, en France, l'autorité de la chose jugée, décida que le Français, qui a succombé devant un tribunal étranger sur la demande par lui formée contre un étranger, peut encore saisir de sa demande les tribunaux français. Mais cette décision, rendue sous l'empire de l'ordonnance de 1629, ne peut être regardée comme importante de nos jours, depuis la promulgation du Code de procédure civile.

Aussi la chambre des requêtes a-t-elle, le 15 novembre 1827, fait bonne justice des arguments tirés de l'ordonnance de 1629. Elle a décidé que les parties contractantes ou litigantes sont liées par les actes de la juridiction volontaire ou contentieuse à laquelle elles se sont soumises, et déclaré que le Français, qui avait saisi les tribunaux étrangers, n'était plus recevable à traduire l'étranger devant les juges français pour la même cause. Le droit attribué au Français par l'article 14, C. N., est une faculté, un privilége. Chacun peut renoncer à user d'une faculté personnelle, et le Français y renonce lorsqu'il épuise tous les degrés de juridiction devant les Cours étrangères. Dans l'espèce de cet arrêt, le Français avait succombé en première instance et en appel devant les tribunaux étrangers.

La chambre civile, saisie à son tour de la question, se prononce dans le même sens que la chambre des requêtes, par arrêt du 14 janvier 1837. L'article 14, C. N., crée une simple faculté, à laquelle le Français peut renoncer. Il y renonce en portant devant les tribunaux étrangers une de-

_________

(1) Demangeat, sur Fœlix, t. I, p. 349.

mande qu'il aurait pu porter devant les tribunaux français. Dans l'espèce de cet arrêt, la cause était encore pendante devant les juges étrangers, lorsque le Français, voulant user de l'art. 14, avait porté sa demande devant nos tribunaux.

Cependant la chambre des requêtes rejetait, le 31 décembre 1844, un pourvoi dirigé contre un arrêt de la Cour de Paris, du 22 juin 1843, qui autorisait le Français à porter devant nos juges la demande déjà soumise par lui au tribunal étranger, en se fondant sur ce que « vainement on oppo- » sait qu'en s'adressant à la juridiction étrangère, le Fran- » çais fait une option irrévocable et abdique implicitement » la faculté que lui confère l'art. 14, parce que la renoncia- » tion à un privilége fondé sur un principe *de droit public*, » ne saurait se présumer légèrement. » La Cour de cassation, tout en maintenant le principe qui base les arrêts de 1827 et de 1837, ne s'expliquait pas sur cette considération nouvelle. Mais cet arrêt de rejet se justifie par cette circonstance que, dans l'espèce, le tribunal étranger s'était dessaisi de l'affaire, soumise ensuite à des arbitres sans pouvoirs.

Postérieurement, sur un remarquable rapport de M. Lasagni, la même chambre des requêtes, consacrait, le 24 février 1846, sa doctrine antérieure par un arrêt nettement motivé. Je remarque que dans l'espèce, il était constaté par la Cour de Rennes, dans son arrêt du 17 août 1844, que le sieur Poydras, étranger défendeur, possédait en France, au vu et su de la dame Bonneau, demanderesse, des propriétés immobilières d'une grande valeur, lors de la demande primitive formée par les tribunaux de la Louisiane. La dame Bonneau s'était faite autoriser, à l'effet d'intenter cette action, par un jugement du tribunal de Nantes, du 15 novembre 1839, et avait parcouru tous les degrés de la juridiction étrangère. De ces faits, la Cour de Rennes tirait cette juste conséquence, que la dame Bonneau avait *librement, sans nécessité,* saisi la juridiction étrangère, et qu'elle ne pouvait revenir sur une renonciation volontaire. Décider le contraire, disait la Cour, ce serait tendre un piége à l'étranger et autoriser le Français à se jouer de ses engagements, lorsqu'il résulte clairement des paroles de l'orateur du gouvernement au Corps législatif, que la pensée, qui a présidé à la rédaction de l'art. 14, est une pensée de justice, d'impartialité et de bonne foi.

Par trois arrêts postérieurs des 27 décembre 1852, 23 mars 1859 et 19 avril 1859, la chambre des requêtes semble être revenue sur sa jurisprudence antérieure. L'art. 14 ne confère plus au Français une simple faculté d'option, qui, une fois exercée par l'action intentée devant le juge étranger, ne lui permet plus de s'adresser à la juridiction française. C'est un droit absolu auquel il n'est réputé renonçant qu'autant qu'il résulte des documents du procès la preuve certaine qu'en portant son action devant le juge étranger, il a formellement abandonné le droit de citer son débiteur devant les tribunaux français. Mais la contradiction est tout au plus apparente. Elle peut être dans les termes des arrêts, elle n'existe pas dans la pensée de la Cour Suprême. La Cour a confirmé sa jurisprudence précédente. En voici la raison. La Cour de cassation prend les faits tels que les lui fournissent les Cours impériales. Or, quand le tribunal d'appel vient lui dire : Non, en fait, le Français, bien qu'il ait assigné son débiteur devant les tribunaux étrangers, n'avait pas, ne pouvait pas avoir l'intention de renoncer au droit que lui confère l'art. 14. Il n'a poursuivi son débiteur à l'étranger que sous la pression des circonstances, parce que, au moment où l'instance s'est engagée, ce débiteur étranger ne possédait en France aucun immeuble, aucune valeur qui pût être saisie et exécutée. Il n'a voulu qu'éviter un circuit inutile (1). Avant que l'instance se fût engagée au fond, et

______

(1) Rouen, 19 juillet 1842. — Paris, 22 novembre 1851.

sur une demande préliminaire, il s'est désisté de son action (1). Dans l'espèce, loin d'impliquer renonciation volontaire, sa demande implique, au contraire, une réserve formelle de son privilége (2). — Lors donc que les Cours impériales lui tiennent ce langage, la Cour Suprême, acceptant
ces faits comme certains et établis, ne peut pas déclarer le
Français renonçant. Mais le rejet qu'elle fait alors du pourvoi, ne signifie en aucune façon qu'elle s'oppose à ce que
l'on déduise la renonciation au bénéfice de l'art. 14, du fait
d'avoir assigné le débiteur devant les tribunaux étrangers.
Cette influence, exercée sur la Cour de cassation, par les
faits-reconnus constants par les Cours d'appel, est nettement
indiquée dans le rapport de M. le conseiller Hardoin, lors de
l'arrêt du 23 mars 1859.

Cette explication, si vraie et si naturelle, de l'uniformité
réelle de la jurisprudence de la Cour Suprême, se trouve
confirmée par l'arrêt rendu le 11 décembre 1860, sur les
conclusions conformes de M. l'avocat général Blanche, par la
même chambre des requêtes. Formulant d'une manière très-
explicite le principe trop vaguement indiqué dans ses précédents arrêts, la Cour nous dit : « Attendu, que cette
» disposition (de l'art. 14)..... ne cesse d'être applicable
» qu'autant que le Français y a renoncé expressément ou
» virtuellement, et que cette renonciation a été libre et vo-
» lontaire. — Qu'on ne saurait attribuer ce caractère à une
» citation donnée par un Français à un étranger devant un
» tribunal étranger, dans des *cas extraordinaires et urgents*
» *qui altèrent la liberté de sa personne ou entravent et com-*
» *promettent l'exécution de ses engagements*, et qu'il ne peut
» alors être considéré comme ayant *renoncé* à saisir les tri-
» bunaux de son pays, aussitôt qu'il le pourra. — Qu'il suit
» de là que le juge français a le droit et le devoir d'appré-

(1) Douai, 3 avril 1848.
(2) Paris, 11 décembre 1855. — Rouen, 9 février 1859.

» cier les circonstances qui ont déterminé l'action formée
» devant la justice étrangère, etc. ». La chambre civile a
confirmé, par son arrêt du 21 novembre 1860, une jurisprudence si fermement assise. En présence de tels monuments, je ne pense pas que la question puisse être, de nouveau, sérieusement soulevée.

90. Par application de cette jurisprudence, il faut décider
que l'instance engagée devant un tribunal étranger, ne saurait impliquer renonciation au privilége de l'art. 14, lorsque
le Français n'était pas demandeur à l'étranger, et que, défendeur, il n'a fait aucun acte et s'est laissé condamner par
défaut.

91. Ainsi donc, la question de savoir si la renonciation
tacite existe, est une pure question de fait soumise à l'appréciation exclusive des Cours impériales. Mais la solution
juridique et théorique est certaine : la renonciation expresse
ou tacite, est valable ; le droit accordé au Français par l'article 14, n'est qu'un privilége, une faculté, et non pas une
disposition d'ordre public ; la renonciation *tacite* peut résulter
du fait d'avoir porté la demande devant les juges étrangers (1).

Cette solution ne s'applique qu'aux actions véritablement
litigieuses. S'agit-il de mesures conservatoires, de moyens
d'exécution d'un titre certain, le Français a le droit d'agir
simultanément en pays étranger et en France.

92. L'article 14 ne cesse pas de recevoir application, en
temps de guerre, à l'égard des individus de la nation étrangère avec laquelle la guerre est déclarée. La loi n'établit à
ce sujet aucune suspension d'instance, et notre article contient un principe général applicable pendant la guerre
comme pendant la paix. La prescription continuant son cours
pendant la durée de la guerre, il y aurait déchéance du

---

(1) Demolombe, t. I, n° 251. — Massé, *loc. cit.* — Fœlix, *Droit interna-*
*tional*, n° 181.

droit du créancier si on lui interdisait de le faire valoir avant la conclusion de la paix. Cependant ce créancier n'aurait aucune faute à se reprocher. La difficulté des communications n'est pas non plus un véritable obstacle. Il est facile de le faire disparaître en nommant un mandataire, chargé de représenter le prétendu débiteur devant le tribunal saisi du litige. On ne peut pas argumenter contre cette opinion de l'arrêté du 9 messidor an XI, qui prononçait la suspension de toute instance ayant pour objet le paiement d'obligations contractées pour fait de commerce par des Français envers des Anglais. La mesure, prise alors par le gouvernement consulaire, prouve, par elle-même, que la solution qu'elle contient n'est pas une conséquence directe des principes. S'il en était autrement, à quoi bon cet arrêté? On eût laissé les principes généraux produire leurs effets. En outre, la question n'est pas la même que celle examinée ici. Cet arrêté est contraire aux étrangers, aux Anglais : or, je recherche si une disposition favorable aux Français leur est enlevée par le seul fait de guerre. La négative est donc certaine (1).

### § 4. — Garantie du droit d'action.

93. Accordant au Français, créancier d'un étranger, la faculté de le poursuivre et de le faire condamner par les tribunaux français, la loi ne pouvait pas permettre que cette faculté devînt illusoire. Pour que le droit conféré par l'article 14, C. N., produisît tous ses effets possibles, elle devait accorder au Français tous les droits accessoires nécessaires. Si l'étranger possède des biens en France, ses biens sont soumis à toutes les voies d'exécution organisées dans le Code de procédure civile.

Parmi les saisies, il en est une à laquelle les étrangers

(1) Guichard, *Droits civils*, n° 249. — Rejet, 5 frimaire an XIV.

sont plus particulièrement soumis. C'est celle qui est autorisée par l'art. 822, Proc. civ. Tout créancier, même sans
titre, peut, sans commandement préalable, mais avec permission du président du tribunal de 1re instance et même
du juge de paix, faire saisir les effets trouvés en la commune
qu'il habite, appartenant à son débiteur forain. Dans l'ancienne jurisprudence, le droit de faire saisir les meubles des
débiteurs forains n'était accordé qu'à titre de privilége à
certaines villes. Celles-ci prenaient le nom de *villes d'arrêt*.
« Villes d'arrêt parce qu'il est permis d'arrester les meu-
» bles des débiteurs forains qui demeuraient hors desdites
» villes (1). » L'étranger est assurément un débiteur forain ;
car par *forain*, il faut entendre tout individu qui n'a pas de
domicile dans la commune où il est trouvé. On pourra donc
saisir les meubles de tout étranger, trouvés dans une commune où il n'est pas domicilié. Mais cette voie d'exécution
ne saurait être exercée contre l'étranger domicilié sans autorisation du gouvernement. On n'est plus forain, quand on
est habitant de la commune. J'ai déjà dit que l'étranger peut,
en dehors de toute autorisation, acquérir un véritable domicile en France. Cette solution ne peut, du reste, être
contestée, si l'on se reporte aux motifs qui ont fait créer la
saisie foraine. Cet étranger ne présente-t-il pas toutes les
garanties à l'absence desquelles cette saisie doit pourvoir (2) ?

L'étranger non présent ne possède-t-il aucun bien, aucune
valeur en France, la nature même des choses, dans cette
hypothèse, rend impuissante la condamnation obtenue devant les tribunaux français. S'adresser aux juges du pays de
cet étranger, leur demander l'autorisation d'exécuter sur la
personne ou sur les biens du débiteur la sentence de nos
juges, est le seul moyen praticable. Mais si l'étranger est

(1) Denizart, v° *villes d'arrêts*.
(2) Massé, *op. cit. Contrà* Paris, 25 août 1842.

présent en France, n'y a-t-il pas un moyen sûr de le forcer
à payer ? Si l'on saisit sa personne et qu'on l'emprisonne,
le désir de la liberté lui fera remplir ses engagements. De là
est née l'idée d'appliquer la contrainte par corps à tout
étranger condamné au profit d'un Français. Seulement cet
homme, que rien ne retient en France, va, dès l'introduction de l'instance, sans attendre le résultat du procès, chercher dans une fuite soudaine une sauvegarde contre ses
créanciers. La contrainte par corps devient dès lors une voie
d'exécution inutile. Pour détruire cet inconvénient, pour
enlever à la mauvaise foi ou à l'intrigue la ressource facile
de la fuite, la loi anticipe sur la contrainte par corps et établit une mesure de police, qui permet de retenir l'étranger
par une arrestation provisoire, prompte et secrète. Cette
mesure vient garantir l'efficacité de la faculté accordée par
l'art. 14, C. N., au Français de citer le débiteur étranger
devant nos tribunaux.

J'espère voir disparaître de notre législation l'arrestation
provisoire ; mais je dois le reconnaître, tant que le principe
de l'art. 14, C. N., sera maintenu, il sera difficile de lui
conserver son efficacité sans autoriser l'arrestation provisoire. Les voies ferrées, la rapidité toujours croissante des
moyens de communication, donnent au débiteur étranger
trop de facilités pour échapper à l'action de son créancier.
Cette matière, quoique intimement liée au sujet de cet ouvrage, susceptible cependant de faire, réunie à la contrainte
par corps, l'objet d'un traité spécial, sera ici effleurée. Un
examen approfondi m'entraînerait hors des véritables limites de mon sujet. La matière de l'arrestation provisoire a
été successivement régie par la loi du 10 septembre 1807
(art. 2 et 3) et par la loi du 17 avril 1832 (art. 15 et 16)
qui reproduit, avec de légères modifications, les dispositions
de son aînée.

94. L'arrestation provisoire n'étant qu'une *garantie* accordée au Français en vue de l'exercice efficace de la faculté

conférée par l'art. 14, C. N., est, par voie de conséquence, valablement requise par toutes les personnes françaises, physiques ou morales, qui peuvent invoquer cet article 14. Ainsi, elle peut l'être par le Français domicilié à l'étranger avec esprit de retour, par le Français cessionnaire des droits d'un créancier étranger, par l'ex-étranger naturalisé, par l'étranger autorisé à établir son domicile en France, etc. (1) (V. nº 60 à 70).

M. Demangeat qui, relativement au droit d'invoquer l'art. 14, C. N., combat la distinction entre les obligations civiles et les effets à ordre, l'admet, au contraire, quand il s'agit du droit de requérir l'arrestation provisoire du débiteur étranger. Celui-ci lui paraît avoir un droit acquis à ne pas subir l'application de l'art. 15 de la loi de 1832. Je me sépare à regret de l'éminent professeur ; mais il me semble que ses deux opinions sont difficilement conciliables devant la corrélation intime qui unit l'arrestation provisoire au droit créé par l'art. 14, C. N. Je ne saisis pas comment il y a droit acquis pour la voie d'exécution. M. Demangeat me paraît, au contraire, bien inspiré quand il combat la différence admise par Fœlix et la cour de Douai, entre le commissionnaire et le propriétaire réel de l'effet (2).

95. Peuvent être arrêtées provisoirement toutes les personnes physiques étrangères, auxquelles est passivement applicable la disposition de l'art. 14, C. N. (V. nºs 48 à 60) (3). L'étranger, domicilié en France avec l'autorisation du gouvernement, ne peut assurément être l'objet d'une arrestation provisoire. Il jouit en France des droits civils, et par

---

(1) Rouen, 27 août 1817. — Bruxelles, 20 avril 1819 et 5 décembre 1822. — Paris, 18 avril 1835. — Requêt., 27 novembre 1839. — *Contrà* Trib. de la Seine, 23 juin 1827. — Douai, 7 mai 1828. — Bruxelles, 23 et 25 mars 1826, 29 novembre 1828 et 16 mai 1842. — Paris, 21 mars 1842.

(2) Demangeat, sur Fœlix, t. I, p. 466. — Douai, 10 février et 2 mars 1853.

(3) Requêt., 26 octobre 1809.

suite du droit actif d'arrestation : il répugne qu'il y soit lui-même soumis. Mais la question a fait plus de difficulté à l'égard de l'étranger, qui, sans l'autorisation du gouvernement, a acquis en France un véritable domicile. Des termes même des art. 15 et 16 de la loi spéciale du 17 avril 1832, du motif qui a fait consacrer le droit d'arrestation provisoire par notre législateur, je crois pouvoir conclure qu'il suffit que l'étranger ait en France un véritable domicile de fait, accompagné d'intention, pour être, même en l'absence d'autorisation, soustrait à l'application de l'article 15 précité (1).

96. Sont exceptés par la loi elle-même : 1° les étrangers, qui fournissent pour caution une personne, française ou étrangère, peu importe, domiciliée en France et reconnue solvable. La caution peut être domiciliée hors du ressort de la Cour d'appel, malgré la disposition de l'art. 2018, C. N. La diversité des situations devait rendre moins exigeant le législateur de 1832. — 2° Les étrangers, qui possèdent sur le territoire français un établissement commercial ou des immeubles, d'une valeur suffisante pour assurer le paiement de leurs dettes. La fuite de l'étranger, dans cette hypothèse, n'est plus à redouter : elle ne peut nuire au créancier qui peut saisir un gage. Le motif de l'institution faisait donc défaut. C'est au président du tribunal seul qu'il appartient de prononcer sur la justification de la possession d'immeubles, sur la validité de la caution, et d'apprécier la suffisance de ces garanties. Si donc le président a une connaissance personnelle de la position du débiteur étranger comme remplissant les conditions de la loi, il doit d'office refuser l'arrestation provisoire (2). — 3° Sont encore exceptés, les étrangers appartenant à des nations qui ont conclu avec

---

(1) *Contrà* Paris, 25 avril 1834, 25 août 1842 et 15 décembre 1855.

(2) Voir à propos de faillite un jugement du Trib. de la Seine, du 28 février 1856.

la France des traités dérogatoires, et notamment les Suisses
(Ordonn. du 23 sept. 1827).

97. Y a-t-il des *exemptions* en matière d'arrestation provisoire des étrangers? Le bénéfice des exemptions accor-
dées en faveur du sexe, de l'âge, de la parenté, peut-il être
invoqué? Avant la loi du 17 avril 1832, la jurisprudence
s'était prononcée pour la négative (1). La solution affirmative me paraît seule admissible. Comment, lorsque l'emprisonnement définitif est défendu par le législateur à l'égard
des personnes placées dans les conditions spéciales, visées
les articles 18, 19 et 21 de la loi de 1832, 10 et 11 de la loi
du 13 décembre 1848, comment pourrait-on tolérer l'arrestation provisoire, moyen d'arriver à l'emprisonnement définitif?

98. L'arrestation provisoire peut être demandée pour
*toutes* obligations, provenant d'un contrat ou d'un quasi-
contrat, d'un délit ou d'un quasi-délit, nées en France ou à
l'étranger (2), même primitivement créées au profit d'un
étranger, sans distinguer, comme la jurisprudence, entre les
créances cessibles ou non par la voie de l'endossement (n° 67).
La dette doit être échue ou exigible. En effet, tant que le
terme n'est pas arrivé, l'action est paralysée dans les mains
du créancier. Peut-il invoquer d'ores et déjà l'art. 14, C. N.?
Non; qui lui assure que le jour de l'échéance, il aura encore
la qualité de Français? Pour pouvoir demander l'arrestation
provisoire, il faut pouvoir user actuellement de l'art. 14.
Au surplus, la loi de 1832 fait de cette conséquence fournie
par le raisonnement, une prescription légale, formelle et
explicite. L'art. 15 de cette loi veut que la créance soit *échue*
ou *exigible*; mais il n'exige pas qu'elle soit liquidée (3). Le

---

(1) Bordeaux., 23 décembre 1828. — Paris, 19 mai 1830. — Liége, 5 avril
1832 et 4 décembre 1842.

(2) Requêt., 12 juin 1817.

(3) Requêt., 27 novembre 1839.

montant de la dette ne peut être inférieur à 150 fr. Mais l'arrestation n'est point subordonnée à la condition que le créancier soit porteur d'un titre incontestable. Un titre apparent peut suffire, mais non une simple allégation (1).

99. La loi exige qu'il y ait des *motifs suffisants*, mais elle ne les indique pas et les abandonne à la souveraine appréciation du président du tribunal, qui statue par une ordonnance de référé. On a vivement discuté le caractère de cette ordonnance. Elle me paraît être l'exécution d'une mesure de protection, un acte conservatoire plutôt qu'un jugement véritable, puisque le défendeur n'est presque jamais entendu et que la simple apparence du titre est un motif suffisant. La voie de l'opposition ou la demande principale en nullité sont donc également admissibles, mais non celle d'appel, sauf le cas où le président se réserve de connaître en référé des réclamations de l'étranger ; cette deuxième ordonnance est susceptible d'appel, d'après l'art. 809, Proc. civ. (2). C'est le président du tribunal dans l'arrondissement duquel se trouve l'étranger, qui est compétent pour ordonner l'arrestation provisoire (3). Le Français créancier le saisit par simple requête. L'ordonnance rendue a lieu sans assignation au défendeur, sans instruction, sans conclusions du ministère public et sans l'assistance du greffier. L'article 32 de la loi de 1832 dispense le créancier de faire au débiteur la signification et le commandement préalables, prescrits par l'article 780, Proc. civ. Donner de la publicité à l'arrestation provisoire, serait le plus sûr moyen de la faire avorter ; ce serait, comme dit le proverbe, vouloir prendre un lièvre au son du tambour. L'arrestation provisoire peut être valable-

(1) Troplong, *de la contrainte, etc.*, n° 505. — Rejet, 25 septembre 1829. — Bruxelles, 23 octobre 1828 et 23 juin 1831.

(2) Cass., 2 mai 1837. — Paris, 20 septembre et 8 novembre 1854, 18 juillet 1855. — V. Trib. de la Seine, 14 septembre 1864.

(3) Requêt., 27 novembre 1839.

ment requise, même après que le créancier a assigné son débiteur en condamnation (1). Les dispositions générales de droit commun, relatives à la forme de l'emprisonnement, sont applicables à l'arrestation provisoire des étrangers.

100. Le créancier est tenu de se pourvoir en condamnation définitive de l'étranger dans la huitaine de l'arrestation. Cette innovation de la loi de 1832 est une amélioration commandée par l'humanité ; on n'a plus vu depuis des étrangers être détenus dix, quinze ou vingt ans, en vertu d'une décision d'arrestation provisoire. Ce délai de huit jours expiré, le droit de mise en liberté est acquis au détenu ; c'est le président qui connaît de la demande en élargissement ; il peut cependant renvoyer les parties à la prochaine audience (2). La compétence du président pour ordonner l'élargissement n'est pas bornée au seul cas où le créancier a négligé de se pourvoir au principal dans la huitaine. Tout autre moyen de nullité peut être proposé devant ce magistrat (3).

101. L'arrestation provisoire prend fin lorsque, postérieurement à l'ordonnance du président, le débiteur étranger vient à se trouver dans les conditions prévues par l'art. 16 de la loi de 1832, ou lorsqu'il n'a pas succombé dans l'instance engagée au principal. S'il succombe dans cette instance, l'arrestation provisoire cesse encore pour faire place à l'emprisonnement par voie de contrainte par corps proprement dite.

102. Telles sont les principales questions que soulève l'interprétation de l'art. 14 du code Napoléon. Qu'il me soit permis d'exprimer le désir qu'une prochaine révision de nos codes efface cet article, issu de la défiance exagérée qu'avaient fait naître les guerres de la République et du Consu-

(1) Paris, 6 janvier 1864.
(2) Douai, 12 janvier 1832.
(3) Paris, 30 septembre 1840 et 24 avril 1849.

lat, triste excitation à un doute irrévencieux envers la justice et ses organes, source de mesures funestes de rétorsion qui entretiennent entre les peuples les haines sourdes et imméritées. Depuis quelques années, grâce à ces voies ferrées qui sont venues changer toutes les conditions économiques, qui fusionnent les nations entre elles et les forcent enfin à se connaître et à apprécier leurs qualités respectives, les préjugés disparaissent, les préventions s'apaisent, les erreurs se dévoilent, et les orgueils nationaux perdent de leur insultant chauvinisme pour se renfermer dans de plus justes limites. Les Français commencent à comprendre que la justice n'est pas l'apanage exclusif des tribunaux de leur pays, et que les juges des autres nations sont peut-être plus libéraux à l'égard des étrangers. La lumière se fait lentement ; mais sa clarté serait bien plus efficace si la législation française n'arrêtait pas sa diffusion par une disposition incompatible avec les progrès de la civilisation. Tôt ou tard l'art. 14 disparaîtra de nos codes, et nous reviendrons à la règle vraie et sûre de l'ancien jurisconsulte romain : *actor sequitur forum rei*. Ce résultat heureux ne sera pas exclusivement dû à l'accroissement des relations internationales : il sera aussi le fruit des efforts des jurisconsultes émérites, qui, comme MM. Fœlix, Demangeat, Massé, luttent infatigablement pour le triomphe des vrais principes.

### § 5. — Législations étrangères.

103. Parmi les législations étrangères, plusieurs ont adopté la disposition de l'art. 14 avec les autres règles du code Napoléon. Ce sont, en général, les nations qui ont été pendant le premier empire soumises à la puissance napoléonienne, qui ont ainsi conservé notre législation civile, ou des nations qui, nouvellement constituées, nous l'ont empruntée tout entière, croyant peut-être acquérir ainsi notre degré de civilisation. Cependant dans presque toutes, la disposition de

notre article 14 a subi de plus ou moins grandes modifications.

La législation des *Pays-Bas* a maintenu en entier la disposition de l'art. 14 tout en la plaçant dans l'art. 127 de son Code de procédure civile. Les art. 15 et 16 du code d'Haïti reproduisent littéralement le texte de notre loi.

Le code de *Sardaigne* contient des dispositions très-explicites. Le Sarde peut citer devant les tribunaux de son pays l'étranger non présent, pourvu que le contrat générateur de l'obligation ait été passé en Sardaigne ou doive y être mis à exécution, ou lorsque dans le pays de cet étranger il est permis de poursuivre les étrangers non présents. Dans ce dernier cas, la connaissance de la contestation est portée devant le tribunal dans le ressort duquel est domicilié le demandeur. L'étranger présent en Sardaigne peut être traduit devant les juges sardes, même pour les obligations contractées en pays étranger avec un Sarde (art. 30 et 31).

L'art. 15 du code de l'ancien royaume des *Deux-Siciles* permettait de citer l'étranger non résidant pour l'exécution d'une obligation contractée dans le royaume. Bien que non présent, l'étranger pouvait aussi être traduit devant les tribunaux napolitains, pour les obligations contractées en pays étranger envers un régnicole, pourvu que le jugement pût recevoir son exécution dans le royaume. L'art. 13 du Code civil de *Pologne* contient des dispositions analogues.

Dans les *Etats pontificaux*, l'étranger ne peut être cité devant les tribunaux qu'autant qu'il a contracté des obligations dans ces Etats mêmes.

Les législations *espagnole* et *portugaise* ne contiennent rien d'analogue à notre art. 14.

Dans le *Droit commun allemand* la maxime *actor sequitur forum rei* forme la règle générale en matière personnelle. Ainsi les traités conclus le 30 décembre 1825 entre le Wurtemberg et le duché de Bade, en 1827 entre le même duché et les principautés de Hohenzollern, le 7 mai 1821, entre la

Bavière et le Wurtemberg, entre la Prusse et les divers états de Saxe-Weimar (25 juin 1824), de Saxe-Altembourg (18 février 1832), de Saxe-Cobourg-Gotha (23 décembre 1833), de la Saxe (14 octobre 1839), de Brunswick (4 décembre 1844), etc., renferment tous la disposition suivante : « Les parties contractantes reconnaissent réciproquement le » principe que le demandeur doit suivre la juridiction du » défendeur (1). » Mais ce principe souffre plusieurs exceptions : ainsi la simple résidence est souvent assimilée au domicile ; l'action personnelle contre un étranger peut être portée devant le tribunal du lieu du contrat ou du lieu où le défendeur a géré les affaires d'autrui. La demande en validité d'une saisie-arrêt est de la compétence du tribunal de la situation de l'objet arrêté. On autorise en outre le demandeur à intenter devant le tribunal de son domicile les actions *ex lege diffamari* et *si contendat*, véritables moyens de chicane indignes d'une législation honnête, et dont on trouvera l'explication détaillée dans le *Droit international* du regrettable Fœlix.

Ces principes sont admis par les codes de la *Bavière*, des villes libres de *Hambourg* et de *Francfort-sur-le-Mein*, de la *Prusse rhénane*, du *Hanovre*, de *la Prusse*, du grand-duché de *Hesse*, etc. En *Autriche*, le Code de procédure ne fait mention d'aucun autre *forum* exceptionnel que du *forum arresti* : il garde le silence relativement aux étrangers.

Dans le grand-duché de *Bade*, l'art. 14 du Code civil a été abrogé, et le nouveau Code de procédure contient, à l'égard des étrangers, des règles toutes spéciales (45 à 50).

Mais dans tous les pays allemands de la rive gauche du Rhin où l'art. 14 a été abrogé, on l'applique cependant, par voie de rétorsion, contre les sujets des Etats qui ont conservé force de loi à cette disposition. Ainsi, dans la Prusse

_____
(1) Martens, *Nouveau recueil des traités* t. VI, p. 854, et t. VII, p. 178, 240, etc.

rhénane, on n'appliquera pas l'art. 14 à un Anglais, à un Autrichien, à un Bavarois, mais on l'invoquera utilement contre un Français, un Belge ou un Néerlandais.

En *Danemark*, en principe, l'étranger ne peut être cité devant les tribunaux du royaume, à la requête d'un Danois, excepté 1° lorsqu'il y a eu par les parties désignation du juge danois; 2° en matière réelle immobilière; 3° au cas de saisie-arrêt; 4° lorsque l'étranger présent en Danemark doit y exécuter le contrat.

De l'art. 2295 du *Digeste russe*, je crois pouvoir conclure que dans l'esprit du législateur russe les tribunaux de chaque Etat sont compétents pour statuer sur les contestations qui s'élèvent dans cet Etat, que les parties soient régnicoles ou étrangères, que par suite les tribunaux russes connaissent de toutes les demandes dirigées contre un étranger résidant en Russie.

La jurisprudence *anglaise* considère toutes les actions personnelles *ex delicto vel ex contractu* comme transitoires, et les attribue au for domestique, n'importe le pays dans lequel ces actions ont pris origine et quelles que soient les parties litigantes. Pour établir la compétence des juges anglais, il suffit que le défendeur se trouve pour le moment sur le territoire de la Grande-Bretagne. On ne fait nulle distinction entre le cas où l'obligation de laquelle dérive la demande a été conclue en Angleterre, et celui où elle l'a été en pays étranger. Ce droit pour l'étranger d'ester en justice n'appartient qu'à l'étranger ami; s'il est étranger ennemi, il ne peut intenter ni soutenir aucun procès.

104. Le droit d'arrestation provisoire, exercé par le régnicole contre la personne du débiteur étranger, est sanctionné par les législations de la *Belgique*, des *Pays-Bas*, de la *Prusse rhénane*, de la *Bavière rhénane*, des *Deux-Siciles*, de l'*Autriche*, de la *Prusse*, du *Hanovre*, du *grand-duché de Bade*, du *Danemark*, de la *Sardaigne* (art. 2106 et 2107 Code civil), des *Etats Pontificaux*, de l'*Espagne*, du *Portugal*.

En *Ecosse,* en *Angleterre,* aux *Etats-Unis,* tout étranger peut être arrêté avant procès, si le créancier affirme (*affidavit*) sous serment que ledit étranger est son débiteur d'une somme s'élevant au moins à 20 livres sterling (500 fr.), et qu'il a juste sujet de craindre que le débiteur ne se dispose à quitter le pays. Cette arrestation provisoire ne peut être ordonnée que par un des juges des Cours supérieures (1).

Devant cette unanimité des législations étrangères, il est fort probable que le conseil d'Etat n'osera pas rayer de nos lois le droit d'arrestation provisoire. J'ai déjà remarqué que ce droit était l'accessoire obligé du privilége créé par l'art. 14, C. N., et qu'il ne pourrait disparaître qu'avec ce privilége lui-même.

SECTION DEUXIÈME.

*De l'étranger demandeur contre un Français.*

105. En l'absence même de tout texte législatif, on devrait proclamer la compétence des tribunaux français, pour apprécier les litiges survenus entre Français et étrangers, lorsque le Français joue le rôle de défendeur au procès. Nos magistrats sont les juges naturels de ce dernier. La règle *actor sequitur forum rei* suffirait pour justifier ce sentiment. Reconnue par le droit de toutes les nations, elle est la base des règles de compétence. Il a fallu la dérogation expresse de l'art, 14. C. N., pour soustraire à son empire le Français demandeur. Le législateur pouvait donc se dispenser de statuer sur l'hypothèse actuelle. Il l'a fait cependant, et l'art. 15, C. N., est ainsi conçu : *Un Français pourra être traduit de-*

______

(1) Voir pour plus de détails : Fœlix ,*Droit international* , nᵒˢ 187 et suiv., 201 et suiv. — Anthoine de Saint-Joseph, *Concordance des codes français et étrangers.* — Westoby, *Législation anglaise à l'usage des étrangers.*

*vant un tribunal de France, pour des obligations par lui con-*
*tractées en pays étranger, même avec un étranger.*

En se reportant aux discussions du conseil d'Etat, on voit que cet article n'avait pas la même physionomie dans le projet du Code : sa rédaction était sensiblement différente. Il fut modifié dans la séance du 6 thermidor an IX. Après avoir remplacé le mot *actes* par l'expression *obligations*, on ajouta, sur la proposition de M. Rœderer, les mots, *même avec un étranger*. Cette adjonction fut faite pour dissiper les doutes qui auraient pu s'élever au cas où l'engagement aurait été formé en pays étranger, doutes qui ne sont pas possibles dans l'hypothèse inverse (1).

Dans l'exposé des motifs, fait au Corps législatif, le 11 frimaire an X, M. Boulay de la Meurthe présenta comme motif de notre article, le désir d'établir une juste récipro-cité : « Si, disait-il, le Français a contracté en pays étranger » avec un étranger, nous accordons à celui-ci la faculté de » le traduire devant les tribunaux de France : car si nous » ne voulons pas que le Français soit victime de la mau- » vaise foi de l'étranger, nous ne voulons pas non plus que » l'étranger soit victime de la mauvaise foi du Français. On » ne peut porter plus loin l'esprit de justice et d'impartia- » lité. » L'honorable orateur se trompait étrangement. On eût pu pousser plus loin l'esprit d'impartialité, le conduire à ses vraies limites, édicter une véritable, sincère et juste réci-procité, en n'écrivant pas dans le Code l'art. 14. Où voit-on la réciprocité ?

L'art. 15 applique la maxime du droit général des nations; l'art. 14 y fait au contraire une large et notable exception. Il enlève le débiteur à ses juges naturels; l'art. 15 y soumet au contraire le Français débiteur. Si les paroles de M. Boulay indiquent l'unique motif qui ait décidé nos législateurs, j'en suis désolé pour eux; mais il implique une intuition peu

_________

(1) Locré, t. II.

exacte de la véritable justice et des principes de la logique.

106. Heureusement que là n'est point le vrai, l'unique motif de l'art. 15. C'est tout au plus un motif apparent, mis en avant dans ces discussions quelque peu confuses du conseil d'Etat, et que M. Boulay a reproduit dans un de ces discours d'apparat, qui indiquaient beaucoup plus la pensée personnelle de l'orateur que celle des législateurs. Ceux-ci, en écrivant l'art. 15, obéissaient, sans s'en rendre bien compte peut-être, à un sentiment plus élevé. Ils sentaient que refuser à l'étranger le droit de poursuivre le Français devant ses juges naturels, serait commettre la plus criante injustice. Après avoir écrit l'art. 14, un semblable refus enlevait à la France l'estime des peuples civilisés, la plaçait par un impudent déni de justice au ban de toutes les nations. Le Français, à la condition de ne rien posséder à l'étranger, aurait pu être *impunément*, fripon, escroc et voleur, et la loi française n'aurait eu pour lui qu'une bienveillante sollicitude! Rien qu'en y songeant, il me semble entendre le cri de réprobation universelle qui se fut élevé de toutes parts contre ce repaire de gens sans foi, qu'aurait formé la France. Les mesures de rétorsion ne se seraient point faites attendre, et à l'hostilité des nations seraient venues se joindre les haines individuelles. Que serait devenu notre commerce international? notre crédit? notre influence morale? Tout aurait disparu, et, imitant la France elle-même, les autres nations nous auraient fait la guerre, dans le but de protéger leurs nationaux et leurs intérêts. Ce résultat détestable, n'a point été, je le sais, explicitement indiqué dans les discussions du conseil d'Etat; mais il exerçait une influence vive quoique latente sur l'esprit des rédacteurs du Code. A l'idée de justice, venait se joindre et peser de tout son poids la nécessité, l'intérêt pratique; mais j'aime à croire cependant que l'idée de justice prédominait, et eût seule suffi pour faire écrire l'art. 15, C. N.

Qu'on ne cherche donc pas à baser notre article sur la

considération suivante, à savoir : que le jugement rendu en pays étranger, ne pouvant être exécuté en France qu'avec l'autorisation d'un tribunal français, l'étranger, auquel on eût refusé le droit de traduire le Français devant nos juges, aurait été condamné à un inutile et coûteux circuit. Cette considération est sans valeur. Si le législateur avait refusé à l'étranger le droit d'action directe, croit-on qu'il eût permis ce détour et autorisé l'exécution des jugements étrangers ? Il aurait détruit d'une main ce qu'il élevait de l'autre.

### § 1. — Des personnes régies par l'art. 15, C. N.

107. L'art. 15 peut être invoqué par tout étranger, quelle que soit sa nationalité. Cette disposition légale est absolue et n'est pas subordonnée au principe de la réciprocité. Nos tribunaux ne peuvent pas rechercher, pour admettre l'action de l'étranger, si les lois de sa nation permettent au Français de citer cet étranger devant les juges du pays. L'art. 11, C. N., est sans influence sur la question actuelle. Toutes les fois qu'une loi reconnaît et consacre en France un droit au profit d'un étranger, il est inutile de se demander si la nation de l'étranger qui réclame la jouissance et l'exercice de ce droit, accorde le même avantage aux Français, à moins que cette loi spéciale n'exige elle-même la réciprocité. L'art. 15 est muet sur ce point : la réciprocité n'est donc pas exigée : et il a été sainement jugé que les tribunaux français doivent déclarer recevable l'action formée par un étranger contre un Français, son débiteur, malgré le refus qu'auraient fait les juges du pays de cet étranger d'accueillir une semblable demande intentée par le Français (1).

108. L'habitant d'un pays autrefois français, devenu depuis étranger par l'effet d'une séparation politique, saisit valablement les juges de France des contestations qui exis-

(1) Colmar, 4 janvier 1806 et 27 août 1817.

taient entre un Français et cet habitant. Si l'instance avait
été déjà introduite devant un tribunal du pays, devenu
étranger par la séparation, et que le procès ne soit pas encore vidé, lors de cette séparation, le Français peut demander son renvoi devant les juges français, et l'instance doit
être reprise devant eux. Si le procès était déjà jugé, il l'a
été par un tribunal français, et il n'y a pas lieu de saisir
nos juges. Mais si la sentence a été frappée d'appel, et que
la séparation soit intervenue depuis l'appel interjeté, celui-ci
doit être porté devant la Cour de France, de laquelle res-
sortissait, avant la séparation, le tribunal qui a statué.
Enfin, si la Cour d'appel elle-même a passé sous une do-
mination étrangère, il y aura nécessité de se pourvoir devant
la Cour de cassation en règlement de juges (1).

109. La disposition de l'art. 15 s'applique aux personnes
morales étrangères aussi bien qu'aux personnes physiques.
Mais ces personnes morales doivent avoir une existence conforme aux prescriptions de la loi française. Ainsi les sociétés
anonymes étrangères, quoique régulièrement constituées dans
le pays où elles ont leur siége, ne sont pas recevables à ester
en justice en France, si elles n'ont pas été autorisées par le
gouvernement français. Qu'on ne dise pas que les personnes
individuelles n'existent, au point de vue juridique, comme
les personnes morales, qu'en vertu des dispositions de la
loi, et qu'il n'est pas permis de distinguer entre ces deux
ordres de personnes, lorsque l'art. 15 ne distingue pas, alors
que les personnes morales, commes les personnes physiques,
se présentent dans les conditions d'existence exigées par la
loi de leur pays. L'objection ne porte pas. Comme le dit très-
bien l'arrêtiste du recueil de Sirey, la justification du principe posé se trouve dans l'art. 37, Cod. com. Ce texte, qui
soumet les sociétés anonymes à l'autorisation du chef de
l'Etat, est une loi de police, qui, en France, oblige les étran-

(1) Grenoble, 27 janvier 1823.

gers comme les nationaux. Art. 3, C. N., « Attendu, disait
» la Cour Suprême, que la disposition de l'art. 37, Cod. com.,
» qui soumet les sociétés anonymes à la nécessité de l'auto-
» risation du chef de l'Etat, est essentiellement une loi de
» police et d'ordre public qui, en France, oblige l'étranger
» aussi bien que le Français; qu'elle a pour but de protéger
» les régnicoles contre les dangers d'entreprises hasardeuses
» et mal conduites, et que l'on ne comprendrait pas qu'il fût
» entré dans la pensée de la loi de consacrer un privilége
» en faveur des sociétés étrangères, et de les affranchir des
» garanties qu'elle exige des sociétés françaises. » La Cour
ajoute d'autres motifs plus contestables, qui ont permis de
critiquer sa décison, alors que celui-là seul suffisait pour l'asseoir sûrement (1).

110. L'art. 15 peut être invoqué contre tout Français domicilié en France ou en pays étranger, et contre toutes les
personnes qui, quant à la matière actuelle, sont assimilées
aux Français. ( V. nº 27. ) Ainsi l'étranger, autorisé par le
gouvernement français à établir en France son domicile,
peut être valablement assigné devant les tribunaux français
par un autre étranger. Le premier participe aux avantages
du droit civil : il est juste de lui en faire supporter les
charges. *Ubi emolumentum, ibi onus esse debet.* Pourquoi
l'effet passif de la jouissance des droits civils ne se produirait-il pas comme l'effet actif? Ainsi, par exemple, les
tribunaux français sont compétents pour connaître d'une
demande en séparation de corps, formée par la femme d'un
étranger contre son mari, autorisé à établir son domicile en
France (2).

111. En vertu de l'art. 3 du traité du 18 juillet 1828,

---

(1) Requêt., 1er août 1860. — Orléans, 10 mars et 19 mai 1860. — Trib. de
Valognes, 25 juin 1859.

(2) Civ. rejet, 23 juillet 1855. — Paris, 12 mai 1864. — Metz, 17 janvier
1839. — Rennes, 27 avril 1847. — Cass., 7 novembre 1826.

conclu entre la France et la confédération Helvétique, le Français pourra, par exception à l'art. 15, C. N., et à la disposition principale du même art. 3, être régulièrement cité devant les tribunaux suisses, par un Suisse, son créancier, s'il se trouve en Helvétie, présent lors de l'introduction de l'instance, dans le lieu même où le contrat a été stipulé, ou s'il est convenu de juges par devant lesquels il se serait engagé à discuter les difficultés nées de la convention. (V. n° 50.)

112. J'ai déjà indiqué quelles dérogations avaient été apportées aux principes des art. 14 et 15, C. N., et à ceux qui déterminent la juridiction des consuls de France à l'étranger, par les traités conclus, le 17 novembre 1844 (art. 6) avec l'Iman de Mascate, le 15 août 1856 (art. 8.) avec le roi de Siam, le 27 juin 1858 (art. 35) avec la Chíne, et le 9 octobre 1858 (art. 7) avec le Japon. (V. n° 56.)

§ 2. — Des obligations auxquelles s'applique l'art. 15., C. N.

113. Comme l'art. 14, l'art. 15, C. N., ne parle que des *obligations contractées;* mais comme le précédent article, malgré sa terminologie inexacte, cet article est applicable à toutes les obligations. Nées d'un contrat ou d'un quasi-contrat, d'un délit ou d'un quasi-délit, créées en France ou en pays étrangers, toutes, sans exception, donnent au créancier étranger le droit de poursuivre devant nos tribunaux son débiteur français. Ce principe est universellement reconnu par la doctrine et la jurisprudence.

114. Je n'ai point à m'occuper ici des cas dans lesquels se forme l'obligation, et par suite de savoir si l'usurpation du nom d'un commerçant étranger, accomplie par un Français, fait naître une obligation, en vertu de l'art. 1382, C. N., à la charge de l'usurpateur français. On sait que la Cour Suprême a cru devoir, par deux arrêts, dont l'un rendu en chambres réunies, des 14 août 1844 et 11 juillet 1848, dé-

nier toute action aux fabricants étrangers. C'était, ce me semble, faussement interpréter les art. 11 et 13, C. N., et la loi du 1er juillet 1824. La doctrine opposée me paraît la seule vraie pour de puissants motifs. Je n'ai point à les développer, puisque le droit d'action lui-même, et non la compétence des tribunaux français, formait le véritable objet de la discussion. Le lecteur, désireux d'étudier cette intéressante question, trouvera tous les éléments propres à former sa conviction dans le rapport de M. Rocher et le réquisitoire de M. Dupin, sur l'arrêt de 1848, dans d'excellents articles de M. Ballot (*Revue de droit français et étranger*, 1845, t. II, p. 561), et de M. Massé (*Revue de Législation*, t. 21, p. 285).

§ 3. — Nature de la disposition de l'art. 15, C. N.

115. Le Français peut-il renoncer au droit d'être exclusivement poursuivi devant les tribunaux de France? En d'autres termes, la disposition contenue en l'art. 15 est-elle d'ordre public? La question doit être résolue dans le sens de la validité de la renonciation. Il me paraît évident que l'art. 15 ne touche en rien à l'intérêt général, à l'indépendance réciproque des nations, et que le Français peut renoncer au droit d'être soumis à ses juges naturels. Cependant la Cour de cassation et celle de Grenoble ont considéré l'art. 15 comme une règle d'ordre public. L'exception qui en découle serait toujours admissible devant les tribunaux français auxquels on demande l'exécution du jugement étranger (1). Je préfère la doctrine de la Cour d'Aix. Comme elle, je pense que l'exception d'incompétence, dirigée par un Français contre un jugement rendu en pays étranger, à raison de ce que ce Français aurait dû être cité, non devant les juges étrangers mais devant les tribunaux de France, est une excep-

(1) Grenoble, 3 janvier 1829. — Cass., 17 mars 1830.

tion purement personnelle, qui ne peut plus être opposée après des défenses au fond devant le juge étranger. Mais je n'admettrai point, avec cette Cour, que le Français qui, condamné sans s'être défendu, a laissé acquérir au jugement étranger la force de la chose jugée, ne puisse plus élever l'exception. Où voit-on dans une semblable conduite une renonciation au droit conféré par l'art. 15? De quel acte l'impliquerait-on en présence de l'inactivité du Français? Etait-il obligé d'aller sur la terre étrangère élever l'exception d'incompétence? Je comprends cette obligation quand il s'agit des tribunaux français, parce qu'ils ont déjà tous la compétence générale (1).

116. Dans un cas, le Français est obligé de se laisser juger par des tribunaux étrangers. Lorsque le Français, débiteur d'un Suisse, se trouve au temps de l'action présent au lieu du contrat, il peut être actionné par le créancier suisse, devant le tribunal helvétique du lieu, en vertu de l'art. 3 du traité du 18 juillet 1828.

§ 4. — Conditions de recevabilité. Caution judicatum solvi

117. Faut-il que la nation à laquelle appartient l'étranger soit en paix avec la France, et le droit d'actionner les Français devant les tribunaux français serait-il refusé à l'étranger au cas de guerre entre les deux nations? La question n'aurait probablement jamais été soulevée depuis que les progrès de la civilisation ont permis de distinguer les guerres de nations à nations, considérées comme individus, des querelles et des luttes entre particuliers, si le recueil de nos archives juridiques ne nous offrait l'arrêté du 9 messidor an XI. Faisant porter sur les particuliers le poids de sa haine contre la nation anglaise, et fortifiant ainsi plus profondément les causes d'animosité entre la France et la

_________________

(1) Aix, 25 novembre et 8 décembre 1858. — Voir Paris, 6 février 1864.

Grande-Bretagne, le premier consul fit prendre au gouvernement un arrêté, défendant d'admettre devant les tribunaux français aucune action ayant pour objet le paiement des engagements contractés par des Français envers des Anglais, suspendant les instances commencées, et s'opposant à l'exécution des jugements rendus. Mais cet arrêté, par cela même qu'il n'est point une disposition législative, qu'il est spécial à la nation anglaise, nous fournit la vraie solution. Si le gouvernement de 1802 a cru devoir paralyser le droit des Anglais par une disposition expresse, c'est qu'il ne trouvait pas que le non-exercice du droit fût la conséquence directe de l'état de guerre. Cet état ne paralyse que les droits qui sont l'objet de considérations politiques, et ne suspend pas, entre les belligérants, par exemple, l'effet des traités d'abolition du droit d'aubaine. La loi n'établit aucune suspension d'instance, ni d'exercice d'action. L'état de guerre pourra rendre, il est vrai, plus difficile cet exercice : mais cet obstacle purement matériel ne détruit pas le droit ; on pourra se faire représenter par un mandataire. J'ai déjà dit que l'état de guerre ne suspendait pas à l'égard des étrangers l'exercice des droits des Français ; admettre l'affirmative sur la question actuelle, serait contradictoire. Du reste la question est plus théorique que pratique. Lors des dernières guerres de la France contre la Russie ou contre l'Autriche, le gouvernement français a bien montré qu'il répudiait la politique rétrograde du consulat, et que la distinction à faire entre les individus et l'Etat belligérant était parfaitement entrée dans le droit politique qu'il professe.

118. Mais il est une condition à laquelle l'étranger, demandeur en matière civile, doit indispensablement se soumettre pour que son action soit recevable en France. L'article 16, C. N., est ainsi conçu : *En toutes matières, autres que celles de commerce, l'étranger, qui sera demandeur, sera tenu de donner caution pour le paiement des frais et dommages-intérêts résultant du procès, à moins qu'il ne possède en France*

*des immeubles d'une valeur suffisante pour assurer ce paiement.*
Et l'art. 166, Proc. civ., reproduit la même disposition en
ces termes : *Tous étrangers, demandeurs principaux ou intervenants, seront tenus, si le défendeur le requiert, avant
toute exception, de fournir caution de payer les frais et dommages-intérêts auxquels ils pourraient être condamnés.*

Cette caution, improprement appelée caution *judicatum
solvi*, originaire des anciennes coutumes germaniques, bien
plutôt que de la Novelle 112 et du droit romain (1), était
en usage dans notre ancienne jurisprudence. Elle a passé
dans le droit moderne.

119. Pour garantir efficacement les Français contre les
procès téméraires entrepris par des étrangers, qui, après
avoir succombé, n'offriraient pas en France le moyen de se
remplir des avances et frais du procès, le législateur refuse
à l'étranger, en principe général et en l'absence d'un traité,
la jouissance du droit de pouvoir se porter demandeur sans
fournir caution. Il n'a pas voulu que l'étranger pût saisir nos
tribunaux d'une demande dénuée de tout fondement, sauf à
trouver ensuite dans sa qualité même d'étranger un facile
et sûr moyen d'échapper au remboursement des frais et au
paiement des dommages-intérêts pour le tort causé à l'adversaire par le procès. Dans ce but, la loi dénie à tout
étranger, sauf exception, la faculté de se porter demandeur
sans donner caution. Ce n'est donc pas à la qualité de la
personne du défendeur qu'il faut s'attacher pour résoudre la
question de savoir si la caution est due, mais bien au contraire à la personne du demandeur. L'article 16 crée bien
un privilége de nationalité, mais en ce sens que le droit de
plaider sans caution n'appartient qu'aux Français ou aux
personnes assimilées par des lois ou des traités, et non pas
comme l'entendent plusieurs auteurs, en ce sens que c'est
le droit d'exiger le bail de caution qui est accordé aux Fran-

(1) Demangeat, *Condition civile des étrangers*, p. 137.

çais. Cette précision, qui peut paraître subtile lorsque le litige s'élève entre Français et étrangers, est très-importante lorsque le procès met en présence deux étrangers (1), hypothèse que j'examinerai plus loin.

120. En principe, tout étranger est tenu de fournir la caution lorsqu'il intente une demande principale contre un Français, ou lorsqu'il intervient comme demandeur pour soutenir une action précédemment formée.

Le Français, demandeur en qualité de cessionnaire d'un étranger, n'est pas tenu de donner caution; car, ainsi que je l'ai dit sur l'art. 14, C. N. (no 67), ce n'est pas l'origine de la créance qu'il faut considérer, mais la personne qui introduit l'instance. L'étranger, cessionnaire d'un Français, sera par le même motif obligé, au contraire, de fournir la caution.

121. Mais le principe édicté par l'art. 16, C. N., n'est point absolu et souffre plusieurs exceptions qui résultent, soit de la loi comme dans l'art. 13, C. N., ou dans l'art. 16 lui même, soit de traités diplomatiques.

Ainsi, l'étranger admis par le gouvernement à établir son domicile en France, jouissant d'après l'art. 13 de *tous* les droits civils, assimilable quant à notre matière au Français lui-même, est virtuellement affranchi de la caution (2).

122. L'art. 16 lui-même établit une autre exception en faveur de l'étranger, qui possède en France des immeubles d'une valeur suffisante pour assurer le paiement des frais et dommages-intérêts du procès. Cette exception découle du droit romain et de la nature même des choses. *Sciendum est possessores immobilium rerum satisdare non compelli.* (L. 15. D. *qui satisdare.*) La loi a exigé des immeubles; par suite,

(1) Voir Demangeat, sur Fœlix, t. I, p. 275.
. (2) Boitard, *Procédure*, no 427. — Trib. de la Seine, 25 mars 1828. — Orléans, 26 juin 1828. — Bordeaux, 29 mai 1839.

un établissement industriel, quelle que fût son importance, une résidence même prolongée depuis longues années, l'acquisition d'un domicile de fait ne sauraient équivaloir à la possession des immeubles. Il n'est pas nécessaire que les immeubles soient situés sur le continent de la France. La question fut discutée au Conseil d'Etat, et à ces mots *immeubles sur le continent* furent substitués ceux-ci : *immeubles en France*. La possession d'immeubles situés dans les colonies est donc suffisante pour faire naître l'exception de l'art. 16.

123. M. Pigeau a émis l'avis que les immeuble devaient être situés dans le ressort de la Cour impériale, en se fondant sur l'art. 2023, C. N. Mais indépendamment de ce que la loi ne parle que des immeubles situés en France, on ne peut tirer argument de l'art. 2023 qui s'applique à une hypothèse toute différente. Il ne peut y avoir assimilation (1).

124. La possession même par indivis d'un immeuble est suffisante pour que l'étranger soit dispensé de fournir la caution (2).

125. C'est une question fort controversée que celle de savoir si l'usufruitier peut, comme le propriétaire, être dispensé de donner caution. Devant la classification que fait l'art. 526, C. N., qui comprend au nombre des immeubles l'usufruit des biens immobiliers, en présence surtout du motif qui a fait écrire l'art. 16, du but avoué de protéger les nationaux contre les entreprises téméraires d'étrangers insolvables, je crois que du moment que l'usufruit est d'une valeur suffisante pour couvrir les frais, il peut dispenser l'étranger de donner caution, tout comme la possession de biens immobiliers : car la sûreté qui peut se rencontrer dans cette possession n'est que la pensée secondaire, et non la pensée principale de la loi. Vainement argumente-t-on des lois romaines et de cette phrase d'Ulpien, *eum vero qui tantum usumfruc-*

---

(1) *Contrà* Pigeau, *Procédure*, t. I, p. 376.
(2) Bordeaux, 23 janvier 1849.

*tum habet, possessorem non esse.* Ce texte né concernait pas la caution qui nous occupe, mais bien la caution *in judicio sisti* (1). — Le nu-propriétaire et l'emphytéote sont aussi de véritables possesseurs d'immeubles, dispensés de se conformer à la prescription de l'art. 16.

126. Fœlix ne veut pas que la simple possession de fait des immeubles suffise pour dispenser l'étranger de fournir caution et permet au défendeur d'exiger cette caution, lorsque le demandeur étranger ne justifie pas avoir payé le prix d'acquisition de ces immeubles. Je crois cette solution un peu absolue, et devant la latitude qui appartient aux tribunaux dans leur appréciation souveraine de la valeur des immeubles, je ne crois pas qu'on puisse poser en règle générale que l'étranger, devenu propriétaire par l'effet d'une vente que le non-paiement peut faire résoudre, est tenu de donner caution, tant que, la résolution n'étant pas demandée, il est en paisible possession de l'immeuble acheté. Nos juges apprécieront les chances de résolution, et si celle-ci est imminente et prochaine, ils pourront alors déclarer la possession insuffisante. Mais leur solution n'impliquera nullement une théorie générale et absolue (2).

127. C'est encore une question fort controversée entre les commentateurs de nos codes que celle de savoir, si, lorsque l'étranger est dispensé de donner caution parce qu'il possède en France des immeubles suffisants, le défendeur peut prendre inscription hypothécaire sur ces biens. Delvincourt base l'affirmative sur une double considération. La simple justification de la propriété est insuffisante pour remplir le but de la loi, car l'étranger peut vendre tous ses immeubles avant la fin du procès et priver par là le défendeur de la sûreté que la loi lui accorde. Le jugement qui doit intervenir

---

(1) Delzers, *Cours de procédure*, t. II, p. 56. — *Contrà* Proudhon, *Usufruit*, t. I, n° 19. — Soloman, *Cond. des étrangers*, p. 80.

(2) Massé, *op. cit.*, n° 250. — *Contrà* Fœlix, *op. cit.*, n° 142.

pour déclarer suffisants les immeubles possédés par l'é-
tranger, confère nécessairement au défendeur une hypothèque judiciaire, en vertu de laquelle il peut prendre inscription conformément à l'art. 2123, C. N. Cette argumentation
reproduite par d'autres jurisconsultes postérieurs, a été vivement combattue par Merlin et par Toullier. L'art. 16 n'a
exigé de la part de l'étranger que la possession d'immeubles
d'une valeur suffisante ; on ne saurait aller au delà de sa
disposition et ajouter à un droit exceptionnel déjà rigoureux.
L'hypothèque ne serait en outre qu'une caution sous une autre
forme. L'étranger qui possède des immeubles en France offre
autant de garanties qu'un régnicole, de plus importantes
que le Français prolétaire, qui, quoique insolvable, n'est pas
tenu de fournir la caution *judicatum solvi*. Quant à l'hypothèque que la loi n'a pas accordée, elle ne résulte pas davantage de la nature des choses, car le jugement ne sera nécessaire que lorsque la suffisance des biens immeubles sera
contestée : ce qui arrivera rarement, la caution *judicatum
solvi* ne pouvant en général arriver à une somme élevée.
Par suite l'hypothèque n'existerait, dans le système même
de Delvincourt, que lorsque l'importance des immeubles serait
contestée. En outre, le jugement qui, sur la preuve faite par
le demandeur étranger de sa qualité de possesseur d'immeubles, le dispense de fournir caution, ne prononce aucune
condamnation contre lui et ne peut, dès lors, produire
hypothèque. Et du reste ne serait-il pas déraisonnable d'admettre que le procès injuste, suscité à l'étranger sur la question de possession, pût placer le défendeur, condamné dans
sa prétention, dans une position plus favorable. L'art. 2123
est ici inapplicable ; car l'hypothèque judiciaire ne peut
exister qu'au profit de celui qui a triomphé et non en faveur
de celui qui succombe. Or, le défendeur a succombé dans
le litige soulevé sur la question de suffisance. — Craint-on
que l'étranger ne vende les immeubles pendant le cours du
procès ? mais cette crainte est vaine et illusoire : pour une

misérable question de dépens , peut-on croire que l'étranger recoure à une pareille extrémité? En fait le danger n'existera pas : le système de Delvincourt, qui aggrave la position de l'étranger demandeur, doit donc être repoussé (1).

128. Une autre exception au principe de l'art. 16, C. N., résulte des traités diplomatiques. La dispense doit être énoncée dans les traités d'une manière au moins virtuelle. On ne saurait l'établir par induction et la tirer d'un traité abolitif du droit d'aubaine ; mais elle résulterait implicitement, au contraire, d'un traité portant d'une façon générale que les habitants d'un pays jouiront des mêmes droits que les régnicoles. Merlin pense cependant que la dispense de caution peut découler implicitement du traité diplomatique, qui autorise en France l'exécution des sentences rendues par les juges de la nation de l'étranger, demandeur actuel. « D'où » vient, dit-il, la nécessité de la caution *judicatum solvi,* » lorsque un étranger se constitue demandeur devant un » tribunal français? De ce qu'en thèse générale, les juge- » ments des tribunaux français sont sans effet en pays étran- » ger, comme les jugements rendus en pays étranger sont » sans effet en France. Or ce motif cesse absolument, lors- » que par un traité entre la France et la nation à laquelle » appartient le demandeur étranger, le jugement qui peut » intervenir contre celui-ci en France, est susceptible d'exé- » cution dans son pays (2). » Je ne saurais adopter cette opinion. Dans notre ancien droit, on dispensait quelquefois, il est vrai, de donner caution les étrangers nés dans des pays où régnait l'usage d'exécuter sur un simple *pareatis* les jugements rendus en France. Mais Merlin lui-même en fait

---

(1) Toullier, t. I, p. 265. — Merlin, v° *caution jud. solvi.* — Legat, *op. cit.,* p. 310. — Fœlix, *op. cit.,* n° 142. — Massé, *op. cit.,* n° 251. — *Contra* Delvincourt, t. I, p. 199. — Chauveau, sur Carré, n° 708 *bis.* — Boncenne , t. III , p. 197.

(2) Merlin , *Rép.,* v° *caution jud. solvi.*

la remarque. Ce système n'était adopté que lorsque des raisons d'Etat le demandaient, ou lorsque les Français étaient admis à plaider sans caution par le droit de la nation de cet étranger. La force exécutoire des sentences judiciaires n'était donc pas le seul motif de la dispense de caution. Du reste, il ne faut point oublier qu'à cette époque, chaque parlement, en l'absence de loi sur la matière, réglait à sa guise l'obligation de donner caution, et que la législation relative aux étrangers était loin d'être déterminée d'une manière uniforme. Quelques parlements avaient donc pu considérer comme une raison suffisante de dispenser de la caution, cette circonstance que les jugements français étaient exécutoires dans le pays du demandeur étranger. Mais en supposant même cette jurisprudence générale et constante, elle ne peut plus avoir aucune autorité, en présence du Code Napoléon.

De nos jours l'opinion de Merlin doit être rejetée. Si l'une des raisons, pour lesquelles a été imposée à l'étranger l'obligation de fournir caution, peut se rencontrer dans la difficulté éprouvée par le Français à faire exécuter en pays étranger les condamnations prononcées contre l'étranger demandeur, qui n'y seraient point exécutoires, là n'est point la raison principale. Le législateur a surtout voulu éviter au défendeur français les dépenses et les embarras inséparables du dérangement nécessité par une exécution poursuivie en pays étranger. Ces embarras et ces frais ne subsisteront-ils pas toujours, alors même que la sentence française sera exécutoire en pays étranger? Ne faudra-t-il pas aller demander cette exécution? La possibilité d'exécution n'est donc pas un motif suffisant pour dispenser l'étranger de fournir la caution *judicatum solvi*. C'est ce qui a été jugé, par la Cour de Colmar, le 12 avril 1859, à l'occasion du traité international intervenu entre la France et le grand duché de Bade, en vertu duquel les jugements rendus dans les deux pays seront réciproquement exécutoires l'un dans l'autre. La Cour juge que les sujets badois, qui se portent demandeurs devant les tribunaux français, demeurent soumis, même depuis le traité du 3 juin 1846, à l'obligation de fournir la caution *judicatum solvi*.

Le tribunal de la Seine (8e ch.) a jugé, le 14 juin 1864, que la dispense de fournir caution ne saurait s'induire ni de la loi de 1857, ni du traité de commerce de 1860, qui accordent aux Anglais la même protection qu'aux nationaux pour tout ce qui concerne la propriété des marques de fabrique. Il faut, en effet, distinguer entre le droit à la propriété et la procédure servant à le faire valoir en justice.

129. En l'absence de traité diplomatique, l'étranger demandeur se refuserait vainement à la dation de la caution, par le motif que la législation de son pays n'impose point cette obligation aux Français. L'art. 11, C. N., et l'esprit qui le dicta condamneraient cette prétention. Le législateur français n'a pas voulu admettre que la législation adoptée par une autre nation à l'égard des étrangers et des Français, pût déterminer en France les règles de droit applicables aux sujets de cette nation. L'indépendance de la France comme Etat souverain ne pouvait permettre que sa législation particulière, à l'égard des étrangers, dépendît ainsi des actes d'une autre puissance. Le législateur français n'a admis que la réciprocité diplomatique.

130. Le gouvernement français a fréquemment usé de la faculté que lui confère l'art. 11, C. N., de déterminer par des traités internationaux les droits civils dont jouiront, sous la condition de la réciprocité, les sujets d'autres nations. De nombreux traités sont venus dispenser bien des étrangers de l'obligation de fournir caution. Je citerai les conventions suivantes :

Le traité d'alliance conclu avec la Suisse, le 18 juillet 1828, porte dans son article 2 : « Il ne sera exigé des Français » qui auraient à poursuivre une action en Suisse, ni des » Suisses qui auraient une action à poursuivre en France,

» aucuns droits, caution ou dépôt auxquels ne seraient pas
» soumis les nationaux eux-mêmes, conformément aux lois
» de chaque localité. »

Le traité de limites conclu entre la France et la Sardaigne, le 24 mars 1760, applicable désormais à tous les sujets du roi d'Italie (V. n° 268), confirmé le 1er septembre 1860 par une convention interprétative, porte dans son art. 22 :
« Pour être admis au jugement, les sujets respectifs ne se-
» ront tenus de part et d'autre qu'aux mêmes cautions et
» formalités qui s'exigent de ceux du propre ressort, suivant
» l'usage de chaque tribunal (1). »

Une semblable dérogation résulte évidemment de l'art. 4 du traité conclu, le 29 octobre 1857, avec le roi des îles Sandwich, à Honolulu. Cet article est ainsi conçu : « Les su-
» jets respectifs auront un libre et facile accès auprès des
» tribunaux de justice pour la *poursuite* et la défense de leurs
» droits, en toute instance et dans tous les degrés de juri-
» diction établis par les lois ; ils jouiront des mêmes droits
» et priviléges que ceux qui sont ou seront accordés aux
» nationaux. »

Bien qu'en des termes quelquefois légèrement modifiés, la même disposition se retrouve dans les traités conclus entre la France et : le Chili, le 15 septembre 1846 (art. 3) ; la République Dominicaine, le 8 mai 1852 (art. 3) ; la République du Paraguay, le 4 mars 1853 (art. 9) ; le Portugal, le 9 mars 1853 (art. 1) ; la République de Honduras, le 22 février 1856 (art. 4) ; la Nouvelle-Grenade, le 15 mai 1856 (art. 4) ; la République de San Salvador, le 2 janvier 1858 (art. 4) ; le Nicaragua, le 11 avril 1859 (art. 4) ; le Pérou, le 9 mars 1861 (art. 3) ; l'Espagne, le 7 janvier 1862 (art. 2).

L'article 5 du traité conclu avec la Perse, le 12 juillet 1855, porte : « En France, les sujets persans seront également

_______

(1) Bastia, 8 février 1841. — Paris, 3 mai 1843.

» dans toutes leurs contestations, soit entre eux, soit avec
» des sujets *français* ou étrangers, jugés suivant le *mode*
» adopté dans cet empire envers les sujets de la nation *la*
» *plus favorisée.* » Cette disposition assimile les Persans, aux
Suisses, aux Sardes et aux sujets des puissances ci-dessus
mentionnées.

Du reste, ces nombreuses dérogations apportées au principe de l'art. 16, C. N., sont en réalité de minime importance. Dans la plupart des cas, en effet, les litiges soulevés
en France entre les Français et les sujets persans, chiliens,
péruviens, etc., seront des litiges commerciaux, et l'on sait
qu'en matière commerciale, la caution *judicatum solvi* n'est
point exigée.

131. Le caractère d'un souverain, d'un ambassadeur ou
autre agent diplomatique, n'est pas une cause d'exemption.
Comme je le dirai dans la troisième partie de cette étude,
les souverains et les ambassadeurs étrangers peuvent décliner la juridiction du lieu où ils se trouvent; mais il leur est
loisible aussi de se soumettre aux tribunaux de la nation.
L'ambassadeur doit alors se conformer aux lois du pays dont
il accepte la juridiction. La caution est, dans cette hypothèse, d'autant plus nécessaire que si elle n'était point fournie, le défendeur triomphant rencontrerait souvent d'invincibles obstacles pour exécuter la condamnation contre une
partie protégée, en France par le privilége de l'inviolabilité, dans sa patrie par la volonté arbitraire du souverain.
Denizart cite un arrêt du 15 mars 1732, qui condamna le
comte de Golowkin, ambassadeur de Russie, à fournir la
caution *judicatum solvi* (1). Le prince souverain de Hohenlohe fut condamné à fournir la même caution par jugement des requêtes de l'hôtel au souverain, le 11 janvier
1777. L'arrêt ayant été cassé, la grand'chambre du Parlement de Paris rendit un arrêt semblable, le 23 mai 1781.

(1) Denizart, v° *caution jud. solvi.*

« Pourquoi, disait l'avocat général Seguier, un souve-
» rain en serait-il exempt? Il n'est souverain que dans ses
» Etats : sa qualité est, au contraire, un titre de plus pour
» exiger de lui la caution, puisqu'il ne serait pas possible
» de mettre à exécution dans ses Etats, la condamnation
» qu'il aurait encourue. » Les tribunaux anglais appliquèrent
ces principes, il y a quelques années, à l'encontre du roi de
Grèce, Othon Ier : un roi agissant et plaidant comme un
simple particulier, ne peut se prévaloir d'une qualité, qui
n'est pas celle dans laquelle il agit. A plus forte raison, la
caution sera-t-elle demandée à l'Etat étranger qui, personne morale, se porte demandeur devant nos tribunaux
contre un Français (1).

132. C'est l'étranger demandeur qui est tenu de fournir la
caution. L'étranger défendeur ne saurait y être assujetti
pour deux motifs. L'inconvénient que le législateur a voulu
éviter dans l'art. 16, C. N., disparaît, lorsque c'est le Français qui a pris l'initiative. A lui de voir s'il ne trouverait
pas de plus grands avantages à renoncer au bénéfice de
l'art. 14, C. N., et à saisir les tribunaux de la nation de cet
étranger. La défense, en outre, est de droit naturel. Si rien
n'oblige le demandeur à agir, le défendeur est, au contraire,
forcé de se défendre. Pourquoi mettre, au profit exclusif du
demandeur, une entrave à l'exercice de la défense, qu'il
fait naître lui-même? Je ne comprendrais pas que le défendeur fût tenu de se laisser condamner sans défense faute
d'avoir fourni une caution pour les frais et dommages.

133. Mais ce n'est pas tout demandeur qui est obligé de
bailler caution. L'art. 166, Proc. civ., complétant l'art. 16,
C. N., n'exige cette caution que de l'étranger demandeur
*principal* ou *intervenant*. Le demandeur principal, c'est celui
qui introduit l'instance. Le défendeur, qui se rend recon-
ventionnellement demandeur, n'est pas soumis à l'obligation

(1) Merlin, *Répert.* et *questions*, v° *caution jud. solvi.*

de donner caution ; car sa demande reconventionnelle ou incidente est une défense à l'action principale. Celui qui forme une demande, défense nécessaire à une poursuite antérieure ou à un acte d'exécution, ne peut être considéré comme demandeur principal, ni tenu de fournir la caution. Il est défendeur relativement à la poursuite ou à l'exécution contre laquelle sa demande est dirigée.

134. Ainsi l'étranger opposant à une saisie réelle, à une saisie immobilière ou à une saisie-arrêt, demandeur en main-levée d'une opposition à délivrance de legs, ne peut être tenu de donner caution. C'est le saisissant qui est ici le demandeur originaire (1).

135. De même l'étranger, demandeur en nullité d'un emprisonnement pour dettes, est dispensé de cette obligation. Il n'attaque pas : il répond à une agression fort vive. L'ancienne jurisprudence avait adopté ce sentiment. Il a été cependant repoussé par la Cour de Paris, le 20 octobre 1831. Mais cet arrêt, qui, par l'adoption des motifs des premiers juges, se borne à affirmer la qualité de demandeur, est combattu par la majorité des auteurs (2). La solution serait encore la même, lors même que l'étranger joindrait, à sa demande en nullité de la saisie ou de l'emprisonnement, une demande en dommages-intérêts : celle-ci ne serait qu'un accessoire de la première.

136. L'étranger qui procède en France à une exécution par voie de saisie-arrêt, ou de saisie immobilière, est-il tenu de fournir la caution? On résout la question par une distinction. La caution est due lorsque l'étranger agit en vertu d'un titre non exécutoire, ou sans titre en vertu de

____

(1) Merlin, *Répert.*, v° *caution jud.*, § 3. — Demangeat, *Condition des étrangers*, p. 141.

(2) Chauveau, sur Carré, quest. 698. — Merlin, *loc. cit.* — Bruxelles, 12 juin 1828. — Trib. de la Seine, 22 octobre 1831. — *Contrà* Legat, *Code des étrangers*, p. 311.

la permission du juge. L'étranger ne peut être obligé à la fournir, au contraire, lorsqu'il s'agit d'une saisie pratiquée en vertu d'un titre exécutoire. Car, comme le dit Merlin, ce n'est pas que l'étranger ne soit, dans cette hypothèse, réellement demandeur principal; mais la partie saisie étant, par la présence même du titre exécutoire, légalement présumée débitrice, est censée avoir dans ses mains un gage suffisant pour répandre des condamnations qu'elle peut obtenir. L'étranger est donc dispensé de fournir caution, quoique demandeur, parce que son titre le fait présumer créancier, et que sa créance peut en quelque sorte être regardée comme une caution anticipée (1). Mais j'admettrai volontiers une précision qui vient corriger ce que cette opinion de Merlin peut avoir de trop absolu, et que j'emprunte à un arrêt de la Cour supérieure de Liége, en date du 29 novembre 1828. L'étranger, muni d'un titre exécutoire, ne me paraît devoir être dispensé de fournir caution, que lorsque la contestation ne roule pas sur la validité du titre lui-même. Cette contestation, du reste, doit être sérieuse et non illusoire, et les tribunaux me paraissent avoir toute liberté dans l'appréciation de son véritable caractère.

137. Mais l'étranger qui forme une demande en revendication d'objets saisis est réellement demandeur, et doit fournir la caution (2).

138. La jurisprudence de nos Cours et tous les auteurs sont unanimes pour exonérer de l'obligation de fournir caution l'étranger, qui, défendeur en première instance, interjette appel de la sentence prononcée contre lui. Cet appel n'est que la continuation de sa défense à la demande formée contre lui. L'ancienne jurisprudence s'était prononcée

(1) Merlin, *Répert.*, v° *caution jud. solvi.* — Requêt., 9 avril 1807. — Bordeaux, 3 février 1835. — Bruxelles, 26 février 1824, 21 avril 1838 et 15 mai 1841.

(2) Paris, 3 mars 1854.

dans ce sens comme il ressort de deux arrêts du parlement de Paris, rapportés par Brillon et Denizart, en date des 16 janvier 1717 et 4 mai 1736 (1).

139. Par la raison inverse, l'intimé, demandeur originaire, conserve cette qualité en cause d'appel et peut être obligé à fournir caution. L'étranger reste ce qu'il était originairement, le demandeur : il ne se défend contre l'appel que pour soutenir sa demande : il doit donc donner caution pour cette seconde instance. M. Demangeat, en ses notes sur Fœlix, ne partage point cet avis ; il estime que l'étranger est réellement constitué défendeur par l'appel interjeté, quel que fût son rôle en première instance, et que sa défense ne doit pas être entravée par la nécessité de donner une caution. Je ne saurai me ranger à l'avis du savant professeur, par ce motif que l'appel n'est pas une instance diverse, mais la continuation, la suite de la première, une seconde phase du même procès. Dans le cas actuel, une nouvelle caution est due en appel, quoiqu'elle ait été demandée et fournie en première instance. La caution ordonnée par les premiers juges ne peut, à moins de disposition expressément contraire, s'appliquer qu'aux frais et aux dommages-intérêts de première instance. La nouvelle caution ne couvrira que les frais d'appel (2).

140. La caution peut-elle être demandée en appel lorsqu'elle n'a pas été réclamée en première instance, et que, par son silence à cet égard, le défendeur a encouru devant les premiers juges la déchéance prononcée par l'art. 166, Cod. proc. civ. ? Il ne s'agit assurément pas des frais de première instance, mais de ceux que va occasionner l'appel. La jurisprudence, après s'être pendant trente années prononcée

___

(1) Denizart, v° *caut. jud.* — Brillon, v° *caution*, n° 225. — Chauveau, sur Carré, quest. 700. — Metz, 27 août 1817. — Limoges, 20 juillet 1832. — Paris, 31 janvier 1835 et 24 avril 1849.

(2) Demangeat, sur Fœlix, p. 279.

pour la négative, est revenue sur cette solution, et les arrêts les plus récents admettent que la caution *judicatum
solvi* peut être réclamée en cause d'appel contre un étranger
demandeur et appelant, bien qu'elle n'ait pas été demandée
en première instance. La jurisprudence de la Cour de Paris
est solidement établie en ce sens. C'est là la vraie solution,
non pas parce que l'instance d'appel est une instance diverse (je viens de dire le contraire), mais parce que les
renonciations ne se présument pas, et que le silence du
défendeur en première instance ne saurait équivaloir à une
renonciation au droit d'exiger la caution pour le cas d'un
appel. Le défendeur a eu foi en la solvabilité du demandeur
pour les frais de première instance : il n'a plus la même
confiance quant aux nouveaux frais à faire sur l'appel. Du
reste, comment les premiers juges pourraient-ils comprendre les frais éventuels d'appel dans la fixation de la caution?
Ne serait-ce pas inciter l'étranger à dédaigner leur propre
sentence et à tenter inconsidérément la voie du second
degré (1)?

141. Les mêmes principes s'appliquent en cas de requête
civile ou de pourvoi en cassation.

142. L'art. 166 proc. impose aussi l'obligation de fournir
la caution à l'étranger intervenant. Mais remarquez-le : l'intervenant n'est tenu de cette obligation que lorsqu'il est demandeur en intervention. Est-il, au contraire, assigné et
forcé d'intervenir même pour le demandeur principal, il ne
doit pas la caution : car il reste défendeur en ce qui le regarde.

143. La loi permet d'exiger la caution dans toutes les matières civiles sans exception. Ainsi elle est due devant la jus-

_______________

(1) Paris, 14 mai 1831, 19 mars 1838, 23 juillet 1840, 19 novembre 1856.
— Bordeaux, 27 février 1843 et 23 janvier 1849. — *Contrà* Toulouse, 27 décembre 1819 et 16 août 1831. — Douai, 15 avril 1833. — Bruxelles, 20 avril
1833. — Marcadé, sur l'art. 16.

tice de paix comme devant les tribunaux civils ordinaires. Elle l'est aussi en matière administrative (1). Peut-elle être exigée de l'étranger qui se porte partie civile devant la juridiction criminelle, ou devant les juges correctionnels ou de simple police ? La généralité des termes de l'art. 16 ne permet pas, ce semble, d'en dispenser l'étranger demandeur ou intervenant principal ; ce sentiment est suivi par presque tous les jurisconsultes. Mon savant maître, M. Chauveau, professe une opinion opposée. Dans des lignes pleines de vives images, comme tous les écrits dus à la plume de l'infatigable jurisconsulte, il oppose l'honneur, le premier de tous nos biens, aux intérêts commerciaux, et se demande s'il est possible que ceux-ci soient plus favorisés que cet intérêt inestimable. C'est une question de législation que soulève l'honorable professeur et non pas une question d'interprétation légale. L'étranger n'est guère dans une situation plus dure que le Français lui-même. Et lorsque le ministère public, seul juge de l'intérêt que peut avoir la société à la répression, refuse de poursuivre, le régnicole qui veut faire condamner le délinquant par la justice correctionnelle n'est-il pas tenu d'*acheter* le droit de poursuite, de payer, d'avancer les droits de citation, de témoins et autres ? Où est le mal quand on oblige l'étranger à fournir en outre caution pour les frais et les dommages-intérêts dus à son adversaire ? Il ne s'agit après tout que d'un intérêt pécuniaire, et pourquoi la position de l'étranger serait-elle plus favorable devant la justice correctionnelle ou criminelle que devant les tribunaux civils (2) ?

144. L'exception se réduit donc aux matières commerciales. Le commerce exige une grande rapidité dans les transactions, vit de crédit, et s'accommoderait mal de l'obligation

_______

(1) Conseil d'Etat, 23 janvier 1820.

(2) Cass., 3 février 1814 et 12 février 1846. — Bordeaux, 15 juillet 1841. — *Contrà* Chauveau, sur Carré, n° 701. — Paris, 5 février 1840.

dé fournir caution. L'ancienne jurisprudence avait elle aussi admis cette exception ; c'est ce qui résulte de divers arrêts des parlements de Paris, de Provence et de Bordeaux.

Si au cours de l'instance commerciale s'élève un incident de nature à être renvoyé devant la juridiction civile, cet incident ne peut modifier le caractère commercial de la cause et ne rend pas la caution obligatoire (1).

145. Je ne veux point examiner la question si débattue, si connue que fait naître le rapprochement des art. 166, 169 et 173, Proc. civ., sur le point de savoir quelle des trois exceptions d'incompétence, de caution et de nullité d'exploit doit, en réalité, être proposée la première. En me reportant aux motifs qui ont fait écrire les art. 16, C. N., et 166, Proc. civ., je suis amené à dire que l'exception de caution doit être proposée la première, puisque l'examen des deux autres exceptions fera toujours naître certains frais que la caution *judicatum solvi* a justement pour but de couvrir. Cependant, en présence des décisions opposées de la doctrine et de la jurisprudence, les plaideurs feront bien de faire toutes leurs réserves, ou mieux encore, de suivre le conseil que donne mon honorable maître, M. Rodière, et de les proposer toutes simultanément (2). Mais l'exception de caution serait inévitablement couverte en proposant toute autre exception que celles de renvoi ou de nullité, ou par une plaidoirie sur le fond.

146. La caution doit être demandée : le juge ne saurait la suppléer d'office ; mais il ne doit l'accorder que pour les frais et dommages-intérêts *résultant du procès*. La garantie ne s'étend pas aux dommages-intérêts qui forment l'objet

(1) Sur la question de savoir si la matière est ou non commerciale, voir Massé, *Droit commercial*, 1re édition, t. II, nos 252 à 260.

(2) Voir en sens divers : Metz, 26 avril 1820. — Bruxelles, 17 octobre 1828. — Bourges, 20 juillet 1838. — Bordeaux, 15 juillet 1841. — Trib. de la Seine, 22 décembre 1863.

de l'action principale, ni à ceux qui, nés pendant le procès, n'en sont pas la conséquence nécessaire. Elle ne s'étend pas davantage aux amendes encourues au cours du procès au profit du trésor, ni aux droits fiscaux auxquels s'expose l'étranger. Aussi a-t-il été jugé que l'étranger admis au bénéfice de l'assistance judiciaire, n'est point pour cela dispensé de fournir la caution. La loi du 22 janvier 1851, toute fiscale, le dispense d'exposer des frais que le trésor public prend à sa charge ; mais elle n'a par aucune disposition restreint les droits des régnicoles qui ont à plaider contre des étrangers (1).

147. La caution est fournie dans la forme des cautions ordinaires par le dépôt d'une somme d'argent, par la dation d'un fidéjusseur. L'étranger, qui ne fournit pas celle à laquelle il a été assujetti par le jugement, ne doit pas être déclaré déchu de son action, mais seulement déclaré quant à présent non recevable (2).

§ 5. — Législations étrangères.

148. Toutes les législations des peuples civilisés admettent l'étranger à saisir les tribunaux du pays des actions personnelles, intentées contre les nationaux, pour obtenir l'exécution des obligations contractées par ces derniers, dans leur patrie ou en pays étranger : les unes, par une application pure et simple de la maxime générale du droit, *actor sequitur forum rei;* les autres, en vertu d'une disposition spéciale de leurs lois. Les législations de cette dernière catégorie ont pris le Code Napoléon pour modèle, et ont reproduit la règle de notre article 15. Ce sont celles du grand duché de *Bade* (art. 15, Cod. civ.), de l'ex-royaume des

____

(1) Trib. civils de la Seine, 18 octobre 1856 ; — de Sartène, 2 mai 1859 ; — de Soissons, 28 août 1861.

(2) Bordeaux, 24 janvier 1851.

*Deux-Siciles* (art. 16), du canton Suisse de *Vaud* (art. 9), du royaume de *Pologne* (art. 14), du royaume d'*Haïti* (art. 17).

149. L'obligation imposée par la loi française à tout demandeur étranger de donner la caution *judicatum solvi*, se retrouve aussi dans toutes les législations des pays civilisés. Elle y a été admise par les mêmes motifs qui l'ont faite inscrire dans l'art. 16, C. N. Mais chaque législation apporte à ce principe des modifications particulières.

Le Code *sarde* dispense de cette obligation l'étranger qui a un domicile fixe dans les Etats sardes ; disposition sage et rationnelle que je serais heureux de voir introduire dans la législation française. L'étranger domicilié de fait en France, offre, en effet, les mêmes garanties que le Français lui-même. La législation de la Sardaigne admet, en outre, une autre modification plus importante. Elle admet la réciprocité de fait, et ne permet pas d'exiger la caution de l'étranger originaire d'un pays dans lequel celle-ci n'est point imposée aux sujets de la Sardaigne. Cette disposition, quoiqu'elle fasse dépendre en quelque sorte les droits des Sardes de la volonté du souverain du plus petit Etat, me paraît cependant constituer une amélioration conforme à l'esprit général de la civilisation, favorable à la création de rapports d'amitié et de bienveillance réciproques entre les peuples.

L'art. 260 du code de procédure de l'ancien royaume de *Naples* reproduisait littéralement l'art. 166 du code de procédure civile français.

Le Code *polonais* comprend dans le montant de la caution à fournir, non-seulement les dommages-intérêts, mais aussi la privation du gain, et assimile à la possession des immeubles celle d'un établissement industriel. C'est là encore un progrès incontestable sur la législation française ; comment comprendre qu'en France, en présence du développement considérable de l'industrie et du commerce, un établissement industriel ou commercial ne puisse produire le même effet que la possession du plus médiocre immeuble. C'est encore là une des traces vivantes de ce préjugé autrefois si répandu parmi nous, que les biens immobiliers sont préférables à tous autres. *Rerum mobilium vilis possessio.* Il est à désirer que les affaires purement politiques laissent enfin quelque trève à nos gouvernants et leur permette de s'occuper d'une révision de nos lois civiles, révision partielle mais indispensable, qui rajeunira le code Napoléon, œuvre magnifique et durable prise dans son ensemble, mais incomplète et susceptible de modifications partielles très-importantes. L'étude des législations étrangères facilitera cette heureuse réforme.

Le code de procédure civile du canton de *Genève* (art. 67 et 68) dispense de donner caution l'étranger domicilié avec autorisation, celui qui possède des biens suffisants et celui qui appartient à un Etat dans lequel la caution n'est pas exigée du Génevois demandeur.

La législation du grand duché de *Bade* fait cesser l'obligation de fournir la caution, 1º lorsque l'étranger possède dans le duché des immeubles ou des objets que la loi répute immeubles d'une valeur suffisante ; 2º au cas de faillite ou de déconfiture ; 3º au cas d'exécution de jugements ou d'actes ; 4º en matière de commerce ; 5º lorsque l'étranger a été judiciairement sommé de se porter demandeur ; 6º lorsqu'il est probable que la partie liquide de la créance sera suffisante pour couvrir les frais et les dommages-intérêts.

L'art. 153 du code de procédure des *Pays-Bas*, libère de l'obligation de fournir caution l'étranger possesseur d'immeubles, mais à la condition qu'il consentira une inscription hypothécaire sur lesdits immeubles. Ce code n'admet pas d'exception pour les matières commerciales.

En *Bavière*, la loi du 22 juillet 1819 dispense l'étranger demandeur de fournir caution, 1º lorsqu'il possède des immeubles en Bavière ; 2º au cas de faillite ou de déconfiture ; 3º en matière de lettres de change ; 4º lorsqu'une partie de la créance se trouve liquide. Si une reconvention est formée contre cet étranger, il doit donner caution jusqu'à concurrence de l'évaluation du principal, des fruits, intérêts et dommages résultant de cette reconvention.

La législation de l'*Autriche* impose à l'étranger demandeur l'obligation de fournir caution, quand il ne possède point dans l'étendue de la province où sera jugé le procès une fortune suffisante pour répondre des frais de justice. Elle admet une exception en faveur du demandeur qui affirme sous serment qu'il se trouve hors d'état de fournir cette caution.

Le code du *Hanovre* ne fait exception qu'en faveur du demandeur qui possède dans le royaume des immeubles d'une valeur suffisante pour assurer le paiement.

En *Angleterre*, le demandeur étranger est tenu de fournir la caution, excepté dans le cas où il réside en fait dans le royaume. J'ai déjà cité l'exemple d'Othon Ier, roi de Grèce, condamné par les juges anglais à fournir la caution *judicatum solvi*.

La législation *grecque* dispense l'étranger de fournir caution : 1º lorsque ce demandeur possède en Grèce des immeubles d'une suffisante valeur ; 2º si la partie non contestée de la créance suffit pour couvrir les frais et dommages-intérêts ; 3º en matière de commerce ou de lettre de change ; 4º au cas de stipulations spéciales dans les traités diplomatiques.

### IV. — Sanction de la condamnation. Contrainte par corps.

150. La sentence est prononcée ; l'étranger est condamné. Lui permettra-t-on de s'enfuir, de quitter la France, ne laissant à son créancier français aucun gage ou seulement des biens insuffisants ? Pourra-t-il, s'il est sans fortune apparente, rester en France, y vivre paisible, se rire en sécurité de celui qu'il a indignement surpris et des sentences de nos

tribunaux? Faut-il, comme le dit M. Troplong, faut-il livrer les nationaux aux manœuvres de ces intrigants inconnus, de ces escrocs cosmopolites, qui viennent chercher des dupes et tenter de surprendre la fortune hors de leur patrie? Le sens intime répond négativement; l'obéissance, le respect dû aux sentences judiciaires confirme cette instinctive réponse. Priver l'étranger de sa liberté de locomotion, n'est-ce pas un moyen sûr de le forcer à exécuter le jugement intervenu entre le Français et lui? La contrainte par corps se présente donc aussitôt comme la sanction obligée des principes émis dans les art. 14 et 15, C. N. C'est la rigueur la plus extrême du droit civil; et comme toutes les institutions qui sont l'*ultima ratio* de la justice, ainsi que le remarque le même jurisconsulte, elle soulève de vives contradictions. Je dirai plus tard si son abolition est nécessaire, ou si, conservée, cette institution ne doit pas cependant subir quelques modifications, dans son application aux étrangers.

151. La contrainte par corps, appliquée aux étrangers, remonte à une ancienne origine. Toutes ou presque toutes les législations antiques et modernes en admettent le principe. En France, l'ordonnance de 1667 laissait les étrangers soumis à la contrainte par corps pour toute espèce de dettes (1). Après 1789, comprise dans le mouvement novateur de l'époque, cette mesure d'exécution fut abolie par le décret du 9 mars 1793. Elle fut rétablie le 4 floréal an VI. Le code civil parut. Il gardait le silence : on conclut de la combinaison des art. 11, 13 et 2063, que le sort des étrangers était le même que celui des nationaux, que les étrangers n'étaient contraignables qu'en vertu du droit commun. Des scandales causés par des étrangers de mauvaise foi amenèrent la loi du 10 septembre 1807. Un doute subsistait encore : on prétendait que la nouvelle loi ne s'appliquait pas

---

(1) Parlement de Paris, 2 septembre 1684.

aux dettes commerciales contractées par des étrangers. Cette loi a été remplacée par le titre 3 de la loi générale du 17 avril 1832 sur la contrainte par corps. Le doute n'est plus possible désormais. La nouvelle loi apportait, en outre, une amélioration désirée. La durée de la contrainte exercée contre les étrangers, devint temporaire de perpétuelle qu'elle était. La loi du 13 décembre 1848 a encore apporté des adoucissements à la législation antérieure.

Dans un exposé sommaire, j'examinerai, *secundum subjectam materiam*, la nature de la contrainte par corps, par et contre quelles personnes et pour quelles dettes elle peut être exercée, sa durée et ses formes.

### § 1. — Nature de cette institution.

152. La contrainte par corps est une voie d'exécution, qui a pour but d'éprouver la solvabilité des débiteurs de mauvaise foi. Elle donne au créancier le droit de retenir son débiteur en prison et de le forcer par ce moyen à accomplir ses engagements. Elle n'est pas la punition d'un délit, car le stellionat n'est qu'un dol civil. Elle a lieu dans l'intérêt particulier et pécuniaire des individus, et ne peut être exercée que dans les cas spécialement prévus par le législateur.

La contrainte par corps contre un Français ne peut être prononcée que sur les conclusions formelles de l'adversaire, et ne résulte que d'une disposition expresse des jugements. La contrainte d'*office* est formellement interdite. Il en est différemment envers les étrangers. La loi dit : *Tout jugement de condamnation..... emporte la contrainte par corps.* Virtuellement attaché à la condamnation, elle en découle par la puissance même du titre judiciaire et la volonté formelle du législateur. C'est une voie commune et générale, et de même que dans les jugements on ne mentionne pas les voies *ordinaires* d'exécution contre les débiteurs, de même il n'est pas nécessaire de permettre l'usage de la contrainte par corps dans la sentence rendue contre l'étranger (1).

§ 2. — Des Français qui peuvent user de la contrainte par corps.

153. Toutes les personnes françaises, physiques ou morales, peuvent exercer le droit exceptionnel inscrit dans l'art 14 de la loi de 1832. Un étranger ne peut s'en prévaloir ; le texte est formel. J'ai déjà dit qu'elles étaient, quant à notre matière, les personnes qui possédaient la qualité de françaises (n° 24). Il est donc certain pour moi que l'étranger, domicilié en France avec l'autorisation du chef de l'Etat, peut exercer contre un autre étranger non domicilié la contrainte par corps. Cependant cette opinion n'est pas généralement admise. M. Troplong remarque que cette autorisation n'empêche pas l'étranger de rester tel, qu'il n'est pas devenu Français. Or, les art. 14 et 15 de la loi de 1832 déclarent positivement que les condamnations n'emportent la contrainte par corps, que lorsqu'elles sont intervenues au profit d'un Français (2). L'argument n'est pas concluant : car il faudrait également dire que l'art. 14, C. N., ne parlant que du Français, n'est pas applicable à l'étranger domicilié avec autorisation, et cependant c'est l'opinion contraire qui est généralement adoptée (n° 68). La loi de 1832 ne parle que du Français, parce qu'elle oppose ce terme au mot *étranger* : elle prend le mot *Français* dans le sens large et général et s'occupe du reste, comme la loi civile, du *quod plerumque fit*. Si l'on se reporte aux motifs qui ont fait introduire la contrainte par corps, on n'en peut refuser l'exercice à l'étranger domicilié. Cet étranger, qui a en France ses propriétés, sa fortune, un établissement industriel considéra-

_______

(1) Bordeaux, 16 février 1830.
(2) Troplong, *contrainte*, n° 498. — Massé, *op. cit.*, t. II, n° 353. — Fœlix, *op. cit.*, n° 499.

ble, n'a-t-il pas droit à être protégé ? Que devient, dans le système de M. Troplong, l'art. 13, C. N., et la concession des droits civils faite par ce texte à l'étranger autorisé à établir son domicile ? Veut-on distinguer entre les droits civils plus ou moins rigoureux ? Mais, comme le dit M. Demolombe, cette distinction est arbitraire : elle n'existe nulle part.

Mais, dit-on, le droit d'exercer la contrainte par corps n'est pas un droit civil ; c'est une mesure politique introduite pour que les citoyens ne soient pas dépouillés par d'aventureux étrangers : c'est un privilége rattaché à la réciprocité internationale, lié au droit public et politique. — Non : cette liaison avec le droit public n'existe pas. On l'affirme, mais on ne la démontre pas. Quelques jurisconsultes ont aussi voulu voir, dans l'art. 14, C. N., une disposition de droit public. J'espère avoir démontré combien cette opinion était erronée : la Cour de cassation a toujours admis la faculté de renoncer au bénéfice de ce texte. La question actuelle est analogue avec celle-là. Je ne sache pas que personne ait soutenu qu'il n'était pas permis au Français de renoncer à user de la contrainte par corps : je ne doute pas de la validité de cette renonciation. Serait-elle possible, si la loi de 1832 édictait une *mesure politique ?* La renonciation aux droits politiques, aux droits civiques, à ces droits qui intéressent la nation toute entière, à ces droits que la loi constitutionnelle concède dans l'intérêt général plus que dans l'intérêt privé, cette renonciation est-elle permise et liera-t-elle le renonçant ? Nul jurisconsulte n'oserait le soutenir. Eh bien, peut-on renoncer à exercer la contrainte par corps ? C'est demander si un créancier peut renoncer à user d'un jugement qui lui est favorable, c'est demander s'il peut faire remise de la dette, remise qui emportera virtuellement renonciation aux garanties accessoires. Et celui qui pourrait remettre le principal, ne pourrait pas abandonner *spécialement* la garantie, le droit accessoire ? On peut donc renoncer au bénéfice de la loi de 1832. Aussi, tout en regrettant qu'un usage peu réfléchi de ces grands mots sonores, *ordre public*, *intérêt politique et général,* induise quelquefois en erreur des écrivains de mérite, soyons assurés que le droit d'exercer la contrainte par corps est un droit civil. Donc, l'étranger, autorisé à établir son domicile en France, jouissant par suite des droits civils, peut contraindre par corps un autre étranger non domicilié (1).

154. Le Français, cessionnaire d'une créance primitivement constituée au profit d'un étranger par un autre étranger, peut exercer la contrainte par corps. Comment pourrait-elle être évitée, puisqu'elle est virtuellement attachée à toute condamnation, et que dans l'hypothèse, il est intervenu un jugement en faveur du Français créancier. Aussi m'est-il impossible de comprendre, sur cette question, la distinction déjà faite à propos de l'art. 14, C. N., entre les dettes civiles et les dettes commerciales transmissibles par la voie de l'endossement. N'y a-t-il pas condamnation, et que fait-on de l'art. 14 de la loi de 1832 et de ses termes : *envers un Français, sans distinction entre les dettes civiles et commerciales.* Peut-on avoir un droit acquis à telle ou à telle autre voie d'exécution ? Le principe de la non-rétroactivité serait-il blessé, si, une loi nouvelle inventant un nouveau mode d'exécution, les juges l'appliquaient à des obligations antérieures ? Non, dis-je avec M. Demolombe, « on ne peut » pas dire que les particuliers aient eu spécialement en vue » les formalités de procédure et d'exécution telles qu'elles » étaient réglées par les lois au moment où leurs droits et » obligations ont pris naissance. » La contrainte par corps est une voie d'exécution. L'étranger ne peut donc avoir acquis le droit d'y être soustrait. Je constate à regret que le

(1) Demolombe, t. I, n° 266. — Pardessus, *Droit com.*, t. V, n° 1528. — *Contrà* Aubry et Rau, sur Zachariæ, § 586 *bis.* — Troplong, *op. cit.*, n° 497. — Coin-Delisle, *contrainte*, sur l'art. 13. — Douai, 7 mai 1828. — Paris, 8 janvier 1831 et 21 mars 1842.

savant doyen de la Faculté de Caen enseigne sur la question actuelle une solution diamétralement opposée (1).

155. Les héritiers du créancier français pourront, quelle que soit leur nationalité, exercer la contrainte par corps, si leur auteur a intenté l'action avant son décès. Le jugement de condamnation remonte avec tous ses effets au jour de la demande : les créanciers ne doivent pas souffrir du retard mis par le tribunal ou causé par le grand nombre des affaires. Les héritiers trouvent dans le patrimoine du créancier défunt avec le droit principal, la créance, le droit accessoire d'exercer la contrainte par corps. Le créancier français est-il, au contraire, mort sans avoir intenté l'action, ses héritiers français pourront seuls user du bénéfice de la loi de 1832. Les héritiers étrangers ne le pourront jamais, pas plus qu'ils ne peuvent argumenter de l'art. 14, C. N.

§ 3. — Des étrangers contraignables par corps.

156. En principe, toute personne physique à laquelle s'applique *passivement* l'art. 14, C. N., est soumise à l'exercice de la contrainte par corps. Les explications déjà fournies à propos de cet article conservent en général ici toute leur valeur, *mutatis mutandis*. Cependant quelques précisions sont indispensables : certaines exceptions doivent être spécialement admises en matière de contrainte par corps.

157. S'il est bien certain que l'étranger, domicilié en France avec l'autorisation du gouvernement, pouvant exercer *activement* la contrainte par corps, ne peut y être *passivement* soumis (2), que faut-il penser de l'étranger domicilié sans

______

(1) Aubry et Rau, sur Zachariæ, § 586 *bis*. — Bodin, *Rev. prat.*, 1858. — Demolombe, t. I, n° 59. — *Contrà* Merlin, *quest.*, v° *étranger*, § 4. — Demangeat, sur Fœlix, t. I, p. 466. — Demolombe, n° 260 *bis*. — Paris, 12 avril, 1850. — Douai, 10 février et 2 mars 1858.

(2) Rejet, 6 février 1826. — Paris, 25 avril et 2 mai 1834. — Aubry et Rau sur Zachariæ, § 586 *bis*.

autorisation, de celui qui de *fait* et *d'intention* s'est établi en France et y a acquis un véritable domicile ? Je ne pense pas qu'il soit soumis à la contrainte par corps. L'examen du texte et des motifs de l'art. 14 de la loi de 1832 me confirment dans cette pensée. Le texte : en effet, la loi ne dit point : *l'étranger non autorisé à établir son domicile,* mais bien : *l'étranger non domicilié ;* ce qui est fort différent. En présence des art. 102 et 103, C. N., est-il possible de refuser à l'étranger la faculté d'avoir en France un véritable domicile ? Le domicile est un fait accompagné d'intention. Le fait, la loi ne peut pas le nier : il s'impose ; l'intention, mais c'est encore un fait à l'égard de la loi. Les conditions constitutives du domicile sont réalisables par toute personne, par les étrangers comme par les nationaux ( n° 187 ). En présence des motifs de la loi de 1832, le doute ne me paraît pas possible. Qu'a-t-on voulu ? Empêcher l'étranger de fuir, le forcer à exécuter la condamnation. La fuite est-elle à craindre de la part d'un homme domicilié sur notre territoire, qui y a transporté sa famille, ses affections, son commerce, son industrie et ses intérêts ? — Mais il n'a que des biens insuffisants. Faible raison : combien de Français n'ont que des biens insuffisants, et cependant il n'existe pas pour eux de disposition analogue à celle de l'art. 14 de la loi de 1832. Donc le texte et les motifs, la raison, tout concourt à faire adopter la négative sur la question posée. Et l'étranger domicilié sans autorisation ne doit être soumis à la contrainte par corps, que dans les cas où elle atteint les Français eux-mêmes (1).

158. Mais en admettant, même pour un moment, que l'étranger domicilié avec autorisation peut seul être soustrait à la contrainte par corps, je ne puis souscrire à un arrêt de la Cour de Paris du 17 janvier 1863. La Cour décide que

____

(1) Massé, *op. cit.,* n° 354. — *Contrà* Paris, 16 août 1811, 25 août 1842, 5 décembre 1844 et 15 décembre 1855. — Aubry et Rau, sur Zachariæ, § 586 *bis*.

l'étranger ne peut, au cas de retrait de l'autorisation, être poursuivi à raison de la même dette pour être déclaré passible de la contrainte par corps, alors que celle-ci n'a pu, vu l'autorisation impériale, être prononcée lors du jugement de condamnation : l'autorité de la chose jugée y fait obstacle d'après la Cour. Je réponds avec l'arrêtiste du recueil de Sirey (1864, 2. 33) que, « quand une décision repose sur » des faits susceptibles d'être modifiés avec le temps, cette » décision n'est bonne et stable qu'eu égard aux faits anté- » rieurs au procès ; le même débat ne saurait être renou- » velé, si aucun changement n'est survenu dans l'état des » choses ; des faits nouveaux, au contraire, motivent et jus- » tifient une demande nouvelle : ils ont pu modifier, au » point de vue du droit, les rapports des parties : aucun » préjugé n'existe sur un état de faits que le tribunal pré- » cédemment saisi n'a ni connu, ni prévu : les magistrats » statuent sur le passé et n'engagent jamais l'avenir. » Aucune fin de non recevoir n'est opposable au créancier : il n'a commis aucune faute. Comment aurait-il pu renoncer à un droit qu'il ne pouvait avoir, en présence du décret impérial d'autorisation ? On ne peut lui reprocher de n'avoir pas demandé l'accessoire en même temps que le principal ; ce droit accessoire, il ne l'avait pas. Il l'acquiert depuis et on lui en refuserait l'exercice. Ce serait méconnaître toutes les règles de la matière de la renonciation. Quant à l'art. 127, Proc. civ., il suffit de se reporter aux motifs qui l'ont fait écrire pour s'assurer que ce texte est entièrement étranger à la question actuelle.

159. Le fait de l'établissement de son domicile en France peut seul préserver l'étranger débiteur de l'application de l'art. 14 de la loi de 1832. Vainement posséderait-il des immeubles sur le territoire français, vainement y aurait-il fondé un établissement commercial ou industriel ; cette circonstance, qui suffit pour empêcher l'arrestation provisoire, est impuissante à paralyser l'exécution d'un jugement défi-

nitif par la voie de la contrainte par corps. Les paroles du rapport fait par le comte de Portalis à la chambre des pairs, le 22 décembre 1834, paraissent favoriser une solution opposée ; mais je ne crois pas que le rapport d'une commission d'une chambre soit une base sûre d'interprétation. Je préfère m'en tenir au texte clair et précis de la loi. C'est là un des points les plus défectueux de la loi de 1832. Si la loi, qu'on prépare en ce moment au Conseil d'Etat, n'abolit pas la contrainte par corps, le législateur devra remanier l'article 14 de la loi de 1832, l'harmoniser davantage avec l'article 16 et le respect pour la liberté humaine. Dans l'hypothèse actuelle, le créancier français n'est-il pas rassuré par toutes les voies d'exécution que le Code de procédure met à ss disposition ?

160. La loi du 10 septembre 1807 ne désignait pas les personnes étrangères *affranchies* de la contrainte par corps. On s'en référait alors au Code civil. Les septuagénaires et les femmes, sauf le cas de stellionat, les mineurs devaient en être exempts. Art. 2064 et 2066, C. N. (1). La loi de 1832 s'est expliquée sur ce point dans ses articles 18, 19 et 21. Les considérations d'humanité et de décence, qui, pour les nationaux, avaient fait admettre le bénéfice de l'âge, du sexe, de la parenté, militaient aussi en faveur des étrangers. Les septuagénaires ne sont pas, sauf le cas de stellionat, soumis à la contrainte par corps, ni pour dettes *civiles*, ni pour dettes *commerciales*. Les femmes étrangères en sont aussi affranchies pour dettes *civiles*, sauf le cas de stellionat. Mais elles y sont soumises pour les dettes *commerciales*, lorsqu'elles sont marchandes publiques, lorsqu'elles font le commerce. L'art. 18 se réfère nécessairement à l'art. 2 de la même loi, qui limite les cas dans lesquels les femmes peuvent être assujetties à la contrainte par corps (2).

(1) *Contrà* Paris, 8 mars 1811.
(2) Paris, 24 juin 1864.

161. La contrainte par corps n'est jamais applicable au débiteur étranger au profit : 1º de son mari ni de sa femme ; 2º de ses ascendants, descendants, frères et sœurs ou alliés aux mêmes degrés. Dans aucun cas, elle ne peut, d'après la loi de 1832, être simultanément exécutée contre le mari et la femme pour la même dette. Les art. 10 et 11 de la loi du 13 décembre 1848 sont venus modifier la loi de 1832. On a étendu aux oncles et tantes, grands-oncles et grand'-tantes, neveux et nièces, petits-neveux et petites-nièces, la prohibition précédemment portée par l'art. 19 de la loi de 1832. La contrainte ne peut plus, en outre, être exercée simultanément contre le mari et la femme, même pour *dettes différentes*. Il y avait de la barbarie à atteindre les deux époux, en laissant les enfants et le foyer domestique sans guide et sans gardien, les époux incarcérés sans un appui à l'extérieur. Et pourquoi ? Pour favoriser une fraude coupable du créancier qui faisait contracter les deux époux dans deux actes séparés, chacun pour deux sommes dif-férentes, et éludait ainsi la règle protectrice de la loi de 1832.

162. Ces diverses dispositions renferment une lacune : elles ne parlent pas du *mineur* étranger. De ce silence faut-il induire, avec quelques arrêts, que le mineur est soumis à la contrainte par corps, alors que les femmes et les septua-génaires en sont affranchis (1) ? Je ne le pense pas. Si la loi de 1832 ne protège pas le mineur nominalement, le droit commun ne peut lui manquer, ni l'art. 2064, C. N. Je vais plus loin : la loi de 1832 ne devait pas parler du mineur. En matière civile, elle avait pour but de modifier la rigueur du Code, de rendre la durée de la contrainte par corps li-mitée, d'indéfinie qu'elle était. En matière commerciale, on voulait introduire le bénéfice des exemptions absolues et

_________

(1) Bordeaux, 23 décembre 1828. — Paris, 19 mars 1830 et 19 octobre 1854. — Aubry et Rau, sur Zachariæ, § 586 *bis*.

relatives dérivant de l'âge, du sexe, de la parenté. Où était la place du mineur? qu'était-il besoin de parler de lui déjà protégé par l'art. 2064, C. N.? Parce que le législateur n'a pas fait une superfétation, peut-on prétendre que sa volonté se soit modifiée? La loi de 1832 n'a pas abrogé le Code civil : elle l'a corrigé en quelques points, mais les autres sont restés intacts.

163. La déclaration de faillite prononcée par un tribunal étranger ne peut faire obstacle au droit du créancier français d'exercer contre le débiteur étranger la contrainte par corps. Mais si la faillite a été déclarée par un tribunal français, nul créancier ne peut exercer la contrainte par corps. Comment le débiteur, dessaisi de ses biens, pourrait-il payer ses dettes? Il faut donc appliquer l'art. 455, Cod. de comm. Cette solution n'est point applicable à l'arrestation provisoire (1).

§ 4. — Des dettes qui entraînent la contrainte par corps.

164. Toute dette, *civile* ou *commerciale*, emporte la contrainte par corps contre les étrangers, tandis que celle-ci n'est prononcée contre les Français que dans des cas peu nombreux, strictement limités par la loi. Il n'y a pas de distinction à faire entre les diverses obligations, ni au point de vue de leur source, ni à celui de leur origine. Née d'un contrat ou d'un délit, d'un quasi-contrat ou d'un quasi-délit, contractée en France ou en pays étranger, créée au profit d'un Français ou d'un étranger qui a postérieurement cédé sa créance, l'obligation amène toujours la contrainte par corps, qui résulte de plein droit du jugement de condamnation. Celle-ci a lieu même pour les dettes nées avant la publication de la loi. Elle est une voie d'exécution, et les lois de procédure peuvent, sans blesser le principe de la non-ré-

_______

(1) Demangeat, sur Fœlix, t. II, p. 234. — Trib. de la Seine, 28 février 1856.

troactivité, s'appliquer dès l'instant de leur promulgation (1).
Comme en matière d'arrestation provisoire, la dette doit
être supérieure à 150 fr. Remarquons que la loi parle d'une
somme principale : donc les intérêts, les frais et autres accessoires ne pourraient servir à composer cette somme.

§ 5. — Durée et formes de la contrainte par corps.

165. La durée de la contrainte contre les étrangers était
perpétuelle sous la loi du 10 septembre 1807. L'étranger insolvable ne pouvait obtenir son élargissement qu'à l'âge de
soixante-dix ans. L'humanité réclamait une réforme sur un
point, source de décisions judiciaires contradictoires. Cette
réforme fut formulée dans l'art. 17 de la loi de 1832. Cette
dernière disposition a été ensuite abrogée par l'art. 12 de la
loi du 13 décembre 1848 : *Dans tous les cas où la durée de
la contrainte par corps n'est pas déterminée par la présente loi,
elle sera fixée par le jugement de condamnation dans les limites
de six mois à cinq ans.* Cette disposition de la loi nouvelle
s'applique incontestablement aux étrangers. L'énoncé de son
titre, la place qu'elle occupe, les expressions générales
qu'elle emploie le démontrent; et pour tout esprit non prévenu, les paroles du rapporteur de la commission achèvent
cette démonstration. M. Durand s'exprimait ainsi, le 23 octobre 1848 : « Les étrangers non domiciliés seront soumis à
» la règle générale posée par l'art. 12 du projet de loi que
» nous vous proposons : le maximum de la durée de la con-
» trainte sera réduit, par conséquent, de dix à cinq ans,
» et le minimum de deux à six mois. » Aussi dans les deux
premières années qui suivirent la loi de 1848, la Cour de
Paris jugeait-elle que l'art. 12 était applicable aux étrangers (2). Plus tard, quelques chambres de cette Cour préfé-

(1) Requêt., 22 mars 1809 et 12 juin 1817. — Metz, 12 février 1820.
(2) Paris, 31 janvier et 12 avril 1850.

rèrent la solution opposée, et, malgré les conclusions contraires du ministère public, déclarèrent les étrangers encore soumis à l'art. 17 de la loi de 1832 (1). D'autres chambres ont récemment persisté dans la vraie doctrine. Comme le disait très-bien la première chambre, il est impossible d'admettre qu'en faisant exactement et sans discussion ce que sa commission lui proposait, l'assemblée ait entendu cependant faire le contraire. C'est une grave inconséquence de venir, après avoir adopté l'application aux étrangers des règles générales des titres 3 et 5 de la loi, de venir repousser parmi les *Dispositions Générales*, la seule de ces dispositions qui soit indiquée par le rapporteur de la loi comme devant leur être appliquée (2).

166. Lorsque les étrangers sont condamnés pour dettes commerciales, sont-ils alors soumis à la disposition de l'art. 4 de la loi de 1848, qui fixe elle-même la durée de la contrainte par corps et la fait varier de trois mois à trois ans, selon le montant de la condamnation? L'affirmative ressort pleinement pour moi des termes de l'art. 12 sus-mentionné... *Dans* TOUS LES CAS *où la durée de la contrainte par corps n'est pas déterminée par* LA PRÉSENTE *loi*, etc...., et je viens de dire que ce dernier article est applicable aux étrangers. Cette solution, conforme au véritable esprit de la loi, a été adoptée par la Cour de Paris (3). La 3e chambre de la même Cour, qui avait formellement jugé le contraire, le 28 août 1861, s'est ralliée à la jurisprudence de la première chambre, par son arrêt du 13 décembre 1862.

167. Les juges, qui en prononçant la contrainte par corps,

---

(1) Paris, 31 décembre 1853, 21 janvier 1854, 15 décembre 1855 et 8 août 1856.

(2) Demangeat, sur Fœlix, t. II, p. 234. — Paris, 11 janvier, 26 février et 4 mars 1859, 28 août 1861.

(3) Paris, 4 mars 1859 et 17 novembre 1862. — Trib. de la Seine, 5 février 1859.

en matière civile, ont omis d'en fixer la durée, né peuvent réparer cette omission par une décision ultérieure. Dans ce cas, la durée de la contrainte est limitée de droit au minimum fixé par la loi. Les juges ne peuvent ni ajouter ni modifier la décision antérieure : ils ont épuisé leur juridiction. Le demandeur peut alors recourir à la voie de l'appel ou du pourvoi en cassation. Mais s'il a laissé passer les délais et acquérir au jugement l'autorité de la chose jugée, l'application de la loi ne peut être faite qu'en faveur de la liberté, et une fois expiré le minimum de la durée, l'incarcéré doit être remis en liberté (1).

168. Le délai de la contrainte pour l'étranger court du jour de l'emprisonnement provisoire, et non du jour seulement où cet emprisonnement est devenu définitif en vertu du jugement. Comme le disait le tribunal de la Seine, l'arrestation opérée par application de la loi du 17 avril 1832, n'est pas purement préventive. « Elle a un caractère tout » provisoire et s'identifie avec le jugement qui en consacre » la validité, parce que ce jugement n'est pas attributif, » mais déclaratif du droit d'exécution (2). »

169. Les formes de l'arrestation définitive des étrangers sont exactement les mêmes que celles de l'emprisonnement pour dettes des Français. Je ne m'en occuperai point ici. Art. 32 de la loi du 17 avril 1832.

170. La matière de la contrainte par corps va, dit-on, être révisée à la législature prochaine. Après avoir relu la discussion de 1848, je penche vivement pour sa conservation surtout à l'égard des étrangers. Mais on devra, à mon sens, réformer l'art. 14 de la loi de 1832. D'obligatoire, la

_______

(1) Nîmes, 16 août 1838. — Paris, 9 juin 1836, 11 janvier et 26 février 1859, 28 août 1861. — *Contrà* Cass., 14 mai 1836 et 12 juin 1857. — Aix, 30 mars 1838. — Amiens, 6 novembre 1839. — Douai, 11 janvier 1856. — Rouen, 11 août 1856.

(2) Trib. de la Seine, 4 décembre 1835.

contrainte par corps devra devenir facultative. Le juge devra la prononcer sur les conclusions formelles du créancier, et elle ne résultera plus de plein droit du jugement. Il est bon de laisser à nos tribunaux un certain pouvoir d'appréciation et de ne pas les forcer à faire passer sous le même niveau l'homme malheureux et le fripon malhabile. Je désirerais aussi l'assimilation de la contrainte par corps à l'arrestation provisoire, et que l'étranger possédant un établissement commercial, des immeubles, fournissant une caution solvable, ne fût plus, au cas de dette civile, contraignable par corps.

Pour les matières commerciales, j'assimilerais l'étranger au Français, tout en conservant l'arrestation provisoire, mesure excellente contre les escrocs et les joueurs impudents. Il faudrait aussi, ce me semble, élever le taux de la dette commerciale ou civile et ne pas autoriser l'emprisonnement pour une somme inférieure à 300 fr. On ne peut méconnaître ce fait économique, que depuis 1832 le prix nominal des choses a augmenté, et que la valeur réelle de la monnaie a au contraire subi une dépréciation remarquable depuis les nouveaux envois d'or de l'Australie et de la Californie. On fait remarquer que les aubergistes, les hôteliers, les petits fournisseurs seront victimes d'une élévation du taux de la dette. Pour eux, les pertes de 150 fr. sont déjà importantes. Cette considération me touche peu : les aubergistes et les hôteliers sont sauvegardés par le privilége de l'art. 2102, 5° C. N. ; les tailleurs par le privilége édicté par le 4° du même article. Quel hôtelier prudent doit faire des avances au voyageur dépourvu de bagages ? *Vigilantibus jura subveniunt.*

Telles sont les réformes que je crois désirables ; mais en présence des scandaleux et nombreux procès, sortis de ce monde interlope, qui forme à Paris la majeure partie de la colonie étrangère, de ce monde de barons allemands sans titre, de comtesses italiennes sans comté, de spéculateurs

impudents et de fripons émérites, je crois qu'il serait dangereux de toucher au principe lui-même de la contrainte par
corps.

§ 6. — Législations étrangères.

171. Le *droit commun allemand*, les Codes de procédure
civile d'*Autriche*, de *Prusse*, de *Bavière*, autorisent la contrainte par corps. La *Belgique*, la *Prusse rhénane*, la *Bavière
rhénane* et la *Hesse rhénane*, ont conservé la loi du 10 septembre 1807. La législation du grand-duché de *Bade* fait
résulter la contrainte de tout jugement rendu contre un
étranger et passé en force de chose jugée : elle autorise aussi
l'arrestation avant tout jugement contre l'étranger qui n'offre
pas de garanties, art. 2060. A *Genève*, l'art. 683 du Code de
procédure civile est ainsi conçu : « La contrainte par corps
» sera prononcée dans toute espèce de condamnations, au
» profit d'un individu domicilié dans le canton, contre l'é-
» tranger qui n'y sera pas domicilié : ne sera considéré
» comme étranger domicilié dans le canton que celui qui
» aura demandé et obtenu la permission d'y fixer son do-
» micile. »

La législation des *Pays-Bas* accorde le droit de contrainte
par corps pour toutes les dettes sans distinction contractées
envers des sujets néerlandais. Il en est de même en *Danemark*, où le temps de l'emprisonnement est limité à quinze
ans, lorsque le débiteur est étranger. En *Suède*, la contrainte
par corps doit être prononcée par le jugement, et a lieu
pour dettes constatées par des lettres de change ou des
billets à ordre. En *Russie*, cette voie d'exécution peut être
exercée contre tous les étrangers, et ceux-ci sont tenus de
faire insérer trois fois dans les journaux l'annonce de leur
départ, afin que leurs créanciers soient prévenus.

Dans l'ancien royaume de *Sardaigne*, l'art. 405 du Code
civil faisait résulter la contrainte de tout jugement de con-

damnation pour une dette de 300 livres. Les législations espagnole et portugaise autorisent aussi, sauf quelques exceptions, l'exercice de la contrainte par corps.

En *Angleterre* et en *Ecosse*, cette voie d'exécution peut être appliquée à l'étranger dans les cas où elle est autorisée par les lois anglaises, et alors même que dans la patrie de cet étranger, elle ne serait pas admise. Aux Etats-Unis, la contrainte par corps n'est autorisée qu'avec de grandes restrictions.

La législation *grecque* permet cette voie d'exécution contre tout étranger condamné par un jugement d'un tribunal grec au paiement d'une somme d'argent, ou à l'exécution d'une obligation de faire, et qui ne possède pas des immeubles en Grèce, ou ne fournit pas une suffisante caution.

En cette matière, les législations européennes sont toutes calquées sur le même moule, et ne se différencient guère que par quelques détails (1).

## ARTICLE II.

### DES CONTESTATIONS CIVILES ET COMMERCIALES ENTRE DEUX ÉTRANGERS.

172. Déterminer la compétence des tribunaux français à l'égard des contestations civiles ou commerciales élevées entre deux étrangers, c'est résoudre une question complexe dont la nature même exige l'examen de plusieurs questions spéciales plus circonscrites. Depuis quelques années, grâce à l'accroissement des relations internationales, à la facilité des communications, un grand nombre de contestations ju-

___

(1) Voir pour une étude moins sommaire : Fœlix, *Droit intern.*, t. II, n° 483 et suiv. — Anthoine de Saint-Joseph, *Concordance des codes*, etc. — *Revue étrangère*, t. VI, VIII et IX. — Foucher, *Collection des lois civiles et criminelles*, etc.

diciaires ont tour à tour soulevé ces diverses questions. Pour leur exposition, je suivrai l'ordre déjà adopté dans le précédent article, et j'examinerai successivement la compétence de nos tribunaux, suivant que l'action intentée par un étranger contre un autre étranger est réelle, mixte ou personnelle.

### I. — Action réelle immobilière.

173. Le territoire est français comme les personnes, disais-je, et les tribunaux français, compétents pour juger les différends nés entre personnes françaises, sont habiles à connaître des contestations relatives aux immeubles situés sur le sol de la France. C'est là une conséquence forcée du principe d'ordre public, qui soumet à l'empire de la loi française tous les immeubles, même ceux possédés par des étrangers. C'est la consécration de l'indépendance réciproque des nations. L'extranéité des parties n'est pas un élément de nature à modifier la solution. L'action réelle immobilière doit donc être portée devant les juges français qui ne pourraient se déclarer incompétents sans violer l'art. 3, C. N. La doctrine et la jurisprudence sont unanimes sur ce point (1).

### II. — Action mixte.

174. La solution reste la même lorsque l'action, relative à des immeubles situés sur le sol français, est de la nature de celles que l'on nomme *mixtes*. Ces actions peuvent toujours, en effet, être considérées comme réelles et elles rentrent, en cette qualité, dans la compétence de nos juges (2).

175. Si l'action mixte a pour objet des immeubles situés

---

(1) Paris, 23 thermidor an XII, 28 juin 1834. — Colmar, 12 août 1817. — Art. 3 du traité avec la Suisse, du 18 juillet 1828.

(2) Bordeaux, 18 décembre 1846.

en pays étranger, nos tribunaux ne peuvent en connaître que lorsque cette action, considérée comme personnelle, rentre encore dans leur compétence, malgré l'extranéité des deux parties. A une action de ce genre s'appliquent alors les principes qui régissent la matière des actions personnelles ou mobilières.

### III. — Action personnelle ou mobilière.

176. J'ai déjà indiqué quel motif fait réunir en une seule étude les actions personnelles, les actions mobilières, et celles relatives aux questions d'état. Déterminer la compétence de nos tribunaux lorsque ces actions sont intentées entre étrangers, est une œuvre assez délicate, en l'absence de dispositions législatives formelles, en présence des variations de la doctrine et des décisions souvent contradictoires de la jurisprudence. Je suis bien éloigné de prétendre traiter ce sujet d'une manière irréprochable : je veux seulement présenter ici la doctrine qui me paraît la plus vraie, la plus juridique et la plus équitable. Lorsque l'ordre de ce travail les amènera sous ma plume, j'examinerai les décisions doctrinales et judiciaires les plus importantes.

177. Je constate d'abord le silence absolu, complet que gardent nos Codes sur les contestations civiles ou commerciales élevées entre étrangers. Nul texte ne prévoit une situation de jour en jour plus fréquente. Quelle est la cause de cette lacune ? Est-ce dédain ou mépris ? Non ; ce n'est hélas ! qu'un oubli, un de ces oublis trop fréquents dans nos Codes pour les intérêts ainsi méconnus, bien rares, vu la rapidité de l'œuvre. J'admire profondément ces jurisconsultes, qui, dans quelques mois à peine, surent toucher à des questions si diverses, si délicates, infinies presque, et écrivirent le Code Napoléon. Mais je regrette que les désirs impatients du maître les aient empêchés de reprendre les questions mises à l'écart et de combler par une révision

dernière les lacunes de leur œuvre. Le soldat heureux croyait peut-être que l'on réforme une législation comme il équipait une armée. Il ne savait pas que c'est une œuvre patiente et laborieuse qui demande de longs jours de réflexion, et la discussion publique qu'il lui avait refusée. Que de questions ainsi provisoirement mises à l'écart et livrées ensuite au plus complet oubli ! C'est ce qui arriva pour celle qui m'occupe.

Le 6 thermidor an IX, on discute au Conseil d'Etat l'art. 14 du Code actuel. « Le consul Cambacérès dit qu'il est né-
» cessaire d'ajouter à cet article une disposition pour les
» étrangers qui, ayant procès entre eux, consentent à plai-
» der devant les tribunaux français. » Après une légère et courte discussion sur la caution *judicatum solvi*, « M. De-
» fermon rappelle la seconde exception proposée par le con-
» sul Cambacérès pour les étrangers qui, ayant procès l'un
» contre l'autre, consentent à plaider devant un tribunal
» français : il considère ce consentement comme établissant
» un arbitrage qui doit avoir son effet. Il demande si un
» étranger peut traduire devant un tribunal français un au-
» tre étranger qui a contracté envers lui une dette payable
» en France. M. Tronchet répond que le principe général
» est que le demandeur doit porter son action devant le juge
» du défendeur ; que cependant, dans l'hypothèse proposée,
» le tribunal aurait le droit de juger si sa juridiction n'était
» pas déclinée. M. Defermon observe que ce serait éloigner
» les étrangers des foires françaises, que de leur refuser le
» secours des tribunaux pour exercer leurs droits sur les
» marchandises des étrangers avec lesquels ils ont traité.
» M. Réal répond que, dans ce cas, les tribunaux de com-
» merce prononcent. M. Tronchet ajoute que la nature des
» obligations contractées en foire ôte à l'étranger défendeur
» le droit de décliner la juridiction des tribunaux français.
» Mais l'article en discussion ne préjuge rien contre ce prin-
» cipe, il est tout positif ; on ne peut donc en tirer une con-

» séquence négative. Il ne statue que sur la manière de dé-
» cider les contestations entre un Français et un étranger,
» et ne s'occupe pas des procès entre étrangers. L'article est
» mis aux voix et adopté (1). »

178. Ainsi donc les rédacteurs du Code n'ont pas voulu dans cette séance s'expliquer nettement sur la compétence des tribunaux français entre étrangers. M. Tronchet constatait que le silence du Code ne préjugeait en rien la question actuelle. Plus tard, les rédacteurs ont omis de réglementer ce point, et nulle loi postérieure n'est venue réparer cet oubli. Dans cet état de choses, à quel principe faut-il s'attacher ? La solution est-elle abandonnée à l'arbitraire caprice de chacun, ou y a-t-il, au contraire, une règle certaine, indiscutable, qui domine toute la matière, qui donne la clé de toutes les difficultés ? Oui, cette règle existe. Si les procès-verbaux du Conseil d'Etat ne nous donnent pas une solution nette et déterminée, ils ont néanmoins leur utilité. Ils nous indiquent la pensée première de nos législateurs, leur volonté de s'incliner devant la règle que le demandeur doit saisir le juge du défendeur, et cette autre pensée encore que les plaideurs étrangers peuvent proroger la juridiction de nos tribunaux. Puisque aucun article de loi postérieur n'est venu déterminer le juge des contestations entre étrangers, c'est donc le principe général de toute la procédure du droit moderne : c'est la règle du droit des gens, admise par le consentement unanime des nations, proclamée par nos législateurs, la règle *actor sequitur forum rei* qui reprend tout son empire. C'est donc devant le juge du domicile du défendeur que doit être portée la demande. Seul, il est compétent pour connaître d'une action personnelle. Ce principe domine toute la matière, mais il souffre plusieurs exceptions produites par certaines circonstances ; il doit se combiner avec d'autres principes, combinaison délicate, source de

(1) Locré, t. II, p. 44.

bien des difficultés ; car s'il est général, il n'est cependant pas absolu.

Voici l'ordre que je vais suivre dans cette étude : Dans une première section, j'examinerai la situation faite à certains étrangers par des traités internationaux ; dans une deuxième, l'hypothèse où le défendeur étranger est domicilié en France ; et dans une troisième, celle où ce défendeur n'a en France aucun domicile. Je dirai en terminant quelques mots de la caution *judicatum solvi* et des législations étrangères.

PREMIÈRE SECTION.

*Des étrangers partiellement assimilés aux Français.*

179. L'art. 11, C. N., réserve au gouvernement la faculté d'accorder à des étrangers, par des traités internationaux, sous la condition de la réciprocité diplomatique, tout ou partie des droits civils. Le pouvoir exécutif a fréquemment usé de cette délégation de l'autorité législative et a donné à un assez grand nombre d'étrangers le droit de procéder devant nos juges. Ceux-ci sont compétents en vertu de cette attribution spéciale. Parmi ces traités, je signalerai celui conclu entre la France et le roi des îles Sandwich, à Honolulu, le 29 octobre 1857. L'art. 4 est ainsi conçu : « Les sujets » respectifs auront un libre et facile accès auprès des tribu- » naux de justice pour la *poursuite* et la *défense* de leurs » droits, *en toute instance,* et dans *tous* les degrés de juri- » diction établis par les lois : ils jouiront des mêmes droits » et priviléges que ceux qui sont ou seront accordés aux na- » tionaux. »

La même disposition se trouve reproduite bien qu'en des termes différents dans les divers traités que j'ai déjà mentionnés au n° 130, à la nomenclature desquels, il faut joindre celui qui avait été conclu avec l'ancien grand-duché de Toscane, le 15 février 1853.

A première vue, l'on serait porté à conclure des termes mêmes de ces traités, *ils jouiront des mêmes droits et privilèges que ceux qui sont accordés aux nationaux*, que les étrangers appartenant aux nations susmentionnées sont entièrement assimilés aux Français, que le privilége exhorbitant de l'art. 14, C. N., leur est concédé avec toutes ses conséquences, et qu'ils peuvent assigner en France tout débiteur étranger, fût-il hors de France. Je ne pense pas cependant que telle soit la véritable interprétation des articles de ces divers traités. Ces textes doivent s'expliquer par les motifs qui les ont dictés, par le but proposé ; et argumenter strictement de la lettre d'un article, n'est pas toujours le moyen sûr de saisir sa véritable portée. Quel but se proposaient les auteurs de ces traités? Pour favoriser les relations internationales, ils voulaient dispenser les étrangers présents en France de l'obligation de recourir à des juges souvent fort éloignés, leur éviter des déplacements coûteux, un retard préjudiciable, faciliter une prompte solution de leurs litiges et activer ainsi leurs transactions actuelles. Mais ils n'ont pu vouloir que le Péruvien ou le Persan, fortuitement présent en France, pût poursuivre devant les tribunaux français l'exécution d'une obligation contre un étranger, resté dans son pays, loin des terres de France dont il ignore peut-être l'existence. Quelle utilité procurerait un jugement rendu dans de semblables conditions ? Ne faudrait-il pas aller le mettre à exécution sur la terre étrangère, et quel effet y produirait-il ? Ce n'est donc que lorsque les deux plaideurs étrangers, appartenant à une même ou à différentes nationalités, se trouvent tous deux présents sur le sol français au moment de l'introduction de l'instance, qu'ils peuvent valablement saisir nos juges de la connaissance de leurs contestations.

Ce qui me conduit à croire que telle était la véritable pensée des auteurs des traités, c'est la liaison intime qui relie les articles dont je m'occupe avec les articles avoisi-

nants. Tous ces textes, ceux qui précèdent et ceux qui suivent, tous supposent la présence sur le sol d'une des nations contractantes d'individus appartenant à l'autre nation. On y stipule la faculté de voyager, de séjourner, de s'établir, le droit d'acquérir et de posséder des biens meubles et immeubles, de prendre des maisons à loyer, le respect des propriétés acquises, la soumission aux impôts ordinaires, etc., etc. Or, on ne doit jamais, surtout en matière de conventions diplomatiques, isoler un texte de ceux qui l'environnent. Agir différemment, c'est s'exposer à en perdre le véritable sens. Par leur comparaison, les divers articles d'une loi ou d'un traité, jettent une mutuelle lumière sur leurs dispositions, et tel texte obscur ou incomplet, pris isolément, s'éclaire ou se complète par le rapprochement des textes voisins. Cette règle d'interprétation doctrinale est parfaitement applicable à la question actuelle. Les auteurs des traités ont prévu dans un article l'hypothèse de la présence de leurs nationaux sur la terre étrangère, et pour éviter d'inutiles redites, la supposent implicitement dans les articles suivants. Je trouve la preuve que telle est bien la véritable interprétation de ces conventions diplomatiques, dans l'art. 2 de la convention passée entre la France et l'Espagne, le 7 janvier 1862. « Les Français, dit cet article
» en *Espagne* et les espagnols en *France* jouiront récipro-
» quement d'une constante et complète protection pour leurs
» *personnes* et leurs *propriétés*. Il auront *en conséquence* un
» libre et facile accès auprès des tribunaux de justice, tant
» *pour réclamer* que pour *défendre* leurs droits à tous les
» degrés de juridiction établis par les lois, etc. » Les termes de cet article ne laissent, à mon sens, aucun doute. Je viens de dire cependant qu'il ne fallait pas strictement s'attacher aux expressions d'un texte : mais je puis, ce me semble, sans me contredire, en tirer argument toutes les fois qu'elles sont en harmonie avec la pensée du législateur, déjà révélée en dehors du texte lui-même. Ce n'est point là s'étayer ex-

clusivement sur la lettre d'un article ; c'est, au contraire, éclairer réciproquement la lettre par l'esprit, et la pensée par la lettre de la loi.

180. Ainsi donc, d'après l'esprit et les termes de ces traités, la compétence de nos tribunaux s'étend aux contestations de *toute nature* qui peuvent s'élever, sur le sol français, entre les sujets des puissances susmentionnées et d'autres étrangers. Quant au droit concédé par les mêmes traités d'actionner en France des Français, c'est une concession superflue en présence de l'art. 15., C. N.

Ce que la généralité de ce principe peut avoir d'effrayant pour certains esprits, disparaît devant la réflexion. En pratique, dans le cours ordinaire, les contestations, soumises par ces étrangers à nos tribunaux, seront presque toujours des litiges commerciaux ou des procès civils touchant à des intérêts pécuniaires. Les juges Français n'auront guère de difficulté à prononcer leur sentence ; car ils en puiseront les éléments dans le droit des gens, dans les principes généraux de la loi française ou dans ces règles d'équité, que la nature place dans le cœur de tout homme et qu'y développe la réflexion. Nos tribunaux seront, il est vrai, quelquefois appelés à juger des questions d'état, à prononcer des séparations de corps ; mais je ne sache pas de texte qui les oblige à appliquer les lois étrangères qu'ils sont censés ignorer. Pour eux, elles sont des faits dont le demandeur doit fournir la preuve ; ils les apprécient souverainement sans craindre la censure de la Cour Suprême, et ne les appliquent que lorsqu'elles ne blessent pas quelque principe de notre droit public. Mais ces cas sont fort rares en pratique, et, du reste, le principe des traités est certain : nos tribunaux sont compétents.

181. Il résulte aussi de l'art. 3 du traité conclu entre la France et la république Helvétique, le 18 juillet 1828, que le tribunal français « du lieu où le contrat a été stipulé, » est compétent pourvu que les deux Suisses soient présents

en ce lieu lors de l'introduction de l'instance (1). Nos juges, en vertu du même article, seraient encore valablement saisis, si les parties étaient convenues de leur soumettre leur litige.

182. Les Anglais ont dernièrement prétendu que l'art. 8 du traité d'Utrecht, du 11 avril 1713, attribuait juridiction à nos tribunaux pour les contestations s'élevant entre les habitants de la Grande-Bretagne. Mais sur un remarquable rapport de M. le conseiller Nachet, leur prétention a été rejetée par la la Cour de cassation, le 27 janvier 1857.

183. Aux termes de l'art. 7 du traité conclu entre la France et la Russie, le 11 janvier 1787, lorsque des contestations s'élèvent en France entre deux Russes, si l'une des parties ne consent pas à soumettre le différend au consul de leur nation, elle peut s'adresser aux tribunaux ordinaires du lieu de sa résidence, et les deux parties sont tenues de se soumettre à leur juridiction. On lit, en outre, dans l'art. 16 du même traité que « dans le cas où il s'élèverait des con-
» testations sur l'héritage d'un Russe mort en France, les
» tribunaux du lieu où les biens du défunt se trouveront,
» devront juger le procès suivant les lois de la France. » Cet article ne distingue pas si les contestations s'élèvent entre un Russe et un Français ou entre deux Russes, ni s'il s'agit de meubles ou d'immeubles.

184. A propos de ces divers traités, il est utile de mentionner que les traités particuliers d'hospitalité, de commerce, etc., conclus entre deux Etats, ne sont pas anéantis, mais seulement suspendus par l'état de guerre survenu ultérieurement. Ces traités reprennent tout leur empire après la paix. On doit soigneusement les distinguer des traités généraux et politiques, réglant les conditions de paix et d'alliance entre deux nations. La guerre peut bien modifier

(1) Nancy, 2 avril 1849.

les liaisons politiques : mais elle ne saurait détruire irrévocablement les droits privés des particuliers (1).

185. Le droit pour les étrangers de se faire juger en France ne saurait découler de la simple réciprocité, de ce fait que dans le pays de ces étrangers, les Français peuvent s'actionner entre eux devant les juges du lieu. L'art. 11., C. N., exige la réciprocité diplomatique, et nos législateurs n'ont pas voulu faire dépendre la jouissance des droits civils en France, au profit des étrangers, des actes du souverain du plus mince Etat. L'indépendance réciproque des Etats leur a paru s'opposer à cette soumission, indirecte mais réelle. Ainsi, bien qu'aux Etats-Unis les tribunaux soient dans l'usage de connaître des procès élevés en matière civile entre Français, les juges français ne sauraient être tenus, à titre de réciprocité, de prononcer sur les contestations élevées en France entre des Américains (2).

## DEUXIÈME SECTION.

### *De l'étranger défendeur domicilié en France.*

186. Il y a en France deux catégories d'étrangers domiciliés : 1° ceux qui ont établi leur domicile avec l'autorisation du gouvernement. Je n'ai point à m'occuper de ces étrangers. Ils sont, au point de vue de la compétence des tribunaux, de véritables français, en vertu de l'art. 13, qui les appelle à jouir des droits civils. Pouvant user du bénéfice de l'art. 14, ils sont aussi régis par l'art. 15., C. N., et il ne peut être douteux que toute action, *quelle qu'elle soit*, intentée contre un étranger, domicilié en France avec autori-

____

(1) Cass., 15 juin 1811 et 9 juin 1825. — Colmar, 2 avril 1824. — Poitiers, 2 juin 1824. — Aix, 25 novembre et 8 décembre 1858. — *Contrà* Crim., 23 décembre 1854

(2) Rejet, 22 janvier 1806.

sation, est compétemment portée devant un tribunal français.
Je ne reviens pas sur ce point (1).

187. La seconde catégorie comprend les étrangers qui, en
France, ont acquis un véritable domicile en dehors de l'autorisation du chef de l'Etat. Ils font le sujet de l'étude actuelle. Mais dès l'abord je me heurte à une question en quelque sorte préjudicielle, celle de savoir si, *en droit,* un étranger peut avoir un domicile légal en France sans l'autorisation
gouvernementale, comme il peut avoir, *en fait,* une simple
résidence. D'éminents jurisconsultes, dont la parole fait justement autorité, adoptent la solution négative (2). Je me
suis déjà placé au nombre des partisans de l'affirmative :
mais je dois examiner plus attentivement la question ; elle
est ici capitale (V. n° 156).

188. Qu'est-ce que le domicile? C'est, d'après M. Demolombe lui-même, un lieu qui est le *siége légal de la personne,*
où elle est présumée ne rien ignorer de ce qui y est adressé
pour elle, un lieu qui la représente à l'égard des tiers. La
loi romaine traçait ainsi les caractères généraux du domicile : *In eodem loco singulos habere domicilium non ambigi-
tur, ubi quis larem rerumque ac fortunarum suarum summam
constituit; unde non sit discessurus, si nihil avocet; unde
cum profectus est, peregrinari videtur; quod si rediit, peregrinari jam destitit* (3). « C'est, dit le même jurisconsulte mo-
» derne, par ses instincts les plus naturels et les meilleurs,
» par les influences diverses et si puissantes de la famille
» et des affections, de la propriété, du travail et de l'habi-
» tude, que chaque homme s'attache à un certain lieu avec
» lequel il contracte une sorte de lien, de relation morale,
» je dirais presque d'intimité; aussi la loi n'a-t-elle eu véri-
» tablement qu'à constater un fait pour reconnaître le domi-

(1) Paris, 12 mai 1864.
(2) Demolombe, t. I, n° 268.
(3) C. 7, Cod. *de incolis.*

» cile (1). » « La règle du droit est certaine, disait M. Tron-
» chet au Conseil d'Etat; les lois appellent *domicile*, le lieu
» où un individu a établi *larem rerumque ac fortunarum sua-*
» *rum summam*. Il n'y a jamais eu de procès et de ques-
» tions que sur le fait. » Le domicile civil, lit-on dans le
» discours préliminaire du Code, est le lieu où l'on a trans-
» porté le siége de ses affaires, de sa fortune, de sa de-
» meure habituelle. » Eh bien, voilà donc, d'après la loi
romaine, les rédacteurs du Code, les jurisconsultes modernes, ce qu'est le domicile : un fait accompagné d'intention.
Ses conditions constitutives ne sont-elles pas réalisables par
toute personne, par les étrangers comme par les nationaux?
L'étranger ne peut-il établir en France, *sa demeure habi-*
*tuelle, le siége de ses affaires, de sa fortune, de ses affections?*
Le domicile résulte de la force même des choses, d'une situation déterminée. La loi peut le présumer : elle ne saurait
ni l'empêcher, ni le constituer elle seule.

Si l'on m'oppose l'art. 13, C. N., je réponds que cet article n'a point pour objet de décider dans quels cas l'étranger
sera ou ne sera pas domicilié en France, mais uniquement
dans quels cas il jouira des droits civils. Le mot *domicile*
n'arrive qu'accidentellement dans ce texte. L'objet principal,
c'est la jouissance des droits civils. L'art. 13 se réfère à une
mesure politique, à la loi de la naturalisation (2). C'est en
ce sens que cet article a été commenté par les orateurs du
Corps législatif et du Tribunat, dont quelques paroles ne
doivent pas être isolées de l'ensemble du discours. Aussi
invoque-t-on vainement l'avis du Conseil d'Etat des 18 et
30 prairial an XI. « Le Conseil d'Etat, dit M. Demangeat,
» était consulté simplement sur la question de savoir si un
» étranger peut acquérir, sans autorisation du gouvernement,
» un domicile suffisant pour lui permettre d'arriver à la

(1) Demolombe, t. I, n° 338.
(2) Voir la loi nouvelle, des 3-11 décembre 1849, art. 1er.

» naturalisation. Du reste, l'avis du Conseil d'Etat de l'an XI,
» n'ayant pas été inséré au *Bulletin des lois*, n'était pas
» considéré comme ayant force législative (1).

Mais, dit-on, l'art. 102, C. N., ne parle que du Français.
— Par un double motif. Il statue sur le cas le plus fréquent,
sur le *quod plerumque fit*. On voulait, en outre, distinguer
le domicile civil du domicile politique, ainsi que cela ressort
des discussions du Conseil d'Etat : cette distinction entre
les deux domiciles est entièrement inapplicable à l'étranger.

On pourrait objecter que l'étranger a dans sa patrie un
domicile d'origine, qu'il ne peut avoir abandonné, s'il conserve l'esprit de retour. Or, sait-on s'il ne retournera pas
un jour dans sa patrie, si son esprit ne caresse pas déjà
l'espérance d'aller se reposer sous le toit de ses ancêtres?
Qui assure enfin qu'il a la volonté de s'établir en France
d'une manière fixe, définitive et perpétuelle? — Les articles 103 et 105, C. N., me fournissent la réponse : *Le changement de domicile s'opérera par le fait d'une habitation réelle
dans un autre lieu, joint à l'intention d'y fixer son principal
établissement. — A défaut de déclaration expresse, la preuve
de l'intention dépendra des circonstances.* C'est donc une pure
question de fait que celle de savoir si l'étranger a ou non
l'intention de se fixer en France, question que les juges décideront suivant les *circonstances* et qui ne touche nullement
à la solution juridique. Si, du reste, l'objection avait une
valeur réelle, elle s'opposerait aussi bien au changement de
domicile d'un Français ; car le porteur d'eau qui habite Paris
depuis quinze ou vingt ans déjà, n'a-t-il pas l'intention de
retourner dans sa chère Auvergne? Qu'en savez-vous? Et
alors que depuis longues années il commerce dans la capitale, irez-vous le citer en matière civile devant le tribunal de
Saint-Flour?

Donc, je conclus que les conditions constitutives du domi-

(1) Demangeat, sur Fœlix, t. I, p. 296.

cile étant réalisables par un étranger, celui-ci peut *légalement* acquérir en France un véritable domicile sans l'autorisation du gouvernement. Les tribunaux décideront en fait,
si dans l'espèce il y a réellement acquisition d'un domicile.
C'est le sentiment vers lequel penche la jurisprudence de ces
dernières années (1).

189. Si donc, d'un côté, l'étranger peut acquérir en
France un véritable domicile; si, d'un autre côté, le principe général du droit, proclamé par les rédacteurs de notre
Code civil, veut que le défendeur soit assigné devant le juge
de son domicile, l'étranger domicilié en France doit être cité
devant les tribunaux français, et ceux-ci sont compétents
pour connaître de toutes les actions relatives aux étrangers
domiciliés. Si l'on m'oppose que le législateur n'a nulle part
posé d'une manière générale la règle : *actor sequitur forum
rei*, je remarque qu'il la consacre dans l'art. 59, Proc. civ.
Il est vrai que ce texte est une loi spéciale et particulière au
Français, qui, une fois la compétence générale de nos juges
à l'égard des étrangers reconnue, sert alors à déterminer la
compétence spéciale de chaque tribunal, mais qui ne peut
baser cette compétence générale. Mais cet article, je ne le
prends aussi que comme une indication de la volonté du
législateur, déjà proclamée au Conseil d'Etat par M. Tronchet. Toute la question consiste à savoir si le législateur a
accepté ou rejeté le principe universellement admis, que le
demandeur doit s'adresser au juge du domicile du défendeur. A mes yeux, l'art. 59 prouve cette volonté, par l'application spéciale qu'y fait le législateur de la règle générale,
règle dont l'adoption résulterait, du reste, des paroles si

(1) Pothier, *de la communauté*, 21. — Demangeat, sur Fœlix, t. I, p. 295.
— Rejet, 30 novembre 1814, 24 avril 1827 et 2 avril 1833. — Riom, 7 avril
1835. — Pau, 3 décembre 1836. — Douai, 14 janvier 1842. — Paris, 15 mars
1831, 15 décembre 1853, 6 février 1856, 4 février 1864. — Trib. de la Seine,
14 mars 1856. — *Contrà* Douai, 12 juillet 1844. — Paris, 15 décembre 1855.

nettes et si formelles de M. Tronchet. L'étranger domicilié devient donc justiciable des tribunaux français (1).

490. Cette solution est non-seulement juridique, mais encore équitable. Refuse-t-on au demandeur étranger le droit d'actionner en France un étranger domicilié à quel tribunal veut-on qu'il s'adresse ? Son débiteur n'a aucun domicile à l'étranger, et devant une exception d'incompétence, les tribunaux étrangers vont se dessaisir du litige. Voulez-vous obliger le demandeur à aller rechercher quel a pu être, il y a vingt, trente ou cent ans même, le domicile originaire de son débiteur ou des ancêtres de ce dernier ? Quelles investigations, quelles pertes de temps, d'argent pour arriver presque toujours à un résultat négatif ! C'est là une solution impraticable que la raison repousse et condamne. Le créancier sera en réalité dépourvu d'action, s'il ne peut poursuivre en France son débiteur, étranger domicilié. Celui-ci pourra donc, en venant s'établir en France, se soustraire impunément à ses obligations et jouir en paix d'une fortune élevée sur la ruine de ses compatriotes. Accepter cette solution, c'est détruire le crédit, arrêter le commerce, les transactions de ce nombre considérable d'étrangers domiciliés en France, et par un contre coup funeste, mais inévitable et fatal, porter la plus terrible atteinte au crédit des Français eux-mêmes, placés en relations d'affaires avec ces étrangers. Et l'inconvénient n'est pas minime. Toutes nos grandes cités du littoral, Marseille, Nantes, le Hâvre, etc., Paris lui-même, abritent depuis longues années des étrangers établis en France de générations en générations. La loi des 7-12 février 1851 ne leur est point appli-

---

(1) Rodière, *Revue de législ.*, t. I, p. 70. — Massé, *op. cit.*, n° 175. — Metz, 17 avril 1818. — Pau, 3 décembre 1836. — Bruxelles, 30 mars 1829, 5 juillet 1837, 19 mai 1841, 8 novembre 1842. — Gand, 9 janvier 1831. — C. c. de Belgique, 12 mars 1840. — Caen, 5 juin 1846. — Trib. de Lyon, 13 août 1856.

cable, car ils sont nés avant sa promulgation, et elle n'a pu rétroactivement détruire l'état acquis. Ces étrangers, dont le nombre est considérable, sont, par leurs intérêts comme par leurs affections, intimement liés au sol français. Et l'on voudrait forcer les créanciers de ces étrangers à les poursuivre devant le juge de leur ancien domicile à l'étranger, de ce domicile dont les débiteurs eux-mêmes, comme j'en ai vu plus d'un exemple, avaient perdu toute trace et tout souvenir ! Ces hommes, pour lesquels tous les actes de la vie civile se sont accomplis en France, qui y ont même plaidé dans l'ignorance de leur ancien domicile, dont les demandes ont été accueillies par les tribunaux français, devront aujourd'hui, parce qu'on s'aperçoit qu'ils sont étrangers, demander un paiement, une séparation de corps à des juges inconnus, introuvables ! Ma raison se révolte contre une pareille conséquence.

191. Le système opposé est encore impraticable sous un autre aspect. Je suppose que le juge du domicile primitif, originaire de l'étranger défendeur, soit connu. L'action est portée devant lui. A quel résultat allons-nous arriver ? La sentence est prononcée. Sans utilité en pays étranger, elle ne peut être exécutée qu'en France, puisque, dans l'hypothèse, la personne et les biens du débiteur se trouvent en France. Cette exécution doit être autorisée par le juge français, par application du principe de l'indépendance réciproque des nations et des articles 2123, C. N., et 546, Proc. civ. Or, dans le système généralement admis par la jurisprudence et surtout par celle de la Cour de cassation, le jugement étranger ne peut être exécuté en France, qu'après avoir été révisé au fond par le juge français, tant au point de vue du droit qu'à celui du fait, dans l'intérêt privé des parties. Voilà donc nos tribunaux appelés à connaître de ce litige, obligés de l'étudier sous toutes ses faces et de prononcer, suivant leur conviction, une *nouvelle* sentence. Quelle utilité a donc produit le renvoi devant les juges étrangers ?

Pourquoi refuser la connaissance directe et immédiate de l'action intentée contre l'étranger domicilié, pour accorder ensuite indirectement et médiatement la même connaissance? Si nos juges sont incompétents dans le premier cas, ne faut-il pas dire, avec la Cour de Paris (15 juin 1861), qu'ils le sont également dans le second? A quelle impossibilité, à quelle injustice flagrante ne vient-on pas se heurter? Aussi la Cour Suprême, heureusement plus soucieuse des intérêts publics que de l'enchaînement logique de ses propres décisions, a-t-elle cassé sans hésitation l'arrêt de la Cour de Paris. Donc le résultat le plus net et le plus clair de ce refus de compétence, dans l'hypothèse où l'étranger défendeur est domicilié en France, consiste à faire exposer au demandeur des frais inutiles, frustratoires devant les tribunaux étrangers, à lui faire perdre un temps toujours précieux et à augmenter les chances de l'insolvabilité du débiteur.

192. Les principes juridiques, la raison, l'équité, tout concourt pour affirmer la compétence de nos tribunaux, pour leur attribuer la connaissance des actions intentées contre un étranger domicilié en France. Cette solution est cependant repoussée par des autorités aussi respectables par leur nombre que par leur valeur et par la majorité des Cours de l'Empire (1). On oppose plusieurs objections qui peuvent se formuler ainsi :

193. 1º Les tribunaux français se doivent exclusivement aux nationaux. « Si le droit de rendre la justice est un des » apanages de la souveraineté, celui de la réclamer et de » l'obtenir est un avantage que le sujet est fondé à exiger » de son souverain; sous ce double rapport, chaque mo-» narque ne doit la justice qu'à ses sujets et doit la refuser

---

(1) Demolombe, t. I, nº 261. — Aubry et Rau, sur Zachariæ, § 748 *bis*. — Rejet, 28 juin 1820. — Rouen, 29 février 1840. — Bourges, 8 décembre 1843. — Douai ; 12 juillet 1844. — Paris, 13 mars 1849. — Lyon, 25 février 1857. — Cass., 10 mars 1858.

» aux étrangers, à moins qu'il n'ait un intérêt bien reconnu
» à faire juger le procès dans ses Etats, ou que dans le traité,
» il n'y ait des stipulations dérogatoires (1). »

La justice est non-seulement un intérêt, mais aussi un
devoir social. Son règne est une obligation morale pour chaque homme et pour chaque nation. La justice est la dette
commune des nations et de leurs gouvernements. L'obligation où ils sont de la rendre est sacrée; elle est de
droit naturel. La justice est, il est vrai, un apanage de
la souveraineté. Mais la souveraineté s'étend à tout le territoire, aux personnes comme aux biens qui se trouvent sur
le sol français. La Providence a préposé chaque nation dans
l'étendue de ses limites pour qu'elle fasse régner, avec le bien,
la vérité et l'équité; l'équité, sans laquelle il n'y a ni bien,
ni vérité. N'est-il pas contraire à la morale, à l'ordre public
que des étrangers, vivant sur le sol de la France, demeurent entre eux dans un flagrant état d'injustice, de haine et
de guerre? La Cour de Colmar réclame un intérêt bien reconnu. La France n'est-elle pas intéressée à faire cesser le
scandaleux spectacle, qui résulte pour la moralité générale
de la position, où la jurisprudence place les étrangers domiciliés? « Tous les jours, disait le comte Portalis, on con-
» traint des étrangers à subir la juridiction du pays où ils
» se trouvent pour l'application des lois de police et de sû-
» reté, et on voudrait qu'ils ne pussent l'invoquer dans leur
» intérêt, quand ils ont besoin de sa protection et de son
» équité (2). » N'est-ce, pas en quelque sorte, autoriser ces
étrangers à se faire justice eux-mêmes, que de leur interdire l'accès de nos tribunaux? Et ces lois de police et de
sûreté ne vont-elles pas se trouver violées par une conséquence forcée de ce refus de juridiction? Ce n'est cependan
pas là le but vers lequel tendent nos tribunaux. C'est, au

(1) Colmar, 30 décembre 1815. Paris, 15 juin 1861.
(2) Rapport à l'Académie des sciences morales et politiques.

contraire, un amour exagéré de l'ordre, la crainte d'empié-
ter sur les droits des souverainetés étrangères qui guide nos
Cours. Mais le résultat échappe à leurs prévisions, et le
demandeur va chercher dans le droit naturel, réclamer à la
vengeance privée, le secours que lui refuse le droit civil.
L'intérêt réclamé existe à un autre point de vue. N'est-il pas
bon de prévenir les mesures de rétorsion auxquelles peut
donner naissance la doctrine admise par la jurisprudence,
mesures qui existent dans les législations de Bavière et de
Wurtemberg?

194. Mais le temps employé par nos juges à connaître des
procès entre étrangers, sera perdu pour les justiciables français (1). — Est-ce perdre le temps que de faire respecter
la justice, que la faire régner en France? C'est, du reste,
prendre un souci superflu. Il est bien certain, comme le dit
M. Demangeat, que jamais il n'y aura en France un encom-
brement de procès entre étrangers tel, que les Français
puissent en souffrir un notable préjudice.

Aussi l'esprit s'arrête-t-il avec bonheur sur un jugement
du tribunal civil de Lyon, en date du 13 août 1856, ainsi
conçu : « Attendu qu'on ne lit dans aucune loi que les tri-
» bunaux français ne sont institués que pour rendre la jus-
» tice aux nationaux; qu'un principe aussi exclusif répugne
» à l'*état actuel de la civilisation;* que quand on a vu la so-
» ciété romaine organiser dans son sein, dès une époque
» reculée, une juridiction à l'usage des étrangers, et consti-
» tuer pour eux un droit privé destiné à suppléer au droit
» civil, et qui a fini par l'absorber, on ne pourrait pas com-
» prendre que la société française de nos jours, bien plus
» libérale et bien plus généreuse, eût inscrit dans ses lois
» cette règle répulsive pour les étrangers : qu'il n'y a pas en
» France de justice pour eux; qu'en ouvrant ses frontières
» aux étrangers, en les invitant à venir s'établir sur son

_______________

(1) Paris, 15 juin 1861.

» territoire, en leur assurant des droits qui, dans la sphère
» des droits privés, ne diffèrent plus de ceux des nationaux
» que par des exceptions de plus en plus rares, la France
» entend assurément leur accorder la garantie de nos juri-
» dictions, et que l'étranger qui se place, en établissant
» son domicile (de fait dans l'espèce) en France, sous la
» protection de nos tribunaux, se soumet, par cela même, à
» leur autorité ; attendu qu'il est donc vrai de dire, qu'insti-
» tués pour faire régner le bon ordre dans les familles et
» dans tout le pays, les tribunaux français doivent être,
» pour remplir cette mission, compétents à l'égard de tous
» les habitants de l'empire, quelle que soit d'ailleurs ou quelle
» qu'ait été leur nationalité originaire, etc. » (Voir Caen, 5
» janvier 1846).

195. C'est, du reste, un principe du droit des gens que
tout étranger qui s'établit dans un pays se soumet, par là
même, à la juridiction des tribunaux du pays. « Les diffé-
» rends qui peuvent s'élever entre étrangers, dit Vattel,
» doivent être terminés par les juges du lieu et suivant les
» lois du lieu. Et comme le différend naît proprement par
» le refus du défendeur qui prétend ne pas devoir ce qu'on
» lui demande, il suit, du même principe, que tout défen-
» deur doit être poursuivi devant son juge, qui seul a le
» droit de le condamner et de le contraindre... Le juge
» du défendeur est le juge du lieu où ce défendeur a son
» domicile (1). Tout Etat est strictement obligé d'administrer
» aux étrangers une justice aussi prompte et aussi impar-
» tiale qu'aux naturels du pays (2). »

196. II. Les juges français vont donc être obligés de
prendre connaissance de toutes les lois étrangères, des lois
de tous les pays de l'univers (3). Nos codes ne leur offrent-ils

(1) *Droit des gens*, liv. 2, § 103.
(2) Martens ; *Précis du droit des gens*, § 92.
(3) Paris, 15 juin 1861. — Bastia, 8 décembre 1863.

pas déjà un assez vaste sujet d'études, sans aller les surcharger d'un travail impossible? — Vouloir leur imposer un aussi vaste labeur serait assurément une prétention inadmissible : aussi bien n'est-ce pas la mienne. Non ; pour le juge français la loi étrangère est un fait que la partie qui l'invoque doit justifier, dont elle doit établir l'existence, sauf la preuve contraire. Le juge français apprécie ce fait souverainement. Toutes les fois que cette loi se trouvera contradictoire avec les principes de législation française, nos juges ne devront pas l'appliquer et décideront d'après les lois françaises ou d'après les règles de l'équité. On oublie, dans le système que je combats, que ce n'est pas la loi applicable qui détermine la juridiction du juge, pas plus que cette juridiction n'est déterminée par l'absence de toute loi. On oublie que de la combinaison des art. 3, 14 et 15, C. N., résulte fort souvent, pour les juges français, l'obligation d'appliquer la loi étrangère. Ne faut-il pas, dans les procès entre Français et étrangers, appliquer à chaque individu ce statut inhérent à sa personne, qui détermine en tous lieux son état et sa capacité? C'est un étranger, débiteur d'un français qui, majeur suivant la loi française, a contracté en état de minorité, sa loi personnelle, plaçant la majorité à vingt-cinq ans, comme au Mexique ou au Danemark. Ne voyons-nous pas, tous les jours, nos tribunaux prononcer la nullité de l'engagement, en s'appuyant sur le statut personnel de cet étranger? (1) Dans certaines espèces, il est vrai, la décision judiciaire a validé l'obligation, mais par des considérations de fait, tirées de ce que les fournisseurs français avaient été de bonne foi, n'avaient aucune négligence à se reprocher, de ce que les bijoux et les parures avaient été livrés au vu et su des parents de ce mineur étranger (2).

(1) Paris, 20 février 1858.

(2) Demolombe, t. I, n° 102. — Paris, 18 juillet 1859. — Requêt., 16 janvier 1861.

C'est par les règles du droit étranger que se résolvent forcément et inévitablement les difficultés dans une foule de cas. (Art. 47, 170, 999, etc., C. N.) Dans des circonstances récentes, la Cour de cassation, elle-même, a dû apprécier la législation de la Louisiane, celle de la Grande-Bretagne, celle du Mexique, la législation mosaïque elle-même.

Dans ce système on oublie encore que l'étranger, autorisé par le gouvernement à établir son domicile en France, toujours étranger jusqu'au jour de la naturalisation, reste soumis aux lois personnelles de son pays (1). Cependant, toutes les contestations qui l'intéressent activement ou passivement, sont de la compétence des tribunaux français. L'art. 13, C. N., est formel : cet étranger jouit des droits civils. Ne faudra-t-il pas apprécier sa capacité, son statut personnel déterminé par la loi étrangère ?

L'argument que je réfute méconnaît encore implicitement l'art. 11, C. N., et la prérogative souveraine que la constitution accorde au chef de l'Etat. D'après l'art. 11, le Gouvernement, l'Empereur seul, d'après la constitution de 1852, peut, par des traités diplomatiques accorder, sous la condition de la réciprocité, la jouissance de tous ou de quelques-uns des droits civils à des étrangers. Or, en fait, de nombreux traités ont déjà accordé aux membres de diverses nations, aux Péruviens, aux Persans, aux Espagnols, etc.., le droit de saisir les tribunaux français de la connaissance de leurs litiges. Ne faudra-t-il pas que nos juges, dont la compétence à l'égard de ces étrangers est désormais *obligatoire*, ne faudra-t-il pas qu'ils apprécient le statut personnel de ces étrangers ?

Nos Cours oublient et contredisent leur propre jurisprudence. Si lors de la mise à exécution en France des sentences étrangères, les juges français doivent apprécier le litige au fond, tant au point de vue du droit qu'à celui du fait, ne

_______________

(1) Demolombe, t. I, n° 266.

seront-ils pas obligé d'étudier et d'appliquer les lois étrangères relatives à l'état des personnes, à la forme des actes,
à la vigueur juridique de tel ou tel contrat? Aussi, voyez où
la logique a amené la Cour de Paris. Elle a refusé de rendre
exécutoire un jugement étranger, prononcé entre deux
étrangers, violant ainsi l'art. 546. Proc. civ., par ce double
motif qu'elle serait autrement tenue d'appliquer, d'apprécier
des lois étrangères, et qu'elle se devait aux nationaux.

Cependant, cette nécessité prétendue d'appliquer les lois
étrangères est le véritable fondement de la persistance de
nos tribunaux dans leur refus de juger. Il leur répugne de
faire figurer dans un jugement français des dispositions particulières et locales, sans liaison avec le droit universel et
n'ayant d'utilité que pour les pays où elles ont force de loi.
Je comprends cette répugnance; mais la crainte de nos
juges est vaine. Pour eux, je le répète, la loi étrangère est
en réalité un fait que le demandeur ou la partie qui l'invoque
doit justifier, dont il doit établir l'existence. Le juge français apprécie cette loi dans la souveraineté de son indépendance; et je ne pense pas que sa sentence pût être cassée
pour violation ou fausse application, puique la Cour Suprême
n'a aucun empire snr le domaine des faits. Elle n'est pas, au
reste, instituée pour sauvegarder l'obéissance aux lois étrangères. Nos juges peuvent et doivent se refuser à faire l'ap-
-plication des lois contraires à la législation française, aux
règles de notre droit public, incompatibles avec le droit universel ou avec les principes de l'équité. Ils prononceront alors,
d'après les règles générales du droit et celles de l'équité,
que l'art. 4, C. N., leur défend d'ignorer, puisqu'il les oblige
à juger toujours, malgré l'insuffisance ou l'obscurité de la
loi. Les codes des nations civilisées ne portent guère trace
de barbarie, et nos tribunaux ne sont pas exposés au
danger qu'ils signalent si vivement, faute de l'envisager
en face.

197. La condamnation du système de la jurisprudence se

trouve dans elle-même, dans la jurisprudence qui s'est introduite relativement aux affaires commerciales, et qui étend exceptionnellement la compétence des tribunaux français aux contestations commerciales élevées entre deux étrangers. « Attendu, disent les arrêts, qu'il s'agit d'actes de
» commerce, conséquemment de contrats du droit des gens,
» soumis dans leur exécution aux lois et aux tribunaux du
» pays où ils ont eu lieu (1). » — « Mais qu'est-ce que le droit
» des gens? qu'est-ce que le droit civil? Cela n'était pas
» clair déjà en droit romain. Dans notre ancien droit, on
» ne le savait pas davantage. Aujourd'hui, invoquer cette
» distinction, c'est appeler la nuit quand il faudrait la lu-
» mière. Il n'y a qu'un droit, il n'y a qu'une science : *ars*
» *boni et œqui*. Chaque nation essaie de réaliser l'idéal de
» cet art. Celles qui ont mieux réussi servent de guides aux
» autres : *tu duca e signore*. Mais les temps sont passés où
» le droit de la cité était autre que celui des nations. Toutes
» ces vieilles distinctions, que le stoïcisme avait battues en
» brèche, ont été emportées par le christianisme. Il est temps
» qu'on les laisse dans cette partie de l'histoire-où est réunie
» le passé de la sottise humaine... Voyez, d'ailleurs, com-
» bien cette dictinction serait d'un mince profit à ceux qui
» l'invoquent. L'acte commercial, dites-vous, est celui qui
» entre dans le droit des gens. Donc, droit des gens et droit
» commercial sont des synonymes. Tout le droit commer-
» cial se perd dans le droit des gens. Si cela est, me voici
» bien en peine d'expliquer comment il se fait que la con-
» trainte par corps, l'institution civile par excellence, soit
» le droit commun en matière commerciale, et l'exception
» seulement en matière civile? Que de contradictions sembla-
» bles on pourrait signaler (2)!

(1) Requêt., 24 avril 1827 et 26 avril 1832. — Paris, 24 mars 1817 et 10 novembre 1825. — Bruxelles, 15 mai 1830 et 9 novembre 1831.

(2) Emile Ollivier, *Revue pratique*, t. I, p. 249.

— 171 —

» Comme le disait fort bien la Cour de Caen, le 5 janvier
» 1846, on ne voit pas en quoi les actes de commerce sont
» du droit des gens plus que du droit civil; on ne conçoit
» pas qu'un contrat commutatif, tel qu'une vente, un prêt,
» soit du droit des gens et soumis comme tel aux tribunaux
» français, s'il a un but commercial, et du droit civil, s'il
» n'est pas commercial : il faut donc dire que les tribunaux
» français sont compétents pour juger les uns aussi bien que
» les autres. — On ne comprend donc pas, dit M. Massé,
» comment il se fait qu'on ait attribué par privilége aux
» actes de commerce la qualification de contrats du droit
» des gens, tandis qu'on la refusait aux mêmes contrats
» considérés, relativement à leur emploi, dans des opérations
» non commerciales. Ou plutôt on comprend très-bien com-
» ment les tribunaux, trop éclairés pour ne pas voir que le
» commerce étranger ne pouvait pas subsister dans l'Etat,
» si on refusait aux commerçants étrangers le droit de s'y
» actionner réciproquement, et qui pouvaient se considérer
» comme liés par leur jurisprudence antérieure sur la com-
» pétence des tribunaux français entre étrangers, ont mieux
» aimé faire un mauvais raisonnement que de rendre de
» mauvais arrêts (1). »

198. Ainsi, résumant cette discussion, l'absence de toute
loi contraire, le principe général de la procédure, *actor
sequitur, etc.*, la discussion du conseil d'Etat, les inconvénients pratiques du système opposé, ses nombreuses contradictions, la raison, l'équité, tout concourt à faire admettre la compétence des tribunaux français, lorsque l'étranger
défendeur est domicilié en France. Quelle que soit l'action
intentée contre lui, elle sera recevable, fût-ce même une demande en séparation de corps. Celle-ci, il est vrai, ne pourra
être prononcée que dans les cas prévus par la loi française ;
mais elle n'en sera pas moins valablement prononcée.

(1) Massé, *op. cit.*, t. II, n° 173.

199. Cette conclusion, je le sais, heurte de front la jurisprudence entière, qui maintient, plus spécialement pour les
demandes en séparation, le principe de l'incompétence de
nos tribunaux (1). Mais, je le demande, où voulez-vous que
ces étrangers, établis depuis longtemps en France, qui s'y
sont connus, mariés, où voulez-vous qu'ils aillent demander
leur séparation? A quel tribunal du pays du mari s'adresse-
ront-ils? Les tribunaux étrangers ne pourront-ils, eux aussi,
refuser la connaissance de la cause, en se fondant sur la
maxime *actor,* sur cette règle base fondamentale de leur compétence d'après la législation du pays? Vous condamnez donc
les époux aux tourments d'une vie commune impossible où,
perpétuellement enchaînés l'un à l'autre, ils ne verront leur
salut que dans un effroyable scandale, ou peut-être dans
un crime vers lequel les poussera la folie du désespoir ! La
femme torturée, le mari outragé viennent vous demander la
paix et le repos ; et lorsqu'ils s'adressent à la Justice, faut-il
qu'ils voient se fermer devant eux les portes de ses tem-
ples ?

Si l'on m'objecte que la jurisprudence permet à nos juges,
d'ordonner des mesures provisoires propres à sauvegarder
la sécurité des époux, d'accorder à la femme un domicile
séparé, une pension alimentaire, de confier la garde momentanée des enfants à de véritables protecteurs (2), je
réponds que c'est là un palliatif impuissant et vain. Ce n'est
que du provisoire. Et si la femme ne poursuit pas sa demande devant les tribunaux du pays d'origine de son mari,
les juges français pourront-ils *indéfiniment* l'autoriser à avoir
un domicile séparé? Mais ce sera prononcer indirectement

---

(1) Paris, 28 avril 1823, 23 juin 1836, 24 avril 1844. — Poitiers, 15 juin
1847. — Requêt., 16 mai 1849.

(2) Paris, 23 avril 1822, 28 avril 1823, 23 juin 1836. — Rejet, 27 novembre
1822. — Cass., 30 juin 1823. — Lyon, 25 février 1857. — Bastia, 8 décembre 1863.

une véritable séparation de corps, plus nuisible à la femme
qui ne pourra obliger le mari ni à la liquidation de la communauté, ni à la restitution de ses apports nuptiaux, à la
femme, sans cesse menacée d'une demande en réintégration
de domicile conjugal. Si cette autorisation indéfinie n'est pas
possible, si, d'autre part, la femme ou le mari ne peuvent
saisir valablement aucun tribunal étranger parce qu'ils
sont domiciliés en France, si, par suite, la séparation de corps
ne peut être prononcée, nous voilà dans une véritable im-
passe, sans autre issue que le retour à la vie commune,
c'est-à-dire, à la guerre, au scandale. Le système de la jurisprudence aboutit donc à des impossibilités pratiques; il
doit être rejeté, et il faut, sans réserves, proclamer la compétence de nos tribunaux à l'égard de toutes les actions intentées contre un étranger domicilié en France, même sans
l'autorisation du gouvernement français.

200. Cet étranger ne pourra assurément pas élever l'exception d'incompétence, demander le renvoi devant les
juges de sa nation : il n'a conservé aucun domicile à l'étranger, et le demandeur serait dans l'impuissance de l'assigner
devant aucun tribunal étranger. Il ne peut être permis à
cet étranger défendeur de braver toutes les lois et toutes les
juridictions. Le tribunal du lieu de son domicile en France
est son juge naturel et ordinaire : il devra retenir la cause ;
il est compétent. La Cour de cassation adoptait, implicitement au moins, ce sentiment dans son arrêt du 8 avril 1851 :
« Attendu, disait-elle, que Moser, en déclinant comme
» étranger la compétence des tribunaux français, devenait
» demandeur en son exception et était tenu de justifier de
» son moyen d'extranéité ; que l'arrêt attaqué constate,
» non-seulement qu'il réside depuis longtemps en France,
» mais encore qu'il *ne justifie d'aucun domicile dans aucun*
» *lieu* ; qu'il suit de là que Moser n'a pas fait la preuve à la-
» quelle il était tenu ; qu'il ne peut, par de vagues allégations,

» se jouer, en quelque sorte, de sa partie adverse et la ré-
» duire à *l'impossible*, rejette... (1).

## SECTION TROISIÈME.

### *De l'étranger défendeur non domicilié en France.*

201. Lorsque le défendeur étranger n'a point de domicile
en France, la maxime générale du droit amène à cette
conséquence que l'étranger doit être cité, non devant les
tribunaux français, mais devant le tribunal de son domicile
à l'étranger (2). Cependant, il est certaines hypothèses, où
malgré le défaut de domicile en France, les tribunaux français sont encore les seuls juges compétents, en vertu de
principes divers, qui viennent modifier la généralité de la
maxime du droit. Je diviserai donc cette section en deux
paragraphes : dans le premier, j'examinerai les cas où, quoique l'étranger défendeur n'ait pas de domicile en France, la
compétence de nos tribunaux *est obligatoire* et pour le défendeur et pour les juges eux-mêmes ; dans le deuxième, je
traiterai de la compétence *facultative*, facultative en ce sens
qu'il dépend, soit de l'étranger défendeur, soit de nos tribunaux, de l'admettre ou de la repousser.

### § 1. — De la compétence obligatoire.

202. La compétence de nos tribunaux est, dans les cas
suivants, *obligatoire*, c'est-à-dire qu'ils ne peuvent pas se
dessaisir de la connaissance du litige, que cette faculté leur
échappe entièrement, et que le défendeur étranger, même
non domicilié, élève vainement l'exception d'incompétence.

(1) Caen, 5 janvier 1846. — Paris, 16 janvier 1852.
(2) Voir Bastia, 8 décembre 1863.

Le renvoi devant ses juges naturels ne doit pas lui être accordé, par application de principes divers.

203. Ainsi, les tribunaux français sont compétents pour statuer sur les actions civiles résultant de délits ou de crimes commis en France. Un étranger, lésé par le fait délictueux, peut se porter partie civile contre un autre étranger. D'une part, les lois de police et de sûreté obligent tous ceux qui habitent ou qui passent sur le territoire de la France (art. 3, C. N.); d'autre part, l'action civile est intimement liée par les lois françaises à l'action publique, née du fait délictueux dont elle découle elle-même (art. 3, 637, 638, 640, Instr. crim.). Compétents pour connaître du délit au point de vue de la répression publique, il est rationnel que nos juges, qui possèdent tous les éléments du procès, puissent aussi connaître de l'action civile, même entre étrangers. L'affirmative est incontestable, lorsque l'action civile est poursuivie en même temps que l'action publique, et devant le tribunal de répression compétent pour apprécier celle-ci. Je ne puis accorder à M. Massé que la compétence de nos tribunaux soit également forcée et obligatoire, lorsque l'action civile est poursuivie séparément et devant les tribunaux civils. L'art. 3 du Code d'instruction criminelle a pour objet unique de prévoir la séparation des deux actions, mais il n'indique nullement les règles de procédure à suivre pour saisir le juge civil de l'action civile. Au surplus, si le fond de la prétention du demandeur se base sur l'art. 3, C. N., cet article est étranger à la question de compétence, qui doit être déterminée d'après les règles applicables aux autres actions civiles (1).

204. La compétence de nos juges est encore obligatoire, lorsque l'engagement dont on requiert l'exécution prend sa source dans cette partie du droit, qui a des affinités avec les

_______

(1) Fœlix, *op. cit.*, n° 165. — Cass., 15 avril 1842. — Bordeaux, 11 août 1843. — *Contrà* Massé, *op. cit.*, n° 177. — V. Douai, 22 juillet 1852.

les lois de police. Il faut, par exemple, fixer une pension alimentaire ou la provision de la femme qui demande la séparation de corps, l'autoriser à quitter le domicile conjugal, confier la garde des enfants à d'honorables et sûres personnes, pourvoir à l'administration momentanée d'un fonds de commerce commun aux deux époux. Ne serait-il pas contraire à la dignité d'une nation que, sur son territoire, un fils laisse périr misérablement l'auteur de ses jours sous les étreintes de la faim? Non, il est des lois immuables, générales, universelles, qui obligent tous les hommes. Ces lois, l'art. 3, C. N., les sanctionne. Nos juges, chargés d'assurer l'obéissance à la loi française, le respect des bonnes mœurs, ont donc le droit et le devoir d'apprécier toute demande qui touche à l'ordre public, à ces lois suprêmes de police générale, à ces mesures d'urgence pour lesquelles l'humanité et le bon ordre du pays exigent que les magistrats soient toujours compétents. La jurisprudence et la doctrine ont toujours admis cette solution équitable et juridique (1).

204 *bis*. C'est encore par application de l'art. 3, C. N., que les tribunaux français sont forcément compétents pour déclarer l'état de faillite d'un étranger, soit que la déclaration intervienne sur la demande du failli lui-même ou sur celle de ses créanciers, soit qu'elle soit prononcée d'office par le tribunal. Cette déclaration de faillite est aussi un acte conservatoire. Vainement, dirait-on, comme le demandeur en cassation sur l'arrêt de 1857, que la faillite fait partie du droit civil, du droit propre à la nation et non du droit naturel ; qu'elle est une création arbitraire de la loi positive ; que, par suite, l'étranger ne peut aspirer à l'état de failli que

(1) Demangeat, *Cond. des étrangers*, p. 311-314. — Paris, 28 avril 1823, 30 juillet 1831, 19 décembre 1833, 29 août 1834, 23 juin 1836, 25 novembre 1839, 9 mai 1846, 14 août 1857. — Poitiers, 25 juin 1847. — Lyon, 25 février 1857. — Angers, 20 février 1861.

dans la mesure de la réciprocité diplomatique, ou dont il ne peut jouir qu'en établissant en France son domicile avec l'autorisation du gouvernement (art. 11 et 13, C. N.). La Cour Suprême répondait victorieusement à cette argumentation, en disant : que « la loi qui impose principalement » au commerçant failli l'obligation d'assurer cette constata- » tion (celle de la cessation des paiements) par sa déclara- » tion personnelle de la cessation de ses paiements, lui » inflige des peines, soit à raison de l'inobservation de ce » devoir, soit à raison de certains faits consommés pendant » sa gestion commerciale; qu'elle a ainsi les caractères d'une » loi de police obligeant tous ceux qui habitent le territoire » français (1). » Mais la Cour de cassation me paraît avoir commis une erreur quand elle affirme, dans cet arrêt, que l'état de faillite n'a rien d'incompatible avec les dispositions de la loi du 17 avril 1832, relatives aux étrangers contrai- gnables par corps. Il me paraît certain qu'après la déclara- tion de la faillite d'un étranger, celui-ci ne serait plus con- traignable par corps par son créancier français.

205. Une solution semblable doit-elle être donnée lorsque la mesure, tout en restant conservatoire, ne touche plus ces intérêts élevés que protégent les lois de police et de sûreté ? Nos juges sont-ils compétents, par exemple, à l'égard d'une saisie-arrêt pratiquée entre deux étrangers, le saisissant et le saisi, le tiers-saisi étant français ou étranger ? Deux sys- tèmes sont en présence. Le premier fait remarquer que la saisie-arrêt est un acte d'exécution qui appelle nécessaire- ment la connaissance et la décision du fond ; cela résulte implicitement de l'art. 563, Proc. civ., qui prescrit, à peine de nullité (art. 565), la dénonciation de la saisie à la partie saisie, avec assignation en validité, dans la huitaine. Cela

_____________

(1) Requêt., 24 novembre 1857. — Paris, 22 janvier 1857. — Trib. de com. de la Seine, 7 octobre 1846. — Demangeat et Bravard, *Droit commercial*, t. V, p. 10.

résulte implicitement encore de l'art. 568, d'après lequel le tiers saisi ne peut être assigné en déclaration affirmative, s'il n'y a un titre authentique ou un jugement qui ait déclaré valable la saisie-arrêt. Si donc l'opposition n'a été formée qu'en vertu de l'autorisation du juge, la demande en validité de l'opposition doit être accompagnée de la demande en condamnation au paiement, ce qui s'observe constamment dans la pratique. Et si devant le déclinatoire proposé les tribunaux français sont incompétents pour statuer sur le fond de la contestation élevée entre étrangers, l'étranger ne peut donc faire suivre sa saisie-arrêt d'une demande en validité dans la huitaine. L'opposition sur deniers est donc nulle (art. 565) ; car si vous ouvrez notre Code de procédure aux étrangers, vous devez leur en appliquer toutes les règles. Incompétents pour connaître de la validité de la saisie, nos magistrats ne peuvent donc qu'en prononcer la nullité, puisqu'il n'existe pas de demande régulière en validité (1).

Le deuxième système me paraît préférable. La saisie-arrêt est bien un acte d'exécution, mais seulement dans sa tendance et ses résultats. Elle est aussi, par sa nature et dans son principe, un acte de pure précaution, un acte conservatoire. L'art. 557 permet d'arrêter, en vertu d'un titre privé ; il est même permis de saisir-arrêter sans titre (art. 558). Donc, un étranger, porteur d'un titre quelconque, authentique ou sous seing privé, passé en France ou hors de France, peut former une saisie-arrêt entre les mains d'un Français, bien que le débiteur de ce saisissant soit aussi un étranger non domicilié en France. Cette saisie doit produire provisoirement son effet. Le tiers-saisi français qui ne respecterait pas la défense adressée par le saisissant, se verrait, en vertu de l'art. 15, C. N., condamné envers lui à des

_______________

(1) Fœlix, *op. cit.*, n° 163. — Roger, *de la saisie-arrêt*, n° 521. — Bordeaux, 16 août 1817. — Paris, 6 août 1817, 24 avril 1841, 9 décembre 1845. — Douai, 12 juillet 1844.

dommages-intérêts. La qualité d'étranger chez le saisissant
et chez le saisi ne va pas mettre obstacle à l'observation des
formes prescrites par le Code de procédure. En effet, dans
bien des cas, le saisi sera valablement assigné en validité
devant un tribunal français, car celui-ci sera compétent pour
diverses causes : le déclinatoire n'a pas été proposé *in limine
litis*; le saisi ne peut justifier d'un domicile en pays étranger; le saisissant veut faire rendre exécutoire, en France, un
jugement étranger, etc. Dans ces diverses hypothèses, la
procédure de la saisie-arrêt s'achève sans difficultés, d'après
les règles du Code de procédure. Si le tribunal français, devant lequel a été portée la demande en validité, déclare son
incompétence, cette déclaration n'entraîne nullement, comme
on le croit dans le premier système, la nullité de la saisie-
arrêt. Il n'est point exact de dire que le saisissant méconnaît
inévitablement l'art. 563. Le saisissant sera parfaitement en
règle, si l'assignation est donnée au saisi et dénoncée au tiers-
saisi dans les délais légaux, augmentés à raison des distances. La saisie déclarée bonne et valable par le tribunal étranger, le jugement par lui rendu sera mis à exécution en France,
conformément à l'art. 546, Proc. Je remarque qu'il ne peut
exister d'inconvénients pour le Français qui joue le rôle de
tiers-saisi. Ce dernier ne sera pas dans la nécessité de se
déplacer pour aller faire sa déclaration devant un juge étranger. Il pourra la faire devant le juge de paix de son domicile
(art. 571). Si sa déclaration était contestée, il plaiderait,
par application de l'art. 570, devant le juge de son domicile.
Le système contraire viole, du reste, ouvertement l'art. 567,
d'après lequel la demande en main-levée, formée par la partie
saisie, tout comme la demande en validité, doit être portée
devant le tribunal du domicile de la partie saisie.

Si l'étranger qui veut faire saisie-arrêt n'est porteur d'aucun titre, le juge français peut efficacement et valablement
autoriser la saisie. D'après les circonstances, le président du
tribunal verra s'il convient d'accorder cette permission, et

l'on peut se fier à la sage prudence de nos magistrats, qui ne l'accorderont pas facilement devant l'allégation d'une créance née en pays étranger et dont on ne représente pas de titre. Mais c'est là une pure question de fait ; et, en *droit*, il ne peut être douteux que le président ait plein pouvoir d'autoriser la saisie (1).

Si celui qui joue le rôle de tiers-saisi est lui-même un étranger résidant en France, il est tenu de respecter la défense qui lui a été signifiée par un officier ministériel français. Comment l'étranger, qui peut être condamné en France à payer une provision à un autre étranger, ne pourrait-il être astreint à suspendre, dans l'intérêt d'un autre étranger, le paiement des sommes dont il est débiteur? L'extranéité des parties ne peut donc jamais, en droit, constituer un obstacle à la validité de la saisie-arrêt.

Tel est le deuxième système, qui a été spécialement développé par M. Demangeat, auquel j'ai emprunté sa solide et sûre argumentation (2).

206. Mais il ne faudrait pas dire, avec la Cour d'Aix, que le droit d'autoriser la saisie, emporte virtuellement celui de statuer sur l'opposition de la partie saisie. Il n'y a pas de relation nécessaire entre l'autorisation d'une mesure conservatoire des droits apparents des parties et le jugement de ces mêmes droits. Au surplus, cette Cour ne paraît pas avoir une jurisprudence bien assise en cette matière. Elle a, en effet, décidé, le 13 juilet 1831, que le juge français est incompétent pour ordonner, même par mesure conservatoire, au profit d'un étranger, la séquestration dans un port de France du navire appartenant à son débiteur étranger. Le motif qui a décidé la Cour, ressort clairement des

_______

(1) Paris, 19 janvier 1850.

(2) Demangeat, *Rev. prat.*, t. I, p. 385. — Dalloz, v° *droit civil*, n° 332. — Legat, *op. cit.*, p. 384. — Aix, 6 janvier 1831. — Paris, 18 avril 1846. — Orléans, 4 août 1859. — Trib. de la Seine, 14 juin 1831.

termes de l'arrêt. L'obligation avait été contractée et devait même être exécutée hors de France. Une distinction semblable ne me paraît pas admissible, alors qu'il ne s'agit que de mesures conservatoires ne préjugeant pas le fond (1).

207. Nos tribunaux seront toujours compétents pour statuer sur la validité de la saisie, quant au fond, lorsque cette demande n'est que la conséquence d'une demande principale tendant à faire déclarer exécutoire un jugement rendu à l'étranger (2).

208. Les jugements étrangers n'étant exécutoires en France, d'après les art. 2123, C. N., et 546 Proc. civ., que s'ils ont été déclarés tels par un tribunal français, nos juges sont *forcément* compétents pour ordonner ou refuser cette exécution. La Cour de Paris a cependant adopté le système opposé, le 15 juin 1861. En supposant même qu'il y ait lieu à réviser au fond le jugement étranger (ce qui est inexact), l'arrêt de la Cour de Paris est inadmissible en présence des art. 2123 et 546, qui créent la compétence *obligatoire* de nos tribunaux pour le cas tout spécial de la mise à exécution des sentences étrangères. C'est ce qu'a parfaitement compris la Cour Suprême, qui a cassé, le 10 mars 1863, l'arrêt précité de la Cour de Paris. (Voir l'art. 3 du présent chapitre.)

209. La jurisprudence, qui admet que les juges français doivent réviser au fond les sentences étrangères avant de les mettre à exécution, devrait aussi admettre la compétence obligatoire de nos tribunaux, toutes les fois que le contrat doit être exécuté en France. En effet, si les tribunaux sont tenus, lors de la mise à exécution, d'apprécier le fond du litige, pourquoi ne pas dire qu'ils doivent, dès à présent, l'examiner et le juger? Pourquoi retarder ainsi la mise en exercice de leur pouvoir? Quel intérêt y a-t-il à leur

(1) Aix, 6 janvier 1831.
(2) Paris, 5 août 1832.

refuser, sur l'action directe, la connaissance qu'ils vont indirectement acquérir? Dans quel but, ces inutiles circuits et ces détours coûteux? Lorsque le contrat doit être exécuté en France, j'admets la compétence forcée de nos juges, mais par un tout autre motif. L'élection de domicile, faite pour l'exécution du contrat, équivaut à un domicile réel, et place les contractants parmi les justiciables du juge du lieu. L'élection de domicile est attributive de juridiction à ce tribunal, et l'étranger devient, dès lors, non recevable à proposer l'incompétence du juge qu'il a choisi.

210. Cette élection de domicile résulte-t-elle du seul fait d'avoir indiqué un lieu de paiement en France? En matière civile, la simple indication du lieu de paiement ne donne point compétence au tribunal du lieu. Aussi, l'art. 1258, C. N., distingue-t-il soigneusement les deux clauses. Je comprendrais difficilement, du reste, que parce qu'un Anglais aurait promis en Angleterre à un autre étranger, de lui faire tenir en France telle somme en tel endroit, il en résultât forcément pour nos juges l'obligation de juger les questions relatives à ce paiement.

211. La circonstance que l'acte, cause des démêlés actuels, aurait été passé en France, n'est pas davantage une cause attributive de compétence obligatoire. L'acte, il est vrai, peut être fait dans la forme en usage au lieu de sa confection : il sera valable dans tous les autres pays, en vertu de la règle *locus regit actum*. Mais c'est là tout. Dira-t-on « qu'admettre les étrangers dans l'Etat, leur permettre d'y faire » tous les contrats du droit des gens, non-seulement avec » les nationaux, mais encore avec d'autres étrangers, et » néanmoins leur refuser la faculté de poursuivre devant » les tribunaux français l'exécution de ces contrats, c'est ne » leur accorder qu'un droit illusoire et sans sanction. » « Si » les étrangers, ajoute le même auteur, peuvent faire en » France tous les contrats du droit des gens, c'est parce » que la loi ne les leur interdit pas ; ne pas les leur inter-

» dire, c'est les leur permettre ; les leur permettre, c'est
» leur garantir tacitement le moyen d'en assurer l'exécu-
» tion (1). » Oui, les étrangers peuvent contracter entre
eux en France ; mais de ce que la loi française ne prohibe
pas cette faculté, dont il lui serait, du reste, impossible d'entraver l'exercice, il ne s'ensuit pas qu'elle la consacre en ce
sens, que nos juges soient obligés de prononcer sur les contrats ainsi formés. Il y a une distance immense entre ces
deux propositions ; quand on a posé, en principe, que les
étrangers peuvent poursuivre l'exécution des obligations contractées à leur profit, on n'a nullement, par cette maxime
générale et vraie, résolu la question de savoir devant quel
juge sera poursuivie cette exécution. La question reste
entière. Dire qu'en permettant aux étrangers de faire les
contrats des droits des gens, on leur *garantit tacitement le
moyen d'en assurer l'exécution,* c'est affirmer le point en discussion. Cette *garantie tacite* ne découle pas du tout de l'absence d'interdiction. Veut-on voir dans le fait d'avoir contracté en France, une élection implicite de domicile ? Je
réponds que le jurisconsulte doit se méfier de ces fictions
trop nombreuses, qui souvent, à son insu, mettent sa volonté à la place de celle du législateur ou des parties. Qui
empêchait les parties d'élire domicile en France ? Objecte-
t-on que l'art. 420, Proc. civ., crée cette fiction et la fait passer dans la loi ? L'art. 420 est spécial aux matières commerciales, et ne peut être étendu aux matières civiles. En outre,
même en matière commerciale, l'art. 420, Proc., ne peut
empêcher que le défendeur étranger n'élève *utilement* l'exception d'incompétence ou que les juges ne se dessaisissent
valablement.

Cependant, d'après d'estimables jurisconsultes, l'effet qui,
à mes yeux, résulte de l'élection expresse de domicile,
l'art. 420 l'induit dans les actes de commerce de l'élection

______

(1) Massé, *op. cit.*, nº 172.

implicite de domicile, qu'ils sont présumés contenir, tant par le concours de la promesse faite et de la marchandise livrée dans un même lieu, que par une conséquence de l'obligation de payer dans un lieu déterminé (1). Ce système n'est pas avare de présomptions et d'inductions. On pourrait se demander si, avec l'art. 1247, C. N., les mots *dans l'arrondissement duquel le paiement devrait être effectué* ne devraient pas s'entendre du lieu du domicile du débiteur, dès qu'il n'y a pas d'autre lieu désigné par la convention ; si, par suite, le § 3 de l'art. 420 contient réellement une élection implicite de domicile. Mais il est un argument plus fondamental. L'art. 420 ne peut être d'aucun secours aux étrangers. Le Code de procédure n'est pas une loi de droit international, mais seulement une loi particulière aux nationaux. Je comprends très-bien que dans un cas où la compétence de nos tribunaux est déjà reconnue et établie en principe, l'art. 420, comme l'art. 59, Proc., soient applicables aux étrangers pour décider la question de savoir devant quel tribunal de France la demande devra être portée ; mais je ne puis admettre une argumentation qui se base sur cet article, sur cette loi spéciale, pour établir la compétence générale de nos juges, dans les cas où elle est contestée. Supposant cette compétence générale reconnue et établie, cet article ne peut être invoqué pour la fonder. Le raisonnement de ces savants auteurs me paraît donc entaché d'un vice radical, et le sentiment que j'exprime était partagé par la Cour de cassation : elle disait, le 6 février 1822 : « La Cour, après en avoir » mûrement délibéré et avoir examiné la question sous tou- » tes ses faces, est demeurée convaincue que l'art. 420, Proc. » civ. ne pouvait régir les étrangers qui avaient contracté

---

(1) Merlin, *Répert.*, v° *étranger*, § 2. — Pardessus, *Droit commercial*, n° 1477. — Dalloz, v° *Droit civil*, n° 338. — Requêt., 24 avril 1827, 26 novembre 1828 et 26 avril 1832. — Paris, 24 mars 1817, 11 novembre 1825, 4 janvier 1842. — Aix, 17 mai 1831. — Douai, 3 avril 1845.

» entre eux ; que cet article n'était fait que pour les natio-
» naux, et qu'aucune exception au principe que les lois
» n'ont d'empire que sur les régnicoles, ne se trouvait à cet
» égard ni dans les art. 3 et 14, C. N., ni dans aucune loi
» française. » Dans l'espèce de cet arrêt, il s'agissait d'une
lettre de change, souscrite en France par un Anglais au profit d'un autre Anglais, valeur fournie en France. Comment
la Cour régulatrice, qui refusait ainsi de casser l'arrêt de la
Cour de Paris, admettant le déclinatoire proposé par le défendeur, a-t-elle pu repousser l'admission de cette même
exception dans ses arrêts postérieurs de 1827, 1828 et 1832?
Dans l'espèce de l'arrêt du 26 avril 1832, la Cour s'appuie
sur ce que les défendeurs avaient un domicile de fait en
France et devenaient par suite justiciables de nos juges consulaires : cet arrêt ne peut qu'obtenir mon assentiment ; je
remarque qu'il ne contredit pas celui de 1822. Mais l'arrêt
du 24 avril 1827 nous dit formellement : « attendu qu'il
» s'agit d'un acte de commerce, conséquemment d'un con-
» trat du droit des gens soumis dans son exécution aux lois
» et aux tribunaux du pays où il a eu lieu (1). » J'ai déjà ré-
futé cet argument (V. n° 197); je maintiens donc que l'art. 420
ne peut par lui seul fonder la compétence générale de nos
juges, et que l'étranger défendeur, non domicilié en France,
n'est pas plus tenu de se laisser juger en matière commerciale qu'en matière civile. Quelques arrêts anciens partagent
cette opinion. (2).

211 *bis*. Mais lorsque les obligations commerciales ont été
contractées en foire, nos tribunaux sont obligatoirement
compétents, en vertu des ordonnances spéciales de 1535,
1565 et 1673, que nulle disposition législative postérieure

---

(1) Voir Requêt., 8 avril 1851. — Paris, 13 mars 1849. — Douai, 22 juillet
1852.

(2) Cass., 8 avril 1818, 28 juin 1820, 6 février 1822. — Paris, 30 avril 1819
et 15 avril 1825. — Rouen, 11 janvier 1817. — Aix, 13 juillet 1831.

n'est venue abroger. Cette compétence fut proclamée au Conseil d'Etat.

212. Les juges français sont encore obligatoirement compétents, lorsqu'il s'agit de contestations concernant des établissements de bienfaisance, fondés en France par des étrangers, existant avec l'agrément exprès ou tacite de l'autorité française. Peu importe que ces établissements soient destinés exclusivement au soulagement des compatriotes des étrangers qui les ont fondés. En effet, ces établissements ne forment point des personnes morales étrangères ; elles sont françaises. La nationalité des fondateurs, le nom de l'établissement, son but, ne peuvent modifier ce caractère (1).

213. Les actions incidentes ou en garantie élevées entre deux étrangers rentrent aussi dans la compétence des tribunaux français, lorsqu'elles sont la conséquence d'une demande principale , à l'égard de laquelle nos juges sont compétents. De même, lorsque l'étranger défendeur non domicilié est actionné avec des Français ou d'autres étrangers domiciliés en France (2).

214. La circonstance que l'étranger demandeur est domicilié *de fait* en France ne peut avoir pour effet de rendre obligatoire la compétence de nos tribunaux. Cet étranger ne peut jouir du privilége déjà si exorbitant de l'art. 14, C. N.

215. Dans toutes les hypothèses qui précèdent, l'étranger défendeur non domicilié élèverait inutilement l'exception d'incompétence. Dans les unes, on lui répondrait que les lois de police et de sûreté obligent tous ceux qui habitent le territoire ; dans les autres, comme au cas de saisie-arrêt ou d'exécution de jugements, que la force même des choses attribue compétence à nos juges ; dans les dernières, enfin, que par l'élection de domicile qu'il a faite, il a renoncé au

(1) Douai , 22 juillet 1852.
(2) Rejet, 19 mai 1830. — Cass., 7 juillet 1845. — Paris, 4 janvier 1856. — Orléans , 4 août 1859. — V. cep. Requêt., 27 janvier 1857.

droit d'élever l'exception d'incompétence. Dans les mêmes hypothèses, la faculté de se dessaisir échappe à nos juges.

**216.** Dans les cas où les tribunaux français sont compétents pour connaître des contestations entre étrangers, rien ne s'oppose à ce que ces étrangers renoncent à la juridiction de nos juges et s'adressent aux tribunaux de leur nation. La demande portée devant ces derniers ne pourra plus être soumise aux magistrats français, si ce n'est pour faire déclarer exécutoires les sentences rendues par les tribunaux étrangers, d'après des règles qui font l'objet de l'art. 3e de ce chapitre.

### § 2. — Compétence facultative.

**217.** En dehors des cas cités dans le paragraphe précédent, je pose comme principe que nos tribunaux n'ont qu'une compétence *facultative*, c'est-à-dire qu'ils peuvent être dessaisis de la connaissance du litige par la volonté du défendeur étranger non domicilié, qui propose le déclinatoire, ou par leur propre volonté.

Je formule donc les deux propositions suivantes : 1º toutes les fois qu'une contestation civile s'élève entre étrangers, en matière personnelle, mobilière ou sur une question d'état, le défendeur non domicilié en France décline utilement la compétence du tribunal français.

2º En outre, dans les mêmes circonstances, le consentement du défendeur à subir la juridiction française ne lie pas les tribunaux, et ceux-ci peuvent d'office se dessaisir du litige.

#### *Première proposition.*

**218.** Le déclinatoire proposé par le défendeur non domicilié doit être accueilli. Que fait-il, en effet? Il réclame l'application de la règle générale du droit ; il demande à être renvoyé devant ses juges naturels ; il invoque les droits de la défense. Il fut reconnu au Conseil d'Etat que les juges français ne pourraient juger, que si leur compétence n'était pas déclinée (1). La demande de l'étranger est juste et raisonnable, conforme aux principes de notre législation, à l'équité : elle doit lui être accordée (2).

219. Quel est le caractère de l'incompétence alléguée par le défendeur ; est-elle absolue ou relative, *ratione materiæ* ou *ratione personæ*? A quel moment de la procédure cette exception doit-elle être soulevée? C'est une incompétence à raison de la personne, résultant de ce que la partie a été appelée devant un autre juge que celui qui, d'après le domicile du défendeur, doit connaître du litige. J'estime donc : 1° qu'elle doit être proposée avant toutes autres exceptions et défenses, et ne peut l'être pour la première fois en appel ; 2° qu'elle ne peut être proposée que par le défendeur ; 3° que le tribunal n'est pas *tenu* de la prononcer d'office (3) (art. 163, 169 et 170, Proc. civ.).

220. Cette opinion rallie presque tous les suffrages. La jurisprudence de nos Cours, après quelques hésitations, paraît désormais fixée en ce sens. Mais pour apprécier exactement les éléments qu'elle nous fournit, il est utile de distinguer les questions d'état des autres litiges. En matière personnelle ou mobilière, un arrêt de la Cour de Metz, du 10 novembre 1818, décide que l'exception d'incompétence peut être proposée par l'étranger en tout état de cause. Mais cet arrêt isolé n'a point fait jurisprudence, et les Cours de cassation de Colmar et de Douai jugent que l'exception doit être proposée *in limine litis*, avant toute défense au fond, et qu'elle ne peut l'être pour la première fois en ap-

_______________

(1) Séance du 6 thermidor an IX.

(2) Requêt., 14 avril 1818 et 16 mai 1849. — Poitiers, 15 juin 1847. — Paris, 28 avril 1823, 23 juin 1836, 23 novembre 1839, 23 juin 1859. — Angers, 20 février 1861.

(3) Demangeat, sur Fœlix, t. I, p. 300.

pel (1). Cependant, l'arrêt rendu par la Chambre des requêtes, le 2 avril 1833, paraît adopter une solution différente. La princesse Bagration avait, en effet, conclu au fond avant d'élever l'exception d'incompétence, et cependant la Cour de Paris avait paru faire droit au déclinatoire proposé. Il semble que la Cour Suprême eût dû admettre sur ce point le pourvoi du comte Bloome. Elle le rejeta cependant, mais en se fondant sur ce que la qualité d'étranger, commune au demandeur et à la défenderesse, *donnait aux juges français le pouvoir de s'abstenir de la connaissance des contestations nées entre deux étrangers, lors même qu'ils auraient consenti à être jugés par eux;* motif qui se trouvait implicitement indiqué dans l'arrêt de la Cour de Paris. Cette décision de la Cour suprême est donc étrangère à la question actuelle.

221. On trouve dans les monuments de la jurisprudence, deux systèmes bien opposés, relativement aux actions concernant l'état ou la capacité des personnes, surtout en matière de séparation de corps. Dans le premier, on soutient que l'incompétence est absolue et peut être proposée pour la première fois en appel. Quels sont les motifs sur lesquels on s'appuie? Je les ai vainement cherchés dans les considérants des arrêts; j'ai toujours trouvé une pure affirmation. (2). Dans le deuxième système, on admet, au contraire, que pour les questions d'état comme pour les autres actions, l'exception d'incompétence doit être proposée *in limine litis* pour que les juges français soient tenus de se déclarer incompétents. C'est là, à mon sens, la véritable solution. En effet, d'où découle l'incompétence de nos juges? Comme le dit un des arrêts précités de la Cour de cassation, elle découle, non de la nature de la contestation, qui rentre dans

____

(1) Cass., 5 frimaire an XIV, 4 septembre 1811 et 29 mai 1833. — Colmar, 30 décembre 1815. — Douai, 7 mai 1828, 3 avril 1825 et 17 juin 1853.

(2) Rejet, 30 juin 1823. — Paris, 23 avril 1822, 28 avril 1823 et 23 juin 1836. — Poitiers, 18 juin 1847. — Requêt., 16 mai 1849.

les attributions générales du pouvoir judiciaire, mais de la qualité des parties. Nos juges sont incompétents parce qu'ils ne sont pas les juges naturels du défendeur, ceux de son domicile. C'est donc une incompétence à raison de la personne, qui doit être proposée par les parties, dès le début de l'instance, et qui est couverte par une plaidoirie et des conclusions prises sur le fond. Je remarque que les arrêts qui professent cette seconde doctrine appartiennent, comme les précédents, à la Cour de Cassation et à celle de Paris, et que leurs dates plus récentes permettent de croire à un revirement d'opinions, donnant à la jurisprudence une heureuse uniformité (1).

222. Sur cette question, M. Dalloz, niant que l'incompétence de nos juges soit absolue, d'ordre public, veut appeler notre exception, *péremptoire*, « en ce sens qu'on pourrait la » faire valoir en tout état de cause; elle aurait de l'analogie » avec celle qui se tire de la prescription. En un mot, il » faudrait une renonciation bien expresse au droit de l'invo-» quer, pour que les juges déclarassent leur incompétence. » Mais d'une part, entre une exception péremptoire de sa » nature et celle qui est fondée sur la violation de l'ordre » public, la différence est très-grande : l'une ne peut être » proposée que devant les juridictions du premier et du se-» cond degré, l'autre peut l'être, même en Cour de cassa-» tion, parce que le moyen est toujours subsistant, *res per-» petuo clamat*, et qu'on opposerait en vain qu'il est possible » que les parties aient formellement renoncé ou ne soient » pas fondées à faire valoir le moyen (2). » Cette solution ne me paraît pas acceptable; car enfin, pour caractériser

(1) Bruxelles, 5 mai 1829, 11 janvier 1834 et 31 janvier 1835. — Paris, 25 janvier 1840, 16 janvier 1852, 13 février 1858 et 23 juin 1859. — Douai, 17 juin 1853. — Cass., 27 novembre 1822, 23 juillet 1855 et 15 avril 1861. — Voir en matière de désaveu : Requêt., 7 septembre 1811.

(2) Dalloz, v° *Droit civil*, n° 323.

une exception, il faut remonter à sa cause. Celle-ci a pour base la qualité de la personne du défendeur, qui n'a pas été cité devant le juge de son domicile : elle est donc personnelle : l'art. 169 veut qu'elle soit proposée au début de l'instance. En outre, il n'y a nulle analogie entre les *déclinatoires* par lesquels le défendeur soutient qu'il n'est pas tenu de se défendre devant tel juge déterminé, et les exceptions *péremptoires en la forme*, les seules qu'ait conservé notre Code de procédure. Les différences qui les séparent sont, au contraire, fort nombreuses. Quant aux exceptions péremptoires *du fond*, comme le moyen tiré de la prescription, ce sont en réalité de véritables défenses au fond, et notre Code, plus correct que l'ancien droit, les a justement laissées dans la classe des défenses proprement dites.

223. Il a été jugé que l'exception d'incompétence, quoique proposée dans l'acte d'appel, est ouverte, si l'avocat, assisté de l'avoué, plaide le fond sans invoquer cette incompétence. Mais il suffit que le déclinatoire ait été proposé et plaidé en première instance pour pouvoir être reproduit en appel : peu importe que l'avocat ait aussi plaidé au fond (1). Le tribunal civil de la Seine a jugé, le 22 décembre 1863, que le défendeur qui soulève l'exception de caution *judicatum solvi*, alors surtout qu'il ne fait pas de réserve, est réputé, par cela même, accepter la compétence du tribunal. Je préfère la solution opposée; car le procès sur la question de compétence occasionne des frais que la demande de caution a pour objet de couvrir, et auxquels la caution ne s'appliquerait pas, si elle était postérieurement demandée (V. articles 166, 169 et 173, Proc. civ.).

224. On sait qu'entre Français, le défendeur qui décline la juridiction devant laquelle il a été appelé et dont le déclinatoire est rejeté, peut, aux termes de l'art. 19 de l'ordonnance de 1737, que la jurisprudence ne regarde point comme

_________

(1) Cass., 5 août 1817.

abrogée par les art. 363 et suiv., Cod. proc. civ., négliger la voie de l'appel, et *omisso medio* se pourvoir immédiatement devant la Cour de cassation. Cette disposition spéciale est-elle applicable aux étrangers? La question se résout par une distinction. L'étranger, qui avait proposé le déclinatoire, peut valablement introduire une demande en règlement de juges, s'il demande à être renvoyé devant un autre tribunal français appartenant à l'ordre judiciaire. Cette voie lui est, au contraire, interdite, s'il demande à être renvoyé devant des juges étrangers. Dans ce dernier cas, il n'a que la voie ordinaire de l'appel. La Cour de cassation n'admet pas qu'il y ait lieu à règlement de juges entre nos tribunaux et ceux d'une puissance étrangère, alors même que, d'après des traités diplomatiques, les jugements respectifs de ces tribunaux seraient de plein droit exécutoires dans l'un et l'autre pays (1).

225. L'instance étant déjà pendante devant un tribunal étranger, le défendeur non domicilié oppose au demandeur l'exception de litispendance. Doit-il être écouté? assurément. Bien que la jurisprudence ait nettement établi, dans de récents arrêts ( V. nº 86), que la litispendance ne peut exister entre les tribunaux français et les juges étrangers, la demande du défendeur doit lui être accordée. Il ne faut pas s'arrêter au langage impropre des parties, mais examiner la question en elle-même. Or, que fait le défendeur? Il se refuse à proroger la juridiction de nos magistrats; il propose en réalité, le déclinatoire pour incompétence. Devant son refus, nos juges doivent s'arrêter et se dessaisir du litige.

226. Le domicile de fait, qu'aurait acquis en France le demandeur, ne pourrait faire rejeter le déclinatoire proposé par l'étranger, non domicilié défendeur. Décider le contraire, serait accorder à ce demandeur le privilége exorbitant de l'art. 14, C. N.

(1) Cass., 25 janvier 1825, 30 mai 1827 et 27 janvier 1847.

227. Le défendeur ne saurait élever utilement l'exception d'incompétence, s'il avait expressément ou tacitement renoncé à cette faculté. Cette renonciation peut découler de l'acte même, qui donne lieu à la contestation : elle lie définitivement l'étranger qui, après avoir consenti à être jugé par nos juges, ne peut plus proposer une exception qui n'existe plus ; car son consentement l'a faite disparaître. La renonciation tacite découle notamment du fait de n'avoir pas proposé le déclinatoire *in limine litis*.

228. Cette exception est personnelle aux parties : elle ne saurait être proposée par les créanciers de l'étranger, exerçant, en vertu de l'art. 1166, C. N., les droits de leur débiteur, à moins qu'ils ne soient eux-mêmes étrangers. Cette exception ne saurait non plus appartenir aux héritiers, à moins qu'ils ne fussent eux-mêmes étrangers non domiciliés. J'ai déjà remarqué que la théorie des droits acquis n'est point applicable aux formes de procédure et aux lois déterminant la juridiction.

*Deuxième proposition.*

229. Nos tribunaux peuvent refuser la connaissance des litiges intentés contre un étranger *non domicilié,* en dehors des cas où je leur ai reconnu une compétence *obligatoire,* ou, pour emprunter le langage de la Cour de cassation, une compétence positive. C'est là un principe généralement admis par la jurisprudence, qui va même jusqu'à l'appliquer à l'hypothèse, où l'étranger est domicilié de fait en France. Mais cette solution ne doit pas être appuyée sur les arguments invoqués par les Cours de l'Empire, arguments que j'ai déjà combattus et dont j'espère avoir démontré le peu de solidité (V. nos 193 et s.). Non, les tribunaux ne se doivent pas exclusivement aux nationaux, et l'obligation d'appliquer des lois étrangères ne peut baser un refus, puisque nos juges sont fréquemment appelés à faire cette application.

13

230. Pour moi, la faculté qu'ont les juges français de se dessaisir de la connaissance du litige, malgré le consentement du défendeur étranger, repose sur les principes qui régissent la matière de la prorogation de la juridiction. Il est aujourd'hui généralement admis que la prorogation volontaire de juridiction, extension de la juridiction ordinaire d'un tribunal, n'est pas obligatoire pour les juges qui en sont l'objet. Un tribunal compétent, *ratione materiæ*, peut refuser de juger des parties qui ne sont pas ses justiciables, bien qu'elles consentent à plaider devant lui. Si la justice distributive est une dette du citoyen élevé à la fonction de juge, il n'est cependant tenu rigoureusement de la rendre qu'à ceux, sur lesquels la loi lui assigne juridiction. Lorsque le droit romain a permis aux parties de se choisir des juges autres que ceux qui leur étaient indiqués par l'organisation judiciaire, il tirait une conséquence nécessaire et forcée de la faculté accordée de se faire juger par des arbitres. Le consentement mutuel des parties produit l'effet du compromis et participe de sa nature. Le tribunal, choisi par des individus qui ne sont pas ses justiciables, rentre dans la classe des arbitres; il n'est plus qu'un juge volontaire. Il a, de plus que les arbitres, un caractère public, qui imprime à ses décisions l'authenticité la plus complète, et leur assure une exécution actuelle. Mais, de même que les arbitres sont maîtres d'accepter ou de refuser le compromis qui les constitue juges du différend, de même aussi un tribunal peut refuser ou accepter la prorogation. *Requiritur etiam consensus magistratus cujus jurisdictio prorogatur; quum invitus compelli nequeat ut non subjectis jus dicat, quamvis expressus ipsius consensus minimè requiratur* (1).

Si l'on voulait appuyer une opinion opposée sur la loi 2, § 1, D. *De judiciis*, je répondrais que cette loi ne vise point notre hypothèse. Elle s'occupe du cas où un préteur, se

____

(1) Beckmann, *Introd. in jus Digest. ad tit. de jurisdict.*, § 21.

croyant compétent, prononce dans l'ignorance du consentement des parties. Malgré cette erreur et cette ignorance réunies, le jurisconsulte décide qu'il a pu valablement prononcer. Qui n'aperçoit la différence sensible qui sépare l'hypothèse prévue par ce texte de celle où le juge, connaissant à la fois son incompétence et le consentement des parties, ne veut pas accepter la juridiction qui lui est offerte?

231. Eh bien! pourquoi la solution, admise par toutes les autorités les plus recommandables à l'égard des Français (1), serait-elle inapplicable aux étrangers? Si le Français assigné devant un tribunal autre que celui de son domicile, qui consent à être jugé par ce tribunal incompétent *ratione personæ*, peut néanmoins se voir repoussé par le juge français mal à propos saisi, pourquoi le juge français ne pourrait-il se dessaisir du litige intenté contre l'étranger non domicilié en France? La qualité de cet étranger y ferait-elle obstacle? Mais elle ferait plutôt naître un argument *à fortiori*. Comme le disait M. Defermon au Conseil d'Etat, dans l'hypothèse actuelle, le tribunal français devient arbitre; mais comme tout autre arbitre, il peut refuser de juger la contestation. La renonciation formelle ou tacite du défendeur n'oblige pas les juges à sortir du cercle de leurs attributions; elle leur en donne seulement la faculté.

232. C'est donc parce que le juge, incompétent *ratione personæ*, peut, suivant sa volonté, se dessaisir du procès malgré le consentement des parties à se laisser juger, que nos tribunaux peuvent se refuser à connaître des contestations élevées entre étrangers *non domiciliés*. Mais il est inexact de dire, comme plusieurs Cours de l'Empire, que ce dessai-

___

(1) Carré, *Organ. jud.*, art. 261. — Merlin, *Répert.*, vº *prorogation*. — Boncenne, t. III, p. 254. — Boitard, sur l'art. 169. — Chauveau, sur Carré, quest. 721. — Cass., 11 mars 1807. — Rennes, 22 mars 1838. — *Contrà* Rennes, 17 mai 1815.

sissement se base sur ce que le juge français se doit *exclusivement aux nationaux*, ou parce qu'il serait obligé d'apprécier des lois étrangères. J'accepte donc, mais en faisant toutes mes réserves sur les motifs de ces arrêts, les sentences qui reconnaissent et proclament la compétence *facultative* de nos tribunaux (1). La Cour Suprême paraissait du reste vouloir motiver, comme je le fais, ce refus de juridiction dans son arrêt du 29 mai 1833 : « Attendu, disait-elle, » que les tribunaux français n'ont une compétence *positive* » sur les contestations entre étrangers que dans le cas où la » loi leur en attribue la connaissance ; que dans les autres » cas, leur compétence, n'étant pas réglée par la loi, est » *facultative,* en ce sens que les tribunaux ne sont valable- » ment saisis du différend qu'autant qu'ils consentent à le » juger, et que les parties en cause reconnaissent volontai- » rement cette juridiction, etc... »

La chambre des requêtes de la même Cour suivait encore cet ordre d'idées dans son arrêt du 10 mars 1858. Je regrette toutefois que la Cour n'ait pas, reprenant et développant, dans un de ces remarquables arrêts qui fixent à jamais la jurisprudence, la doctrine renfermée dans son arrêt du 11 mars 1807, fait entièrement justice des arguments inexacts qui motivent depuis trop longtemps les arrêts de nos Cours impériales.

Mais, conformément à l'art. 7 du Code de procédure, le juge de paix, saisi d'une action intentée contre un étranger non domicilié en France par un autre étranger, ne pourrait refuser de juger le différend. Cet article consacre une exception positive à la règle qu'il faut le consentement du juge pour proroger sa juridiction. Comme le disait l'orateur du gouvernement au Tribunat, ce texte confère aux parties une

______

(1) Cass., 14 avril 1818, 29 mai 1833, 16 mai 1849, 27 janvier 1857 et 10 mars 1858. — Paris, 28 avril 1829, 23 juin 1836. — Bastia, 11 avril 1843. — Rouen, 23 avril 1855. — Lyon, 25 février 1857. — Bastia, 8 décembre 1863.

*faculté* que le refus du juge ne peut rendre nulle, puisqu'il détruirait le but de la loi.

233. Mais les tribunaux français sont incompétents, en vertu de l'art. 9 de la convention consulaire, passée le 26 juillet 1862, entre la France et le royaume d'Italie, pour connaître de toutes les questions relatives à la succession d'un Italien mort en France, à l'inventaire, la mise aux enchères des biens, à la liquidation de la même succession et des questions de tutelle. Les consuls d'Italie présents au lieu de l'ouverture de la succession, ou qui, non présents, se rendraient sur les lieux et réclameraient le droit conféré par ledit article, peuvent seuls connaître de ces questions. La connaissance ne peut en être attribuée aux tribunaux français, que lorsque des Français ou des étrangers d'une autre nationalité sont intéressés et élèvent des réclamations. Dans ce cas cesse la compétence particulière du consul italien. La Cour de Bastia a fait une application récente de ce traité dans son arrêt du 8 décembre 1863. A première vue, le notaire Emmanuelli étant français, il semblerait que la Cour eût dû se déclarer compétente; mais un examen attentif des faits démontre qu'Emmanuelli était entièrement devenu étranger à la tutelle, et qu'il était sans droit pour saisir la juridiction française. D'autres conventions consulaires contiennent, en tout ou en partie, des dispositions analogues (1).

### IV. — De la caution imposée au demandeur.

234. On a déjà vu que lorsqu'un étranger intente une action contre un Français, ce demandeur est astreint par les art. 16, C. N., et 166, Proc., à fournir une caution dite *judicatum solvi*, caution que le Français doit réclamer dès le début de l'instance, s'il ne veut être réputé renonçant au

(1) Convention consulaire avec le Brésil, 10 décembre 1860 (art. 7). — Voir Requêt., 24 juillet 1861.

droit de l'exiger. Actuellement il faut examiner si l'obligation de donner caution pèse également sur le demandeur étranger, lorsque le défendeur est lui-même étranger. Nulle difficulté ne peut naître lorsque le défendeur est un étranger autorisé par le gouvernement à établir son domicile (V. nos 87, 119 et 122). Mais la question est fort controversée dans l'hypothèse où les deux étrangers sont dans une position égale, purement étrangers, ne jouissant ni l'un ni l'autre des droits civils.

235. Dans notre ancien droit, les parlements, qui n'étaient soumis à aucune loi précise sur la matière, étaient généralement dans l'usage d'obliger respectivement les étrangers plaidant l'un contre l'autre, demandeur comme défendeur, à fournir la caution *judicatum solvi*. Brillon, dans son *Dictionnaire des Arrêts*, cite un arrêt du parlement de Paris du 27 mai 1567 rendu dans ce sens. Bacquet mentionne un arrêt analogue du 23 août 1571 (1). Pothier professe la même opinion : « Lorsque deux étrangers plaident ensemble, si le » défendeur l'exige du demandeur, il ne peut l'y faire con- » damner qu'il ne l'offre respectivement de son côté (2). » Bourjon constatait l'obligation pour le demandeur de fournir la caution ; mais il doutait que le défendeur étranger eût le droit de l'exiger. « Mais elle (la caution) est de nécessité, » disait-il, en demandant, encore que ce fût contre un au- » tre étranger. La loi est générale et ne distingue pas : ainsi » elle a donc lieu en faveur d'un étranger ; cependant peut-il » invoquer régulièrement le droit de la nation (3). » Sous l'empire du Code Napoléon, deux systèmes séparent les jurisconsultes et les tribunaux.

236. Dans un premier système, on décide que l'étranger, demandeur contre un autre étranger, ne peut être obligé à

(1) *Droit d'aubaine*, chap. 17.
(2) *Traité des personnes*, part. 1, tit, 2.
(3) *Droit commun*, liv. I, tit. 7, chap. 1.

fournir la caution. D'après les procès-verbaux des séances du Conseil d'Etat, on a de fortes raisons de penser que l'art. 16, C. N., rattaché aux articles précédents 14 et 15, était, comme eux, dans la pensée des législateurs, applicable seulement aux contestations entre Français et étrangers. Une liaison intime réunit ces textes, et l'art. 16 est placé sous le titre de *la jouissance des droits civils*. Les droits civils, celui de l'art. 16 comme celui de l'art. 14, ne peuvent appartenir qu'aux Français et aux étrangers, assimilés par des traités aux nationaux ou autorisés par le gouvernement à établir leur domicile en France. Si la caution est exigée de l'étranger demandeur, c'est à titre de garantie, de sûreté pour les intérêts du défendeur. La disposition qui exige cette garantie est placée sous le titre de la jouissance des droits civils : elle est donc une institution de droit civil exclusivement établie en faveur des Français. C'est une protection, une faveur accordée aux nationaux. En outre, la différence, qui existe entre la situation du Français et celle de l'étranger plaidant en France, suffirait seule à appuyer cette solution. S'il y a parité entre le Français et l'étranger défendeurs, en ce sens que tous deux ont intérêt à obtenir caution, il y a une différence remarquable entre leurs positions respectives. Le Français défendeur, à raison des intérêts qui l'attachent au sol français, présente à son adversaire des garanties que le demandeur ne lui offre pas. Celui-ci, son procès perdu, pourrait se soustraire à l'exécution des condamnations prononcées par un tribunal français, en se retirant dans sa patrie. Choquante inégalité que la loi a fait disparaître. On a rétabli une sorte d'égalité entre les deux parties, en autorisant le Français défendeur à exiger une caution du demandeur étranger. Entre deux étrangers, plaidant l'un contre l'autre, la même inégalité de situation n'existe pas ; si le demandeur peut quitter la France après avoir perdu son procès, le défendeur condamné ne peut-il agir de même ? La loi, qui permettrait d'exiger la caution, romprait une égalité naturelle pour établir une inégalité arbitraire. On ne peut donc étendre à l'étranger, dont l'intérêt n'est pas identique à celui du Français, une disposition que l'intérêt particulier du Français peut seul justifier.

La situation est encore différente, à un autre point de vue, entre le Français et l'étranger défendeurs. Les obstacles que le Français défendeur rencontrerait pour exécuter contre le demandeur étranger qui se soustrairait, par la fuite, aux condamnations prononcées contre lui, disparaissent quand la condamnation a été prononcée au profit du défendeur étranger. Le Français ne peut être forcé à diriger en pays étranger des procédures incertaines, devant des juges pleins de partialité, à subir un déplacement coûteux et souvent inutile. Les motifs qui ont fait édicter l'art. 14, C. N., s'appliquent, avec la même puissance, à l'art. 16 (V. n° 46). L'étranger, auquel échappe le demandeur étranger, n'est point exposé aux mêmes inconvénients, s'il est obligé de suivre son débiteur en pays étranger. Le dérangement qu'il éprouve ne peut être comparé à celui que supporte le Français. Enfin, la différence qui existe entre la qualité de demandeur et celle de défendeur ne saurait, dans aucune hypothèse, lorsque les parties sont à tous autres égards de même condition, motiver l'application exclusive, contre l'une d'elles, d'une mesure aussi rigoureuse que celle de fournir la caution *judicatum solvi*. Telle est en substance l'argumentation des nombreux partisans de ce premier système (1).

237. Le deuxième système me paraît cependant préférable. Avec Merlin, on répond aux partisans du premier sys-

---

(1) Demolombe, t. I, n° 255. — Fœlix, t. 1, n° 134. — Massé, *op. cit.*, t. II, n° 249. — Soloman, *Cond. des étrangers*, p. 112. — Aubry et Rau, sur Zachariæ, § 747 *bis*. — Legat, *op. cit.*, p. 313. — Duranton, t. I, 166. — Orléans, 26 juin 1828. — Pau, 3 décembre 1836. — Paris, 5 février 1840, 12 avril 1856, 28 mars 1857, 2 juillet 1861. — Crim., rejet, 15 avril 1842. — Trib. civ. de Toulouse, 26 août 1852.

tème, qu'à la vérité l'art. 16, C. N., paraît, par sa liaison avec l'art. 15, ne porter que sur le cas où l'action est intentée par un étranger contre un Français, mais qu'il ne faut pas conclure, du silence gardé par le Code sur les procès entre étrangers, que le défendeur soit dispensé de donner caution. Lorsque s'élève un litige entre deux étrangers, il faut, en se reportant aux motifs de l'art. 16, obliger le demandeur étranger à fournir caution, parce que sans cela le défendeur, tout étranger qu'il est, n'aurait aucune garantie pour le paiement des dépens et des dommages-intérêts qu'il pourrait obtenir contre son adversaire. On ajoute que les termes de l'art 16 sont généraux, que le Code ne distingue pas entre le cas où le défendeur est Français et le cas où il est étranger. Est-il permis d'établir dans la loi des distinctions qu'elle n'a point faites, et de mettre sa propre volonté à la place de celle du législateur ?

L'argument que les partisans du premier système tirent de la position occupée par cet article sous le titre de *la jouissance des droits civils* n'est réellement pas sérieux. Comment peut-on en conclure que cet article ne peut être invoqué que par un défendeur qui jouit des droits civils? Prenez-y bien garde : il n'y a pas de corrélation intime entre ces deux idées, et votre interprétation viole, en outre, ouvertement le texte et l'esprit de notre art. 16. Qu'ont fait les législateurs? Ils venaient de dire dans l'art. 11, C. N., que jouiraient des droits civils : les étrangers admis à cette jouissance par des traités internationaux, ou ceux qui seraient autorisés à établir leur domicile en France (art. 13). Ils traitent, dans l'art. 14, du droit d'attirer les étrangers devant les tribunaux français, et résolvent ensuite, dans l'art. 16, la question de savoir si le droit de *se porter demandeur sans donner caution* est aussi un droit civil. La question est résolue affirmativement : c'est bien le droit de plaider sans caution qui est un droit civil, et non celui de l'exiger. En voulez-vous la preuve? lisez l'art. 16. Dit-il : *Tout Français défendeur pourra exiger du demandeur étranger?* Non : il dit au contraire : *l'étranger qui sera demandeur, sera tenu, etc...;* et l'art. 166, Proc. : *Tous étrangers... seront tenus, si le défendeur le requiert.* Quel défendeur ? Est-ce seulement le Français ? Non ; les termes sont généraux, et ils ne pouvaient pas ne pas l'être, puisque la question à résoudre était celle de savoir si le droit de se porter demandeur sans caution est un droit civil. Donc, l'étranger est-il demandeur, la caution peut être exigée, quelle que soit la nationalité du défendeur. En principe général, et en l'absence de tout traité, l'étranger ne jouit pas du du droit de pouvoir se porter demandeur sans fournir caution.

Et comme le dit, avec cette argumentation forte et serrée qui lui est habituelle, le savant professeur de la Faculté de Paris, M. Demangeat : « Il y a mieux : l'argument de
» M. Fœlix (*des partisans du système contraire*) se réduit à
» un cercle vicieux. Suivant lui, « le droit de plaider en
» France comme demandeur sans donner caution, ainsi que
» le droit d'exiger cette caution, sont des droits privilégiés
» qui n'appartiennent qu'aux Français. » Or, quand le de-
» mandeur et le défendeur sont étrangers, de toute néces-
» sité l'un de ces deux droits appartiendra à un étranger :
» lequel des deux ? Là est toute la difficulté. Il faudrait dire
» dans le système de Fœlix, que la question de savoir si le
» droit de plaider comme demandeur, sans fournir caution,
» est ou n'est pas un *droit civil*, un privilége exclusivement
» réservé aux nationaux ; que cette question doit être réso-
» lue diversement suivant la nationalité du défendeur. En
» d'autres termes, dans l'opinion que nous repoussons, la
» libre faculté de se porter demandeur devant un tribunal
» français, n'est pas *essentiellement* un *droit civil.* N'est-il pas
» tout aussi simple, en présence du texte législatif, de dire
» que la faculté de plaider comme demandeur, sans fournir
» caution, est toujours un *droit civil* dans le sens de l'art. 11,
» tandis que la faculté d'exiger la caution appartient au dé-

» fendeur, qu'il jouisse ou non de la plénitude des droits
» civils? »

Le seul argument sérieux présenté par les partisans du premier système, est celui que l'on tire des garanties qu'offre généralement le Français, et des inconvénients qui résultent pour lui d'un procès nouveau en pays étranger. Ces inconvénients existent aussi pour le défendeur étranger, qui ne pourra en pays étranger faire mettre à exécution la sentence française qu'avec les mêmes peines et les mêmes frais que supporterait un Français. Si le défendeur étranger n'offre pas les garanties de stabilité présentées par le Français, il ne faut pas oublier non plus que la défense est forcée. Le demandeur étranger était libre de porter son action devant les tribunaux étrangers. Peut-on dire que l'étranger défendeur est libre de ne pas se défendre? Non; les juges le condamneraient par défaut. Il n'y a donc pas égalité de situation entre le défendeur et le demandeur. Du reste, la Cour de cassation établit, de sa propre autorité, une présomption qui n'est attachée par aucune loi spéciale à la qualité de Français, quand, pour expliquer l'art. 16, C. N., elle dit que le justiciable français est présumé solvable. La conséquence logique de cette présomption est que le Français, qui forme une demande contre un étranger, peut exiger que celui-ci fournisse caution. La Cour n'oserait assurément pas aller aussi loin. Voudrait-elle lire cette présomption dans l'art. 16 lui-même? Mais ce serait résoudre la question par la question elle-même.

Ainsi donc, le droit de plaider comme demandeur, sans fournir caution, est un droit civil; par suite, l'étranger, non admis à la jouissance totale ou partielle des droits civils, peut être tenu de fournir la caution *judicatum solvi*, quelle que soit la nationalité du défendeur (1).

---

(1) Demangeat, sur Fœlix, t. I, p. 275. — Chauveau, sur Carré, quest. 702.

**238.** Mais je ne saurais dire avec la Cour de Paris (30 juillet 1834) « que le législateur a eu en vue un intérêt plus » élevé, celui de la dignité du pouvoir judiciaire national, » lequel ne doit pas condamner en vain des étrangers, » qui pourraient se jouer de sa décision. » Cette considération, qui suppose l'ordre public intéressé dans la question, perd toute importance, quand on remarque que le défendeur peut renoncer au droit d'exiger la caution, et qu'il y renonce tacitement, d'après l'art. 166, Proc. civ., s'il ne l'acquiert pas dès le début de l'instance, avant toute autre exception.

**239.** De nombreux traités internationaux ont dispensé les sujets de plusieurs nations de l'obligation de fournir la caution, ou, en d'autres termes, leur ont accordé le droit de se porter demandeurs devant les tribunaux français, sans être astreints à donner cette garantie. Ces traités ont été déjà indiqués (V. n° 130).

**240.** Les autres questions que soulève l'interprétation de l'art. 16, C. N., ont déjà fait l'objet de mon attention : Je renvoie donc à l'article précédent du présent livre (V. n°s 118 à 148).

### V. — Législations étrangères.

**241.** *En Angleterre*, la jurisprudence considère toutes les actions personnelles, *ex delicto* ou *ex contractu*, comme transitoires. Elle les attribue au for domestique, quel que soit le pays dans lequel ces actions ont pris naissance, et quelles que soient les parties litigantes. La compétence des juges anglais est établie dès que le défendeur se trouve, à l'époque de l'introduction de l'instance, présent sur le terri-

---

Valette, sur Proudhon, t. I, p. 157. — Merlin, *Répert.*, v° *caution*, § 1, n° 7. — Malleville, sur l'art. 16. — Paris, 28 mars 1832 et 30 juillet 1834. — Bruxelles, 11 janvier 1828 et 15 mai 1841.

toire du Royaume-Uni. On ne fait point de distinction entre le cas où l'obligation, cause de la demande, a été formée en Angleterre, et celui où elle l'a été en pays étranger. Mais le droit d'ester en justice devant les tribunaux de la Grande-Bretagne, n'appartient qu'à l'étranger ami. L'étranger ennemi ne jouit point de cette faculté. On appelle étranger ami, celui dont la nation est en paix avec l'Angleterre. Quant à l'étranger ennemi, ses droits sont suspendus pendant toute la durée de la guerre ; la paix faite, il redevient étranger ami. Il peut alors contraindre son débiteur à l'exécution de l'obligation née avant le commencement de la guerre. Mais si le contrat a été passé pendant la durée des hostilités, il ne peut en demander l'exécution, même après le retour de la paix. Législation défectueuse, qui fait dépendre les droits privés des citoyens du caprice d'un despote. On s'étonne de trouver de semblables principes dans le droit du peuple qui marche à la tête des nations civilisées dans la voie de la liberté. On s'explique cette anomalie par le mode en usage en Angleterre pour l'abrogation des lois ; mais l'on se demande comment un bill n'est pas encore venu changer une législation si opposée aux principes actuels du droit international (1).

Aux *Etats-Unis*, tout étranger a le droit d'ester en justice contre un autre étranger.

Le Code de procédure civile du grand-duché de *Bade*, permet à tout étranger d'ester en justice contre un autre étranger devant les tribunaux badois. On lit dans le § 45, n° 2 : « Les étrangers non domiciliés dans le grand duché » peuvent être cités, à la requête de Badois ou d'étrangers, » devant le tribunal qui est compétent par la nature spé- » ciale de la cause. » Et au n° 3 : « En ce qui concerne

_______

(1) Wheaton, *Droit international*, t. I, p. 145. — Westoby, *Législation anglaise*, p. 33. — Voir dans Sirey, 1841, II, 193, une déclaration de l'ambassadeur d'Angleterre à Paris.

» les demandes formées par des étrangers ou des Badois
» contre des étrangers, pour l'exécution d'obligations per-
» sonnelles contractées dans le grand-duché ou qui y doivent
» recevoir leur exécution, la demande peut être portée de-
» vant tout tribunal badois de première instance dans l'ar-
» rondissement duquel le défendeur est trouvé, à moins
» que, dans l'espèce, la compétence d'un autre tribunal du
» pays ne soit fondée par la loi ou par une élection conven-
» tionnelle de domicile. » Une disposition presque semblable
se trouve dans le § 14 de l'ordonnance du grand-duc de
Hesse, en date du 21 juin 1827, relative à la *Hesse-Rhé-
nane.*

Les législations des *Pays-Bas*, de la *Prusse*, de l'*Autriche*,
accordent aux étrangers les mêmes droits qui appartiennent
aux nationaux. Des dispositions analogues se retrouvent
dans le droit de la *Bavière* et dans celui du *Wurtemberg*.
Mais des mesures de rétorsion peuvent être exercées contre
es sujets d'un Etat qui refuse aux étrangers l'exercice des
droits qu'il accorde aux nationaux.

Dans tous les pays soumis au *droit commun allemand*,
les étrangers peuvent poursuivre devant les juges du pays
leurs débiteurs étrangers, qu'ils soient ou non domiciliés (1).

En *Espagne*, on distingue entre les étrangers domiciliés,
et ceux non domiciliés dans les pays soumis à la puissance
espagnole. Les étrangers domiciliés sont justiciables des tribunaux espagnols. Les étrangers non domiciliés peuvent
poursuivre leurs compatriotes non domiciliés devant un tribunal spécial, chargé de cette juridiction, et qui porte le nom
de *juges conservateurs des étrangers* (2).

En *Portugal*, on a institué un juge qui connaît de tout
procès intéressant un Anglais, et un juge qui connaît de
tout litige concernant un Français. Au cas de contestation

(1) Roger, *Revue étrangère*, t. V.
(2) *Novisima Recopilacion*, lib. 6, tit. 11, § 168.

entre un Anglais et un Français, le privilége concédé aux Anglais étant le plus ancien, c'est le *juge conservateur des droits de la nation britannique* qui serait compétent (1).

Le règlement législatif et judiciaire des *Etats-Pontificaux,* en date du 10 novembre 1834, admet les étrangers, même non domiciliés, à ester en justice. Ils sont seulement tenus d'élire préalablement domicile au greffe. Dans la législation de l'ancien royaume de *Piémont,* un étranger peut actionner un autre étranger pour l'exécution d'obligations contractées dans le pays ; mais (ce qui me paraît assez contradictoire) la simple élection de domicile n'est pas attributive de juridiction contre un étranger. L'étranger jouit du même droit pour réclamer la restitution d'un objet volé ou perdu.

En résumé, les lois des différentes nations, dont j'ai pu prendre connaissance, reconnaissent d'une manière expresse, avec certaines modifications particulières, le principe que les étrangers ont le droit de se faire juger par les tribunaux du pays.

Au contraire, les législations de la *Belgique,* de l'ancien royaume des *Deux-Siciles,* d'*Haïti,* ont adopté la législation française.

Cette revue rapide ne produit-elle aucun enseignement ?

Quand les législations de l'Espagne et du Portugal, s'inspirant des principes de la jurisprudence romaine, créent, à l'imitation du *prætor peregrinus,* des juges spéciaux pour les étrangers, on se demande pourquoi la France ne suivrait pas leur exemple. Serait-ce une création impossible ou absurde, que celle d'une chambre, spéciale aux contestations nées entre étrangers, dans les tribunaux de Paris, de Marseille, de Rouen, de deux ou trois de nos grandes villes commerçantes, dont les appels seraient portés devant une chambre aussi spéciale de la Cour de Paris ? Que sont aujourd'hui les distances ; et l'appel d'un jugement de la cham-

(1) *Gazette des tribunaux,* 16 et 17 octobre 1843.

bre spéciale de Marseille, ne serait-il pas aussi facilement porté à Paris, que celui d'un jugement d'Espalion à la cour de Montpellier ?

## ARTICLE TROISIÈME.

DE L'EXÉCUTION EN FRANCE DES JUGEMENTS ET DES ACTES RENDUS OU PASSÉS EN PAYS ÉTRANGERS.

242. Les tribunaux français, ai-je dit, sont seuls compétents pour permettre en France l'exécution des jugements et actes rendus ou passés en pays étrangers. En effet, chaque nation possède et exerce seule, exclusivement à toute autre, la souveraineté et la juridiction dans toute l'étendue de son territoire. Un acte émané de la puissance souveraine d'un Etat ne peut, en vertu du seul mandat de cette puissance, être de plein droit exécutoire hors des limites de cet Etat. Le pouvoir des autres Etats doit autoriser cette exécution, communiquer à cet acte de la puissance étrangère la force juridique qui lui fait défaut. Ce principe s'applique surtout aux actes émanés des juridictions étrangères.

243. En France, la distinction entre la juridiction contentieuse et la juridiction volontaire ou gracieuse, déjà connue dans le droit romain, adoptée par plusieurs législations modernes, n'a jamais été textuellement, formellement énoncée dans nos lois, mais elle a toujours été admise par les jurisconsultes. La différence qui sépare la juridiction contentieuse de la juridiction gracieuse est sensible. Dans le premier cas, les actes sont l'œuvre du juge lui-même : au deuxième, le juge ne fait qu'imprimer l'authenticité au consentement donné par les parties ; le contenu intrinsèque des actes émane de ces dernières. « La juridiction conten-
» tieuse, dit Gluck, a pour objet l'examen et la décision des
» causes litigieuses, ainsi que l'exécution des décisions ;
» tandis que la juridiction volontaire s'exerce dans les affaires

» qui n'offrent point de contestation, et dans lesquelles la
» personne chargée de l'exercice de cette juridiction, n'a
» qu'à accorder une confirmation ou une attestation pu-
» blique. »

244. Comme en matière contentieuse, l'exercice de la juridiction volontaire tire son origine uniquement du pouvoir
souverain de l'Etat. Le principe de l'indépendance des nations paraît donc devoir s'opposer également à ce que les
actes de l'une ou de l'autre juridiction produisent quelque
effet dans les pays étrangers. Cependant, en parcourant la
série des actes que la doctrine ou les lois comprennent sous
la dénomination d'actes de juridiction volontaire, on demeure
convaincu qu'à la différence des jugements proprements
dits, aucun de ces actes ne porte sur le fond du droit.
Ceux-ci, en effet, peuvent être classés dans les deux catégories suivantes : les uns constatent publiquement l'existence de certains faits qui, d'après le droit de l'Etat, entraînent la capacité ou l'incapacité d'exercer certains droits
civils : ainsi l'émancipation, l'interdiction, l'adoption, etc...;
les autres, l'existence des conventions, des dispositions volontaires de l'homme ; dans l'un et l'autre cas, l'autorité du
juge ou de tout autre officier public imprime à ces faits, à
ces conventions, l'authenticité absente. Les actes de juridiction volontaire rentrent donc sous l'application des lois qui
déterminent la forme extérieure des actes. La forme des
actes est régie par la loi du lieu dans lequel ils ont été passés :
c'est là un principe certain et universellement reconnu. Par
suite, tout acte de juridiction volontaire produira tous ses
effets dans les pays étrangers, sous la triple condition :
1° Qu'il ait été fait ou reçu par un magistrat, officier public
investi par la loi du lieu de la confection de l'acte même,
du pouvoir d'y procéder ; 2° que l'acte soit revêtu des formes
prescrites par la même loi ; 3° que son contenu soit conforme au statut qui régit, soit la personne à laquelle l'acte
se rapporte, soit la substance de la matière de l'acte.

14

Ce sont là les seuls points sur lesquels le juge, devant lequel on produit un acte de juridiction volontaire, émané d'un pays étranger, puisse et doive faire porter son examen. Ainsi, l'adoption faite en Allemagne, entre sujets du même Etat, revêtue de la simple confirmation du juge qui suffit pour sa validité, produira tous ses effets à l'étranger relativement aux personnes et aux biens des parties, pourvu que ces effets ne lèsent aucun principe d'ordre public. De même, le tuteur, nommé au fou ou au dément par les plus proches parents de ce dernier, forme autorisée par la loi de quelques pays, sera fondé à exercer, en pays étranger, son autorité sur la personne et sur les biens de l'interdit, bien que, d'après la loi locale, l'interdiction ne puisse être prononcée qu'à la suite d'une instruction contradictoire. Cependant, dans la célèbre affaire du duc de Brunswick, le tribunal de la Seine et la Cour de Paris (23 janvier 1835, et 16 janvier 1836), se refusèrent à considérer le prince déchu comme interdit, malgré la décision prise par son frère et par les plus proches agnats, décision conforme aux lois du pays. Mais il y avait dans la cause un motif tout spécial que les juges français apprécièrent avec sûreté et sagacité, et qui causa leur décision. L'acte d'interdiction était une véritable manœuvre politique : on voulait, en s'emparant des biens du duc Charles, l'empêcher de reconquérir son royaume. Les juges français pouvaient-ils sanctionner un acte tout politique au profit d'une puissance étrangère? Ces décisions ne contredisent donc pas le principe posé, qui, constant et reconnu, est proclamé par les publicistes les plus autorisés (1).

245. Les jugements contenant une déclaration d'absence ou de faillite rentrent aussi, en principe, dans les actes de juridiction volontaire. Le curateur des biens de l'absent ou les envoyés en possession provisoire de ces biens, les syn-

_____

(1) Vatel, *Droit des gens*, liv. 2, chap. 7, § 85. — Martens, *Droit des gens*, § 98. — Kluber, *Droit public*, § 57.

dics de la faillite peuvent exercer à l'étranger les droits de l'absent ou de la masse des créanciers sans que les jugements de déclaration aient été rendus exécutoires. Ainsi, en France, les syndics de la faillite d'un étranger, constatée par un tribunal étranger, pourront poursuivre les débiteurs du failli et la vente des biens qui lui appartiennent. Les syndics sont de véritables mandataires de la faillite : il y a mandat, et la procuration donnée en pays étranger vaut en France. Ce mandat doit produire effet en tous lieux. Le juge étranger a seulement accompli un acte de juridiction gracieuse (1).

246. Comme une sentence d'interdiction, le jugement déclaratif de la faillite, rendu par un tribunal étranger, modifie la capacité de la personne, et cet effet se produit dans tous autres pays dans la mesure du statut personnel seulement. Mais toutes les fois qu'une des règles du droit sur la faillite aura le caractère d'un statut réel, elle ne pourra être appliquée à l'individu déclaré en faillite par un tribunal étranger. Tout ce qui touche au statut réel ne peut dépendre que des lois et des tribunaux de l'Etat dans le territoire duquel les biens sont situés. Ainsi, en France, l'étranger déclaré en faillite par un juge étranger, se verra interdire l'entrée de la Bourse et ne sera plus admis à l'escompte de la Banque de France. Mais il ne cessera pas de pouvoir faire en France certains actes, tels que des aliénations et des paiements, qui ne lui sont défendus que relativement à ses biens et vis-à-vis de la masse de la faillite. La vente d'un immeuble situé en France, opérée par l'étranger failli, ne pourrait être annulée dans l'intérêt de la faillite. Comme le dit M. Massé, il y a là une manière d'être des biens, et non une manière d'être de la personne : c'est donc un statut

(1) Merlin, *Répert.*, v° *faillite*, sect. 2, § 2, 10. — Demangeat et Bravard, *Droit commercial*, t. V, p. 13. — Bordeaux, 10 février 1824 et 22 décembre 1847. — Voir Colmar, 10 février 1864.

réel. Au point de vue spécial de la législation française., M. Demangeat apporte un autre motif de cette solution. « En » effet, dit-il, lorsqu'un jugement déclaratif de faillite émane » d'un tribunal français, l'inscription qui, aux termes de » l'art. 490 *in fine* du Code de commerce doit être prise sur » les immeubles du failli, avertit les tiers qu'ils aient à » s'abstenir désormais de traiter avec lui : mais les art. » 2123 *in fine* du Code Napoléon et 546 du Code de procé- » dure s'opposent à ce qu'une pareille inscription puisse être » prise en vertu du jugement émané d'un tribunal étran- » ger : alors, ce jugement n'étant pas porté en France à la » connaissance des tiers, il serait trop dur qu'on pût leur » opposer l'incapacité qui en est résultée pour le failli. » Mais alors comment les syndics peuvent-ils avoir qualité pour poursuivre la vente des biens du failli situés en France ? Je réponds que les droits réels, nés du chef du failli, ne se- ront validés, qu'autant qu'ils seront nés avant que les syn- dics de la faillite aient donné une publicité convenable à leurs poursuites (1).

247. Mais quoiqu'il soit aussi un acte de juridiction volon- taire, le jugement étranger qui homologue le concordat passé entre le failli étranger et ses créanciers aussi étrangers, ne peut être en France opposé aux créanciers français qui re- fusent d'y adhérer. Il ne peut l'être qu'aux créanciers qui ont avec le failli la même nationalité. En effet, les conven- tions ne lient que les parties contractantes. Le concordat, mode particulier de libération créé par la loi étrangère, ne peut être opposé qu'aux individus soumis à cette loi par leur nationalité ; les créanciers français ne peuvent être ré- gis par la loi étrangère qui oblige la minorité des créanciers à subir la situation acceptée par la majorité : ils ne sont point placés sous son empire. S'ils n'adhèrent pas volontai- rement à la convention, celle-ci est pour eux inexistante.

(1) Demangeat et Bravard, *loc. cit.* — Massé, *op. cit.*, n° 314.

Le jugement d'homologation, acte de juridiction gracieuse, ne peut être apprécié séparément de la convention particulière ; et, comme le dit M. Massé, « si une simple forma- » lité peut assurer l'exercice d'un droit préexistant, cette » formalité ne peut jamais suffire pour créer un droit qui » n'existe pas (1). »

248. Le jugement déclaratif de la faillite d'un étranger rendu en pays étranger, peut faire obstacle à des poursuites individuelles qu'on voudrait exercer dans un autre Etat, en France, sur les biens ou sur la personne du débiteur. M. Demangeat fait une distinction entre le créancier français et le créancier étranger. A l'égard du premier, il n'admet l'affirmative que si le jugement a été déclaré exécutoire en France. Je me permettrai de ne pas penser comme l'illustre professeur : je crois que le jugement déclaratif de la faillite, acte de juridiction volontaire, doit produire tous ses effets en France, sans qu'il soit besoin de le rendre exécutoire par application des art. 2123, C. N., et 546, Proc., sauf toutefois ce qui touche au statut réel (2).

249. Dans toutes les questions qui viennent d'être examinées, il faut toujours supposer un homme qui n'a pas deux maisons de commerce distinctes, l'une en pays étranger, l'autre en France. La faillite étant déclarée pour la maison étrangère, les syndics nommés par le tribunal étranger ne pourraient, en aucune façon, s'ingérer dans les affaires de la maison française (3). Je ne puis m'étendre davantage sur toutes ces questions et sur d'autres semblables ; car elles ne rentrent qu'indirectement dans l'étude de la compétence et du pouvoir des tribunaux français, qui forme le véritable sujet de cet ouvrage.

(1) Massé, *op. cit.*, n° 128. — Paris, 25 février 1825.

(2) Voyez sur la question : Demangeat et Bravard, *loc. cit.* — Massé, *op. cit.*, n° 128. — Rejet, 29 août 1826. — Colmar, 11 mars 1820 et 10 février 1824.

(3) Merlin, *loc. cit.*

250. A l'inverse de ce qui a lieu pour les actes de juridiction volontaire, le jugement rendu en matière contentieuse est un acte qui n'a d'existence que par le fait du juge. Acte distinct et séparé du jugement lui-même, l'exécution de la sentence doit quelquefois avoir lieu dans le territoire d'un Etat étranger. Deux pouvoirs souverains se trouvent alors en présence, presque en conflit. Par l'effet de la nomination des juges par le pouvoir local, l'autorité, dont les tribunaux de chaque Etat sont investis, tire sa force et son origine du pouvoir souverain du même Etat. Comment cette autorité pourrait-elle venir s'imposer et réclamer obéissance hors des limites du territoire de l'Etat ? C'est au nom du souverain, par mandement de la puissance publique, que se font tous les actes d'exécution. Exécuter directement, sans autorisation préalable, le jugement d'un tribunal étranger, serait blesser les droits du souverain du lieu de l'exécution. Le pouvoir local doit donc intervenir pour autoriser l'exécution des sentences rendues par des juges étrangers. C'est lui qui délivre ce mandement indispensable ; et dès lors, l'exécution s'opérant avec l'assentiment du souverain du lieu, ou celui de ses délégués, le principe de l'indépendance des nations est sauf et respecté.

Comment la législation, la doctrine et la jurisprudence françaises appliquent-elles ces principes ? Distinguons entre les jugements proprement dits, émanés des autorités instituées pour rendre la justice, les sentences arbitrales, émanées de personnes privées chargées de juger le procès, et les actes reçus par les officiers publics étrangers.

## SECTION PREMIÈRE.

### *Des jugements étrangers.*

251. En France, ce sont les tribunaux, les membres de l'ordre judiciaire qui ont le pouvoir d'autoriser l'exécution

des sentences étrangères : vainement s'adresserait-on à un fonctionnaire de l'ordre administratif. Parmi les tribunaux, seuls les tribunaux civils peuvent, aux termes des art. 442 et 553, P. C., connaître de l'exécution des jugements. Ils sont compétents pour ordonner la mise à exécution des sentences étrangères, en vertu de l'art. 546 du même Code. Mais quelle est leur véritable mission ? Comme la question est une des plus controversées de notre droit actuel, qu'on invoque fréquemment l'ancien droit, je dois jeter un regard rapide sur la législation antérieure.

252. Dans notre ancien droit, bien avant la promulgation du Code Michaud, les jugements rendus par des juges étrangers ne pouvaient être exécutés sur les biens situés en France, quand même on aurait obtenu le *pareatis* et la commission du juge royal du domicile. Il fallait se pourvoir devant lui par une nouvelle action. C'est ce qu'avaient décidé plusieurs arrêts des 13 août 1534, 21 mai 1585, 14 mars 1603, 31 août 1611, rappelés par Brodeau dans son commentaire sur l'art. 165 de la coutume de Paris. En 1629, le garde des sceaux, Michel de Marillac, fit rendre la fameuse ordonnance, connue sous le nom de Code Michaud. Plusieurs parlements refusèrent de l'enregistrer, et d'éminents juristes repoussèrent son application. Cependant, bien qu'on ait essayé de l'entraîner dans la disgrâce de son malheureux auteur, quelques principes consacrés par cette ordonnance se maintinrent : parmi ceux-ci, la disposition de son article 121, qui est resté la seule loi de la matière jusqu'à la promulgation du Code civil. Cette disposition était rappelée, par induction seulement, dans un édit de juillet 1738 et dans une déclaration du 9 avril 1747. Cet article était ainsi conçu : « Les jugements rendus, contrats ou obli-
» gations reçues ès-royaumes et souverainetez étrangères,
» pour quelque cause que ce soit, n'auront aucune hypo-
» thèque ni exécution en notre royaume : ains tiendront
» les contrats lieu de simples promesses, et nonobstant les

» jugements, nos sujets, contre lesquels ils auront été ren-
» dus, pourront de nouveau débattre leurs droits comme
» entiers par devant nos officiers. »

Cet article contenait deux dispositions distinctes qui se
liaient cependant l'une à l'autre. La première, conçue en
termes généraux, refusait aux jugements étrangers toute
exécution en France : elle supposait donc que ces sentences
ne pouvaient produire effet qu'en vertu d'un ordre émané
d'un tribunal français. Elle était l'application ou la traduction du principe que l'exécution d'un jugement étranger ne
peut avoir lieu sans l'ordre du juge local. Les sentences
étrangères n'étaient point exécutoires par leur propre vertu,
par la seule injonction du juge étranger. L'autorité du juge
français pouvait seule leur donner cette force. Tel est bien
le sens de la première disposition de l'article, alors surtout
qu'on la compare à la deuxième. Celle-ci, toute spéciale, et
présupposant la possibilité de mettre à exécution une sentence étrangère avec autorisation du juge français, avait
pour unique objet les jugements défavorables à un Français
et rendus par un juge étranger. Dans ce cas, elle autorisait
le Français à débattre de nouveau ses droits, comme si le
jugement étranger n'eût jamais existé. Pour cette hypothèse
particulière, l'art. 121, dans sa deuxième partie, refusait
au jugement étranger le triple effet que produisaient les
sentences rendues par le juge français. Ainsi, l'exception de
la *chose jugée*, tirée de ce jugement, n'était pas opposable
au Français qui soulevait de nouveau le litige ; cette sentence ne faisait naître aucune *hypothèque* sur les biens du
régnicole débiteur ; enfin, aucune *exécution* sur les *biens* ou
sur la *personne* du Français ne pouvait avoir lieu, sans révision préalable, opérée par le juge local.

Mais puisque le législateur, dans cette deuxième partie de
l'art. 121, ne se servait plus de termes généraux, qu'il cir-
conscrivait au contraire le bénéfice de cette disposition et
n'accordait qu'aux seuls Français la faculté de soumettre de

nouveau leurs prétentions à l'appréciation des juges du pays, il était évident que cette faculté ne pouvait appartenir aux étrangers. En effet, si le législateur avait entendu accorder à toute personne, poursuivie en France en vertu d'un jugement étranger, le droit de réclamer un nouvel examen de la décision, une seule disposition eût été suffisante. A l'égard donc des personnes étrangères, la sentence rendue par le juge étranger, loin d'être inexistante, avait au contraire l'autorité de la chose jugée et faisait naître l'exception *rei judicatæ*. Mais le droit d'emporter hypothèque et celui d'exécution lui étaient déniés, en vertu de la première partie de l'art. 121. Pour cette exécution, un ordre du juge français était indispensable. Procédant dans l'intérêt de la puissance souveraine qui l'avait investi et institué, ce juge ne devait pas examiner la décision au fond. Il apposait simplement à la décision étrangère le sceau de l'autorité française. Il remplissait alors le même rôle qu'à l'égard des jugements rendus dans le ressort d'un autre parlement du royaume. Un simple *pareatis* devait suffire à l'accomplissement de sa mission.

Cette interprétation, que fait naître la lecture du texte de l'art. 121, est aussi admise par nos anciens auteurs. C'est là le sens, la véritable portée de l'art. 121. C'est ainsi que l'entendait Jullien dans ses *Statuts de Provence* : « A l'égard des » premiers (des jugements intervenus entre étrangers), les » *pareatis* ou permissions d'exécuter en France sont accor- » dées sans entrer en connaissance de cause... et pour ce » qui est des jugements rendus par les juges étrangers con- » tre des Français, les jugements ne peuvent être exécutés ; » on doit venir par action, et la cause doit être traitée de » nouveau devant les juges de France (1). » Boullenois disait aussi : « Si les deux étrangers ont volontairement subi la » juridiction, et dans les cas où ils l'ont subie parce qu'ils

(1) Tome II, p. 442.

» ont contracté dans le ressort de cette juridiction ou parce
» qu'ils ont promis de payer en ce lieu, j'estime qu'il faut
» s'en tenir à ce qui a été jugé entre eux, et que les juge-
» ments ne sont plus sujets à examen, comme rendus par
» juges compétents (1). » Boniface, dans ses *Arrêts du parlement de Provence,* professe la même doctrine, et rapporte
en ce sens deux arrêts du 10 novembre 1678 et du 10 mars
1687 (2). Bourjon écrivait, dans son ouvrage sur le *Droit
commun de la France :* « Nulle difficulté sur les jugements
» rendus en pays étrangers : ils n'emportent aucune hypothè-
» que sur les biens étant dans le royaume, à plus forte rai-
» son n'y ont-ils par eux-mêmes aucune exécution : mais ils
» passent pour décision juste ; ils ont la force de chose jugée,
» et le condamné n'est point admis en France à en faire la
» critique... Tout se réduit à la forme pour l'exécution de
» l'hypothèque, la maxime *res judicata pro veritate habetur*
» étant du droit des gens » (3). Je lis dans les conclusions
présentées par l'avocat général Séguier, à l'audience du parlement de Paris, le 16 avril 1777 : « Les jugements rendus
» en pays étranger contre un Français en faveur d'un étran-
» ger, n'ont pas d'exécution en France ; le Français peut,
» de nouveau, discuter l'affaire et la soumettre à ses juges
» nationaux. Mais les jugements rendus entre deux étran-
» gers, en pays étranger, peuvent être mis à exécution, en
» France, avec la simple permission du juge, parce que
» l'ordonnance qui défend l'exécution des jugements étran-
» gers en France n'a établi ce privilége qu'en faveur des
» Français. » Tel était notre ancien droit.

253. Notre nouvelle législation contient deux dispositions
sur la matière : au Code Napoléon, l'art. 2123 ; dans le Code

_____

(1) *Statuts,* t. I, p. 606.

(2) Parlement de Paris : arrêts des 16 avril 1777 et 25 février 1778. — Emérigon, *Assurances,* t. I, chap. 4, sect. 8. — Denizart, v° *pareatis.*

(3) *Droit commun,* art. 165, *Cout. de Paris,* sect. V.

de Procédure civile, l'art. 546. Ces articles sont ainsi conçus : art. 2123 : *L'hypothèque ne peut pareillement résulter des jugements rendus en pays étranger qu'autant qu'ils ont été déclarés exécutoires par un tribunal français, sans préjudice des dispositions contraires qui peuvent être dans les lois politiques ou dans les traités;* art. 546 : *Les jugements rendus par les tribunaux étrangers et les actes reçus par les officiers étrangers ne seront susceptibles d'exécution en France que de la manière et dans les cas prévus par les articles 2123 et 2128, C. N.*

Remarquons, tout d'abord, que la rédaction de l'art. 546, qui parle des *jugements rendus par les tribunaux étrangers,* est bien préférable à celle de l'art. 2123, C. N., où nous lisons : *les jugements rendus en pays étranger.* Cette dernière formule est inexacte ; car le jugement émané d'un consul français, bien que rendu en pays étranger, n'aurait pas besoin d'être déclaré exécutoire, tandis que la sentence, prononcée en France par un consul étranger, doit être rendue exécutoire par un tribunal français.

254. Les procès-verbaux du Conseil d'Etat ne nous offrent pas le moindre secours. Nos articles furent votés sans discussion. Comment faut-il les interpréter ? Ont-ils abrogé l'art. 121 de l'ordonnance de 1629 ? Quelle est la véritable mission du juge français ? Doit-il réviser au fond le jugement étranger, ou le revêtir d'un simple *pareatis* ? N'est-ce pas entre ces deux points extrêmes que se trouve la vérité ? Questions controversées, quotidiennement débattues, qui, en présence des nécessités croissantes de la pratique, me paraissent appeler l'intervention du pouvoir législatif ou du pouvoir politique.

255. Le point de départ est constant et reconnu par tous : par les auteurs comme par la jurisprudence. D'après le texte positif des art. 2123, C. N., et 546, P. C., aucune sentence émanée d'un juge étranger, ne peut recevoir d'exécution forcée en France, sans avoir été, au préalable, rendue exécutoire par un tribunal français. Et ce principe s'applique

aussi bien aux jugements rendus sur des points de fait qu'à ceux rendus sur des points de droit (1).

256. Mais cette exécution n'est possible que pour les jugements étrangers qui statuent sur des intérêts civils. Les tribunaux français ne sauraient rendre exécutoire une sentence rendue par une juridiction étrangère, et condamnant au paiement d'un impôt. Comme le disait le tribunal de la Seine, le 16 mars 1864, dans le procès intenté par le ministre des finances de Prusse contre le sieur Reuter, « le » droit conféré au souverain d'un pays d'établir des impôts » sur ses sujets ou sur les biens de son royaume, rentre » dans le cercle de ses attributions politiques, et ne peut » dès lors dépasser les frontières de l'Etat soumis à sa puis- » sance... Un traité conclu entre les deux Etats, pourrait » seul donner à la Prusse ce droit exceptionnel que les tri- » bunaux n'ont pas le pouvoir de lui concéder... Il est d'ail- » leurs contraire au droit public et à l'intérêt français que » les biens meubles ou immeubles situés en France soient » soumis à des impôts autres que ceux qui sont nécessaires » au maintien et à la prospérité de l'Etat. »

257. Dans la mesure des intérêts civils, les jugements étrangers peuvent donc et doivent être déclarés exécutoires par un tribunal français, avant d'être mis à exécution en France. C'est là un principe admis par le droit des gens de l'Europe ; c'est une conséquence du droit exclusif de souveraineté, exercé par une nation dans les limites de son territoire (2). A moins qu'un traité diplomatique ou une loi politique n'ait accordé cette vigueur aux jugements rendus par les tribunaux de telle ou telle nation, ces sentences ne peuvent être directement mises à exécution. Cependant, on admet aussi, que puisque les lois personnelles étrangères suivent l'étranger en France, les jugements étrangers,

(1) Civ., rejet, 29 août 1826.
(2) Voir l'*Exposé des motifs* de M. Réal, sur l'art. 546, Cod. proc.

*constitutifs* de l'état des personnes, doivent avoir, en France, le même effet que la loi personnelle, en vertu de laquelle ils ont été rendus, sans être soumis à l'application des articles précités (1). Mais l'accord, qui règne quant aux principe, cesse lors de son application. Les systèmes se produisent alors, et l'on peut grouper les auteurs et les arrêts des Cours de l'Empire sous trois principales bannières.

§ 1. — Premier système.

258. Le système qui apparaît le premier dans l'ordre des dates considère la disposition de l'ordonnance de 1629 comme encore existante : l'art. 121 du code Michaud, a toujours force de loi, et les art. 2123, C. N., et 546, Proc., n'ont fait que confirmer cet ancien texte. Devant le silence gardé au Conseil d'Etat, il faut croire que les législateurs modernes ont consacré l'ancienne jurisprudence. Si les nouveaux articles de loi ne reproduisent pas la distinction faite par l'ordonnance, leur texte ne l'abolit ni formellement, ni implicitement, et leur esprit ne la repousse pas davantage. Chez les auteurs du Code existait si peu la pensée de déroger à l'ancienne jurisprudence, que Malleville, l'un des rédacteurs du Code civil, affirme sur l'art. 2123, qu'il est conforme à l'art. 121 de l'ordonnance et à la jurisprudence générale. La distinction établie par l'ancien droit doit donc être conservée sous la législation nouvelle. Si le jugement émané de la juridiction étrangère est contraire aux intérêts d'un français, demandeur ou défendeur peu importe, celui-ci est libre de débattre de nouveau ses droits, sans être arrêté par aucune exception. A son égard la sentence étrangère n'a pas même l'autorité de la chose jugée (2). Les juges français devront

(1) Demangeat, *op. cit.*, n° 82. — Aubry et Rau, sur Zachariæ, t. I, p. 86. — Demolombe, t. I, n° 103. — Douai, 5 mai 1836. — Aix, 8 juillet 1840. — Bordeaux, 22 décembre 1847.

(2) Rouen, 9 février 1859. — Cass., 11 décembre 1860

examiner l'affaire, non-seulement quant à la forme, mais sous le rapport du fond. Les parties pourront discuter de nouveau leurs droits. Ceux-ci sont encore entiers. La sentence étrangère est sans force : elle ne peut que fournir au juge français des éléments d'appréciation pour asseoir sa conviction.

Mais ce bénéfice, exclusivement réservé au régnicole, ne saurait être invoqué par l'étranger qui a succombé devant les juges d'une autre nation, que le procès ait été jugé au profit d'un français, ou qu'il l'ait été au profit d'un autre étranger. Dans cette hypothèse, le tribunal devra autoriser l'exécution sans s'occuper de la contestation elle-même : les parties ne seront point admises à plaider au fond. Les sentences, régulièrement rendues par les tribunaux étrangers et passées en dernier ressort, ont, pour les étrangers qui en sont justiciables, l'autorité de la chose jugée, non-seulement dans leur pays, mais encore dans tous ceux où ils résident (2). Le tribunal français permettra l'exécution, après avoir examiné si le jugement étranger ne contient aucune prescription contraire à la loi française, et s'il constitue, d'après la loi étrangère, un véritable jugement, au double point de vue de l'autorité dont il émane et de la solennité requise pour l'administration de la justice. En un mot, c'est le système de l'ancienne jurisprudence qui doit encore être consacré sous l'empire des lois nouvelles.

Ce système est recommandable par le nombre de ses partisans et par l'autorité qui s'attache à leurs noms. M. Dupin aîné l'a présenté, avec cet éclat qui caractérise tous les plaidoyers de cet éminent jurisconsulte, lors de la célèbre affaire Stackpoole. Le même système a été exposé avec érudition dans une remarquable consultation, délibérée en 1837, sur le point de savoir si un jugement rendu, en France, entre deux Français, relatif à des biens mobiliers situés en Belgi-

(1) Paris, 13 mai 1820.

que, devait être réputé non avenu dans ce dernier pays. Cette consultation était signée par la majorité des professeurs de la Faculté de droit de Paris et par les membres les plus éminents des barreaux de Paris et de Belgique (1).

§ 2. — Deuxième système.

259. Le deuxième système repousse toute distinction. Ses partisans (bien que quelques-uns regardent l'art. 121 de l'ordonnance de 1629 comme ayant encore force de loi) n'hésitent pas, malgré les errements de l'ancienne doctrine, à décider que, *dans tous les cas,* le jugement rendu par un juge étranger doit être révisé au fond, tant au point de vue du droit qu'au point de vue du fait. Dans l'intérêt privé des parties, le tribunal français doit opérer cette révision avant d'ordonner l'exécution. Dans tous les cas, que la sentence étrangère soit favorable ou défavorable au Français, que le litige se soit élevé seulement entre étrangers, dans tous les cas, le pouvoir des juges français est identique : ils ne peuvent être liés par la décision étrangère. Celle-ci n'a jamais, dans aucune hypothèse, l'autorité de la chose jugée : elle est sans force et sans vertu.

Les défenseurs de cette opinion font d'abord remarquer que l'art. 2123, C. N., attribue compétence au tribunal tout entier et non pas seulement au président. Or, un tribunal tout entier rend et ne peut rendre que des jugements : com-

______

(1) Merlin, *Répert.,* vᶫˢ *jugement,* § 8, et *souveraineté,* § 6. — Duranton, t. XIX, nᵒ 342. — Fœlix, *Droit international,* nᵒ 285. — Dalloz, *Jurisp. générale,* vᵒ *Droit civil,* nᵒ 420. — Aubry et Rau, sur Zachariæ, § 32. — Hennequin, *Annales de l'éloquence judiciaire,* 1826. — Malleville, sur l'art. 2123. — Demangeat, *Condition des étrangers,* p. 409. — Demangeat, sur Fœlix, t. II, p. 98, 99, 102 et suiv. — Valette, *Revue de droit français et étranger,* t. VI. — Requêt., 7 janvier 1806. — Paris, 13 mai 1820. — Toulouse, 27 décembre 1829. — Metz, 11 novembre 1856. — Trib. de Nantes, 6 janvier 1844. — Trib. de la Seine, 21 juillet 1855 et 12 mars 1857.

ment jugerait-il s'il lui était interdit d'examiner et d'entendre? Serait-ce un jugement que la sentence ainsi rendue sans connaissance de cause? Le tribunal ne peut prononcer que dans la pleine indépendance de ses lumières, et de nouveaux débats ne sont-ils pas nécessaires pour former sa religion?

Les art. 2123, C. N., et 546, P. C., sont surtout fondés sur le principe de l'indépendance des Etats, sur la règle constitutionnelle que toute justice, en France, émane du chef de l'Etat, sur le défaut absolu de pouvoir des officiers d'une souveraineté dans les limites du territoire d'une autre souveraineté. Devant ce principe, la distinction proposée par le premier système est inadmissible. La puissance des juges étrangers peut-elle varier ainsi, et leurs jugements vont-ils acquérir ou perdre l'autorité de la chose jugée suivant la qualité des parties! Les lois nouvelles ne distinguent point les personnes entre lesquelles les jugements sont rendus. Qu'importe que la sentence soit contradictoire ou rendue par défaut, que les parties soient toutes étrangères, qu'un Français soit le vainqueur ou le vaincu de 'cette lutte judiciaire : la généralité des textes s'oppose à ces distinctions. La loi française ne considère que l'extranéité du pouvoir d'où émanent ces sentences et nullement la qualité des parties qui y ont figuré, pas plus que les matières sur lesquelles elles sont rendues.

D'autre part, la différence de rédaction qui existe entre les textes nouveaux et l'art. 121 ne doit point faire admettre qu'un simple *pareatis,* sans examen au fond, soit suffisant pour remplir le vœu de la loi. Les articles du Code Napoléon sont plus conformes au principe de l'indépendance des nations que ne l'était l'ancienne ordonnance commentée par les parlements. Serait-il juste et politique d'obliger un tribunal français à déclarer toujours et nécessairement exécutoire un jugement quelconque rendu contre un Français par un tribunal étranger, dans un pays, où peut-être l'organisation

incomplète de la justice rend illusoires les garanties indispensables, dans un pays hostile à la France? Ce serait, au
surplus, mettre la loi française en contradiction avec elle-
même. La crainte, mal fondée peut-être, mais certaine,
que le Français n'obtienne pas auprès des tribunaux étrangers toute la protection qui lui est due, la justice impartiale
à laquelle il a droit, a fait édicter l'art. 14, C. N. Ce texte,
dérogeant au principe universellement reçu, permet au
Français de citer l'étranger en France. Comment, en présence d'une semblable disposition, comprendre que la même
loi puisse laisser le Français sans défense devant une sentence émanée de ces mêmes juges étrangers, dont les lumières et l'équité lui inspirent une pareille méfiance? S'il faut,
par suite, forcément reconnaître aux Français la faculté de
discuter ses droits comme entiers, ne faut-il pas, devant
la généralité des termes de la loi, devant le motif qui a
dicté les art. 2123 et 546, décider que la qualité des parties
est un élément indifférent? Dans tous les cas, les juges français ont donc le droit et le devoir d'examiner le fond du
litige et de ne prononcer qu'après entière connaissance de
cause. Décider autrement serait, comme le disait la Cour
Suprême, ajouter à la loi, y introduire une distinction
arbitraire aussi peu fondée en raison qu'en principe.

Cependant les partisans de ce système reconnaissent au
jugement étranger un certain effet. En le révisant, le juge
français peut prendre en considération les aveux et déclarations constatés par ce jugement ou par les pièces de la
procédure. Le tribunal peut admettre comme pièce probante,
et dans les cas où la preuve testimoniale n'est point interdite par la loi française (art. 1341, C. N.), une enquête régulièrement faite suivant les lois du pays. Obligés d'admettre les contrats reçus par des notaires étrangers, revêtus
des formes prescrites par la loi du lieu où ces actes ont été
passés, comment nos juges se verraient-ils dénier le droit
de s'appuyer sur des enquêtes faites par le tribunal étran-

ger? Celui-ci s'est, comme le notaire, borné à conférer, en vertu de son caractère, l'authenticité aux dépositions des témoins. Ces enquêtes ne sont pas à proprement parler l'œuvre du juge étranger. De même un jugement rendu sur le possessoire par un tribunal étranger, bien qu'il ne puisse recevoir exécution en France, peut néanmoins servir à établir le fait de la possession. En un mot, le juge français peut puiser dans la sentence les éléments de sa conviction. C'était du reste un point constant dans notre ancienne jurisprudence (1).

Pardessus, tout en adoptant ce système, admet que si le tribunal français déclarait exécutoire, sans examen préalable du fond, la sentence rendue contre un étranger, ce jugement ne pourrait être déféré à la censure de la Cour Suprême ; car cette révision, facultative pour le tribunal, n'est pas établie dans l'intérêt de l'étranger, mais dans l'intérêt de la souveraineté territoriale. Je ne crois pas cette opinion admissible pour les partisans de ce second système. Bien au contraire, du moment que cette révision est établie dans l'intérêt de la souveraineté territoriale, elle est d'ordre public. Elle ne peut donc être facultative : le tribunal est tenu de la faire, et comment alors refuser aux parties le droit de se plaindre de son omission ?

Tel est le second système qui, partagé par d'excellents auteurs, s'appuie sur des nombreux arrêts des Cours impériales et de la Cour Suprême. Celle-ci, après avoir admis le premier système par un arrêt de rejet du 7 janvier 1806, arrêt antérieur à la promulgation du Code de procédure civile, revint sur sa jurisprudence par un arrêt célèbre. Rendu le 19 avril 1819 par la chambre civile, après une

(1) Emérigon, *assurances*, chap. 4, sect. 8. — Raviot, *Observations sur Périer*, t. II, quest. 256. — Bordeaux, 10 février 1824. — Paris, 28 janvier 1822. — Douai, 5 mai 1836. — Aix, 8 juillet 1840. — Requêt., 21 février 1826 et 6 janvier 1841. — *Contrà* Montpellier, 12 juillet 1826.

double délibération en chambre du conseil, il avait été précédé d'une remarquable consultation de MM. Grappe, Dar-
rieux, Tripier et Billecoq, dont un extrait se trouve dans les
*Questions de droit,* de Merlin (1).

260. Mais la jurisprudence des Cours ne permet pas aux
tribunaux de réviser des décisions en dernier ressort, qui
ont été volontairement exécutées par les parties, ou qui
n'ont eu pour objet que l'exécution de jugements rendus par
un juge français. Les sentences françaises ne peuvent perdre leur autorité par la reconnaissance qu'en font des tribunaux étrangers. Les décisions de nos juridictions sont
indépendantes de ces tribunaux, et n'en peuvent recevoir
aucune atteinte (2).

261. Dans ces deux systèmes, le Français, qui s'est porté
demandeur devant les tribunaux étrangers et qui a succombé, peut néanmoins faire valoir de nouveau ses droits
en France, quand l'exécution du jugement étranger est demandée contre lui. C'est ce que décidait la Cour de cassation, le 18 pluviôse an XII. Elle n'est point revenue sur
cette jurisprudence par les arrêts des 15 novembre 1827 et
14 février 1837 ; elle jugeait alors que le Français peut renoncer au bénéfice tout spécial conféré par l'art. 14, C. N.,
(V. n° 89).

Cette renonciation a pour unique effet d'empêcher le

(1) Merlin, v° *jugement*. — Rodière, *Cours de procédure*, t. III, p. 44. —
Chauveau, sur Carré, quest. 1899. — Troplong, *hypothèques*, t. II, n° 451·
Legat, *Code des étrangers*, p. 381. — Toullier, t. X, n° 85. — Civ., rejet, 19
avril 1819, 16 juin 1840 et 11 janvier 1842. — Requêt., 11 janvier 1843 et 22
décembre 1852. — Grenoble, 3 janvier 1829. — Pau, 13 décembre 1836. —
Montpellier, 18 août 1838. — Aix, 8 février 1839. — Nîmes, 14 août 1839. —
Bordeaux, 22 janvier 1840 et 6 août 1847. — Paris, 27 août 1816, 17 mai 1836,
22 juin 1843, 5 mai 1846, 20 novembre 1848, 22 novembre 1851 et 22 avril
1864. — Lyon, 14 décembre 1856. — Colmar, 10 février 1864.

(2) Paris, 14 juillet 1809. — Requêt., 14 février 1810. — Civ. rejet, 30 juillet
1810.

Français de saisir *volontairement* lui-même les tribunaux français de la connaissance du même litige. Mais il ne découle pas de ces décisions que le jugement étranger, rendu contre un Français, puisse être exécuté sans être soumis à une révision fondamentale. La Cour Suprême distingue formellement ces deux ordres d'idées : 1º Le Français est non recevable à reporter la même demande devant le juge de son pays ; 2º l'étranger vainqueur ne peut obtenir *de plano* en France l'exécution de la sentence. Le Français peut toujours, lorsque cette exécution est demandée en France, réclamer la révision de la sentence. A première vue, cette distinction paraît être une subtilité, un détour habile et captieux. Cependant il y a entre les deux situations une grande différence, surtout quant aux résultats pratiques, dans l'hypothèse où l'étranger, qui a obtenu gain de cause, possède des biens en France. Le Français, ne pouvant recommencer le procès, ne peut essayer de se venger sur ces biens de la sentence étrangère rendue à son détriment (1).

§ 3. — Troisième système.

262. Quelle que soit la juste autorité qui s'attache aux décisions de la Cour Suprême et aux noms des éminents jurisconsultes qui adoptent les deux systèmes ci-dessus exposés, j'avoue que ni l'un ni l'autre ne me satisfont. Ma raison se porte de préférence vers un troisième système qui me paraît à la fois plus équitable, plus conforme à la loi actuelle et aux principes du droit international. Ce système a été présenté et soutenu par M. Boitard, dans ses leçons de procédure à la Faculté de Paris, et M. Massé, dans son beau traité sur le *Droit commercial* (2).

---

(1) Aubry et Rau, sur Zachariæ, § 32. — Demangeat, sur Fœlix, t. II, p. 102.

(2) M. Demolombe est généralement placé au nombre des défenseurs de ce système ; je crois, au contraire, après une lecture attentive, que le savant doyen de la faculté de Caen penche vers le deuxième système (t. I, 2º édition, nº 263).

263. Le premier système doit être rejeté par ce seul motif qu'il considère, comme encore existante, la double disposition de l'art 121 de l'ordonnance, alors qu'au contraire,
cette ordonnance est virtuellement abrogée par les art. 2123,
C. N., et 546, Pr. civ. Mon esprit se refuse à comprendre
comment, en présence des termes si précis, si formels, si
catégoriques de l'art. 7 de la loi du 21 mars 1804, d'éminents jurisconsultes aient pu admettre l'existence légale de
l'art. 121. La loi du 21 mars ordonnait la réunion des divers
titres du Code civil, déjà promulgués séparément, et son
article 7 est ainsi conçu : « A compter du jour où ces lois
» sont exécutoires, les lois romaines, les ordonnances, les
» coutumes générales ou locales, les statuts, les règlements
» cessent d'avoir *force de loi générale* ou *particulière* dans les
» *matières* qui sont l'*objet* desdites lois composant le *présent*
» Code. »

La disposition spéciale que cet article réclame n'existe-
t-elle pas dans les art. 2123 et 546 ? Pourquoi donc recourir à l'ordonnance ? Dira-t-on que la généralité des termes
de ces textes n'exclue pas expressément la distinction admise dans l'ancienne jurisprudence, qu'il n'est pas certain
que ces articles la repoussent, que les rédacteurs du Code,
habitués à voir faire cette distinction, ont probablement
voulu la respecter ? Mais jusqu'où n'ira-t-on pas avec un tel
raisonnement ? Quoi, toutes les fois que la loi nouvelle n'aura
pas, en *termes exprès*, *formellement* proscrit les anciens usages, l'ancienne pratique, il sera permis, en présence même
d'une disposition spéciale, il sera permis de faire revivre
ces anciens usages, ces distinctions d'autrefois, par cette
raison qu'elles ne sont pas *forcément incompatibles* avec le
texte nouveau ? Mais ce serait détruire en une foule de
points ( et sur les plus importants) l'œuvre de nos législateurs (1) ! Un pareil système serait la violation flagrante de

_______________

(1) C'est ainsi qu'on était arrivé, en faisant revivre de vieilles distinctions, à

l'art. 7 précité ! Non ; le législateur l'a dit en termes prohibitifs et formels : toute matière, qui fait l'objet d'une disposition actuelle, ne peut être régie que par cette disposition ; toute loi antérieure, toute ordonnance, tout usage cesse désormais d'être applicable. Notre matière fait l'objet des art. 2123 et 546 ; eux seuls sont désormais applicables, et l'art. 121 n'a plus d'importance que pour l'histoire de la disposition. Quand on voit ainsi renaître de subtiles distinctions en présence d'un texte simple, net et clair, on se rappelle involontairement les recommandations que Pierre Pithou, s'en allant aux Universités, reçut de son père, *de s'amuser aux textes, sans s'arrêter aux gloses ni aux docteurs.* Ne peut-on dire, en empruntant au procureur général près la Cour de cassation les paroles qu'il prononçait dans une cause célèbre : « Cette question est toute simple si on ne » consulte que les articles du Code ; elle devient compli- » quée, si l'on considère la subtilité des commentateurs et » les variations où ils ont entraîné la jurisprudence (1). »

C'est ce qu'a parfaitement senti M. Demolombe : la question lui paraît nette et claire, et cet éminent jurisconsulte, si soigneux dans l'exposition des systèmes divers, si pressant dans leur réfutation, se contente de dire : « Nous » croyons toutefois, pour notre part, que ce système ne » saurait plus être admis, en présence des termes absolus » des art. 2123, C. N., et 546, P. C., qui nous paraissent » précisément avoir proscrit cette ancienne doctrine (2). »

Du reste, plusieurs défenseurs du système que je combats ne me paraissent pas toujours en parfaite harmonie avec eux-mêmes. Comment M. Dalloz, par exemple, n'a-t-il pas senti que l'argumentation si pressante et si vigoureuse,

---

détruire, dans la célèbre question du cumul, l'harmonie des dispositions du Code en matière de réserve, et cela en présence des art. 785 et 845, C. N.!

(1) Conclusions sur l'arrêt du 27 novembre 1863.

(2) Demolombe, t. I, n° 263. — Pont, *hypothèques*, n° 586.

par laquelle il repousse la révision fondamentale des jugements rendus entre étrangers, que cette argumentation se
retourne contre lui, bat en brèche son opinion et détruit
toute distinction ! Ce n'est pas sans étonnement que j'ai ren-
contré, dans un ouvrage aussi remarquable que celui de
M. Dalloz, une pareille contradiction. J'ai cru devoir la re-
lever : les erreurs juridiques se propagent plus facilement
quand elles s'appuient sur un grand nom, et l'esprit du léc-
teur se laisse trop souvent influencer par l'autorité et la ré-
putation de l'auteur (1).

Le premier système doit donc être rejeté : il viole l'art. 7
de la loi du 21 mars 1804. L'ordonnance de 1629 est sans
force : seuls sont applicables les art. 2123 et 546. Dans tous
les cas, dans toutes les hypothèses, les jugements étrangers sont-ils soumis ou non à une révision fondamentale,
tant au point de vue du fait que du droit ? Le deuxième
système adopte l'affirmative : je crois la négative préférable.

264. Et d'abord, ce que les art. 2123, C. N., et 546,
P. C., refusent au jugement étranger, c'est la force exécutoire, c'est la mise en activité de ses dispositions, c'est l'accomplissement des mandements du juge étranger. Défense
juste et naturelle ; comment l'ordre de ce juge pourrait-il
être exécutoire dans un autre pays, alors que la puissance
du pouvoir exécutif, au nom de laquelle il rend la justice,
vient expirer sur les limites de son propre territoire ? Le respect de l'indépendance des nations, de la souveraineté exclusive de la France sur son territoire, telle est la base unique de ces articles. Ce principe sera respecté, tant que le
jugement étranger ne sera point mis à exécution sur le seul
ordre du juge qui l'a prononcé.

Mais résulte-t-il de ces textes que la loi française refuse
aux jugements étrangers l'autorité de la *chose jugée ?* Je ne

_______

(1) *Jurisp. générale*, v° *Droit civil*, n° 421.

le pense pas. Je n'examinerai pas si l'autorité de la chose
jugée dérive plutôt du droit civil que du droit des gens.
Cette question m'entraînerait trop loin et me conduirait à la
question si débattue de savoir ce qu'il faut entendre par *droit*
*des gens* et par *droit civil*, quels sont les caractères qui distinguent les institutions propres à l'un ou à l'autre de ces
droits. Je dirai seulement que s'il faut entendre par *droit des*
*gens*, le droit que la raison naturelle a établi chez tous les
peuples, *quod apud omnes populos peræque custoditur*, je se-
rai fort porté à croire que la chose jugée découle du droit
des gens : elle existe chez tous les peuples civilisés. Quoi
qu'il en soit, alors même que la chose jugée serait une pure
institution civile, en quoi cela empêcherait-il de reconnaître
cette autorité aux jugements étrangers ? L'autorité de la
chose jugée ne découle pas du pouvoir souverain, comme la
faculté de mettre une sentence à exécution. Elle diffère essentiellement de cette faculté. L'autorité de la chose jugée,
c'est l'autorité du fait. Il y a jugement, et bien qu'il ne soit
pas de plein droit exécutoire en France, il constitue néanmoins un titre, et un titre opposable en tous lieux à la partie condamnée. Exécuter un jugement, c'est mettre en activité ses dispositions, c'est obéir aux injonctions du juge
étranger. Lui reconnaître l'autorité de la chose jugée, c'est
simplement reconnaître un fait, c'est admettre une simple
exception, qui constitue un état passif diamétralement opposé à l'exécution, qui constitue un état actif. La Cour de
cassation avait parfaitement montré la différence profonde
qui sépare le droit d'exécution de l'autorité résultant de la
chose jugée : il est vrai qu'elle est revenue depuis à un autre sentiment, et qu'elle a confondu l'autorité de la chose
jugée avec le droit d'exécution (1).

Cette différence découle si directement de la nature même
des choses, que parmi les législations étrangères, plusieurs

(1) Cass., 15 novembre 1827. — *Contrà* Cass., 27 décembre 1852.

reconnaissent aux jugements prononcés par les tribunaux du pays l'autorité de la chose jugée, mais leur refusent le droit d'exécution directe et celui d'emporter de plein droit hypothèque. Il faut, en outre, demander l'autorisation de mettre ces jugements à exécution : il faut un mandement spécial des officiers de justice préposés à cet effet.

On reconnaît qu'un contrat revêtu des formes requises pour l'authenticité, dans le lieu où il a été passé, emporte partout avec lui cette authenticité. Est-elle certaine et constante, le juge français est lié par cet acte de la volonté des parties, corrobée par l'attestation notariale. La décision du magistrat qu'un souverain étranger a investi du droit de rendre la justice, décision rendue en vertu du quasi-contrat judiciaire intervenu entre les parties, ne méritera pas la même confiance que l'attestation d'un notaire ! Le principe de l'indépendance des Etats est assurément fort respectable : mais il ne faut pas l'exagérer, et du moment que la décision judiciaire rendue à l'étranger n'est pas de plein droit exécutoire en France, le principe est sauf.

Dans sa deuxième disposition, l'ordonnance de 1629, article 121, refusait au jugement étranger l'autorité de la chose jugée. C'était une loi de défiance et de jalousie, qui blessait les intérêts nationaux sous le voile trompeur d'une protection trop égoïste : elle favorisait la mauvaise foi. Mais dès qu'un Français n'était plus en cause, la première partie de l'art. 121, expliquée par la jurisprudence, reconnaissait l'autorité de la chose jugée à la sentence étrangère qu'on revêtait d'un simple *pareatis* (V. n° 252). L'art. 121 est abrogé ; mais quand les art. 2123 et 546 reproduisent sa première disposition, puis-je croire à une signification différente ?

Les art. 2123 et 546 refusent aux jugements étrangers deux des trois effets que produit en France toute sentence émanée de nos tribunaux. Ces trois effets sont : l'autorité de la chose jugée, le droit d'exécution et celui d'hypothèque. Les articles précités dénient assurément à la décision étrangère le pouvoir de produire les deux derniers effets; mais pourquoi en conclure qu'ils lui refusent aussi le premier?

Cette conclusion inexacte est, du reste, combattue et détruite par les termes de ces articles. C'est le *jugement étranger* qui doit être mis à *exécution*. Or, pour le mettre à exécution, faut-il encore qu'il existe *en tant que jugement;* comment la loi peut-elle vouloir qu'on exécute ce qui, à ses yeux, n'existerait pas? Qu'on y fasse attention, c'est la décision étrangère qui doit être exécutée, et, comme le dit fort judicieusement M. Dalloz, que veut l'art. 2123? que les jugements étrangers soient déclarés exécutoires. « Or, nous
» opposons ce raisonnement, qui nous semble invincible :
» pour qu'un jugement soit susceptible d'exécution, puisse
» être déclaré exécutoire, il faut, avant tout et nécessaire-
» ment, qu'il existe. On n'opère pas sur le néant : ce qui
» n'existe pas, est dépourvu d'effet et de modalité. Supposez
» donc, ou que le législateur a voulu dire qu'un jugement
» non-existant était exécutoire : ce qui n'est pas supposable,
» parce que cela est absurde; ou reconnaissez que le juge-
» ment, déclaré exécutoire, subsiste, et dès lors il ne vous
» est plus permis de le regarder comme non avenu; il con-
» serve donc l'autorité de la chose jugée, et ce qui lui man-
» que, est la seule force d'exécution. C'est ce que remarque
» judicieusement Brillon : « On ne peut jamais, dit-il, dé-
» clarer exécutoire que ce qui de soi-même a caractère et
» force de jugement, mais dont l'exécution est seulement
» suspendue par le défaut de juridiction sur le territoire
» d'un autre. » Qu'on y réfléchisse : les jurisconsultes ha-
» biles, qui ont participé à la rédaction de nos Codes, ne
» pouvaient ignorer que déclarer exécutoire n'est pas syno-
» nyme de prononcer par jugement nouveau. Jamais on n'a
» confondu la simple délivrance du *pareatis* avec un second
» examen du fond de la contestation. N'est-il donc pas pro-

» bable, comme le fait observer Merlin, qu'ils se seraient
» autrement exprimés, s'ils avaient pensé à une révision
» entière (1) ? »

Les partisans du deuxième système trouvent cette argumentation subtile et puérile. Nul d'entre eux n'y a encore
répondu d'une manière satisfaisante. Si la subtilité se trouve
quelque part, c'est bien plutôt dans l'opinion qui admet que
réviser un jugement au fond, le modifier, le détruire, juger
quelquefois tout le contraire, ne soit que le rendre exécutoire, et que c'est encore le jugement étranger, bien que
bouleversé ou détruit, qui est mis à exécution. Le bon sens
et le dictionnaire protestent contre cette interprétation. Il
n'est permis à personne de changer ainsi radicalement le
sens des mots et de les détourner de leur acception naturelle et rationnelle. Il faut une foi robuste pour croire que
changer les dispositions d'un jugement, donner gain de cause
peut-être à celui qu'il avait condamné, ce soit le rendre
exécutoire. Si l'on admet un nouvel examen et de nouveaux
débats, le tribunal français prononce un nouveau jugement.
Ce n'est évidemment pas la sentence étrangère qui devient
exécutoire, mais celle rendue par le tribunal français : dans
tous les cas, la décision étrangère est remplacée, supplantée
par l'autre.

Mais, dit M. Chauveau, le jugement étranger n'est pas
annulé en France par une révision au fond, par la raison
bien simple qu'il y était comme non avenu. — S'il y était
*non avenu*, qu'a donc voulu dire le législateur en parlant de
le rendre exécutoire? Exécute-t-on ce qui n'existe pas ?
Est-ce que nos législateurs se plaisent à édicter des articles
ridicules et inapplicables? Que les partisans du deuxième
système y prennent garde : sans le vouloir assurément, ils
placent nos législateurs en flagrant délit d'inexactitude ter-

(1) Dalloz, v° *Droit civil*, n° 421.

minologique, et créent gratuitement contre eux un nouveau grief d'impropriété de langage. Or, c'est là une ressource extrême, *ultimum remedium*, dont on ne peut user qu'en l'absence de toute explication plausible et rationnelle.

Dira-t-on qu'autre chose est réputer un jugement nul et non avenu, autre chose vouloir sa révision, sa réformation, qu'un jugement de première instance n'est pas mis au néant par cela seul qu'il est frappé d'appel (1)? — Non, sans doute; l'appel *interjeté* ne détruit pas la sentence des premiers juges; mais une fois l'appel *vidé*, n'est-ce pas l'arrêt de la Cour qui s'exécute? Qui osera dire que, malgré la réformation plus ou moins profonde que lui ont fait subir les juges du second degré, c'est encore la sentence primitive qui est mise à exécution? L'argument se retourne donc contre le système opposé.

Pourquoi toujours confondre ainsi la mission conférée aux tribunaux français par l'art. 2123, C. N., avec leur mission ordinaire? La première est toute dans l'intérêt de la souveraineté territoriale; elle ne concerne pas celui des parties (2). Lorsque l'intérêt public n'est pas mis en question par une tentative d'exécution, les parties restent liées par les actes de la juridiction à laquelle elles se sont soumises. N'ayant d'autre but que d'empêcher la force publique de France d'obéir à un ordre d'un pouvoir étranger, les art. 2123 et 546 ne peuvent pas priver les jugements étrangers des effets qu'ils sont susceptibles de produire en dehors de toute exécution.

On objete, et c'est là le motif qui paraît avoir décidé la Cour de Cassation à rendre l'arrêt du 19 avril 1849, que l'art. 2123 confie au tribunal *tout entier* la mission de déclarer exécutoire les sentences étrangères. Pourquoi cette attribution, s'il s'agit d'un simple *pareatis?* Un tribunal peut-il

_____

(1) Valette, *Revue de Droit français et étranger*, t. VI.

(2) Cass., 15 novembre 1827. — *Contra* Cass., 7 juillet 1862,

faire autre chose que rendre des jugements? — Cette objection est vaine, sans force. Je comprends très-bien que la loi n'eût pas investi le tribunal, s'il s'agissait d'une simple formalité, comme celle que remplit le président du tribunal à l'égard des sentences arbitrales, en vertu de l'art. 1020, P. C. Mais on n'a jamais soutenu que le tribunal ne fût appelé qu'à remplir un rôle aussi simple. Non, tous les auteurs qui professent le troisième système reconnaissent que le tribunal doit se livrer à un certain examen, sans cependant prendre connaissance du fond du litige. Il doit, avant de déclarer la sentence étrangère exécutoire, s'assurer qu'elle ne renferme rien d'incompatible avec nos lois et nos mœurs, qu'elle ne blesse pas l'ordre public, qu'elle a réellement le caractère d'un jugement rendu en présence des parties ou elles dûment appelées, dans les formes usitées dans le pays où elle a été prononcée. Or, cet examen, tout extérieur et qui ne touche nullement au fond de la décision même, fera souvent naître des questions délicates, dont la solution difficile ne pouvait être confiée à un seul juge (1). J'approuve le législateur, quand il a cru devoir appeler le tribunal entier à prononcer sur des points souvent si importants. Si le tribunal trouve dans la sentence étrangère des dispositions incompatibles avec nos lois, comme si elle ordonnait la contrainte par corps dans une hypothèse pour laquelle la loi française ne l'autorise pas, ou permettait la revendication d'un esclave (2), il en refuse l'exécution ou ne la permet que partiellement, suivant les cas. Libre de déclarer ou de ne pas déclarer exécutoire la décision du juge étranger, le tribunal français n'en sera jamais l'aveugle instrument. Un second débat est assurément possible, mais il ne portera ni sur l'origine, ni sur le mérite de la contestation.

Mais un tribunal ne peut prononcer que des jugements, et

(1) Voir Trib. de la Seine, 16 mars 1864.
(2) Paris, 20 novembre 1848.

il ne peut juger qu'en connaissance de cause. — C'est bien aussi par un véritable jugement, après examen des points ci-dessus indiqués, que le tribunal ordonne l'exécution de la sentence étrangère ; un véritable jugement qui ne décide que le point de savoir si cette décision est ou non susceptible d'être exécutée. De ce qu'un tribunal ne peut rendre que des jugements, voudrait-on en conclure qu'il doit examiner la question au fond et qu'il peut modifier la solution de la sentence étrangère ? Cette conséquence est inadmissible, et ne découle pas logiquement et forcément du principe posé. Est-ce que le tribunal qui, par exemple, homologue les décisions d'un conseil de famille, peut rendre un jugement contraire à ces décisions ? Il peut refuser l'homologation en tout ou en partie, mais il ne peut ordonner une mesure différente, inverse de celle votée par le conseil du mineur. Il en est de même dans notre hypothèse.

— Ah ! si la justice s'administrait de la même manière en tous pays ! mais le despotisme d'un souverain en entrave souvent le cours. — C'est oublier que l'art. 2123, C. N., n'a nul trait aux actes arbitraires ou justes du pouvoir exécutif. Il ne s'occupe que des jugements étrangers, c'est-à-dire des sentences compétemment rendues par les corps judiciaires institués dans le pays ; aussi le tribunal français doit-il examiner si ces jugements ont été régulièrement rendus.

Du reste, quels dangers ne fait pas naître le deuxième système : il ouvre une large porte à la fraude. Le débiteur de mauvaise foi trouvera dans l'expatriation un moyen commode de se libérer. Condamné dans son pays, il lui suffira de passer la frontière emportant avec lui le produit de sa spoliation. Armé de la sentence obtenue, son créancier vient-il le poursuivre en France, il débat de nouveau ses droits. La nouvelle décision lui est-elle favorable, il se rit en sécurité des juges de son pays et des impuissants efforts de son créancier. Est-ce là le résultat d'une législation qui se pique de civilisation ? La simple loi naturelle ne repousset-elle pas une conséquence aussi immorale ? La jurisprudence des Cours de France est connue dans les pays étrangers, et usant de mesures de rétorsion, les législateurs et les tribunaux des autres nations refusent également l'autorité de la chose jugée aux sentences rendues en France, quelle que soit la qualité des parties.

En outre, plusieurs partisans du deuxième système sont en contradiction flagrante avec eux-mêmes, contradiction qui fait toucher du doigt tout le vice de leur système. Ils pensent que nos tribunaux sont incompétents pour juger des contestations entre étrangers, lorsque ceux-ci emploient la voie de l'action directe, et ils veulent, lors de la mise à exécution de la sentence étrangère, que le juge français apprécie le fond du litige. Mais alors, ou il va apprécier cette contestation à l'égard de laquelle on le dit incompétent, ou il doit se refuser à déclarer exécutoires en France les jugements étrangers rendus entre étrangers, malgré la généralité des termes de l'art. 2123, C. N. Vous êtes obligés de vous contredire, ou d'accepter une solution impraticable. Vous repoussez la troisième opinion : rêves de théoriciens, dites-vous, et voilà que ces rêves sont plus praticables que vos décisions contradictoires. Vous êtes tenus de vous combattre vous-mêmes, ou de créer en France l'insaisissabilité relative des biens des étrangers à l'égard d'autres étrangers. Devant cette alternative fâcheuse, la Cour Suprême n'a pas hésité. Plus sage que quelques auteurs, elle a préféré encourir le reproche d'inconséquence plutôt que de créer une jurisprudence en antagonisme avec les nécessités de la vie sociale (1). L'honorable M. Chauveau paraît, au contraire, se résigner volontiers à créer l'insaisissabilité des biens d'un débiteur étranger vis-à-vis de ses créanciers étrangers (2).

Seul donc, le troisième système, celui qui refuse aux tri-

(1) Cass., 10 mars 1863.
(2) Chauveau, sur Carré, quest. 1899.

bunaux français le droit de révision au fond, tant au point de vue du droit que du fait, qui nie le pouvoir de recommencer le débat dans l'intérêt des parties, seul ce système est à la fois conforme à la raison, au droit naturel, à la loi française moderne, envisagée dans son texte et dans son esprit, le seul compatible avec les principes du droit international et les impérieuses nécessités de la pratique. Mais puisque on lui refuse le droit de réviser au fond, quel va donc être le rôle du tribunal ? devra-t-il accorder un simple *pareatis* sans aucun examen ? Non. Le tribunal français devra faire porter son examen sur les trois points suivants : 1° Le jugement émane-t-il d'une juridiction compétente ? 2° a-t-il été rendu, les parties dûment citées et légalement représentées ou défaillantes ? 3° les règles du droit public ou les intérêts de l'ordre public en France ne s'opposent-ils pas à ce que la décision du tribunal étranger soit mise à exécution ? Le jugement satisfait-il à ce triple examen, il doit être déclaré exécutoire. Si l'art. 2123, C. N., exige le concours de tout le tribunal, c'est, je l'ai déjà dit, que l'étude de ces divers points présente plus d'importance et demande, plus de soins, que celle à laquelle se livre le président, au *pareatis* duquel on présente un jugement arbitral (1).

§ 4. — Quatrième système.

265. Tels étaient, jusqu'à ces dernières années, les trois systèmes qui se partageaient la doctrine et la jurisprudence, lorsque la Cour de Paris en a produit un autre, par un arrêt

___

(1) Aubry, *Revue étrangère*, t. III, p. 165. — Valette, sur Proudhon, 3ᵉ édit., t. I, p. 159 (on cite ces deux auteurs en faveur du système contraire). — Pont, *hypothèques*, n° 585. — Marcadé, t. I, n° 144. — Bournat, *Rev. prat.*, t. V. — Massé, *Droit com.*, t. II. — Boitard, t. II, n° 321. — Vatel, *loc. cit.*, § 84. — Martens, *loc. cit.*, § 94. — Metz, 11 novembre 1856. — Trib. de la Seine, 12 mars 1857 et 24 décembre 1862.

fort remarqué, en date du 15 juin 1861. Malgré leur diversité, les trois systèmes exposés ont cependant, en un certain point, une commune doctrine. Pour tous, les tribunaux français sont compétents pour ordonner en France l'exécution d'un jugement rendu par un juge étranger entre étrangers. C'est cette compétence elle-même que la Cour de Paris, abandonnant la doctrine de ses précédents arrêts, est venue leur dénier par le nouvel arrêt de 1861 (1). Réformant un jugement du tribunal de commerce de la Seine du 23 mars 1861, la Cour a déclaré les tribunaux incompétents pour statuer sur la demande en exécution d'un jugement rendu à l'étranger entre étrangers (2).

Deux propositions inexactes ont conduit la Cour à cette solution désastreuse. Partant de l'idée que le juge français, auquel on demande l'exécution, doit prendre connaissance du fond du litige, la Cour a vu ce juge obligé d'apprécier des lois étrangères qu'il n'est pas tenu de connaître, et qu'en fait il ne connaît pas. La conséquence est logiquement déduite, mais la fausseté du principe la rend inexacte. Elle n'eût pas arrêté la Cour de Paris, si l'on eût mieux compris la véritable portée de l'art. 2123, C. N., et 546, P. C. — Effrayée de ce travail immense des révisions des sentences étrangères, la Cour se rattache à ce principe inique et impolitique, que la jurisprudence regarde comme fondamental, à savoir que les tribunaux ne doivent la justice qu'aux nationaux, principe que j'ai déjà repoussé (V. n° 193).—Puis, de cette idée, qu'en matière personnelle les tribunaux français peuvent se refuser à prononcer entre deux étrangers non domiciliés, la Cour a conclu que, dès-lors, « il n'y a pas de » procédure à suivre ; le *droit manque,* et par la même rai-

---

(1) Paris, 5 août 1832, 7 janvier 1833, 17 mai 1836, 6 mai 1859. — Amiens, 29 juillet 1863. — Trib. de la Seine, 17 février 1836, 23 mai 1856, 9 juillet 1856, 28 mars 1858.

(2) *Junge,* Metz, 6 juin 1823.

» son que la poursuite fondée sur le titre le plus authenti-
» que, la juridiction même, acceptée par le défendeur, ne
» sont pas admises, l'exécution pour le jugement étranger
» devient impossible ; la voie d'exécution disparaît, l'action
» n'existant pas, et la procédure est impossible parce que
» le droit d'agir est absent. »

Cet arrêt a soulevé de bien vives critiques ; mais si elles
étaient méritées, tous ceux qui les ont faites n'avaient pas
qualité pour cette œuvre. La Cour de Paris a simplement
tiré des principes posés par la Cour de cassation et par plusieurs jurisconsultes des conséquences très-logiques. Elle a
pressé les arguments et en a fait sortir une application qu'ils
renfermaient en germe. Sans le vouloir, elle a donné une
éclatante et sensible démonstration de la fausseté des principes admis. Il est bien certain que, si le juge français se
doit *exclusivement aux nationaux,* si les jugements étrangers
doivent être *révisés au fond,* alors que les tribunaux peuvent
se déclarer incompétents entre étrangers, il est bien certain
que ces tribunaux ne sont pas compétents pour ordonner
l'exécution de la sentence étrangère.

Cependant un tel arrêt blessait si violemment la conscience
publique, le bon-sens et l'équité, que la Cour Suprême n'a
pas hésité à le casser, par arrêt du 10 mars 1863. La Cour de
cassation s'est appuyée sur la généralité des termes des art.
2123, C. N., et 546, P. C., et a proclamé la compétence des
tribunaux français. Mais alors comment va-t-elle accorder
cette nouvelle sentence avec sa jurisprudence qui admet la
révision au fond lors de la mise à exécution, et avec celle
adoptée pour l'action directe à l'égard de laquelle la Cour
déclare les tribunaux incompétents (1)? Malgré le danger
de ces contradictions, l'arrêt de la Cour de Paris devait être
cassé. Les nécessités de la pratique le commandaient impé-
rieusement. En niant le pouvoir même d'ordonner l'exécu-

(1) Requêt., 27 janvier 1857 et 10 mars 1858.

tion, la Cour de Paris plaçait l'étranger dans l'impossibilité absolue d'arriver à faire mettre à exécution la condamnation obtenue hors de France contre un autre étranger, même avec un nouveau débat sur l'existence et la légitimité de la créance. C'était créer l'insaisissabilité des biens de ce débiteur étranger, puisque la jurisprudence refuse l'action directe aux étrangers, et autorise les tribunaux à se déclarer incompétents. Le déni de justice qui, au cas d'un procès contre un étranger non domicilié, n'existe pas dans ce refus de juridiction, l'arrêt de la Cour de Paris le faisait pleinement apparaître. Le seul motif qui enlevait à ce refus le caractère d'un déni de justice, c'est que les parties étrangères sont justiciables des tribunaux d'un autre pays. Mais à quoi leur servira cette ressource, si la sentence qu'elles vont obtenir ne peut être rendue exécutoire en France? A qui veut-on que le créancier s'adresse pour se payer sur les biens de son débiteur? « Il est évident, disait avec sagesse le tribunal de » la Seine, il est évident qu'à quelque nationalité que les » parties appartiennent, elles ne pourront s'adresser qu'aux » tribunaux de France pour demander l'exécution en France » des décisions rendues à l'étranger, et que ces tribunaux » ne pourraient, sans dénier la justice qui leur est due, se » déclarer incompétents. » La compétence des juges français existe : elle est nécessaire. Il faut ou reconnaître cette compétence, ou refuser à *tous* les jugements étrangers la possibilité d'acquérir force exécutoire en France, et effacer les art. 2123, C. N., et 546, P. C.

Mis en pratique, le système, inauguré par la Cour de Paris, ferait de la France le rendez-vous de tous les débiteurs de mauvaise foi, des fripons, des aventuriers de tous les pays. Cette hospitalité, peu glorieuse, contredit les tendances que manifestent les nations civilisées, alors qu'elles appliquent le principe de réciprocité aux matières criminelles. Est-ce que la morale publique ne serait pas vivement atteinte par le scandaleux spectacle que donneraient l'im-

puissance du créancier et l'impudence du débiteur? Croit-on
que les nations étrangères resteraient longtemps impassibles
devant une telle jurisprudence? Des représailles, des mesures de rétorsion, injustement provoquées, placeraient
bientôt les peuples dans un état de sourde hostilité, incompatible avec les progrès de la civilisation. Au point de vue
du crédit public, que deviendraient la sécurité des fortunes
privées, l'efficacité des valeurs industrielles, ce cosmopoli-
tisme des capitaux qui les centuple en les portant sur les
divers points du globe, si lorsque des compagnies de che-
mins de fer russes, italiens, espagnols, une société étrangère industrielle, dont le banquier est à Paris, les actions
cotées à la Bourse et la majorité des actionnaires des Français, si, lorsque cette société réclamant à des étrangers
l'exécution de leurs engagements, les jugements intervenus
devaient éprouver le sort que la Cour de Paris réserve aux
sentences des juges anglais? Quelle dépréciation! quelles
pertes! La Cour avait-elle envisagé toutes les conséquences
pratiques de sa doctrine? Je ne puis le croire. Une déduc-
tion strictement déduite des prémisses posées par la Cour
Suprême, l'a entraînée plus loin qu'elle n'eût probablement
désiré. Repousser, au contraire, ces prémisses funestes, ne
pas craindre de donner aux vrais principes l'autorité qui
s'attache aux décisions de la première Cour de l'Empire,
tel était son véritable rôle : regrettons qu'elle ne l'ait pas
rempli. Toujours est-il que son arrêt, condamné par la
Cour Suprême, ne fera pas jurisprudence (1).

### § 5. — Traités internationaux.

266. Le principe contenu dans l'art. 2123, C. N., peut
être modifié par des traités diplomatiques ou des lois politiques. Il l'a été par les traités suivants :

(1) Amiens, 29 juillet 1863.

1º L'art. 1 du traité conclu avec la Suisse, le 18 juillet
1828, traité renouvelant les conventions antérieures des
1er juin 1658, 9 mai 1715 et 27 septembre 1803, porte :
« Les jugements définitifs en matière civile, ayant force de
» chose jugée, rendus par les tribunaux français, seront
» exécutoires en Suisse, et réciproquement, après qu'ils au-
» ront été légalisés par les envoyés respectifs, ou, à leur
» défaut, par les autorités compétentes de chaque pays. »
Le président du tribunal du lieu où doit se faire l'exécution
les revêt de la formule exécutoire (1).

267. — 2º Un autre traité a été, en cette matière, conclu
entre la France et la Sardaigne, le 24 mars 1760. On lit
dans l'art. 22 : « Pour favoriser l'exécution réciproque des
» décrets et jugements, les Cours Suprêmes déféreront, de
» part et d'autre, à la forme du droit, aux réquisitions qui
» leur seront adressées à ces fins, même sous le nom des
» dites Cours. » Ce traité, qui fait encore loi, a été ainsi
interprété par une convention en date du 1er septembre
1860 : « Il est expressément entendu que les cours, en dé-
» férant à la forme du droit, aux demandes d'exécution des
» jugements rendus dans chacun des deux Etats, ne de-
» vront faire porter leur examen que sur les trois points
» suivants, savoir : 1º si la décision émane d'une juridic-
» tion compétente ; 2º s'il a été rendu (*sic*), les parties
» dûment citées et légalement représentées ou défaillantes ;
» 3º si les règles du droit public, ou les intérêts de l'ordre
» public du pays, où l'exécution est demandée, ne s'oppo-
» sent pas à ce que la décision du tribunal étranger ait son
» exécution. »
Cette convention interprétative était nécessaire, en présence des tergiversations de la jurisprudence quant à l'application de la convention du 24 mars 1760. La Cour de
Nîmes décidait que les sentences rendues soit en France,

(1) Cass., 23 juillet 1832. — Civ., rejet, 28 décembre 1831.

soit en Sardaigne, étaient exécutoires dans l'autre pays après simple vérification du point de droit. La Cour de Grenoble pensait, au contraire, que le traité du 24 mars 1760 n'avait pas dérogé au principe d'après lequel les jugements, rendus en pays étranger, ne sont exécutoires en France qu'après examen et révision des tribunaux français, et qu'en tout cas ceux-ci doivent examiner la compétence du juge étranger. La Cour d'Aix disait que ces décisions devaient être déclarées exécutoires, sans révision au fond, pourvu qu'elles ne renfermassent pas de dispositions contraires à la morale, à l'ordre public, ou ne fussent rendues par des juges incompétents (1).

268. Une question intéressante, qui ne s'est point encore présentée dans la pratique, mais qui ne tardera peut-être pas à être soulevée, s'élève à propos du traité du 24 mars 1760. La reconnaissance que la France a faite du royaume d'Italie a-t-elle eu pour effet de rendre les dispositions de ce traité applicables aux parties de ce royaume, qui formaient autrefois les Etats des Deux-Siciles, de la Toscane, de Parme, etc., ou bien ce traité est-il encore seulement applicable aux jugements rendus par les tribunaux de l'ancien royaume de Sardaigne ? La question est délicate : je ne crois pas que personne l'ait encore examinée. Et d'abord, si l'on adopte le deuxième sentiment, il faut placer la Lombardie dans la même situation que l'ancienne Sardaigne. La première, en effet, a été annexée au Piémont, en vertu de la cession faite à Victor-Emmanuel par Napoléon III. Elle s'est jointe à la Sardaigne, s'est incorporée à elle, comme la Savoie à la France, et personne ne prétendra assurément que les traités passés par la France avec les autres Etats, antérieurs à l'annexion, ne sont pas applicables à la Savoie,

______

(1) Nîmes, 14 août 1839. — Grenoble, 27 janvier 1823, 9 janvier 1826, 3 janvier 1829. — Aix, 12 août 1824, 25 novembre et 8 décembre 1858. — Voir Paris, 29 août 1864.

devenue portion intégrante de l'Empire français. Mais la Lombardie ainsi mise à l'écart, la question reste entière et doit être différemment résolue suivant le point de vue que préfère chaque esprit.

Veut-on considérer la formation du royaume d'Italie comme une transformation complète, la création instantanée et immédiate d'un Etat nouveau, on doit admettre que le traité de 1760 est expiré. Bien que perpétuels dans leurs termes, les traités d'alliance, de commerce, etc., expirent naturellement dans le cas où l'une ou l'autre des parties perd son existence comme Etat indépendant (1). La Sardaigne n'existe plus comme Etat indépendant. Fondue dans un Etat nouveau, elle n'a plus une existence propre et personnelle. En faveur de cette solution, on peut tirer argument de la dénomination même du nouveau royaume et des reconnaissances diplomatiques qui en ont été faites par les principaux Etats indépendants. Mais alors le même motif doit faire déclarer nuls à l'avenir, sans valeur, les traités passés entre la France et la Sardaigne, la Toscane, les Deux-Siciles, Parme, etc., relatifs soit à la compétence des tribunaux (V. nº 179), soit à l'extradition, soit à toute autre matière.

Voit-on, au contraire, dans le royaume d'Italie actuel, une suite d'annexions successives faites au corps principal, le Piémont? considère-t-on l'ancien royaume de Sardaigne, comme le noyau auquel sont venus se rallier et se joindre les anciens Etats de Toscane, de Parme, etc.? la réponse est toute différente. Les traités passés entre la France et ces divers Etats sont abrogés, puisque ces dernières souverainetés ont perdu leur existence particulière : mais, en revanche, tous les traités passés avec la Sardaigne leur sont applicables du jour de la reconnaissance du royaume d'Italie. Cette solution tient moins compte de la dénomination de

(1) Wheaton, *Droit intern.*, t. I, p. 255.

l'Etat actuel que de la manière dont, *en fait*, il s'est formé. Ce sont, en effet, des annexions successives, opérées par les armées de la Sardaigne, votées ensuite par les populations à diverses époques, sanctionnées enfin par les grandes puissances, qui ont réuni à l'ancien Piémont les autres Etats de l'Italie. La solution opposée conduit à des résultats peu pratiques, puisqu'il faut dire que tous les traités, passés entre la France et les anciens Etats formant le nouveau royaume, sont abrogés, ces Etats n'ayant plus d'existence personnelle. Cette considération puissante, la formation historique du royaume d'Italie me font pencher vers cette seconde solution (1).

269. — 3° L'art. 1er de la convention conclue avec le grand-duché de Bade, le 16 avril 1846, est ainsi conçu :
« Les jugements ou arrêts rendus, en matière civile et com-
» merciale, par les tribunaux compétents de l'un des deux
» Etats contractants, emporteront hypothèque judiciaire dans
» l'autre ; en outre, ils seront exécutoires lorsqu'ils auront
» acquis l'autorité de la chose jugée, pourvu toutefois que les
» parties intéressées se conforment aux dispositions de l'art. 3

(3) Ces lignes étaient à peine imprimées que la *Gazette des Tribunaux* m'apportait un arrêt de la Cour de Paris sur la question. Il s'agissait de savoir si les traités des 24 mars 1760 et 16 novembre 1860, antérieurs à l'annexion de l'ancien royaume de Naples, étaient applicables aux arrêts de la Cour d'appel de Naples. La Cour adoptait, comme moi, l'affirmative par arrêt rendu en chambre du conseil, le 29 août 1864. Elle pensait « que l'annexion, quelle que soit l'importance du territoire acquis, l'incorpore au pays annexant, lui fait perdre son ancienne autonomie, et le soumet aux lois politiques et générales du pays dont il fait désormais partie ; que par suite de cette nouvelle situation, le territoire annexé bénéficie des avantages, comme il est légalement soumis aux obligations qui peuvent résulter des traités existant entre le pays auquel il appartient maintenant et les pays étrangers ; — que le changement de nom de royaume de Sardaigne en celui de royaume d'Italie n'a pas eu davantage pour effet de modifier cette situation ; que les autres traités antérieurement intervenus entre la France et la Sardaigne n'ont pas moins continué de s'exécuter avec le nouveau royaume d'Italie, comme ils l'avaient été auparavant avec la Sardaigne elle-même, etc. »

» ci-après. » L'art. 2 détermine ce qu'il faut entendre par tribunal compétent. L'art. 3 ajoute : « La partie en faveur
» de laquelle un jugement aura été rendu dans l'un des deux
» Etats et qui voudra s'en servir dans l'autre Etat, soit pour
» faire preuve de chose jugée, soit pour opérer la saisie des
» biens du débiteur qui se trouvent dans cet Etat, sera te-
» nue de produire à cet effet une expédition dûment léga-
» lisée du jugement, avec la preuve de la signification et
» un certificat du greffier constatant qu'il n'existe contre le
» jugement ni opposition, ni appel..... Sur la production de
» ces pièces, le jugement sera déclaré exécutoire, soit par
» la Cour royale ou d'appel, soit par le tribunal de pre-
» mière instance du lieu du domicile du débiteur ou de la
» situation des biens, suivant que la décision émanera du
» premier ou du second degré de juridiction (1). »

270. — 4° L'art. 16 du traité de commerce, conclu entre la France et la Russie le 11 janvier 1787, renferme une disposition qui accorde, à certains égards, aux sentences rendues en Russie, l'autorité de la chose jugée en France. D'après cet article, les tribunaux français ne doivent connaître de la succession des Russes morts en France, et réciproquement les tribunaux russes ne connaissent de la succession des Français morts en Russie, que relativement aux biens qui se trouvent dans les territoires respectifs. Mais les jugements des tribunaux français ou russes, relatifs aux dits biens, ont l'autorité de la chose jugée, respectivement en France et en Russie (2). Mais ce traité est-il toujours en vigueur ? L'art. 46 en fixait la durée à douze ans, et les traités de paix de 1814 et de 1815 gardent le silence sur ce point.

271. — 5° Une seule loi attribue aux jugements étrangers des effets sur le territoire français : c'est la loi du 21 avril 1832, qui, par son art. 5, confirmatif de l'art. 85 de la con-

(1) B. 1299, n° 12762.
(2) Cass., 15 juillet 1811, et rejet, 13 août 1816.

vention diplomatique du 31 mars 1831 , statue que les jugements prononcés par les juges des droits de navigation du Rhin, résidants sur un autre territoire étranger, seront exécutoires en France, sans nouvelle instruction, dès qu'ils seront passés en force de chose jugée, et qu'à cet effet ils seront rendus exécutoires par le tribunal civil de Strasbourg. Le tribunal n'a pas le droit d'examiner le mérite du fond.

272. Ces traités s'appliquent à tous les jugements rendus dans le pays, appelés à profiter des conventions diplomatiques, quelle que soit d'ailleurs la nationalité des parties qui figurent au jugement. Mais les sentences étrangères doivent toujours être revêtues de la formule exécutoire usitée en France. Les officiers ministériels français ne doivent obéir qu'au mandement du chef de l'Etat (1). En outre, bien qu'un traité diplomatique autorise l'exécution des jugements émanés d'une puissance étrangère, cette exécution n'est possible que lorsque les décisions étrangères ne contiennent rien de contraire aux lois françaises ou aux bonnes mœurs. Elles doivent émaner de juges compétents (2).

273. En présence du texte et de l'esprit de nos lois, la faculté créée par ces traités ne saurait résulter de ce que, soit par les dispositions d'une loi locale, soit par un usage particulier, mais sans convention de souverain à souverain, on aurait, dans une souveraineté étrangère, autorisé l'exécution des jugements émanés des tribunaux français. Les sentences prononcées par les juges de cette souveraineté ne seraient point, de plein droit, exécutoires en France : sinon, un petit Etat serait le maître de procurer en France, à ses nationaux, tels avantages qu'il lui plairait, en les conférant lui-même aux Français. La France cesserait d'être souveraine dans son territoire, si elle était *tenue* d'accorder aux

(1) Toullier , t. X. — Rejet, 28 décembre 1831. — Cass., 23 juillet 1832.
(2) Requêt., 14 juillet 1825, 17 mars 1830 et 18 juillet 1859. — Paris, 20 novembre 1848 et 9 août 1858.

sujets d'un autre Etat tout ce que le souverain de cet Etat accorde aux Français. Ces principes perdent, du reste, chaque jour de leur importance, quant à l'application, en présence des nombreux traités qui interviennent entre les différents Etats.

§ 6. — Réunion ou séparation de territoires.

274. Diverses questions peuvent naître au cas de réunion ou de séparation de territoires. Quand le pays où un jugement a été rendu est réuni à la France, les *droits acquis* respectivement par les parties demeurent intacts; la réunion n'y apporte aucun changement. Par suite, le français condamné par le tribunal qui était étranger à l'époque du jugement conserverait, *s'il l'avait eu avant la réunion,* le droit de faire considérer cette sentence comme non avenue. Les jugements rendus par ce tribunal étranger ou par un tribunal français, avant la réunion, ne seraient pas postérieurement, *de plein droit,* exécutoires réciproquement en France et dans le pays réuni. La partie jadis étrangère a été réunie avec tous ses droits, actions et exceptions. La Cour de cassation a fait une application récente de ce principe en cassant, le 7 juillet 1862, un arrêt de la Cour de Chambéry du 3 décembre 1860. La Cour décide que le traité relatif à la réunion de la Savoie ne peut avoir d'effet rétroactif, et que le changement de souveraineté ne peut porter atteinte aux droits antérieurement acquis. Par suite, les Savoisiens ont le droit de s'opposer en Savoie à l'exécution des sentences rendues contre eux en France, antérieures à la réunion des deux pays, si leur opposition rentre dans les termes de la déclaration diplomatique du 11 septembre 1860. Un avis du Conseil d'Etat, du 31 mai-4 juin 1806, a cependant décidé que cette règle ne s'appliquait pas aux jugements français qui ont prononcé des amendes, à raison de délits.

Mais si la réunion avait été opérée comme conséquence

d'une convention diplomatique, prescrivant l'obéissance aux jugements émanés des tribunaux des pays réunis, il faudrait suivre les dispositions de ce traité. Cependant, une semblable convention ne porte-t-elle pas atteinte à l'art. 2 du Code Napoléon., en vertu duquel la loi n'a point d'effet rétroactif? Les parties, en vertu de cet article, ne pourront-elles pas repousser la disposition de ce traité? Non; outre que l'art. 2, C. N., comme le dit M. Demolombe, ne renferme point un principe constitutionnel, mais une règle qui doit guider le juge dans les applications de la loi, il faut remarquer que les art. 2123, C. N., et 546, P. C., ont été édictés, bien plutôt pour rendre hommage au principe de la souveraineté des Etats, qu'en vue de protéger les particuliers auxquels ils sont d'une faible utilité (1). Une mesure de ce genre est toujours prise dans l'intérêt général et public du pays. Il n'est pas enfin inutile de rappeler que l'art. 2123 prévoit justement le cas où des traités diplomatiques viendront déroger à ses dispositions. La Cour de Metz a adopté cette doctrine dans son arrêt du 26 mai 1835.

275. Au cas de séparation d'un pays, qui jusqu'alors était réuni à la France, le jugement, rendu dans ce pays et passé en force de chose jugée avant la séparation, conserve son autorité même en France, bien que le tribunal, dont il émane, ne soit plus Français. La séparation politique ne saurait détruire les droits acquis des sujets. La Cour de Paris a cependant adopté l'opinion contraire, le 20 mars 1847. Mais cet arrêt ne pouvait faire jurisprudence. Le législateur a-t-il pu punir les parties d'avoir suivi les voies qu'il leur ordonnait de suivre? Elles ont placé leur confiance dans l'inviolabilité de ce que la loi déclarait inviolable; et l'on pourrait ainsi faire rétroagir contre elles un traité diplomatique! Ce serait détruire la sécurité publique et porter le trouble dans toutes les fortunes. Qui peut assurer qu'une

_________

(1) Demolombe, t. I, n° 67.

guerre désastreuse ne viendra pas enlever à la France une province ou un département? Faudrait-il obliger tous les habitants de cette province à voir remettre en question tous les litiges, sur lesquels ont été rendus des jugements non encore mis à exécution? C'est impossible. Mais toute décision, qui n'aurait pas acquis force de chose jugée avant la séparation, ne pourrait être postérieurement exécutée en France, avant qu'un tribunal français ne l'eût rendue exécutoire. Si la contestation n'a pas été terminée avant la séparation, aucune des parties ne peut se prévaloir devant le tribunal français des procédures faites devant le juge devenu étranger. Il n'y a pour aucune d'elles droit acquis : elles ne peuvent argumenter d'une violation de l'art. 2, C. N. (1).

276. Quoique la justice soit rendue au nom du même prince dans deux pays différents, il ne s'ensuit pas que les jugements rendus dans l'un de ces pays soient, de *plein droit*, exécutoires dans l'autre. Il y a deux souverainetés distinctes. La Cour Suprême a fait, le 27 août 1812, application de ce principe à l'ancien royaume d'Italie, placé sous la suzeraineté de Napoléon Ier.

Une question, qui a quelque analogie avec les précédentes, a été plusieurs fois soumise aux tribunaux français. Une province ou une colonie française a été occupée par l'ennemi. Celui-ci a maintenu les anciens juges ou a établi de nouvelles juridictions. Les jugements émanés de ces tribunaux sont exécutoires en France, après la retraite de l'ennemi ou même après la cession qui lui est faite de la colonie. Ils ne peuvent être considérés comme rendus en pays étranger par des juges étrangers. L'occupation militaire ne soustrait pas, en droit, un pays à son légitime souverain.

_______

(1) Toullier, t. X, n° 93. — Troplong, *hypothèques*, n° 458. — Requêt., 5 décembre 1815. — Grenoble, 27 janvier 1823. — Aix, 10 avril 1823. — Civ., rejet, 14 juillet 1825. — Tribunal de Gex, 30 août 1837.

D'autre part, les peuples ne peuvent se passer de justice, et les sentences de celle-ci ne doivent pas être annihilées (1).

## § 7. — Formes.

277. Les tribunaux compétents pour statuer sur l'exécution d'une sentence, sont les tribunaux de première instance. Les Cours d'appel ne peuvent statuer directement et *omisso medio* sur la demande tendant à faire donner l'*exequatur* à une sentence étrangère, que dans le cas où, par suite d'un traité politique, l'*exequatur* est demandé en vertu de lettres rogatoires, émanées d'une Cour souveraine étrangère (2).

Les tribunaux civils sont seuls exclusivement compétents pour rendre exécutoires les sentences prononcées par des juges étrangers, même en matière commerciale.

Sans s'arrêter devant la contradiction flagrante qui résulte du rapprochement de leurs décisions, plusieurs partisans des deux premiers systèmes, qui veulent que le juge français révise dans un intérêt purement privé la sentence étrangère, admettent cependant, par application de l'art. 442, P. C., que les tribunaux civils sont seuls compétents pour rendre exécutoires les jugements étrangers, lors même que l'affaire est commerciale (3). Une fois le système admis, cette décision me paraît complétement erronée. L'art. 442 est étranger à la question. Il suppose que le fond du jugement n'est pas l'objet du litige nouveau, tandis que, dans l'hypothèse actuelle, la partie, qui a succombé en pays étranger, demande précisément la révision du fond et un nouveau

(1) Vatel, *op. cit.*, liv. 3, chap. 3, § 197. — Kluber, *op. cit.*, § 258. — Bordeaux, 25 janvier 1820. — Bastia, 3 janvier 1824. — Requêt., 6 avril 1826. Civ., rejet, 13 juin 1826.

(2) Aix, 8 juillet 1840.

(3) Demolombe, t. I, n° 263. — Bordeaux, 25 février 1836, 22 janvier 1840 et 6 août 1847. — Douai, 9 décembre 1843. — Paris, 16 avril 1855. — Colmar, 10 février 1864.

débat sur le litige lui-même. Il n'y a donc nulle analogie entre les deux cas. Pour réviser au fond, ne faut-il pas juger de nouveau un procès dont la matière rentre dans la compétence des juges consulaires? « Du moment, dit M. De-
» mangeat, qu'on admet avec la jurisprudence que le juge-
» ment rendu par des magistrats étrangers n'a pas en France
» l'autorité de la chose jugée, on doit, pour être conséquent,
» admettre aussi que l'affaire, si elle est commerciale, de-
» vra être soumise en France à un tribunal de commerce. »

Dira-t-on, avec la Cour de Paris (arrêt du 16 avril 1855),
« que les tribunaux de commerce sont des tribunaux d'ex-
» ception; qu'ils ne peuvent dès lors connaître des débats
» qui se compliquent nécessairement de questions d'ordre
» public et de droit international, lesquelles absorbent les
» questions commerciales; que les débats de cette nature
» appartiennent essentiellement aux tribunaux civils, lesquels
» ont la plénitude de juridiction. » Cet argument est insuffisant pour baser la décision de la Cour. L'affaire commer-
ciale, jugée en pays étranger, n'aurait-elle pu, comme le fait remarquer M. Demangeat, être portée tout d'abord devant un tribunal français, d'après les principes exposés dans les deux articles précédents (nos 70, 113, etc.): La circonstance qu'elle donnait lieu à l'examen de questions de droit public et de droit international, aurait-elle donc enlevé au tribunal de commerce sa compétence? Est-ce que les juges consulaires ne prononcent pas tous les jours sur des question de droit international? Cette solution est donc erronée. Aussi, parmi les partisans des deux premiers systèmes, plusieurs jurisconsultes professent-ils que le pouvoir de révision appartient aux tribunaux de commerce, lorsque la matière est com-
merciale. Ils sont logiques et conséquents avec eux-mê-
mes (1).

(1) Demangeat, *Rev. prat.*, 1856, et notes sur Fœlix, t. II, p. 99. — Chauveau, sur Carré, quest. 1900 *bis*. — Montpellier, 8 mars 1822.

La jurisprudence n'est réellement fixée dans aucun sens ; et tandis que les Cours de Paris (16 avril 1855) et de Colmar (10 février 1864) repoussent les tribunaux de commerce, les mêmes Cours de Paris (5 mai 1846) et de Colmar (13 janvier 1845 et 17 juin 1847) avaient précédemment admis la compétence des juges consulaires.

Les jurisconsultes, qui admettent le troisième système, pensent logiquement que les tribunaux civils sont seuls compétents pour donner la force exécutoire à tout et quelconque jugement émané d'un tribunal étranger. Puisqu'il n'y a pas lieu à réviser le jugement au fond, dans l'intérêt privé des parties, la question à résoudre n'est plus commerciale. Il s'agit uniquement d'exécution ; et les tribunaux de commerce ne peuvent, en France, connaître de l'exécution de leurs propres jugements (1).

278. C'est par voie d'assignation directe à la partie devant le tribunal, et non par simple requête, que l'on demande le permis d'exécuter, l'*exequatur* des sentences étrangères. C'est là la forme généralement adoptée par la pratique. C'est aussi celle qui me paraît la plus sûre. Il n'y a nulle contradiction entre cette solution et le système que je crois devoir adopter quant au rôle du tribunal français, lors de la mise à exécution de la sentence étrangère. M. Debelleyme pense néanmoins qu'une simple requête suffit, et M. Valette partage ce sentiment pour le cas où les parties ne doivent pas plaider de nouveau l'affaire devant le tribunal français. M. Demangeat me paraît adopter cet avis. Je crois devoir me séparer de ces estimables jurisconsultes. Les questions relatives à la compétence du tribunal étranger, à la conformité du jugement étranger avec les lois d'ordre public en France, au point de savoir si les parties ont été dûment appelées devant le juge étranger, toutes ces questions sont

(1) Pont, *hypothèques*, nᵒ 585. — Massé, *op. cit.*, nᵒ 313. — Metz, 11 novembre 1856.

trop importantes pour que la partie condamnée ne soit pas appelée à venir proposer toutes exceptions relatives à ces divers points. Pourquoi lui dénierait-on le droit de proposer ses observations? Je remarque que ce droit lui est concédé dans les législations du grand-duché de Bade (art. 952, Proc. civ.) et de l'Angleterre, qui n'admettent pas la révision de la sentence étrangère (V. n° 279) (1).

Cependant, même par voie de requête, la demande est légalement formée, si d'après la législation française les jugements, de la nature de ceux dont l'*exequatur* est demandé, sont, à raison même de cette nature, rendus en France sur simple requête, d'une manière absolue et générale, et non contre une partie déterminée. Celui à l'égard duquel un tel jugement est ultérieurement mis à exécution, ne peut le critiquer sous prétexte qu'il n'y a pas été appelé. L'art. 474, P. C., lui réserve au surplus la voie de la tierce opposition, s'il estime que la sentence préjudicie à ses droits (2).

§ 8. — Législations étrangères.

279. Sur cette question si importante de l'exécution des jugements étrangers, les autres législations n'ont pas des dispositions identiques. Les législations de l'*Angleterre* et des *Etats-Unis* ont des règles particulières. En *Angleterre*, la seule condition rigoureusement exigée pour que les jugements étrangers soient mis à exécution, c'est qu'ils émanent de tribunaux compétents. La partie qui a obtenu ce jugement doit former devant la Cour anglaise compétente une nouvelle demande tendant à se faire adjuger ce qui fait l'objet de la sentence étrangère. Celle-ci est regardée de-

(1) Debelleyme, *Des référés*, 3ᵉ édition, t. I, p. 514. — Valette, *Revue de Droit français et étranger*, t. VI, p. 612. — Demangeat, sur *Fœlix*, t. II, p. 76.

(2) Douai, 14 août 1845 et 17 juin 1863. — Aix, 25 novembre 1858.

17

vant la Cour anglaise comme un titre décisif, faisant preuve entière et complète de la dette, tant que l'adversaire n'en a pas démontré l'irrégularité. A défaut de cette justification, le tribunal anglais rend un nouveau jugement de condamnation. Les *Etats-Unis* ont une jurisprudence analogue (1).

La majeure partie des législations européennes exigent quatre conditions pour que le jugement étranger, ayant alors autorité de chose jugée, puisse être rendu exécutoire par un simple mandement du juge local. 1° La première est la réciprocité : il faut que l'Etat des tribunaux duquel émane la sentence reconnaisse lui aussi, dans les limites de son territoire, l'autorité de la chose jugée aux jugements étrangers et en autorise l'exécution. Cette condition est basée sur des considérations de bonne amitié, de convenance et d'utilité réciproques. 2° Le tribunal a dû être compétent, soit d'après la nature du litige, soit en vertu de conventions expresses ou tacites existant entre les deux Etats. 3° Le plaideur étranger a dû être entendu, d'après les formes prescrites par les lois du pays où la cause a été jugée. 4° La cause doit avoir été jugée d'après les lois du pays, et la décision être définitive et en dernier ressort. Parmi ces quatre conditions, la première est regardée comme la principale et la plus importante.

En *Autriche,* les jugements étrangers sont mis à exécution lorsque les conditions désignées se trouvent remplies. Des traités stipulant la réciprocité ont été conclus avec la Prusse et le grand-duché de Bade. Mais un décret impérial du 1er mars 1809 ordonne, par mesure de rétorsion, que les jugements rendus par des tribunaux français seront soumis à un nouvel examen devant le tribunal autrichien compétent, avant d'être mis à exécution.

En *Prusse,* le Code de procédure civile (part. 1, tit. 24, §. 30) autorise l'exécution des jugements rendus par des

---

(1) Wheaton, *Eléments du Droit international*, t. I, p. 148.

juges étrangers, et veut que les difficultés relatives à la compétence du tribunal étranger, ou au fond même, soient portées devant la Cour supérieure qui prendra l'avis du ministre de la justice. Mais on use du droit de rétorsion contre les Etats chez lesquels la législation ou la jurisprudence se refusent à faire exécuter sans révision les jugements étrangers. La Prusse a conclu avec d'autres Etats allemands des traités stipulant l'exécution réciproque des jugements passés en force de chose jugée.

Dans le royaume de *Bavière*, la législation exige la réunion des quatre conditions suivantes : 1° réciprocité ; 2° compétence du tribunal étranger ; 3° impossibilité pour le demandeur de faire mettre efficacement à exécution, en pays étranger, la sentence obtenue ; 4° absence de toute réclamation de sujets bavarois, créanciers privilégiés ou ayant un égal droit de contribution sur les biens que les mesures d'exécution doivent atteindre.

En *Wurtemberg*, on exige que dans l'Etat étranger des tribunaux duquel émane la sentence, on admette la réciprocité en faveur des jugements wurtembergeois. Le Code de procédure civile du *Hanovre* (§ 161) contient la même disposition.

Dans la *Saxe*, les lois du 4 avril 1805, § 1 et 2, et du 28 janvier 1835, autorisent l'exécution des sentences étrangères sous les deux conditions de la réciprocité et de la compétence du tribunal étranger.

La législation du grand-duché de *Bade* (P. C., §§ 951 à 953) autorise sans révision la mise à exécution des jugements étrangers sous les conditions de la réciprocité, de la compétence du juge étranger, de l'acquisition de l'autorité de la chose jugée et de la présence des parties devant le tribunal badois. Mais si, dans l'Etat étranger, on ne se prête pas à l'exécution des jugements badois, la sentence étrangère peut être, sur la demande du défendeur, révisée par le juge badois.

Des dispositions analogues se trouvent dans la constitution du duché de *Brunswick*, du 12 octobre 1832 (art. 340).

En *Suisse*, on doit distinguer les cantons allemands des cantons français. Dans les premiers, la matière est régie par le principe de la réciprocité. Dans les seconds, les juges peuvent réviser le procès. C'est, du moins, ce qui me paraît résulter de l'art. 376 du Code de procédure civile du canton de Genève.

Dans l'ancien royaume de *Sardaigne*, on fait une distinction entre les jugements étrangers rendus contre un Sarde et ceux rendus contre un étranger. Dans le premier cas, le jugement ne peut être déclaré exécutoire qu'avec la réunion des quatre conditions suivantes : 1° la réciprocité ; 2° la compétence du juge étranger ; le jugement ne porte-t-il pas atteinte à la juridiction des tribunaux sardes ? 3° la régularité de la procédure ; 4° la justice du jugement ; ne renferme-t-il pas une évidente injustice ? — Dans la seconde hypothèse, on se borne à vérifier la compétence du tribunal étranger.

La législation du *Danemark* n'offre pas de texte positif sur la matière ; mais la jurisprudence a admis l'exécution des jugements étrangers sous la double condition de la réciprocité et de la compétence du juge étranger.

Toutes ces législations, ainsi que celles des principaux duchés *allemands*, reposent sur le principe de la réciprocité. On peut penser avec quelle faveur sont accueillis, dans ces divers Etats, les jugements rendus par les tribunaux français, en présence de l'interprétation que la jurisprudence française donne aux art. 2123, C. N., et 546, P. C. On nous applique la loi du talion, et ce n'est que justice.

D'autres législations se rapprochent de la législation française par l'adoption de dispositions analogues à nos art. 2123, C. N., et 546, P. C. Ces textes ont force de loi en *Belgique*, où l'on n'applique pas l'art. 121 de l'ordonnance de 1629. Aussi, la jurisprudence belge reconnaît-elle, en thèse générale, que les tribunaux belges doivent se borner à examiner, si les sentences étrangères ne renferment pas de dispositions contraires à la souveraineté de la nation belge, au droit public de la Belgique. En l'absence de semblables dispositions, le tribunal belge déclare le jugement exécutoire, sans révision préalable du fond de la décision, sans entrer dans l'examen des droits privés des parties. La jurisprudence belge admet donc la doctrine que j'ai soutenue ci-dessus (n° 264), après MM. Boitard et Massé. Telle est la règle générale ; mais il n'en est plus ainsi lorsque c'est un jugement français qui doit être mis à exécution en Belgique. Par voie de rétorsion, Guillaume I<sup>er</sup> a rendu, le 9 septembre 1814, l'ordonnance suivante : « Art. 1. Les arrêts et » jugements rendus en France, et les contrats qui y auront » été passés, n'auront aucune exécution en Belgique. — » Art. 2. Les contrats y tiendront lieu de simples promes- » ses. — Art. 3. Nonobstant ces jugements, les habitants de » la Belgique pourront de nouveau débattre leurs droits » devant les tribunaux qui y sont établis, soit en deman- » dant, soit en défendant. » Cette ordonnance royale est toujours en vigueur, malgré une tentative d'abrogation en 1836.

La *Prusse rhénane* est uniquement régie par les art. 2123 et 546. Les Cours et tribunaux, comme le remarque Fœlix, devraient donc suivre le système que j'ai soutenu. C'est aussi ce que faisait la Cour de Cologne, le 10 janvier 1825. Mais cette Cour a depuis considéré l'art. 121 de l'ordonnance de 1629 comme l'interprétation de l'art. 546, P. C., et a jugé, conformément au premier des systèmes reçus en France, que le régnicole, qui a succombé devant un tribunal étranger, peut de nouveau débattre ses droits devant ses juges naturels appelés à déclarer exécutoire la sentence étrangère (1).

(1) Cologne, 6 mai 1828, 18 décembre 1833 et 4 mars 1837.

Dans la *Bavière rhénane*, on a conservé les art. 2123, C. N., et 546, P. C. L'art. 121 de l'ordonnance y est inconnu : on doit donc décider la question dans le même sens que les partisans du troisième système (n° 264). — Dans la *Hesse rhénane*, l'ordonnance du 21 juin 1847 ne permet pas la révision des sentences étrangères, à moins qu'elles n'émanent des tribunaux d'un Etat où le principe de l'art. 14, C. N., est encore en vigueur. Cette ordonnance conserve le principe de cet article par voie de rétorsion.

La disposition de l'art. 546 de notre Code de procédure se retrouve dans les législations du royaume d'*Haïti*, de l'ex-royaume des *Deux-Siciles* et de l'ex-duché de *Toscane*.

Dans les *Pays-Bas*, l'art. 431 du Code de procédure civile permet, hors les cas expressément prévus par là loi, de débattre de nouveau le procès devant le juge néerlandais. Dans les cas d'exception, le tribunal permet l'exécution, sur simple requête, sans soumettre la cause à un nouvel examen.

En *Grèce*, le jugement étranger est révisé, quand l'une des parties est un régnicole, par le tribunal tout entier : le président seul en permet l'exécution, sans examen du contenu du jugement, lorsque toutes les parties sont étrangères (art. 858 à 861, P. C.).

L'*Espagne* ne possède aucune loi ancienne ou moderne concernant l'exécution des jugements rendus par des juges étrangers. Mais la jurisprudence a établi, par application de la loi 38 *del Fuero viejo de Castilla*, le principe que les jugements étrangers n'ont aucune valeur en Espagne. En *Portugal*, la législation veut que le tribunal soit saisi par commission rogatoire, et que son examen porte sur la forme de cette commission, sur les formes observées dans la procédure antérieure au jugement et sur le fond de la décision. En *Suède* et en *Norwége*, les sentences étrangères ne produisent aucun effet : la partie, qui a obtenu la décision, doit former une nouvelle demande. En *Russie*, l'exécution du jugement étranger n'a lieu qu'après nouvel examen du fond de la sentence (1).

## DEUXIÈME SECTION.

### *Sentences arbitrales.*

280. J'ai seulement examiné les règles qui s'appliquent à l'exécution des jugements proprement dits, c'est-à-dire des actes qui émanent des autorités instituées par le pouvoir local pour rendre la justice. Voyons actuellement celles qui régissent les actes, qui ont les effets d'un jugement sans en avoir tous les caractères, les sentences arbitrales.

Ces sentences sont de deux sortes : les unes émanent d'arbitres *volontaires,* c'est-à-dire de personnes privées auxquelles les parties ont volontairement et librement confié la décision d'un litige, qu'aucune loi ne défendait de porter devant les tribunaux ; les autres sont l'œuvre d'arbitres *forcés,* de personnes privées dont la loi impose la juridiction spéciale pour certains litiges, qu'elle soustrait à la compétence des juges ordinaires.

281. Au cas d'arbitrage volontaire, le jugement arbitral n'est autre chose qu'une convention faite par les arbitres au nom des parties qui leur en avaient donné le pouvoir. Les arbitres sont des mandataires et non des juges. Organes communs, délégués par les parties à l'effet de terminer une affaire litigieuse, ils ne tiennent point leur mission du souverain du lieu où ils la remplissent : ils ne la doivent qu'à la volonté des parties. Les actes des arbitres volontaires doivent être regardés comme l'expression de la volonté commune des parties, de même que l'acte du mandataire est

---

(1) Toutes ces indications sont tirées du remarquable ouvrage de Fœlix, sur le *Droit international,* n<sup>os</sup> 331 à 346, 377 à 404, et de la *Revue étrangère,* t. IX, *De l'effet des jugements étrangers.*

considéré comme l'œuvre du mandant. Les arbitres volontoires n'étant que des personnes privées, les décisions arbitrâles ne sont pas de véritables jugements. *Arbitri munus non est publicum ut judicis.* La décision prise par les arbitres n'est, au fond et en réalité, que la constatation de la convention intervenue entre les parties par leur organe commun. Elle n'a d'un acte judiciaire que la forme. Cette sentence n'est donc pas susceptible de révision, puisque la volonté des parties doit être exécutée en tous lieux et que le contrat, expression de cette volonté, n'est point limité dans ses effets par les frontières qui circonscrivent le territoire et l'autorité du pouvoir souverain. Aussi s'accorde-t-on généralement à reconnaître que le *pareatis* d'une sentence, rendue à l'étranger par des arbitres volontaires, doit être donné sans révision. « Le législateur, dit Merlin, distingue dans les actes » faits en pays étrangers, entre ce qui appartient à la puis- » sance publique et ce qui ne dépend que de la volonté » privée des parties, parce que cette volonté n'est circons- » crite par aucune borne locale (1). » Le juge français, après avoir reconnu le caractère contractuel d'une sentence arbitrale étrangère, doit donc en ordonner l'exécution sans révision. Dans cette hypothèse, c'est au président et non au tribunal entier qu'il appartient de rendre la sentence exécutoire, conformément à l'art. 1020, P. C. (2).

282. Je ne puis admettre la distinction proposée par M. Massé, *loc. cit.* n° 320, qui, au cas où la sentence a été rendue exécutoire en pays étranger par un tribunal entier, veut qu'en France ce soit le tribunal tout entier qui déclare

(1) Merlin, *questions*, v° *jugement*, § 14. — Toullier, t. X, n° 87. — Aubry et Rau, sur Zachariæ, § 32. — Valette, *Revue de Droit français et étranger*, t. VI. — Demolombe, t. I, n° 262. — Chauveau, sur Carré, quest. 1900. — Paris, 16 décembre 1809, 7 janvier 1833 et 22 juin 1843. — Montpellier, 18 août 1838. — Rejet, 16 juin 1840.

(2) *Contrà* Paris, 16 décembre 1809.

exécutoire le jugement d'homologation. Cet estimable auteur
fait, ce me semble, une confusion évidente. Dans cette hypothèse même, ce n'est pas le jugement d'homologation qui
est déclaré exécutoire, c'est la sentence arbitrale. Ce sont
ses dispositions qui doivent être exécutées, qui seules doivent être appréciées dans leurs rapports avec les règles
d'ordre public admises en France. Qu'importe que la sentence ait ou n'ait pas été rendue exécutoire en pays étranger : son caractère n'est nullement modifié. Elle est toujours l'expression de la volonté des parties ; et le jugement
étranger d'homologation ne fait pas qu'elle émane de la
puissance souveraine. Les magistrats qui homologuent une
décision ne se l'approprient point : ils en autorisent seulement l'exécution. Ce jugement est une pure opération de
forme qui ne peut et ne doit produire en France aucun
effet. Il est donc permis de le méconnaître : il suffit d'invoquer la sentence arbitrale toute seule (1).

283. Je repousse plus vivement l'opinion de **M. Dalloz**,
qui, appliquant aux sentences arbitrales l'art. 121 de l'ordonnance de 1629 et reproduisant la distinction formulée, à
l'égard des jugements étrangers, par les partisans du premier système, veut que le Français, au préjudice duquel la
sentence arbitrale a été rendue, puisse demander en France
la révision, l'examen au fond de l'affaire, *parce qu'il y a
lieu de craindre que les préventions de nationalité n'aient nui
aux droits du Français* (2). Accepter cette solution, c'est
méconnaître le caractère de la sentence rendue par des arbitres volontaires. C'est oublier que les arbitres ne sont que
les mandataires des parties, et que le Français est seul,
vis-à-vis de lui-même, responsable du choix de son mandataire. A quel titre le Français pourrait-il demander qu'il
lui fût permis de débattre de nouveau ses droits? « Les

_________

(1) Demangeat, sur Fœlix, t. II, p. 159.
(2) *Droit civil*, n° 428.

» hommes qui l'ont jugé n'exerçaient pas une juridiction ter-
» ritoriale. Ils pouvaient rendre leur sentence dans un lieu
» comme dans un autre. L'autorité ou le pouvoir qu'ils ne
» tenaient que des parties n'avait rien de civil, rien de po-
» litique : il n'appartient qu'au droit des gens ; et dès lors
» cette décision doit être reçue chez tous les peuples : les
» juges doivent en ordonner l'exécution. » (Toullier.) M. Dalloz avait été mieux inspiré, lorsque, dans la première édition de son ouvrage, il se rangeait à l'opinion généralement
adoptée. M. Rodière admet le droit de révision dans tous
les cas et à l'égard des sentences arbitrales de toute sorte.
Malgré la haute autorité de l'honorable professeur, je doute
que cette opinion absolue puisse être admise : peut-être la
généralité des termes employés a-t-elle trahi la véritable
pensée de l'auteur (1).

284. Je remarque que les dispositions des traités diplomatiques passés avec la Suisse, le Piémont, etc., ne s'appliquent point aux sentences d'arbitres volontaires.

285. Quand il s'agit d'une sentence arbitrale rendue par
des arbitres *forcés*, auxquels la loi du pays reconnaît le caractère de juges, leur décision est alors un véritable jugement. C'est un acte de juridiction. La sentence de l'arbitre
forcé ne participe point de la nature du contrat. La volonté
des parties n'est ni la cause ni l'origine de sa mission. Son
origine est plus élevée : sa mission découle de la loi, alors
même que chaque partie aurait le droit de désigner la personne de son arbitre. La juridiction en est toujours forcée et
obligatoire dans son principe, et la position des parties est
identique à celle d'un demandeur qui a le choix entre plusieurs tribunaux tous compétents. L'arbitre forcé exerce un
acte de juridiction. Son pouvoir, comme le disait la Cour
Suprême, découle de la puissance publique : il est son délégué. Sa sentence est un véritable jugement : elle doit re-

(1) *Cours de procédure*, t. III, p. 44.

cevoir en France le traitement réservé aux décisions ordinaires émanées des tribunaux étrangers. On voit alors immédiatement apparaître les systèmes précédemment exposés. Je ne reviendrai pas sur la question (V. n⁰ˢ 253, etc.).

286. Le même caractère peut appartenir encore à la sentence intervenue, bien qu'il ne s'agisse pas d'arbitrage *forcé*, et notamment dans les cas suivants. Si le compromis ne confère pas aux arbitres primitifs le pouvoir de choisir le tiers arbitre, ou si ce pouvoir leur étant accordé ils ne sont pas d'accord sur cette nomination, ou si le choix est réservé au pouvoir judiciaire, dans tous ces cas, l'intervention du juge ordinaire devient nécessaire pour la nomination de ce départiteur. Ce dernier est le délégué de la puissance publique : la sentence, à laquelle il concourt, est un acte de juridiction, puisque sa force découle de la puissance et du pouvoir du juge. La solution doit être semblable, quand l'une des parties a refusé de procéder à la nomination de l'arbitre dont le contrat primitif lui laissait le choix, et que, sur ce refus, le tribunal a dû désigner l'arbitre. De même dans l'hypothèse où un tribunal a autorisé un tiers arbitre, par lui nommé, à statuer sur des points en litige à l'égard desquels les arbitres partagés avaient omis de déclarer leur désaccord. Il y a toujours intervention de la puissance publique. Appelée à se prononcer sur la question, la Cour de cassation n'a pas hésité à reconnaître à une sentence arbitrale ainsi intervenue le caractère d'une décision judiciaire (1).

286 *bis*. La plupart des législations étrangères ne contiennent aucune disposition sur les sentences arbitrales et sur leur exécution. Dans ces législations, les sentences arbitrales n'ont aucune autorité par elles-mêmes et ne peuvent acquérir quelque force que par un jugement, qui en confirme

____

(1) Rejet, 16 juin 1840. — Paris, 22 juin 1843. — Fœlix, *op. cit.*, n⁰ 423. — Soloman, *Condition juridique des étrangers*. — *Contrà* Toullier, t. X, n⁰ 88.

les dispositions. Lors donc qu'une sentence arbitrale, rendue en pays étranger, doit être mise à exécution, une distinction est nécessaire. Si la sentence participe de la nature d'un contrat, si elle est l'œuvre de personnes privées, d'arbitres volontaires, elle sera traitée comme les sentences arbitrales rendues dans le pays même : il faudra prendre un jugement qui en confirme les dispositions. Un débat pourra alors s'élever, mais sur les causes seulement qui peuvent faire annuler, résoudre ou rescinder une convention. Dans une deuxième hypothèse, si la sentence est une émanation de la puissance publique étrangère, parce qu'elle a été rendue par des arbitres forcés, ou parce que l'un ou plusieurs des arbitres ont été nommés par le pouvoir judiciaire, etc., elle sera traitée comme une œuvre de l'autorité publique étrangère : on lui appliquera les mêmes lois qui règlent l'exécution des jugements émanés des magistrats du même État.

Je ne saurais admettre l'opinion de Fœlix, qui veut distinguer le cas où la sentence arbitrale a été rendue exécutoire en pays étranger de celui où elle n'a point été confirmée. Qu'importe ce jugement de confirmation ou cette ordonnance d'exécution? Les parties n'ont nul besoin de les invoquer, surtout dans les pays où l'on admet la révision des jugements étrangers. Il leur suffit de présenter la sentence arbitrale seule, qui sera traitée comme une véritable convention, lorsqu'elle émane d'arbitres volontaires ( n° 282 ) (1).

### TROISIÈME SECTION.

*Des actes reçus par les officiers publics étrangers.*

287. En principe, les conventions passées en la forme authentique en pays étranger, devant des officiers publics

(1) Fœlix, *op. cit.*, t. II, n° 434.

étrangers, n'emportent pas en France l'exécution parée.
Aux termes de l'art. 546, P. C., elles peuvent cependant
être mises à exécution avec les formes et dans les cas prévus par l'art. 2128, C. N. Je dis l'art. 2128, car seul ce
texte se rapporte aux conventions, et l'art. 2123, relatif aux
jugements, ne peut être invoqué dans la question.

288. Or, la règle posée par l'art. 2128 ne reçoit exception, en vertu de ce texte même, que dans un cas, lorsque des traités internationaux sont intervenus entre la
France et la nation sur le territoire et devant les officiers
publics de laquelle les actes auront été passés. Je ne crois
pas qu'il existe un seul traité qui accorde ainsi l'exécution
des actes reçus par les officiers respectifs des parties contractantes. Si les traités passés avec la Suisse, en 1777 et le
27 septembre 1803, contenaient quelque stipulation à cet
égard, celle-ci ne se trouve pas reproduite dans le traité du
18 juillet 1828, conclu entre la France et la Confédération
Helvétique. L'art. 1er de ce traité, rapporté ci-dessus, est
exclusivement applicable aux jugements, c'est-à-dire aux
sentences émanées des divers tribunaux institués pour rendre la justice : les autres articles visent des questions différentes. Le traité conclu avec la Sardaigne, le 24 mars
1760, ne s'occupe aussi que des jugements et non des actes
authentiques.

289. Si des traités de ce genre venaient à être conclus
entre la France et d'autres Etats, les clauses de ces traités
seraient applicables, non pas à tous les actes passés dans le
territoire de ces Etats, mais seulement aux actes passés
entre les régnicoles de cet Etat ou entre ceux-ci et des
Français. C'est ce qu'a jugé la Cour Suprême, le 10 mai
1831, par application du traité conclu entre la France et
la Suisse en 1777, sous l'empire duquel avait été formée
en Suisse, entre un Français et un Milanais, la convention,
objet du litige.

290. Sauf cette exception, il suffit que l'acte étranger soit

*authentique* et *exécutoire* dans le pays où il a été fait, pour que le traité le rende susceptible d'exécution en France, alors même qu'il serait dans une forme autre que celle dont la loi française revêt les actes auxquels elle accorde l'exécution parée. La forme d'un acte est régie par la loi du lieu de sa confection. Le président du lieu de l'exécution appose simplement une ordonnance d'*exequatur* à l'acte étranger, revêtu des légalisations nécessaires pour assurer son authenticité.

291. Mais en l'absence de traités, les conventions passées devant des officiers publics étrangers ne peuvent être déclarées exécutoires en France : car l'art. 546, Proc., déclare que ces actes ne seront susceptibles d'exécution que dans le cas prévu par l'art. 2128, C. N., c'est-à-dire lorsqu'il existe des traités. Ces conventions ne sont pas cependant considérées en France comme non avenues, lorsque leur authenticité n'est pas déniée ou qu'elle a été établie par l'une des parties à l'encontre de l'autre ; mais elles ne peuvent avoir la force exécutoire. Pour arriver à l'exécution de la convention passée devant un officier public étranger, la partie demanderesse devra se pourvoir devant les tribunaux français, à l'effet d'obtenir contre son adversaire une condamnation basée sur l'existence de la convention, et non pas pour faire déclarer cette convention exécutoire ou obtenir une sentence d'*exequatur*. L'acte public reçu à l'étranger, dans les formes voulues par la loi étrangère, est donc assimilé à l'acte sous seing privé, à l'acte dépouillé de toute puissance exécutoire. Il fera foi, s'il n'est pas dénié ou s'il est vérifié. Ce qui sera mis à exécution, ce sera donc le jugement français et non pas la convention étrangère : celle-ci aura seulement occasionné la condamnation (1).

(1) Demangeat, sur Fœlix, t. II, p. 217. — Massé, *op. cit.*, n° 326 et suiv.

# CHAPITRE II.

## DE LA COMPÉTENCE PARTICULIÈRE.

292. L'exposition des règles qui déterminent la compétence de nos tribunaux serait défectueuse, si on ne faisait actuellement connaître quel est, entre les tribunaux de l'Empire, celui devant lequel le litige doit être porté. Cette compétence *particulière*, qui suppose résolues les questions que fait naître la détermination de la compétence *générale*, se règle uniquement d'après les lois du Code de procédure civile, en vertu du principe que la demande est soumise, quant à la compétence et aux formes de la procédure, aux lois du pays où elle est formée. L'art. 59, P. C., est donc entièrement applicable.

293. En matière réelle, la question de la compétence était autrefois très-controversée et diversement résolue par nos anciens jurisconsultes, par Despeisses, Bacquet, Cujas et Dumoulin. Les uns voulaient appliquer la loi romaine C. 3, Cod. *ubi in rem actio;* les autres préféraient le juge du domicile; d'autres, celui du lieu de la situation. De nos jours, la question ne peut plus faire doute. En matière réelle, le défendeur, régnicole ou étranger, doit être assigné devant le tribunal de la situation de l'objet litigieux.

294. En matière mixte, le Français pourra être assigné au choix de l'étranger demandeur devant le tribunal de son domicile ou devant le juge du lieu de la situation. Même solution pour le cas où le défendeur est un étranger domicilié. S'il n'a pas de domicile en France, il sera alors assigné soit devant le juge de sa résidence, soit devant celui de la situation des biens; devant celui-ci seulement, s'il n'a pas de résidence fixe en France.

295. L'étranger appelé à une succession ouverte en France

sera assigné devant le tribunal du lieu de l'ouverture (1). Un exception est faite à cette règle par l'art. 3 du traité conclu entre la France et la Confédération Helvétique, le 18 juillet 1828. Le § 3 de cet article est ainsi conçu : « Les » contestations qui pourraient s'élever entre les héritiers » d'un Français mort en Suisse, à raison de sa succession, » seront portées devant le *juge du dernier domicile* que le » Français avait en France ; la *réciprocité* aura lieu à l'égard » des contestations qui pourraient s'élever entre les héri- » tiers d'un Suisse mort en France. » (V. Paris, 4 février 1864.)

296. L'étranger, qui fait partie d'une société établie en France, doit être assigné, tant qu'elle existe, pour les actions relatives à cette société, devant le tribunal du lieu où elle est établie ; celui qui fait faillite en France, devant le tribunal du lieu où était son établissement commercial.

297. En matière personnelle, l'étranger domicilié doit être cité devant le tribunal de son domicile, et l'étranger non domicilié devant le juge du lieu de sa résidence, et non pas devant le tribunal du lieu où sont situées ses principales propriétés. Ce dernier endroit ne saurait être considéré comme étant nécessairement celui de sa résidence (2). S'il y a un domicile élu dans le contrat sur l'exécution duquel le litige s'est élevé, le demandeur aura le choix entre le tribunal du domicile élu et celui de la résidence (art. 59, P. C., 111, C. N.).

Si l'étranger n'a en France ni domicile élu, ni domicile réel, ni résidence, cas qui se présente lorsque le Français use de l'art. 14 contre l'étranger avec lequel il a contracté en pays étranger, devant quel juge devra-t-on le citer ? Deux systèmes sont en présence. Le premier fait une distinction : si l'obligation dont l'exécution est poursuivie a été

_______

(1) Limoges, 5 avril 1854.
(2) Paris, 9 mai 1835.

contractée en France, la demande doit être formée, soit devant le tribunal du lieu où le contrat a été passé, soit devant le tribunal du lieu où l'obligation doit être exécutée (art. 420, P. C., arg. d'analogie). Si l'obligation a été contractée à l'étranger, la demande peut être portée devant tout juge français, au choix du demandeur, mais sous la condition de ne pas faire un choix injuste ou ridicule (1).

Je ne puis admettre ce système. Il est en opposition avec l'esprit de nos lois de compétence, qui ne veut pas que celle-ci soit incertaine et puisse dépendre du choix du demandeur. Est-ce, du reste, résoudre la question que dire que tous les tribunaux de France sont compétents, alors qu'il s'agit de déterminer parmi eux le juge vraiment compétent ? L'art. 14, C. N., fournit un indice pour déterminer quel est le tribunal compétent. Comme le dit M. Demangeat, la loi, dans cet article, retourne en quelque sorte le principe général *actor sequitur forum rei*. C'est donc le tribunal du domicile du demandeur qui est compétent. C'est un droit civil qu'exerce le Français demandeur qui cite l'étranger en France : il doit l'exercer au lieu où il exerce ses droits civils, c'est-à-dire à son domicile (art. 102, C. N.). En outre, cette solution s'appuie encore sur cette considération, que la loi, voulant éviter tout ce qui peut entraver la solution la plus économique et la plus prompte des procès, ne permet pas, en matière personnelle, que les deux plaideurs soient obligés tous deux de se déplacer. Pour atteindre ce but, le litige doit être soumis au tribunal de l'une des deux parties. En principe, la loi préfère le juge du domicile du défendeur : mais quand un obstacle insurmontable s'oppose à l'application du principe, le tribunal du domicile du demandeur devient forcément compétent. Au surplus, la compétence est en général déterminée plutôt dans l'intérêt du défendeur que dans celui du demandeur ; c'est ce que prouvent toutes

(1) Demolombe, t. I, n° 252.

18

les dispositions de notre art. 59 et la maxime générale. Or, l'intérêt du défendeur est-il d'être indifféremment assigné devant un tribunal quelconque de la France? Non ; son intérêt est que le choix du demandeur, déjà si favorisé par l'art. 14, C. N., soit réduit dans les plus étroites limites (1).

Si, hypothèse fort rare, l'étranger demandeur et l'étranger défendeur n'ont, ni l'un ni l'autre, ni domicile, ni résidence fixe, j'admets la compétence du juge de la résidence momentanée du défendeur. Dans ce cas, certaines législations étrangères, celles de la Prusse, de la Bavière, de Bade, du Danemark, désignent spécialement le tribunal compétent.

Y a-t-il plusieurs défendeurs et parmi eux un Français? J'estime que l'action doit être portée devant le juge du domicile de ce régnicole, ou de celui des étrangers domiciliés codéfendeurs. Si parmi les étrangers nul n'est domicilié en France, l'action ne peut être portée que devant le tribunal du domicile du Français.

298. En matière commerciale, et c'est ici la véritable application de l'art. 420, P. C., trois tribunaux sont compétents, lorsque le défendeur est un Français ou un étranger domicilié. Si le défendeur est un étranger non domicilié, trois tribunaux sont encore compétents, s'il a en France une résidence : car je pense que l'art. 420 doit être expliqué avec l'aide de l'art. 59, qui pose les règles et les principes généraux de la compétence particulière des tribunaux français. Or, cet art. 59 permet d'assigner devant le juge de la résidence, et les matières commerciales ne doivent pas être traitées moins favorablement que les matières civiles. Si le défendeur étranger n'a pas de résidence, il peut être cité devant l'un ou l'autre de deux tribunaux, au choix du demandeur, devant le juge dans l'arrondissement duquel la promesse a été faite et la marchandise livrée, ou devant

_______

(1) Demangeat, sur Fœlix, t. I, p. 327. — Massé, *op. cit.*, n° 218.

celui dans l'arrondissement duquel le paiement devait être effectué.

299. Est-il besoin de dire que, dans les contestations qui intéressent des étrangers, la compétence respective des tribunaux civils et des tribunaux de commerce est déterminée par les mêmes règles que dans les litiges élevés entre Français ?

300. L'action civile résultant d'un fait qualifié crime, délit ou contravention, formée par un étranger contre un autre étranger non domicilié, doit être poursuivie devant le tribunal de répression compétent pour connaître de l'action publique.

301. Je rappelle qu'en vertu de l'art. 3 du traité du 18 juillet 1828, le tribunal du lieu où le contrat a été formé sera compétent pour connaître des différends entre Suisses et Français, lorsque, au moment de l'introduction de l'instance, les deux parties seront présentes au lieu du contrat.

302. Les étrangers seront assignés dans les formes et avec les délais prescrits par le Code de procédure (art. 69, nos 9 et 73, modifiés par la loi du 3 mai 1862), car la forme de procéder est réglée par la loi du lieu où la demande est formée. Le fond du litige reste soumis aux lois qui, soit d'après le droit français, soit d'après les législations étrangères, soit d'après l'équité, gouvernent l'acte, la convention ou le fait soumis à l'appréciation de nos tribunaux.

# LIVRE DEUXIÈME.

## Matière criminelle (1).

---

303. Dans tout Etat, un homme ne peut être justiciable des tribunaux de répression, que si les actes, par lui commis, sont défendus par la loi pénale de l'Etat. Intimement liée au droit de punir, à sa légitimité, la compétence du juge disparaît quand l'incrimination légale n'existe pas ou ne peut exister. Le juge ne peut frapper que l'auteur de l'acte que la loi pouvait défendre. A quels hommes, pour quels actes la loi pénale de l'Etat peut-elle adresser ses prohibitions et ses ordres ? Si la justice absolue est la base du droit de punir, l'Etat pourra frapper tout homme, régnicole ou étranger, qui se sera rendu coupable, à l'autre extrémité du globe, d'un acte défendu par la loi morale, par la loi naturelle. L'utilité est-elle le fondement du droit de punir ; le pouvoir répressif de l'Etat va atteindre l'acte le plus moral et le plus juste, accompli par l'étranger dans la sphère de ses droits, pour la défense de son pays peut-être ; car cet acte a été nuisible et préjudiciable à l'Etat.

---

(1) Dans cette étude, les mots *crime*, *délit*, sont employés souvent dans leur sens le plus étendu. Le lecteur saura bien voir quand ils sont pris avec la signification spéciale que leur donnent les Codes français.

Fondement du droit criminel, le droit de punir, sa légitimité appellent donc l'attention dès le début de cette étude.
Comme mille canaux dérivés d'une même source, toutes les
théories du droit pénal se rattachent à ce droit principal.

304. Le droit de punir se fonde sur le droit de conservation de soi-même, qui appartient à l'Etat comme à l'individu, droit limité, réglé par la loi morale. La société est la
condition nécessaire, hors de laquelle l'homme, d'après les
lois de sa nature, ne peut réaliser l'ordre moral. La conservation de la société, représentée par l'Etat, est pour elle-
même le premier des droits ; pour l'homme, le premier des
devoirs. Le pouvoir que l'Etat, dans l'intérêt de sa conservation, exerce sur l'homme, ne saurait être confondu avec
le principe utilitaire. Limité par la loi morale, appuyé sur
elle, ce pouvoir ne peut conserver son empire, qu'autant
que les lois de l'Etat sont un moyen de défendre, de protéger la liberté humaine, de favoriser le développement des
facultés naturelles de l'homme.

Ce droit de conservation de soi-même, ce droit de vivre
est-il, peut-il être autre chose que le droit de légitime défense ? Exercé par l'Etat pour son propre compte ou pour le
compte de chacun de ses membres, ce droit diffère de la
défense individuelle. Celle-ci, dès que l'agression a pris fin,
cesse d'être légitime. Une plus longue durée la transformerait en vengeance et la remplacerait par la passion. Mais
quand l'agression matérielle a cessé, quand le délit est perpétré, le droit de défense subsiste encore pour la société.
Celui qui attente aux lois nécessaires à sa conservation, aux
lois conformes à l'idée morale du juste, celui-là est en guerre
avec le corps social. Rebelle et menaçant, il se place en
face du droit. Son impunité est une attaque perpétuelle
contre la loi. La liberté de l'homme qui, par un acte coupable, a violé les droits protecteurs de la liberté ou de la
propriété de ses semblables et nié l'obligation de s'abstenir de
tout acte oppressif ou spoliateur, la liberté de cet homme

est un danger, une atteinte incessante au droit de conservation que possède la société. Jusqu'à ce que le châtiment ait frappé le coupable, la majesté des lois est obscurcie, violée, et la durée de cette situation est incompatible avec l'existence de la société.

Un éminent magistrat, qui est à la fois un profond philosophe et un criminaliste émérite, M. Faustin Hélie, dans sa belle introduction au Traité de droit pénal de Rossi, veut faire une distinction entre le droit de conservation et le droit de légitime défense. « La justice pénale, dit-il, n'exerce » point un droit de défense, comme on l'a dit impropre » ment ; elle exerce purement et simplement un droit de » conservation, droit qui s'étend à tous les droits, à tous les » intérêts sociaux, et qui porte en lui-même, comme un » développement logique et nécessaire, les mesures de pré » voyance et les mesures de répression. » Mais qu'est-ce que le droit de défense légitime, sinon celui de se conserver par tous les moyens, qui ne blessent pas la justice, celui de repousser par la force une injuste agression ? Qu'est-ce que le droit de conservation de soi-même dans ses rapports avec la société ? N'est-ce pas aussi le droit de se défendre, de repousser la force par la force ? Légitime défense, droit de conservation limité par la loi morale, sont donc deux droits identiques, ou mieux un seul et même droit, dont les aspects seuls varient, suivant qu'il s'applique à la société ou à l'individu.

Le droit de légitime défense, le droit de conservation limité par la loi morale, tel est le véritable fondement du droit de punir. Toutes les fois donc que, dans cette étude, le pouvoir de l'Etat, placé en face d'un acte humain, se montrera assis sur cette base complexe, le droit de punir existera, et avec lui, conséquence obligée, la compétence des tribunaux de répression de l'Etat (1).

---

(1) Ortolan, *Eléments de Droit pénal*, 1863, t. I, liv. 1, chap. 2. — Franck,

305. Bien que la législation française ne soit pas établie sur cette base rationnelle, que, suivant l'expression de M. Ortolan, notre Code pénal vacille entre les instincts de l'utilité matérielle et ceux de la justice purement spiritualiste, essayons de déterminer, d'après ces données philosophiques, quels sont les actes, accomplis par des étrangers, que peut atteindre la puissance répressive de nos tribunaux. Les uns ont été commis à l'ombre même des lois françaises ; les autres, en dehors de la sphère protectrice de ces lois. De là une distinction importante entre les faits délictueux accomplis sur le territoire de la France, ceux commis hors de ce territoire, et ceux qui, commencés en France ou à l'étranger, se sont achevés à l'étranger ou en France.

## CHAPITRE PREMIER.

### COMPÉTENCE GÉNÉRALE.

### ARTICLE PREMIER.

#### DES CRIMES OU DÉLITS COMMIS EN FRANCE.

306. Les criminalistes sont unanimes à reconnaître que l'Etat a le droit de punir tous les actes accomplis sur son territoire, lorsqu'ils blessent et la loi morale et le droit de conservation. Ce sont ses lois qui ont été méprisées, violées, et cette violation est une lésion grave dont il peut frapper l'auteur. L'obéissance à ses lois, dans toute l'étendue de leur empire, est un intérêt suprême pour l'Etat. Par sa révolte, le délinquant attente à la sûreté de la nation. Celle-ci a incontestablement le droit de punir les délits com-

*Philosophie du Droit pénal*, 1864. — Faustin Hélie, *Introduction au Droit pénal de Rossi*, 1863. — Molinier, *Du droit de punir*, 1848.

mis sur son territoire, dans les limites de sa souveraineté, sans distinction entre les délinquants nationaux ou étrangers. Sa loi sera appliquée au coupable. Pour l'Etat, c'est la seule loi juste et nécessaire. En venant chercher protection et sûreté à l'ombre de ces lois, l'étranger est devenu leur sujet et s'est soumis aux conséquences de leur violation. Le droit de punir entraîne le droit de juridiction : l'étranger délinquant appartient à la justice du pays. Son infraction le rend justiciable des tribunaux de la nation. La compétence des juges du lieu du délit n'est point arbitraire : elle est une conséquence directe et forcée du fait délictueux.

307. Le droit français a pleinement admis ces principes rationnels. L'action publique et son accessoire, l'action civile, s'étendent à tous les crimes, délits ou contraventions commis sur le territoire : elles atteignent les étrangers aussi bien que les régnicoles. Cette règle est nettement posée dans l'art. 3, C. N. : *Les lois de police et de sûreté obligent tous ceux qui habitent le territoire* (1).

308. Que faut-il entendre par ces mots *lois de police et de sûreté?* Les lois pénales proprement dites ? Il faut comprendre encore sous cette dénomination les lois simplement préventives, les mesures de précaution prises par le législateur pour éviter des infractions plus graves. Le mot *loi* n'est pas ici employé dans son sens spécial et technique. Comprenons donc encore sous ce terme les actes du pouvoir exécutif, les ordonnances, les décrets impériaux, les règlements ou arrêtés rendus par les autorités compétentes, par les préfets, par les maires, dans les limites de leurs attributions. Ces règles obligatoires ont pour but la sûreté des personnes et des propriétés, le bon ordre, la salubrité publique. Toutes ces diverses lois obligent à l'obéissance l'étranger, même simple passant, sur le territoire français. Toute infraction à ces diverses lois, commise dans l'étendue

(1) Voir le discours préliminaire de Portalis, rapporté au nº 8.

de l'Empire français, doit être jugée et punie par nos tribunaux de répression.

309. Mais l'étranger nouvellement arrivé en France ne pourra-t-il pas invoquer, comme excuse légitime, son ignorance de ces règlements de police, locaux et arbitraires ? Quelle différence entre ces arrêtés municipaux et les lois répressives de ces actions mauvaises et coupables en tous lieux ! Dans l'ancien droit on accordait un certain délai aux étrangers, pour se mettre au courant des règlements locaux (1). Cette pratique paraît équitable : je ne pense pas cependant qu'elle doive être suivie et que le juge de simple police puisse relaxer le prévenu étranger, par suite d'absence d'intention, pour cause d'ignorance. On n'en finirait jamais avec ces questions de bonne foi en matière de police. Aussi le fait seul de la contravention est-il puni dans les matières de douanes, de contributions indirectes, etc. La Cour Suprême a plusieurs fois cassé des jugements de police excusant des individus étrangers à la commune (2). Cependant, la jurisprudence de la Cour de cassation me fournit un tempérament qui corrige la sévérité de cette opinion. La Cour admet que l'empêchement de force majeure fait, même en matière de police, exception à la culpabilité. Le juge de police ne pourrait-il déclarer que, dans l'état des faits, l'étranger n'avait absolument pas pu connaître l'arrêté préfectoral ou municipal ?

310. En vertu de ce principe général que les lois de police obligent toutes les personnes qui se trouvent sur le territoire, les juges français sont compétents lors même que l'infraction a été commise par l'étranger au préjudice d'un autre étranger. Quelle que soit la qualité de la personne lésée, la violation de la loi existe, et avec elle le droit pour l'Etat de frapper le coupable.

(1) Merlin, *Répert.*, *ignorance*, § 1, p. 3.
(2) Cass., 3 février 1827 et 15 février 1828.

311. Le même motif rend nos tribunaux compétents, lorsque l'individu lésé par le fait délictueux, même étranger, ne réside pas sur le territoire de la France. Il suffit que ce fait ait été accompli en France. C'est dans ce sens qu'il a été jugé : 1° que celui qui adresse de France, à un étranger et dans un pays étranger, une lettre contenant menace de mort, avec ordre de déposer une somme d'argent dans un lieu indiqué, peut, à raison de ce crime, être poursuivi et jugé en France ; 2° que l'auteur d'un écrit anonyme, contenant menace d'un attentat contre les personnes, est justiciable des tribunaux français par cela seul que la lettre a été écrite et émise en France, bien que celui à qui cette lettre était destinée habite en pays étranger et qu'elle lui ait été remise aussi en pays étranger ; 3° qu'un étranger, un Anglais, demeurant en France, poursuivi pour fait de diffamation dans un écrit qu'il a publié en France, est justiciable des tribunaux français pour la répression de ce fait, bien que les plaignants soient étrangers et ne résident pas en France (1).

312. Quand est-ce que le fait délictueux est commis en France ? C'est là, à mon sens, une question de fait qui sera résolue d'après les circonstances propres à chaque espèce : question plus ou moins délicate, suivant que l'infraction constitue un délit simple, successif ou continu, ou un délit d'habitude. Une seule condition est essentielle : il est indispensable que les faits propres, d'après la loi française, à donner au délit le caractère d'habituel, par exemple, se soient accomplis en France.

313. La juridiction des tribunaux français s'étend donc à tous les crimes, délits ou contraventions, commis par des étrangers dans l'étendue du territoire de la France : c'est un principe certain. Mais sa véritable portée ne peut être exac-

_______

(1) Crim., 31 janvier 1822, 22 juin 1826 et 1er septembre 1827. — Cour d'assises du Nord, 7 août 1843.

tement appréciée qu'après que le véritable sens juridique
du mot *territoire* a été déterminé. J'ai déjà vaguement indiqué quelle était la signification de ce terme. Cette indication
ne saurait suffire. L'importance des matières criminelles, la
rigoureuse exactitude qu'elles nécessitent demandent une
explication plus précise.

314. Le territoire de la France est l'espace de notre globe
sur lequel l'Etat français a le droit d'empire et le droit de
propriété internationale. Par leur réunion, ces deux droits,
parfaitement distincts, forment le droit complet de souveraineté territoriale. Presque toujours unis, ils sont néanmoins quelquefois séparés. La France peut, dans certaines
hypothèses, exercer un droit d'empire sur des espaces qui
ne lui appartiennent pas et qu'elle ne veut point s'appro-
prier. Si la réunion de ces deux droits d'empire et de propriété internationale est indispensable pour qu'une portion
de notre globe soit proprement le territoire de la France,
cependant, au point de vue de la juridiction criminelle, le
seul droit important est le droit d'empire. Les faits délictueux commis dans des lieux où la France exerce le droit
d'empire sans avoir le droit de propriété internationale,
doivent être entièrement assimilés aux infractions accomplies sur la portion du globe dont elle a la propriété. Quels
sont donc les lieux dans lesquels, avec ou sans ce droit de
propriété, l'Etat français exerce un droit d'empire ?

315. Le territoire terrestre de la France comprend toutes les portions des divers continents, les îles, sur lesquelles
elle exerce, exclusivement à toute autre nation, les droits
de souveraineté. Ce territoire est circonscrit par les limites
naturelles ou conventionnelles que la nature ou ses rapports
avec d'autres peuples lui ont données. Mais jusqu'où s'étend
son droit d'empire maritime ?

316. Le droit international public admet aujourd'hui le
principe que la pleine mer n'est pas susceptible d'un droit
de propriété ni d'un droit d'empire. L'histoire nous raconte

les luttes, cruelles et fréquentes, que les peuples ont eu à subir, avant que ce principe nettement dégagé passât du domaine de la doctrine dans celui de la pratique internationale. Presque toutes les nations maritimes ont tour à tour prétendu s'arroger, sur certaines parties de l'Océan, une sorte de propriété ou de juridiction exclusive. Dans le seixième siècle, les Portugais voulaient interdire aux autres peuples la navigation dans les mers de Guinée et aux Indes Orientales. Grotius combattit leur prétention, en 1609, dans son célèbre traité, *Mare liberum*, et s'appliqua plus tard à prouver d'une manière absolue la vérité du principe de la liberté des mers, dans son ouvrage, *De jure belli ac pacis*. Les Hollandais eux-mêmes, oubliant un instant leurs libérales prétentions, voulurent défendre aux Espagnols la route du cap de Bonne-Espérance. Sous Charles Ier et sous Cromwell, les Anglais revendiquaient la propriété de toutes les mers qui baignent les côtes de la Grande-Bretagne jusqu'aux côtes des États voisins. Sous les rois de Hanovre, ils prétendaient à la souveraineté des mêmes mers, et au commencement de ce siècle, l'Angleterre voulait encore exercer sur l'Océan une sorte d'empire, visiter les vaisseaux des neutres, procéder à des arrestations arbitraires. Ces actes coupables, que la force lui permit trop souvent d'accomplir, lui ont attiré des haines vivaces et ont causé de sanglantes guerres. Ces prétentions furent successivement défendues par Albericus Gentilis, en 1613, dans son *Advocatio hispanica*, et dans l'ouvrage intitulé : *Mare clausum*, publié par Selden, en 1635. L'historien du Concile de Trente, Fra Paolo Sarpi, écrivit également une défense des prétentions de la République de Venise à la souveraineté de la mer Adriatique (1). Malgré sa puissance navale, la France a toujours marché à la tête des nations qui ont soutenu la liberté des mers. Henri IV, Louis XIV, Louis XVI donnant son adhésion aux principes

(1) Paolo Sarpi, *Del dominio del mare Adriatico*.

de la neutralité armée, la République française, faisant inscrire sur les pavillons de ses vaisseaux ces magnifiques paroles : *Liberté des mers, paix-au monde, égalité de droits pour toutes les nations ;* l'Empire faisant insérer dans le traité de Paris de 1856 des clauses protectrices des droits des neutres, tous nos gouvernements ont toujours proclamé la liberté de la mer.

317. En effet, deux raisons décisives s'opposent à l'asservissement de la haute mer. La première, toute physique, suffirait seule. La mer ne peut être la propriété d'aucune nation : car nulle nation ne peut la posséder, en conserver la possession, y exercer à tout moment une action exclusive. L'immensité de l'Océan, sa fluidité, qualités essentielles à sa nature, opposent d'insurmontables obstacles à cette possession. Mais la mer fût-elle susceptible d'une appropriation exclusive, une autre raison s'opposerait à l'établissement d'un droit de propriété. La mer, comme l'air, est un élément qui appartient également à tous les hommes : elle est au nombre de ces choses communes que Dieu a créées pour être le patrimoine de toute l'humanité. La liberté de cet élément est nécessaire pour la libre communication des peuples entre eux, pour l'accomplissement des lois de la nature humaine. Quel peuple aurait le droit, en eût-il la puissance, de prendre comme son bien exclusif l'humide lien de tous les continents ?

La haute mer ne peut pas, en outre, être soumise à un droit d'empire. Quel Etat pourrait y exercer un commandement, se dire le supérieur des autres ? Quelle flotte pourrait faire la police efficace, incessante dans les immenses plaines de l'Océan ? Ni le droit de propriété internationale, ni le droit d'empire ne peuvent donc être exercés sur la haute mer. Sa liberté est un principe incontestable du droit international (1).

(1) Grotius, *Mare liberum ; de jure belli ac pacis,* lib. 2, cap. 2, § 3. —

318. Mais la puissance effective de la France peut dominer et soumettre à une véritable possession certaines portions de la mer, les rades, les ports, les baies, les golfes et les mers intérieures. Enclavées dans son territoire, ces différentes parties de la mer se trouvent soumise à son profit à des droits de propriété et d'empire. Maîtresse des côtes qui les entourent, la France a le pouvoir physique d'agir perpétuellement sur ces eaux et peut prendre des mesures efficaces pour écarter toute action étrangère. L'obstacle matériel au droit de propriété disparaît. L'obstacle moral n'existe pas. Cette appropriation ne met aucune entrave au droit des autres nations de naviguer et de communiquer librement entre elles. Les deux droits composant celui de souveraineté territoriale se trouvant ainsi réunis, ces rades, ces golfes font réellement partie du domaine maritime de la France.

319. Si le droit de propriété sur cette partie de la mer qui baigne les côtes, sur la mer territoriale, est très-discuté par les publicistes et les jurisconsultes, tous en revanche s'accordent à reconnaître à l'Etat un droit d'empire sur cette portion de la mer. C'est le seul droit qu'il importe d'avoir, au point de vue de la juridiction. Comme tous les êtres organisés, individuels ou collectifs, l'Etat français a le droit et le devoir de veiller à sa propre défense. Il doit se prémunir contre toutes les attaques. Pour atteindre ce but, la France doit avoir sur la mer adjacente à ses côtes un droit d'empire, un pouvoir de surveillance et de juridiction assuré par l'emploi de la force publique. La raison indique que ce pouvoir ne saurait s'étendre au delà des nécessités de la défense, au delà du point d'où peuvent partir les menaces sérieuses d'attaque, où peut atteindre la force publique de

Pufendorf, *De jure naturæ et gentium*, lib. 4, cap. 5, § 5. — Bynkershoek, *De dominio maris.* — Vattel, *Droit des gens*, liv. 1, chap. 23. — Martens, *Précis du Droit des gens*, liv. 2, chap. 1. — Hautefeuille, *Des droits et des devoirs des nations neutres*, tit. I.

l'Etat. Est donc seulement soumise à l'empire de la France, la portion de la mer qui peut être dominée par des moyens d'action partis de ses côtes. Les publicistes discutent entre eux sur la mesure véritable de l'étendue de cette mer *territoriale*. Valin, dans son commentaire sur l'ordonnance de la marine de 1861 (liv. V, tit. I), propose de considérer comme mer territoriale toute l'étendue de la mer adjacente de la côte où l'on peut trouver le fond. Les inconvénients et les résultats ridicules de cette méthode doivent la faire rejeter. Grotius et Bynkershoek comprennent, dans le territoire d'une nation, tout l'espace de mer qui peut être défendu des côtes (1). Avec eux, les publicistes modernes fixent généralement cette étendue par la plus forte portée de canon, selon les progrès de l'art à chaque époque. En l'absence de traités, c'est la seule mesure à adopter (2).

320. De ces principes du droit international découlent les conséquences suivantes : les délits commis en pleine mer sont commis hors du territoire français ; les délits accomplis dans les ports, rades, golfes ou baies, dans les mers enclavées, dans l'étendue de la mer territoriale, sont assimilés aux infractions commises dans l'étendue du territoire. Mais à côté de ces règles généralement vraies, se place un autre principe de droit international. Leur combinaison fait naître une situation digne de toute notre attention.

321. Etres collectifs, les Etats ont une existence personnelle en dehors de leur existence territoriale. Des fractions de ces êtres collectifs peuvent se détacher momentanément

______

(1) Grotius, *loc. cit.*, § 13 et 14. — Quare omnino videtur rectius, eo potestatem terræ extendi, quousque tormenta exploduntur catenus quippe cum imperare, tum possidere videmur. Loquor autem de his temporibus, quibus illis machinis utimur : alioquin generaliter dicendum esset potestatem terræ finiri, ubi finitur annorum vis (Bynkershoek, *De dominio maris*, cap. 2).

(2) Hautefeuille, *op. cit.*, chap. 3, sect. 1re. — Art. 28 de la convention conclue, le 11 janvier 1787, entre la France et la Russie. — Convention avec l'Angleterre, le 2 août 1839, art. 9.

des êtres eux-mêmes. Tels sont les navires de guerre. En vertu de sa nature métaphysique, l'Etat accompagne et suit ces parties de lui-même. Corps matériel dont l'Etat a la propriété internationale, espace mobile sur lequel s'exerce la souveraineté de l'Etat, le navire de guerre paraît, par la réunion des deux pouvoirs, faire, comme le sol, partie du territoire. Le langage vulgaire traduit cette situation par une expression figurée, en disant que ces navires jouissent du privilége *d'exterritorialité*. Cette image vive et pittoresque suscite, chez le marin, l'amour du navire en l'alliant à l'amour de la patrie. Le jurisconsulte doit en éviter l'usage. Cette expression est inexacte, et son emploi peut induire en erreur dans l'exposition des principes du droit. Ce n'est pas une portion du territoire que le navire porte en lui : c'est une partie personnelle de l'Etat, une fraction de la puissance publique, un corps hiérarchique d'officiers, de marins, de fonctionnaires, d'agents de la force publique. La personne de l'Etat domine dans le rayon d'activité de ces corps détachés de lui-même, et les délits, commis au sein de semblables fractions, sont accomplis, non sur le territoire, mais au sein de l'Etat, sous sa puissance et sous sa juridiction.

322. Si le navire est en pleine mer, nul Etat étranger n'a le droit de s'immiscer dans le régime intérieur ou extérieur du vaisseau, de lui donner des ordres, ni de le soumettre à sa juridiction. Mais si le navire entre dans des eaux qui sont la propriété de la France, ou soumises à son empire, naît aussitôt un conflit de juridictions. De ces deux souverainetés, celle de la France et celle de l'Etat auquel appartient le navire de guerre, laquelle s'effacera devant l'autre? A quelle juridiction appartiendra la connaissance des délits commis à bord du vaisseau?

323. Nulle difficulté ne s'élève si les faits délictueux sont des délits militaires, des délits de service ou de discipline exclusivement propres aux devoirs spéciaux, qui lient hiérarchiquement les équipages de ces navires envers l'Etat. La

connaissance des délits de ce genre appartient exclusivement aux tribunaux de l'Etat étranger. Que le délit ait été commis à bord ou à terre, il n'importe : le lien de fonctions existe toujours, la solution doit être la même.

324. Le conflit apparaît au contraire, si les infractions constituent des délits de droit commun, un homicide, un vol, commis par des membres de l'équipage au préjudice d'un autre membre ou contre un habitant. Dans cette hypothèse, déférer, d'une manière générale, la connaissance des faits délictueux à nos tribunaux, ce serait rendre impossibles nos communications avec les autres peuples par l'intermédiaire des navires de guerre ; ce serait soumettre la souveraineté réprésentée par le navire à la puissance de la France. La pratique internationale, adoptée en France, règle le conflit d'une manière simple et naturelle. Le navire de guerre et ses embarcations ou canots, restent sous la souveraineté exclusive de l'Etat auquel ils appartiennent. Les délits commis à bord des vaisseaux de guerre, mouillés dans un port français ou dans nos eaux territoriales, sont traités comme délits accomplis hors du territoire de la France. A l'inverse, les infractions commises à bord d'un navire de guerre français dans un port ou une rade étrangère, sont assimilées à celles qui se commettent en France. La Cour de cassation consacrait cette doctrine dans un arrêt du 1er juillet 1830, à l'occasion d'un vol commis par un étranger au service d'un amiral français, au préjudice de son maître, à bord d'un navire de guerre mouillé dans un port étranger.

Hors du navire étranger et de ses embarcations, la puissance de la France conserve son empire exclusif. La juridiction locale recouvre immédiatement sa compétence pour tous les crimes et délits commis hors du bord sur le sol français par des hommes de l'équipage. On peut s'emparer des délinquants, tant qu'ils sont à terre, et les traduire devant les tribunaux français pour être jugés et punis suivant nos lois. Il est convenable, toutefois, d'informer les commandants

19

des navires étrangers de ces arrestations et de leurs motifs. Si les coupables ont pu rallier leur bord avant d'être saisis, les autorités françaises ne peuvent les y poursuivre et les y arrêter ; elles doivent demander que ces personnes leur soient livrées (1).

325. Les navires de commerce ne font pas partie de la puissance publique de l'Etat ; ils lui appartiennent cependant dans une certaine mesure. Equipés par des particuliers dans un but de spéculation privée, ces navires forment néanmoins une association organisée d'après les lois de l'Etat. Leurs équipages sont formés sous son contrôle, leurs capitaines publiquement commissionnés et investis de certains pouvoirs. Ces navires sont donc dans une situation intermédiaire entre celle des vaisseaux de guerre et celles des simples particuliers. En pleine mer, ils ne sauraient dépendre d'aucune puissance étrangère. Les crimes ou délits commis à bord pendant la traversée, quelle que soit leur nature, doivent être assimilés à ceux accomplis sur le territoire national (2). En conséquence, la connaissance des infractions commises en pleine mer à bord des navires de commerce français, appartient exclusivement à nos tribunaux. L'application de ce principe a été faite dans l'art. 15 de l'ordonnance du 29 octobre 1833, sur les fonctions des consuls dans leurs rapports avec la marine commerciale, et dans les traités passés entre la France et d'autres nations qui, tout en autorisant dans certaines limites pour la répression de la traite des noirs, la visite des navires de commerce, réservent en cas de capture, la juridiction de chaque Etat sur les navires de ses nationaux (3).

La Cour de Bordeaux appliquait le même principe à l'hypothèse inverse, lorsqu'elle refusait de connaître de faits de

----

(1) Ortolan, *Diplomatie de la mer*, t. 1, p. 292.
(2) Molinier, *Cours oral de 1863*.
(3) Art. 7 de la convention avec l'Angleterre, du 30 novembre 1831.

séquestration, accomplis en pleine mer sur le navire américain l'*Elisabeth* (1).

326. Si le navire de commerce étranger entre dans les
eaux de la France, la solution devient plus délicate. En effet,
ce navire n'est pas une propriété internationale, une émanation de la souveraineté de l'Etat; il ne porte pas en son
sein une partie de la puissance publique : il est cependant
placé sous la nationalité de son pays, régi, organisé par ses
lois. L'usage suivi en France, à défaut de conventions
spéciales, est aussi le plus généralement adopté; il finira
par prévaloir dans le droit international général. On divise
les faits délictueux en deux classes. Dans la première, on
place : 1º les actes de pure discipline intérieure, les délits
de fonctions, et 2º les crimes et délits communs accomplis
par un homme de l'équipage contre un autre homme de
l'équipage, lorsque la tranquillité du port n'en est pas compromise. A l'égard de ces faits, les droits de la puissance
étrangère doivent être respectés. L'autorité française ne doit
pas s'occuper de ces actes, à moins que son secours ne soit
réclamé. — La seconde classe comprend : 1º les crimes ou
délits commis, même à bord, contre ou par des personnes
étrangères à l'équipage, et 2º ceux accomplis par des gens
de l'équipage entre eux, lorsque la tranquillité du port est
compromise, ou lorsque le secours de l'autorité française est
réclamé. La connaissance de ces faits délictueux appartient
à nos tribunaux de répression : la protection accordée aux
navires étrangers dans les ports français ne saurait dessaisir
la juridiction territoriale pour tout ce qui touche à la sécurité publique.

327. La jurisprudence française a toujours appliqué ces
principes. En 1806, deux navires américains étaient mouillés,
l'un à Anvers, l'autre à Marseille. Une rixe eut lieu dans le
canot du *Newton*, entre deux matelots de ce navire : le

(1) Bordeaux, 31 janvier 1838.

second de la *Sally* fit une blessure grave à un de ses matelots qui lui avait désobéi. Ces faits étant de nature à donner
lieu à des poursuites criminelles, un conflit s'éleva entre les
autorités françaises et les consuls des Etats-Unis des villes
de Marseille et d'Anvers. Ceux-ci prétendaient exercer sur
leurs nationaux une juridiction exclusive. Sur ce conflit inter-
vint un avis du Conseil d'Etat, en date du 28 octobre 1806,
ainsi conçu : « Le Conseil d'Etat... considérant qu'un vais-
» seau neutre ne peut être indéfiniment considéré comme
» lieu neutre; et que la protection qui lui est accordée
» dans les ports français ne saurait dessaisir la juridiction
» territoriale, pour tout ce qui touche aux intérêts de l'Etat;
» qu'ainsi, le vaisseau neutre admis dans un port de l'Etat
» est de plein droit soumis aux lois de police qui régissent le
» lieu où il est reçu; que les gens de son équipage sont éga-
» lement justiciables des tribunaux du pays pour les délits
» qu'ils y commettent, même à bord, envers des personnes
» étrangères à l'équipage, ainsi que pour les conventions
» civiles qu'ils pourraient faire avec elles; mais que si, jus-
» que-là, la juridiction territoriale est hors de doute, il
» n'en est pas ainsi à l'égard des délits qui se commettent
» à bord du vaisseau neutre de la part d'un homme de l'é-
» quipage neutre envers un autre homme du même équi-
» page; qu'en ce cas, les droits de la puissance neutre
» doivent être respectés, comme s'agissant de la discipline
» intérieure du vaisseau, dans laquelle l'autorité locale ne
» doit point s'ingérer, toutes les fois que son secours n'est
» pas réclamé, ou que la tranquillité du port n'est pas com-
» promise : est d'avis que cette distinction, conforme à l'u-
» sage, est la seule règle qu'il convienne de suivre en cette
» matière; et appliquant cette doctrine aux deux espèces
» particulières pour lesquelles ont réclamé les consuls des
» Etats-Unis, etc. »

Ces principes ont été constamment suivis. En 1837, sur
le navire suédois le *Forsattning*, mouillé en rade de Paim-

bœuf, un homme de l'équipage essaya d'empoisonner d'autres hommes de l'équipage. Le chef du parquet, dans le ressort duquel le fait s'était passé, M. Hello, consulta le ministre de la justice. Celui-ci de concert avec ses collègues chargés des portefeuilles des affaires étrangères et de la marine, rendit une décision conforme à l'avis du Conseil d'Etat. Il n'existait alors aucune convention entre la France et la Suède (1).

Une circulaire concertée entre les ministres de la marine et des affaires étrangères, en date du 24 juin 1856, rappelle encore le principe consacré par le Conseil d'Etat.

Le 17 décembre 1858, un drame sanglant s'accomplissait dans le port du Hâvre, à bord du navire de commerce américain le *Tempest*. Un matelot, Weiss, était blessé : un autre, nommé O'Brien, tombait mortellement frappé d'une balle. Quelques instants après, le second du navire, Jally, poursuivi par la rumeur publique comme l'auteur de la mort d'O'Brien et des blessures faites à Weiss, se réfugiait auprès des autorités françaises. Il fuyait d'inévitables représailles. L'émotion, causée par cet événement, fit naître pendant plusieurs jours des troubles au sein de la population flottante du Hâvre. La police dut disperser des rassemblements formés autour de la geôle. Et le lendemain de l'enterrement d'O'Brien, l'autorité locale dut créer un service exceptionnel de surveillance dans le quartier habité par les étrangers. C'est au milieu de semblables circonstances que fut commencée une instruction criminelle contre Jally. Elle aboutit, le 19 janvier 1859, à un arrêt de la Cour de Rouen, renvoyant Jally devant la Cour d'assises de la Seine-Inférieure et devant le tribunal correctionnel du Hâvre. Le prévenu se pourvut en cassation, se fondant sur l'incompétence de la juridiction territoriale. Appelée pour la première fois à se prononcer sur cette importante question, la Cour de cassation, sur le rapport de M. Foucher et conformément

(1) Hello, *Revue de législation*, t. XVII, p. 143.

aux conclusions du procureur général, rejeta le pourvoi par arrêt du 25 février 1859. La Cour a eu raison de maintenir la compétence de la juridiction française. Là s'arrête mon adhésion, et je ne puis accepter, sans faire quelques réserves, certains passages du rapport et des motifs de l'arrêt. Comme le remarque M. Hautefeuille, ils tendent à porter une sérieuse atteinte aux principes, et paraissent *impliquer l'abandon d'une jurisprudence adoptée et soutenue par la France depuis près d'un siècle* (1).

328. Pour les faits qui rentrent ainsi dans les attributions de l'autorité française, celle-ci a non-seulement le droit de juridiction, mais aussi celui de police. Nos magistrats peuvent se transporter à bord du navire de commerce étranger et y faire, dans les limites des faits délictueux, toutes les recherches, interrogatoires ou arrestations nécessaires. Ils peuvent poursuivre et arrêter sur ces navires les gens de l'équipage, auteurs ou complices de crimes ou délits commis à terre, ou accomplis à bord, suivant les distinctions précédemment établies. Un avis préalable doit toutefois être donné au consul de la nation étrangère, afin qu'il puisse, s'il le désire, assister à ces opérations. C'est là une mesure de bonne amité et de convenance. On transformerait utilement en coutume universelle, la disposition, spéciale sur ce point, de l'art. 11 de la convention conclue, le 14 novembre 1788, entre la France et les Etats-Unis.

329. Par réciprocité, nous réclamons l'observation des mêmes principes à l'égard des faits délictueux, commis à bord des navires de commerce français dans les ports étrangers. Sous le bénéfice des mêmes distinctions, nous les considérons comme des délits commis en France, quelle que soit la nationalité des gens de l'équipage. L'art. 22 de l'ordonnance du 29 octobre 1833 est ainsi conçu : « Lorsque des » voies de fait, délits ou crimes auront été commis à bord

_______________

(1) Note sur l'arrêt. Sirey, 1859, 1, 183.

» d'un navire français en rade ou dans le port, par un
» homme de l'équipage envers un homme du même équi-
» page ou d'un autre navire français, le consul réclamera
» contre toute tentative que pourrait faire l'autorité locale
» d'en connaître, hors le cas où, par cet événement, la
» tranquillité du port aurait été compromise. Il invoquera
» la réciprocité des principes reconnus en France à cet égard
» par l'acte du 20 novembre 1806, et fera les démarches
» nécessaires pour obtenir que la connaissance de l'affaire
» lui soit remise, afin quelle soit ultérieurement jugée d'a-
» près les lois françaises. » L'art. 23 reconnaît, au contraire,
la légitimité de la juridiction locale, lorsque les crimes et
délits ont lésé d'autres personnes que les hommes de l'équipage (1).

330. Divers traités, conclus entre la France et des nations
étrangères, contiennent des clauses spéciales relatives au
droit de police et de juridiction sur les navires de commerce
mouillés dans les eaux étrangères. Malgré quelques différences de rédaction, presque tous ces traités sont conçus
dans le sens des principes admis par le droit français. Ces
conventions diplomatiques sont indiquées au n° 429.

331. Toutes les franchises reconnues par le droit international aux navires de guerre ou de commerce, mouillés
dans les eaux d'un autre Etat, n'existent que dans l'hypothèse de relations pacifiques. Si le navire étranger vient
commettre des hostilités contre la France ou des violences
publiques contre ses habitants, fomenter des troubles contre l'Etat ou se livrer au pillage des propriétés, la France a
le droit de prendre toutes les mesures propres et nécessai-

(1) Voir l'ordonnance du 7 novembre 1833 sur les rapports des consuls français
avec la marine militaire. — Instruction des 1<sup>er</sup> et 13 janvier 1834 pour les consuls du royaume de Grèce. — Art. 12 de la loi du 23 juin 1846, relative à la
répression des infractions au règlement général du 22 juin 1843 sur les pêcheries
entre la France et la Grande-Bretagne.

res à sa défense, non-seulement dans ses eaux territoriales, mais même en pleine mer, où ses flottes poursuivront les assaillants.

La Cour de cassation a jugé, en 1832, une affaire de cette nature. Le navire de commerce sarde, *Carlo-Alberto*, était venu débarquer clandestinement sur la plage de Marseille, la duchesse de Berry et quelques-uns de ses partisans pour l'exécution d'un complot de guerre civile. Un des motifs de l'arrêt est ainsi conçu : « Attendu que le privilége établi » par le droit des gens en faveur des navires armés ou neu » tres cesse dès que ces navires, au mépris de l'alliance ou » de la neutralité du pavillon qu'ils portent, commettent » des actes d'hostilité ; que, dans ce cas, ils deviennent » ennemis et doivent subir toutes les conséquences de l'état » d'agression dans lequel ils se sont placés, etc. »

332. L'inviolabilité, reconnue dans les limites indiquées aux navires de guerre ou de commerce, ne les affranchit pas des règles générales de police, qui, comme les règlements sanitaires, sont la condition de leur admission dans les eaux du pays.

333. Les droits de souveraineté et de juridiction, devant lesquels s'arrête ainsi la juridiction propre de l'Etat auquel appartient le navire, doivent être exercés par un pays civilisé, où une puissance régulière est organisée. Devant des peuplades barbares, dépourvues d'institutions locales propres à assurer l'exercice de la justice, la souveraineté et la juridiction de la France sur les navires français conservent toute leur intégrité, à l'égard des faits délictueux commis dans les eaux territoriales ou même à terre par des marins français (1).

334. Des hypothèses analogues à celles que je viens d'examiner, relativement à la mer, se présentent à propos du

_______

(1) Voir sur toute cette matière : Th. Ortolan, *Diplomatie de la mer* ; t. I, liv. 2, chap. 8, 9, 10 et 13.

sol même du territoire. Une armée étrangère peut être en marche ou en stationnement sur le territoire de la France. L'armée est en contact avec notre sol. Les délits commis par les soldats étrangers seront-ils soumis à la juridiction de nos tribunaux ? La question offre un double aspect. Si c'est l'armée d'une puissance amie, elle ne peut se trouver sur notre sol que du consentement exprès ou tacite du gouvernement français. Dans cette hypothèse, le traité, qui accorderait l'introduction des troupes, réglerait assurément la question de juridiction criminelle. Il déterminerait les délits dont la connaissance devrait appartenir aux tribunaux de la puissance étrangère, et les infractions exclusivement réservées à la juridiction territoriale. Mais en l'absence d'une semblable clause dans le traité, la doctrine doit fournir les moyens de solution.

335. Aucune controverse ne peut s'élever quant aux délits de service, de discipline, aux délits militaires. L'Etat français n'a aucun intérêt à leur répression. Par le fait même de la concession du passage, il a tacitement concédé à cette puissance amie la faculté d'exercer sur le sol français toute juridiction relative à ces délits. Une clause contraire, insérée dans un traité, se comprendrait très-difficilement. Elle ne saurait même empêcher l'existence du droit de punir les délits militaires commis durant le passage : elle ferait seulement obstacle à l'exercice de ce droit sur le sol français.

Mais le conflit se produit pour les infractions de droit commun commises par les soldats étrangers contre les habitants, par les habitants contre les soldats, ou entre les militaires étrangers. La France n'a assurément pas voulu se dépouiller de ses droits, quant à la répression de semblables délits. Cependant, si les faits délictueux se sont accomplis au sein de l'armée amie, ne faut-il pas dire qu'ils ont été commis au sein de l'Etat dont cette armée est une portion détachée ? L'Etat français et l'Etat étranger n'ont-ils pas tous deux le droit de punir ces infractions? Les criminalistes sont loin d'offrir sur cette question une doctrine bien arrêtée. J'appliquerais volontiers, par analogie, les principes que le Conseil d'Etat déclarait applicables aux navires de commerce. Les tribunaux français ne sauraient donc connaître des infractions de droit commun accomplies *entre* personnes composant l'armée, lorsque la tranquillité locale n'a pas été troublée. Les intérêts français ne sont pas en péril, et la France, en autorisant le passage, a implicitement autorisé l'Etat étranger à faire acte de juridiction sur le personnel de son armée. Nos tribunaux me paraissent, au contraire, seuls compétents pour connaître des délits commis par les habitants contre une personne de l'armée : la concession faite à la puissance amie ne peut comprendre un droit de juridiction sur les habitants du territoire. Quant aux délits commis par les soldats étrangers contre des habitants, ou accomplis entre eux, mais ayant troublé la tranquillité publique, les magistrats français sont compétents pour en juger et punir les auteurs. La permission de traverser le territoire n'implique pas, de la part de la France, renonciation à ses droits de juridiction, dans les cas où ses propres intérêts ou ceux de ses nationaux sont engagés (1).

336. Les mêmes principes s'appliquent à l'armée française traversant le territoire d'un allié, celui du Sultan, en 1854, ou du roi de Piémont, en 1859.

337. Si l'armée française se trouve en pays ennemi, c'est dans le fait de l'occupation que les juges français vont trouver la base de leur compétence. Par elle seule, l'occupation ne produit assurément pas le droit de souveraineté internationale ; mais, prise de possession effective, elle fait naître le droit d'empire, et ce droit suffit à asseoir le pouvoir de juridiction. Ainsi les tribunaux français connaîtront-ils non-

______

(1) *Contrà* Ortolan, *Eléments de Droit pénal*, t. I,

seulement des infractions militaires, mais encore des délits de droit commun, commis par les personnes de l'armée entre elles ou contre les habitants, ou par les habitants contre des personnes de l'armée. Quelle justice peut-on espérer de la puissance ennemie dont notre armée traverse le territoire ? Ainsi l'art. 13 de la loi du 13 brumaire an V rendait-il justiciables de nos conseils de guerre *les habitants du pays ennemi occupé par les armées de la République, pour les délits dont la connaissance est attribuée aux conseils de guerre.* — L'art. 63 du Code de justice militaire, du 9 juin 1857, rend justiciables des conseils de guerre français, lorsque l'armée est sur le territoire ennemi, *tous* les individus prévenus, soit comme auteurs, soit comme complices, d'un des crimes ou délits prévus par le titre II du livre IV du même Code, qui comprend à la fois des délits militaires et des infractions de droit commun. Ce pouvoir, conséquence de la possession et du droit d'empire intérimaires de la France, n'a qu'une durée égale à celle de l'occupation elle-même. L'occupation terminée, les tribunaux français ne sauraient désormais valablement connaître des délits commis par des étrangers sur le sol occupé, pendant l'occupation (1).

338. Doit-on assimiler au territoire français les hôtels de nos ambassadeurs, des envoyés diplomatiques accrédités près des cours étrangères, et même les habitations des consulats ? Le troisième livre de cette étude est spécialement consacré au privilége exceptionnel, conféré aux agents diplomatiques en matière de juridiction civile ou criminelle. Mais je puis dès à présent dire que ce privilége est impuissant à créer l'*exterritorialité* de l'hôtel de l'ambassade. Sans doute, la sécurité des missions diplomatiques ne permet pas que l'autorité locale puisse s'introduire dans l'hôtel, s'y livrer à des arrestations ou à des perquisitions, aux moyens

---

(1) Voir Crim., 22 janvier 1818.

desquelles les documents de la mission seraient connus, ses secrets pénétrés. Si de tels actes étaient nécessaires, ils ne pourraient assurément s'accomplir sans le concours et l'autorisation de l'ambassadeur : mais là se bornent toutes les concessions exigées pour la sécurité des relations diplomatiques. Qui n'aperçoit la distance qui les sépare de la fiction d'*exterritorialité?* Je ne puis admettre que l'hôtel de l'ambassade soit assimilé, quant à la répression des délits commis dans son intérieur, au territoire de la France, et que les tribunaux français puissent revendiquer la connaissance de ces infractions, même de celles commises par des étrangers. Non, les délits perpétrés dans les hôtels de nos ambassadeurs ou agents diplomatiques à l'étranger, sont commis sur le territoire étranger; et ceux qui se commettent dans les hôtels des ambassadeurs étrangers, accrédités près la cour de France, sont des délits commis sur notre territoire (1).

339. Une solution semblable doit être donnée en ce qui concerne les lieux occupés par les consuls et la maison du consulat (2).

340. A ces diverses questions relatives à l'étendue du territoire, il faut en joindre une autre, à laquelle les annexions de la Savoie et du comté de Nice, peut-être même des annexions futures, donnent une certaine importance. La Cour de cassation a pensé qu'un étranger poursuivi ou non dans sa patrie à raison d'un crime qu'il y a commis, peut, après la réunion de son pays à notre territoire, être arrêté et jugé contradictoirement par les tribunaux français. La France succède à tous les droits de l'Etat souverain dont faisait partie la province annexée (3).

(1) Crim., 11 juin 1852. — Trébutien, *Cours élémentaire de Droit criminel*, t. II, p. 121.

(2) *Contrà* Faustin Hélie, *Traité de l'Instruction criminelle*, t. II, § 126.

(3) Crim., 11 juin 1808. — Arrêté du 7 ventôse an V. — Avis du Conseil d'Etat du 31 mai 1806.

## ARTICLE DEUXIÈME.

DES CRIMES ET DÉLITS COMMIS EN PAYS ÉTRANGERS.

**341.** Trois théories se sont produites au sein de la doctrine en ce qui concerne le droit de punir les crimes et délits commis hors du territoire et le pouvoir de les juger. La première veut que le délinquant, dans quelque lieu qu'il se trouve, subisse son châtiment. Un fait délictueux conserve toujours son caractère : on n'a pas à s'inquiéter du lieu de sa perpétration. Chaque Etat a le droit de juger et de punir le coupable dès qu'il le tient en sa puissance. Cette théorie, qui base le droit de punir sur l'idée de la justice absolue, a été surtout développée par M. Pinheiro-Ferreira, dans son *Cours de Droit public*. Le système de ce publiciste peut se résumer en ces propositions : l'extradition n'est jamais accordée ; l'Etat doit punir, d'après ses propres lois, toute personne trouvée sur le territoire, même pour les délits commis en pays étranger.

**342.** Le deuxième système pose en principe la territorialité de la loi pénale. La compétence des tribunaux de répression est exclusivement restreinte aux actes accomplis sur le territoire. Les délits perpétrés au dehors échappent à la puissance pénale de l'Etat, sans distinction entre les nationalités des auteurs et celles des victimes. Les circonstances qui ont conduit les coupables sur le territoire, les plaintes et les réclamations adressées à l'Etat ne peuvent autoriser une répression et faire naître la compétence des tribunaux de l'Etat. — Assise sur une base toute matérielle, cette théorie méconnaît le fondement légitime du droit de punir : elle ne donne satisfaction ni au principe de la justice, ni à celui de conservation sociale (1).

---

(1) Voir dans le traité de *Droit international*, de Fœlix, n° 574, l'indication des partisans de ce système.

343. Une troisième théorie est produite par les publicistes et les jurisconsultes, qui placent le droit de punir sur la base complexe des idées de justice et de conservation sociale. Appliquant ce principe fondamental aux faits délictueux commis hors du territoire, les auteurs de ce système autorisent la répression de tous les actes, contraires à la loi morale, à l'idée de justice, qui lèsent le droit de conservation sociale. L'Etat et ses tribunaux peuvent appliquer le châtiment. Je laisse à l'écart la question générale, et je n'examine cette théorie que relativement aux actes coupables accomplis hors du territoire de l'Etat par des *étrangers*.

344. Les crimes et délits se divisent en deux grandes catégories : d'un côté, ceux qui attentent à la sûreté de l'Etat, à l'existence de l'être moral ; d'un autre, les délits contre les particuliers. Le délinquant étranger a-t-il commis en pays étranger un délit attentatoire à la sûreté de l'Etat, le droit de répression existe pour cet Etat directement atteint par l'infraction. Attaquée, la nation repousse l'attaque ; elle veille à sa conservation. Le droit de punir appartient à l'Etat. — Mais l'agent n'était pas soumis à ses lois. — Qu'importe. En formant des entreprises contre l'Etat pour le renverser, le délinquant se met en guerre contre lui. L'Etat peut employer pour se défendre, pour sauvegarder sa conservation tous les moyens non réprouvés par l'idée de justice. Mais l'Etat ne possède ce pouvoir que dans les limites de la justice. Si la loi morale n'est point blessée par l'acte accompli, si, par exemple, l'acte attentatoire à la sûreté de l'Etat était commandé par la guerre existant entre la nation de l'étranger et l'Etat offensé, pourrait-on, sans blesser toute idée de justice, punir cet homme pour le concours apporté à la défense de sa patrie? Si la guerre a été loyale, qui oserait frapper ce citoyen courageux? L'acte était autorisé par le droit des gens : l'étranger qui l'a commis accomplissait un devoir. Le fait attentatoire à la sûreté de l'Etat doit donc être réprouvé par la loi morale, être au nombre de

ces actes que le droit des gens ne permet pas, même entre ennemis, tels que l'assassinat du souverain, les conspirations contre le gouvernement, etc., etc. Alors seulement existe le droit de frapper, de réprimer l'outrage (1).

Si les lois particulières qui, chez l'Etat, répriment les attentats dirigés contre sa sûreté, ont spécialement pour but de sauvegarder sa propre conservation, si elles ne dépassent pas les limites de la loi morale, elles sont assurément applicables à l'étranger délinquant. — Mais, comme le disait M. Treilhard au Conseil d'Etat, n'est-il pas impossible d'infliger à l'étranger la peine établie par nos lois? Il a pu en ignorer les dispositions : ces lois ne sont pas faites pour lui ; on ne peut appliquer à l'auteur d'une infraction que les lois auxquelles il s'était soumis avant le délit. — L'Etat n'applique pas ces lois, par ce motif qu'elles ont été violées par cet étranger. L'Etat se défend contre une agression injuste. A la guerre que lui déclare l'étranger, il répond par la guerre. Le principe de justice ne permet pas qu'il se défende par toutes sortes de moyens, mais seulement avec les moyens strictement nécessaires. Et quels sont-ils? quels peuvent-ils être, sinon ceux que l'Etat a lui-même consacrés par ses propres lois? Par cette consécration même, il a fixé la limite au delà de laquelle la répression deviendrait injuste ; mais il peut aller jusque-là, puisque cette limite n'est pas dépassée.

Conséquence du droit de défense inhérent à l'Etat, de l'application de ses lois au délit de l'étranger, le pouvoir de juridiction appartient à ses tribunaux, à l'égard des délits attentatoires à sa sûreté, commis en pays étranger. Mais ce pouvoir ne peut exister que si l'exercice du droit de punir est possible. Si l'étranger continue à se tenir hors des frontières, l'Etat offensé ne peut s'emparer du délinquant : il ne peut exercer efficacement son droit de punir. Vainement

_______

(1) Faustin Hélie, *op. cit.*, § 129. — Voir l'arrêt de la Cour de cassation rapporté au n° 350.

essaierait-on d'appliquer à cet étranger la procédure des jugements par contumace : les moyens de contrainte et de répression effective font défaut (1). Mais le droit existe : son exercice, momentanément suspendu, peut renaître à la suite d'une extradition demandée et obtenue, ou parce que l'étranger délinquant aura imprudemment mis le pied sur le le territoire de l'Etat qu'il a offensé. Donc les tribunaux d'un Etat sont en principe compétents pour juger et punir les étrangers, auteurs d'un crime ou d'un délit, attentatoire à la sûreté de l'Etat, perpétré en pays étranger.

345. Cette décision doit-elle être étendue à la deuxième hypothèse? Lorsque le délit commis en pays étranger par un étranger est un délit contre des particuliers, le droit de punir existe-t-il pour l'Etat où se réfugie ce criminel? Les tribunaux sont-ils compétents pour le juger? Sur cette question, les criminalistes, qui jusqu'à présent avaient donné des solutions identiques, se séparent en deux camps. Les uns voient dans le scandale, l'émotion causés au sein de la population par la présence du délinquant étranger sur le territoire, dans le danger et l'alarme publics qui marchent à sa suite, un intérêt suffisant pour autoriser, toujours dans les limites du juste, la mise en jugement et la punition du coupable, surtout au cas où le crime a été commis contre un national. Chaque gouvernement doit une protection publique à ses nationaux, même hors du territoire. Sont-ils en pays étranger les victimes de quelque crime, leur gouvernement va s'émouvoir, intervenir auprès des autorités locales, réclamer vivement, menacer même d'employer la force pour obtenir la punition des coupables; et l'on voudrait qu'il ne pût punir le délinquant étranger arrêté sur son propre territoire? « S'il est vrai, dit M. Massé, que les » lois répressives reçues dans un Etat ne peuvent avoir » d'autorité hors de cet Etat, cependant, lorsqu'un étranger

(1) Rodière, *Eléments de Procédure criminelle*, p. 26.

» s'est rendu coupable en pays étranger d'un crime qui viole
» les principes mêmes sur lesquels est fondée la société,
» qui porte atteinte aux personnes et aux propriétés, ne
» semble-t-il pas qu'en réprimant cet attentat et en punis-
» sant le coupable trouvé en France, les tribunaux ne fe-
» raient que remplir un devoir social qui rentre dans les
» limites de leur compétence naturelle (1)? Du moment qu'il
» s'agit de crimes graves contre un de ses nationaux, dit
» M. Ortolan, l'Etat doit avoir une puissance plus efficace,
» et cette puissance, c'est le droit de punir, s'il y a lieu, le
» criminel étranger qu'il saisit sur son propre territoire.....
» Ainsi la qualité d'étranger dans le délinquant apporte, pour
» l'existence du droit de punir les faits extraterritoriaux, ces
» deux modifications : 1º condition d'une plus haute gravité
» dans les faits; 2º condition que ces faits aient été commis
» contre un national, parce que hors de là le droit d'expul-
» ser l'étranger ou de le livrer à l'extradition suffit à la ga-
» rantie sociale (2). »

Malgré l'autorité imposante qui s'attache, à si juste titre,
aux noms des partisans de cette opinion, je ne crois pas
devoir adopter leur sentiment. La légitimité du droit de
punir repose à la fois sur l'idée de justice et sur le droit de
conservation. Base complexe, ces deux éléments lui sont
indispensables, et lorsque l'un deux vient à disparaître, le
fondement du droit de punir s'évanouit aussi. Eh bien !
quand l'étranger commet en pays étranger un crime ou un
délit contre un particulier, même contre un national, je vois
bien dans ce fait une infraction à la loi morale, une violation
des principes de la justice, mais je ne saurais y voir une
atteinte au droit de conservation de l'Etat. Où est cette violation des lois du pays, qui, lorsque le crime s'accomplit dans

(1) Massé, *op. cit.*, nº 239.
(2) Ortolan, *Eléments de Droit pénal*, t. 1, nºˢ 901 et suiv. — Molinier,
*Cours oral de 1863*.

les limites du territoire, met en péril la sûreté de l'Etat?
Dans ce dernier cas, l'Etat se prétend justement attaqué
par cette violation même de ses lois : il cesserait d'être du
jour où elles ne seraient plus respectées. Mais dans l'hypothèse d'une infraction commise à l'étranger, peut-on dire
qu'elle viole les lois de l'Etat, qu'elle attente à sa sûreté? A
quel titre la loi de l'Etat obligerait-elle l'étranger en pays
étranger? Je comprends qu'elle oblige le régnicole en pays
étranger, parce que bien qu'elle soit empreinte d'un profond
cachet de territorialité, elle peut néanmoins, à son égard,
être considérée comme personnelle. Mais personnelle ou territoriale, et vous ne sauriez lui attribuer un autre caractère,
elle ne peut obliger l'étranger. Donc, je le répète, si l'infraction à la loi morale, aux principes de la justice existe,
le second élément du droit de punir, l'atteinte au droit de
conservation ne se rencontre pas. L'Etat n'est attaqué ni
dans sa *propre personne* ni dans *ses lois* : il n'a pas le droit
de punir, et nos tribunaux ne peuvent juger le coupable.

Objectez-vous que l'Etat est vivement intéressé à la cessation du scandale, de l'alarme, du mauvais exemple que
produit sur son territoire la présence du délinquant étranger? Je réponds que cet intérêt ne va pas jusqu'à donner le
droit de punir. Si une autre voie s'offre pour éviter ce scandale, cette alarme, le droit de punir vous échappe. Car, ne
l'oublions pas, ce droit n'existe pour la société que quand
ses intérêts ne sauraient être différemment sauvegardés.
Or, ici une double issue se présente. L'Etat peut livrer l'é-
tranger à la nation sur le territoire de laquelle le crime s'est
accompli, et réclamer d'elle un juste et sévère châtiment.
Ne dites pas que cette puissance laissera vivre le délinquant
dans l'impunité. Dans l'état actuel des relations internationales, cette objection est vaine, et la pratique diplomatique
nous offre chaque jour des exemples de châtiments infligés
sur la demande d'un autre Etat. Au reste, qu'importe cette
impunité? Dès l'instant que l'étranger n'est plus sur le ter-

ritoire de l'Etat, le scandale cesse, le mauvais exemple disparaît, l'émotion populaire s'apaise, l'intérêt de l'Etat n'existe
plus. Je comprendrais que cette impunité *possible* pût justifier une action répressive, la poursuite et la condamnation
des criminels, si le droit de punir était basé sur l'idée abs-
traite de la *justice absolue,* de *rémunération.* Mais cette théorie doit être repoussée ; car, comme le dit un éminent jurisconsulte placé parmi mes adversaires, si elle démontre que
toute faute mérite un châtiment, elle ne démontre pas que
la société soit chargée de mesurer et d'infliger ce châtiment (1).

En dehors de la voie de l'extradition, l'Etat a encore le
pouvoir d'expulser le coupable de son sein. Il ne demande
plus alors la punition du délinquant : le délit est minime ;
la partie lésée n'est point un régnicole : il suffit de chasser
du pays ce malfaiteur, pour que la sécurité publique renaisse
pleine et entière.

Ces deux voies donnent une complète satisfaction aux
intérêts de l'Etat. Le droit de punir n'existe donc pas, ni la
compétence des juges du pays. Je puis donc conclure que,
quelle que soit la qualité de la victime, la juridiction des
tribunaux d'un Etat ne saurait s'étendre aux faits délictueux
commis par des *étrangers* en pays *étranger* contre des particuliers (2).

346. La question doctrinale résolue, voyons quel est le
système consacré par la loi française. N'est-ce pas celui que
je viens d'exposer ? Dans l'ancien droit criminel, les délits
commis hors du royaume n'étaient pas soumis à des règles
uniformes ; on usait d'une distinction : 1° Les délits commis
par un étranger au préjudice d'un autre étranger ne ren-
traient pas dans la compétence de nos tribunaux, à moins
que le coupable ne se fût réfugié en France, et que la partie

(1) Ortolan, *op. cit.,* n° 187.
(2) Trébutien, *op. cit.,* t. II, p. 129. — Faustin Hélie, *op. cit.,* t. II, § 128.

lésée n'y eût rendu plainte. Mais dans ce cas, l'accusé pouvait utilement demander son renvoi devant le juge du lieu où le crime avait été commis (1). Si le délit avait eu quelques suites en France, si, par exemple, les choses volées y avaient été exposées et mises en vente, l'accusé devait alors être jugé en France. Il n'était plus recevable à demander son renvoi devant le juge du lieu du délit. Le Parlement de Paris avait néanmoins décidé, le 25 mars 1782, qu'on ne pouvait poursuivre en France un Anglais inculpé de crime de rapt, commis en Angleterre, qui avait conduit en France la personne enlevée. 2º S'agissait-il d'un crime commis hors du royaume par un étranger au préjudice d'un Français, nos tribunaux n'acquéraient compétence que tout et autant que l'étranger était arrêté sur notre territoire, que le Français avait porté plainte, et que la preuve pouvait y être facilement faite. Cependant, si l'accusé était venu fixer son domicile en France, la compétence était acquise à nos tribunaux sans aucune de ces conditions (2).

347. Le législateur de 1791 ne s'occupe point de la répression des infractions commises hors du territoire. L'assemblée législative déclare cependant, par un décret du 3 septembre 1792 : « qu'il y a des étrangers détenus aux ga-
» lères de France, en conséquence de jugements rendus
» par les tribunaux français, pour délits commis hors du
» royaume, et qu'il s'agit de statuer sur la liberté de ces
» étrangers ; que les étrangers prévenus de délits commis
» dans leur patrie n'ont pu être légalement jugés que selon
» les lois de leur pays et par leurs magistrats ; que les pei-
» nes ne doivent avoir lieu que là où les crimes ont été com-
» mis, et que ce serait tolérer une atteinte à la souverai-
» neté des peuples, pour laquelle la France donnera toujours

_________

(1) Jousse, *Traité de la Justice criminelle*, t. 1, p. 425. — Nouveau Deni-zart, vº *délit*.

(2) Jousse, *op. cit.*, p. 422.

» l'exemple du respect, que de retenir sur ses galères des
» étrangers qui n'ont point blessé ses lois ; décrète ce qui
» suit : Il ne sera retenu sur les galères de France aucun
» étranger condamné pour crimes commis hors du terri-
» toire français. »

Le Code du 3 brumaire an IV permettait, dans son art.
12, de juger en France les étrangers qui, en pays étranger, avaient contrefait, altéré, falsifié la monnaie nationale
ou les papiers nationaux ayant cours de monnaie, ou qui
avaient sciemment exposé, hors du territoire de la République, des monnaies nationales contrefaites ou altérées, ou
des papiers nationaux falsifiés. L'art. 13 ajoutait : « A l'égard
» des délits de toute autre nature, les étrangers qui sont
» prévenus de les avoir commis hors du territoire de la Ré-
» publique, ne peuvent être jugés ni punis en France. Mais,
» sur la preuve des poursuites faites contre eux dans les
» pays où ils les ont commis, si ces délits sont du nombre
» de ceux qui attentent aux personnes ou aux propriétés,
» et qui, d'après les lois françaises, emportent peine afflic-
» tive ou infamante, ils sont condamnés par les tribunaux
» correctionnels à sortir du territoire français, avec défense
» d'y rentrer, jusqu'à ce qu'ils se soient justifiés devant les
» tribunaux compétents. »

348. De nos jours, le Code d'instruction criminelle admet
implicitement la distinction adoptée par tous les criminalistes entre les délits accomplis contre des particuliers et les
crimes attentatoires à la sûreté de l'Etat. Pour les premiers,
il faut conclure de son silence, que (comme je viens de le
soutenir en pure théorie ), l'étranger est non punissable en
France pour les crimes ou les délits, accomplis hors du territoire, au préjudice d'un autre étranger ou même d'un
Français. Mais le gouvernement peut livrer le délinquant aux
autorités étrangères, ou l'expulser du territoire. Cette faculté était déjà accordée au gouvernement par l'art. 7 de la
loi du 28 vendémiaire an VI, dont la disposition est repro-

duite dans l'art. 7 de la loi du 3 décembre 1849, sur la *naturalisation* et le *séjour des étrangers en France*. Je remarque que cette faculté d'expulsion est concédée au pouvoir exécutif, et que les tribunaux n'ont plus à y intervenir comme ils le faisaient dans le système du Code du 3 brumaire an IV. Mais les tribunaux correctionnels français sont compétents pour condamner, en vertu de l'art. 8 de la même loi, à un emprisonnement de un à six mois, l'étranger qui se sera soustrait à l'exécution des mesures édictées dans l'art. 7, ou qui sera rentré en France sans l'autorisation du gouvernement français.

349. La question d'une réforme à opérer dans notre Code d'instruction criminelle est depuis longtemps à l'ordre du jour. Dans ce but, le gouvernement a présenté, à diverses reprises, des projets de loi. Le premier adopté par la chambre des députés, le 14 avril 1842, a été dans la session suivante rejeté par la chambre des pairs, le 22 mai 1843. Le deuxième, voté par le Corps Législatif, le 4 juin 1852, envoyé au Sénat après le vote, a été retiré par le gouvernement avant la décision du Sénat, par suite de difficultés diplomatiques survenues avec l'Angleterre.

350. La loi française actuelle ne permet donc pas de punir ni de juger l'étranger auteur d'un crime commis en pays étranger contre un particulier. Cette conséquence découle directement de la seule comparaison des art. 5, 6 et 7 du Code d'instr. crim. La disposition de l'art. 6 est rigoureusement restrictive. Si les premiers mots de l'art. 13 du Code de brumaire n'ont pas été reproduits dans le nouveau Code, c'est qu'une semblable disposition était inutile : elle est implicitement contenue dans les art. 6 et 7. La Cour de cassation a consacré cette interprétation, qui ne peut, du reste, faire l'objet d'un doute quelconque : « Attendu, disait-
» elle, que la juridiction de chaque Etat est nécessairement
» bornée par les limites du territoire ; que les lois françai-
» ses n'admettent que deux exceptions à cette règle, savoir :

» lorsqu'il s'agit de crimes attentatoires à la sûreté de l'Etat,
» de contrefaçon des sceaux de l'Etat, de monnaies natio-
» nales ayant cours, de billets de banque autorisés par la
« loi, ou de crimes commis par des Français contre des Fran-
» çais ; que, dans la première de ces hypothèses, le droit
» de légitime défense et de sa propre conservation provo-
» que la juridiction de chaque souverain sur les étrangers,
» qui rentrent dans leur territoire, après avoir commis
» hors de ce territoire les crimes prévus par l'art. 5, etc., (1).»

351. Par application de ce principe, un étranger ne peut
être poursuivi en France, à raison du crime ou du délit accompli sur la personne d'un Français en pays étranger (2).
Mais la limite ainsi apportée à l'action publique ne saurait
être appliquée à l'action civile. Des art. 14, 1370 et 1382,
C. N., résulte pour le Français lésé le droit de réclamer des
dommages-intérêts à cet étranger (nos 74 et 75). La même
décision doit être donnée, alors même que l'étranger se
présenterait sur notre territoire, qu'il aurait pour complice
un Français, et que, conformément à l'art 7, instr. crim., la
partie lésée aurait porté plainte contre ce dernier (3). De
même, la connexité existant entre un crime commis en
France et un autre crime commis en pays étranger, ne confère pas compétence aux tribunaux français à l'égard de
celui-ci, s'il ne rentre pas dans l'énumération faite par les
art. 5 et 6 du Code d'instr. crim. (4).

352. Mais l'application du principe d'après lequel la juridiction de nos tribunaux ne peut s'étendre aux faits accomplis à l'étranger, suppose nécessairement, ainsi qu'on le voit
par les dispositions des art. 5 et 7, Instr. crim., l'existence
de rapports constants et réguliers qui unissent les peuples

(1) Crim., 2 juin 1825.
(2) Bordeaux, 31 janvier 1839.
(3) Crim., 2 juin 1825.
(4) Paris, 8 février 1856.

entre eux , dont la réciprocité soit le fondement et qui assurent à chaque peuple la protection efficace et les justes satisfactions que les autres obtiennent de lui. Lorsque ces conditions sont absentes, comme dans le cas où un crime a été commis au préjudice d'un colon français, au sein de tribus indépendantes ou peuplades à demi-barbares, étrangères aux règles du droit des gens, la France conserve toujours les droits qu'elle tient de la légitime défense : dès lors elle peut se saisir des coupables et les livrer à la justice de ses tribunaux (1).

353. Voyons actuellement la deuxième hypothèse. Un crime attentatoire à la sûreté de l'Etat français a été commis par un étranger en pays étranger. La science rationnelle nous a enseigné que ce fait peut et doit être puni par l'Etat offensé. La loi criminelle française consacre cette doctrine et autorise la poursuite des attentats de ce genre. Les art. 5 et 6 du Code d'instruction criminelle sont ainsi conçus : Art. 5. *Tout Français qui se sera rendu coupable, hors du territoire de la France, d'un crime attentatoire à la sûreté de l'Etat, de contrefaçon du sceau de l'Etat, de monnaies nationales ayant cours, de papiers nationaux, de billets de banque autorisés par la loi, pourra être poursuivi, jugé et puni en France, d'après les dispositions des lois françaises. — Art. 6 : Cette disposition pourra être étendue aux étrangers qui, auteurs ou complices des mêmes crimes, seraient arrêtés en France ou dont le gouvernement obtiendrait l'extradition.*

354. Au Conseil d'Etat, lors de la discussion de ces articles, la lutte fut longue, vive et animée. Dans une première séance, le 4 septembre 1804, M. Treilhard, adversaire déclaré de ces deux articles, les qualifiait d'illusoires. Si le droit des gens, chez tous les peuples, qualifie de crime la contrefaçon des monnaies et du sceau d'une autre puissance, il ne suffit pas, pour punir une action, qu'une loi la qua-

_________

(1) Crim., 17 mai 1839.

lifie de délit : il faut encore que cette loi y attache une peine. Quelle peine peut-on appliquer en vertu du droit des gens ? A la vérité, les lois étrangères prononcent des peines contre les individus qui contrefont les papiers nationaux, mais non contre les contrefacteurs de ceux des autres gouvernements. Pouvez-vous punir le coupable d'après les lois étrangères ? Pouvez-vous le frapper, en vertu des lois françaises qu'il ignorait et auxquelles il n'était pas soumis ?

MM. de Ségur, Berlier et le Ministre de la Justice repoussaient aussi l'art. 6. Il ne leur paraissait pas en harmonie avec les principes politiques qui régissent les divers Etats. Où en est l'utilité ? Si le gouvernement français vit en bonne harmonie avec l'Etat, dans lequel les crimes prévus par l'art. 6, auront été commis, les coupables y seront poursuivis aussi bien qu'en France. Dans l'hypothèse contraire, le coupable protégé par son gouvernement, ne quittera pas le pays qui lui sert d'asile pour venir en France s'exposer à subir la peine de son crime. Du reste, les Etats n'accordent jamais l'extradition de leurs nationaux.

MM. Target, Defermon, Bérenger, répondaient que les crimes punis par l'art. 6, ont ce caractère chez tous les peuples civilisés. La sûreté mutuelle des nations leur a fait placer dans le droit des gens, la règle de se livrer réciproquement les contrefacteurs : le droit des gens n'oblige pas moins que le droit civil. Il paraît convenable de ne pas rendre la disposition absolue et de se borner à dire que l'étranger *pourra* être poursuivi devant les tribunaux français.

L'archichancelier Cambacérès résume la discussion et délimite le champ du débat. La contrefaction n'est un délit qu'autant qu'elle a des suites en France. Pour que l'étranger soit puni, il est nécessaire qu'il introduise et mette en circulation en France la fausse monnaie fabriquée. Mais sa présence sur notre territoire suffit pour établir contre lui la présomption qu'il est venu dans cette intention.

La discussion recommença dans la séance du 13 décembre 1804. Le projet avait été modifié. L'étranger était déclaré responsable, non-seulement des crimes de contrefaçon des monnaies, mais encore des crimes contre la sûreté de l'Etat. M. Treilhard repoussait cette extension : il argumentait des droits de la guerre. Punirait-on l'étranger d'avoir exercé des hostilités contre nous, si nous étions en guerre avec sa nation? M. Bérenger répondait qu'on ne saurait imputer à crime ce que le droit des gens autorise entre nations belligérantes. MM. Treilhard et Cambacérès demandaient en outre que l'étranger ne pût être puni pour un crime qui n'avait eu aucune suite sur le territoire de la France. MM. Bigot-Préameneu et Bérenger repoussaient cette doctrine. Le crime peut nuire à la France, bien qu'il n'ait pas été continué sur le territoire. Il est consommé dès que la contrefaçon est achevée : les lois punissent la simple tentative du crime, comme si elle avait eu toutes ses suites. Le Conseil d'Etat rejeta l'amendement de MM. Treilhard et Cambacérès : il décida que la disposition serait rendue purement facultative, afin que le ministère public pût souverainement apprécier toutes les circonstances.

Dans la séance du 31 mai 1808, le débat se rouvre sur l'art. 5. M. Berlier propose de remplacer les mots *monnaies nationales* par ceux-ci : *monnaies ayant cours légal en France,* et après quelques observations relatives aux banques, les art. 5 et 6 sont définitivement adoptés (1). Ces longues discussions font-elles connaître l'exacte portée de nos articles ? Je ne saurais le penser. Adoptant presque tous la théorie du contrat social, utilitaires dans les applications pratiques, les rédacteurs de nos Codes sentaient instinctivement la justesse de ces dispositions. Mais leurs arguments étaient d'une faiblesse extrême, parce qu'ils avaient omis de remonter à la source, de déterminer sur quel fondement se basait la légitimité du droit de punir : leur œuvre se ressent encore de

(1) Locré, t. XXIV, p. 112 et 521 ; t. XXV, p. 119.

cette incertitude. Ce n'est pas cependant un reproche que je leur adresse; car ils n'avaient pas comme nous pour faciliter leur tâche les larges et profondes dissertations philosophiques des de Broglie, des Lucas, des Rossi, des Faustin Hélie, dont l'investigation sagace a pleinement mis en lumière le principe légitime du droit pénal. Les rédacteurs du Code n'ont point essayé d'expliquer la portée réelle des expressions de l'art. 5, d'indiquer le cas d'application : c'est une œuvre qu'ils ont voulu laisser aux soins de la doctrine et de la jurisprudence, après avoir indiqué leur volonté de sauvegarder l'Etat.

355. La lecture de ces discussions législatives n'est pas cependant infructueuse. On y puise deux règles formelles : 1º la juridiction française est compétente, alors même que le crime commis par un étranger, en pays étranger, n'a pas eu de suites en France ou ne s'y est point manifesté par un commencement d'exécution ; 2º l'action publique est purement facultative : son exercice est subordonné aux circonstances, appréciées par le ministère public. Le législateur paraît même commander au parquet une réserve plus grande à l'égard des étrangers. Non-seulement il applique à ces derniers la disposition déjà facultative de l'art. 5, mais il ajoute que cette disposition pourra leur être étendue, « comme si, dit M. Faustin Hélie, le ministère public devait » prendre une double délibération avant de commencer une » poursuite. »

356. Quels sont les faits délictueux qui, en vertu des articles précités, rentrent dans la compétence de nos tribunaux de répression? Les faits énumérés par l'art. 5 se divisent en deux catégories : les crimes contre la sûreté de l'Etat et les crimes de contrefaçon des monnaies et papiers nationaux. Mais que faut-il entendre par ces expressions : *crimes attentatoires à la sûreté de l'Etat?* En cherchant au Code pénal, on se trouve en présence du titre Iᵉʳ du livre III. Ce titre est divisé en trois chapitres, dont le premier est

relatif aux crimes attentatoires à la sûreté de l'Etat (art. 75 à 101, Code pénal). Tous les crimes énumérés dans les chap. 2 et 3 du présent titre doivent-ils donc rester en dehors de la disposition de l'art. 5, Instr. crim.? L'affirmative n'est pas douteuse : elle résulte non-seulement de la combinaison des termes de l'article avec la rubrique du chap. 1er du titre Ier, mais encore de l'impossibilité absolue où se trouve l'étranger de commettre, *en pays étranger*, les faits délictueux compris et énumérés dans les chap. 2 et 3. Est-ce qu'un étranger peut se rendre coupable de forfaiture, du délit de coalition de fonctionnaires, des délits prévus par les art. 184 et suiv., C. pénal? L'affirmative ressort encore de la contexture même de l'art. 5, Instr. crim. Ce texte déclare que les faits de contrefaçon des sceaux de l'Etat, de fabrication et d'émission de fausses monnaies françaises sont susceptibles d'être punis en France. Ces divers crimes ne constituent pas des attentats à la sûreté de l'Etat : ce sont, aux termes des art. 132 et 139, Code pénal, des crimes contre la paix publique qui, par une suite naturelle, sont compris dans les dispositions du chap. 3. Si donc l'art. 5, Instr. crim., embrassait dans ses premiers termes tous les crimes énumérés dans les trois chapitres du titre Ier, la mention expresse de la contrefaçon du sceau ou des monnaies nationales ne serait-elle pas une bien inutile répétition?

Les crimes de contrefaçon du sceau de l'Etat, de monnaies nationales ayant cours, de papiers nationaux, de billets de banque autorisés par la loi sont prévus par les art. 131, 133 et 139, Code pénal. La jurisprudence a reconnu que le crime de faux en écriture de banque, commis en pays étranger, n'est justiciable des tribunaux français qu'autant qu'il s'agit de billets présentés comme provenant d'une banque autorisée par la loi française (1).

(1) Paris, 8 février 1850.

L'intérêt et le droit de la France sont évidents dans les cas prévus par nos articles. Dans le premier, l'existence du gouvernement est attaquée ; dans le deuxième, notre commerce et notre crédit à l'étranger peuvent être gravement compromis. L'Etat ne fait donc que pourvoir au besoin de sa conservation en autorisant les tribunaux français à punir les crimes de cette nature.

357. Pour pouvoir être poursuivis en France, les délinquants étrangers doivent être *auteurs* ou *complices* des crimes prévus par les art. 5 et 6. Les dispositions de ces articles sont essentiellement limitatives. Des principes généraux précédemment posés, il découle évidemment que l'interprétation doit strictement se renfermer dans les termes de la loi. Le législateur a énuméré les crimes qui lui paraissaient porter atteinte au droit de conservation de l'Etat ; qui oserait aller au delà de sa volonté ? « S'il ne s'agit point d'une
» exception, dit M. Faustin Hélie, il s'agit d'un principe
» qui touche au droit des gens et dont l'application peut
» soulever de graves difficultés ; il ne peut donc appartenir
» qu'au législateur, qui l'a posé, de mesurer les limites
» dans lesquelles il doit être appliqué. D'ailleurs, en ma-
» tière de compétence criminelle, il n'est pas permis de ju-
» ger par analogie et d'étendre arbitrairement des règles
» qui appartiennent au droit public (1). »

358. L'acte attentatoire à la sûreté de l'Etat doit constituer un crime. Un simple délit ne rendrait pas l'étranger justiciable de nos tribunaux. Les art. 5 et 6 ne visent que les crimes. En vain invoquerait-on l'art. 24, Instr. crim. Le mot *délit* y est resté par l'effet d'un oubli. Dans le projet de loi, on avait placé cette expression dans l'art. 5 et dans l'art. 24. On la supprima ensuite dans le premier : on omit de faire la même correction au second de ces textes. La véritable règle, le principe se trouve dans les art. 5 et 6.

(1) Faustin Hélie, *op. cit.*, t. II, ° 129. — Bruxelles, 12 août 1849.

L'art. 24, qui n'est qu'une règle d'exécution, doit s'interpréter par eux et non leur servir d'interprétation.

359. Je rappelle que les étrangers ne doivent pas être poursuivis indistinctement à raison de tous les faits que la loi française a qualifiés crimes contre la sûreté de l'Etat ; car la criminalité de quelques-uns de ces faits se modifie nécessairement à leur égard. Les actes d'hostilité commis, en temps de guerre, contre la France, par ordre du souverain étranger, ne sauraient autoriser une poursuite devant nos juges, si les auteurs étaient postérieurement trouvés sur le territoire français. Ces actes étaient autorisés par le droit des gens, et les auteurs n'ont fait que remplir leur devoir (V. n^os 344 et 354).

360. L'incompétence de nos tribunaux de répression à l'égard des crimes et délits, autres que ceux strictement déterminés par les art. 5 et 6, Instr. crim., est absolue, *ratione materiæ*. Elle peut être proposée en tout état de cause.

## ARTICLE TROISIÈME.

### DES CRIMES OU DÉLITS COMMENCÉS EN FRANCE OU A L'ÉTRANGER, ACHEVÉS A L'ÉTRANGER OU EN FRANCE.

361. Les principes exposés dans les deux articles précédents régissent encore la troisième hypothèse, celle où les crimes, commencés en France, ne se sont accomplis que sur le territoire étranger, ou lorsque, commencés sur ce dernier territoire, ils ne se sont accomplis qu'en France. Dans quels cas les étrangers, auteurs de semblables crimes, peuvent-ils être poursuivis devant les tribunaux français ?

362. La question ne peut évidemment pas s'élever à propos des crimes qui peuvent donner lieu à des poursuites devant nos juges, qu'il aient été commis en France ou sur le territoire étranger. La division des actes qui constituent ces

faits délictueux est chose indifférente. Si nos magistrats peuvent saisir le crime sur l'un ou l'autre territoire, il advient que ces deux territoires, quoique soumis en réalité à des souverainetés différentes, paraissent en quelque sorte se mêler et n'en former qu'un seul, quant à l'application des règles de compétence. Qu'importe que le crime de contrefaçon de monnaies nationales, commis par l'étranger, ait été commencé sur le territoire français et achevé sur le sol étranger ; qu'importe qu'il ait été, au contraire, mis à exécution en France après avoir été préparé sur le territoire étranger ; les auteurs de ce crime seront toujours, quel que soit le lieu de sa perpétration, justiciables des tribunaux français, en vertu des art. 5 et 6, Instr. crim. — L'examen de la succession des faits constitutifs des crimes n'est donc nécessaire que lorsque la juridiction s'arrête à une certaine limite et ne peut saisir que quelques-uns de ces faits.

363. Les procès-verbaux du Conseil d'Etat n'offrent que peu de documents propres à faciliter la solution de la question. La discussion entre MM. Oudart et Treilhard roule plutôt sur les termes que sur le point de droit : tout ce qu'on en peut induire, c'est que « le droit de poursuivre le crime » n'appartient qu'au magistrat du territoire sur lequel il a » été commis ou du territoire sur lequel il s'est pro- » longé (1). » Une règle ainsi formulée est bien vague, comme le remarque M. Faustin Hélie. Tout acte préparatoire va-t-il faire naître la compétence de nos juges? Mais la plupart des actes de ce genre n'échappent-ils pas au pouvoir de la loi? A quel principe faut-il s'attacher ?

364. Deux conditions, indispensables et essentielles, font seules, par leur concours, naître la compétence de nos juges, à l'égard des crimes ou délits accomplis partiellement sur notre territoire et sur le sol étranger. 1° L'acte préparatoire ou l'acte d'exécution, commis sur le territoire de la

_____

(1) Treilhard, *Exposé des motifs.*

France, doit, par lui-même, en dehors de tout autre fait, constituer un délit quelconque. La compétence des tribunaux criminels n'apparaît que si les faits sont à la fois qualifiés crimes ou délits par notre Code pénal et accomplis dans l'étendue du territoire français. Comment ces tribunaux pourraient-ils être saisis de la connaissance d'un fait qui, quoique commis sur le territoire, ne constitue pas un acte délictueux ? La qualification de ce fait n'est-elle pas la source de leur compétence ? Si cette qualification ne peut lui être donnée que par sa corrélation, sa liaison avec des délits accomplis sur le sol étranger, nos juges, auxquels échappent l'appréciation des faits principaux, peuvent-ils connaître des faits accessoires, indifférents par eux-mêmes ? A quel titre s'en saisiraient-ils ? Donc, le délit commencé en pays étranger doit avoir été achevé, consommé en France par un fait réprimé par notre loi pénale, et le délit consommé en pays étranger doit avoir été préparé en France par un acte puni par nos lois, pour que nos juges puissent se saisir de la connaissance de ces infractions.

Une deuxième condition, aussi essentielle que la première, doit être remplie pour rendre nos tribunaux compétents à l'égard de ces délits. Dans leur accomplissement successif, les actes délictueux accomplis sur le territoire français et les infractions commises sur le sol étranger, doivent s'unir dans une liaison intime et ne former qu'un seul et même fait. L'indivisibilité, qui attache ces faits divers les uns aux autres, peut seule attirer devant les tribunaux répressifs français les actes perpétrés hors du territoire national. Continuation les uns des autres, complément ou développement des premiers, origine ou cause des seconds, ces faits inséparablement attachés ensemble suivent la même loi et subissent la même juridiction. Régulièrement acquise à l'égard des infractions accomplies sur le territoire, la compétence se prolonge en quelque sorte au delà du territoire pour saisir les causes ou les suites de ces infractions.

La réunion de ces deux conditions rend nos tribunaux compétents à l'égard des faits passés à l'étranger. Une d'elles vient-elle à défaillir, la question se modifie et rentre dans l'une ou l'autre des hypothèses étudiées dans les précédents articles.

365. Cette doctrine, adoptée par tous les criminalistes, est aussi consacrée par la jurisprudence. La Cour de cassation l'a appliquée à plusieurs reprises. Ainsi des individus, poursuivis par des douaniers, après avoir tenté d'introduire en France, à main armée, des objets de contrebande, s'étaient réfugiés sur le territoire étranger, et là, assistés par d'autres individus, avaient exercé des violences contre des douaniers et tué l'un d'eux. La Cour spéciale de l'Escaut se déclara incompétente. Sur le pourvoi du ministère public : « Attendu, dit la Cour de cassation, que les faits, divisés » par succession de temps et par la localité, ne forment ce- » pendant qu'un fait unique, dont les faits particuliers ne » sont que les circonstances ; que dans ce fait, les divers » individus ont différemment figuré, mais que le résultat est » la tentative d'introduction de contrebande, avec attrou- » pement, port d'armes, violences, voies de fait et meurtre » d'un préposé : ces circonstances se rattachent nécessaire- » ment à la première, puisqu'elles n'ont eu lieu que pour sous- » traire les marchandises de contrebande à la saisie à la- » quelle la tentative d'introduction avait donné lieu ; qu'ainsi » peu importe que les accusés soient jugés n'avoir pris une » part active qu'aux derniers actes ; que ces derniers » actes n'aient eu lieu que sur un territoire étranger ; le » motif de ces actes établit une complicité, une solidarité » entre eux et ceux qui auraient pu prendre part à la tota- » lité des faits, etc. (1). »

366. La Cour de Colmar a déclaré aussi les tribunaux français compétents pour connaître d'un délit d'escroquerie con-

_________

(1) Crim., Cass., 21 novembre 1806. — Merlin, *Répert.*, v° *contrebande*, § 4. — Voir Crim., 31 janvier 1822.

sommé par des actes passés en France, quoique les manœuvres frauduleuses eussent été commises en pays étranger (1).
Il ne pouvait y avoir de difficulté, le délit ayant été accompli en France. Mais dans l'hypothèse inverse, si les manœuvres frauduleuses avaient eu lieu en France et la remise des
valeurs en pays étranger, les tribunaux français ne seraient
plus compétents. Les manœuvres frauduleuses, isolées du
fait d'escroquerie, ne constituent pas une infraction, au
moins en principe. La solution serait toute opposée, si ces
manœuvres constituaient par elles-mêmes une tentative punissable ou un délit spécial.

367. La Cour de Metz a jugé que les tribunaux français
pouvaient connaître de prêts usuraires faits hors de France,
même à des étrangers, lorsqu'ils ont reçu leur exécution sur
notre territoire (2).

368. Le recélé commis sur le territoire français d'effets
volés en pays étranger peut-il être puni par nos juges ? La
Cour Suprême a décidé la négative : « Attendu que le recélé
» fait sciemment des objets volés se rattache nécessairement
» au vol, puisqu'il ne peut exister sans lui ; que le complice
» d'un vol par recélé devant être puni des mêmes peines
» que le voleur, et le voleur en pays étranger ne pouvant
» être puni que conformément aux lois de ce pays, les tri-
» bunaux français n'ont ni compétence ni pouvoir pour les
» appliquer (3). » Cet arrêt est parfaitement fondé : les juges français ne peuvent connaître du vol, qui ne rentre pas
dans l'énumération des art. 5 et 6, Instr. crim.

369. On devrait actuellement encore décider, comme l'arrêt du parlement de Paris du 25 mars 1782, qu'on ne peut
poursuivre en France un crime de rapt, commis en pays
étranger, bien que la personne enlevée ait été conduite en

(1) Colmar, 27 janvier 1824.
(2) Metz, 29 août 1827.
(3) Crim., Cass., 17 octobre 1834.

France. La présence sur notre sol de la personne enlevée n'est pas un fait défendu par la loi. Il en serait différemment d'une arrestation arbitraire effectuée en pays étranger et suivie d'une séquestration continuée en France, et de tout autre crime successif ou continu. Le pouvoir de nos tribunaux ne saurait être davantage contesté dans l'hypothèse si souvent supposée d'un meurtre, commis en tirant du territoire français un coup de fusil sur un homme placé sur le territoire étranger et réciproquement.

La compétence de nos juges ainsi reconnue et déterminée, on serait peut être tenté de croire que l'étranger pourra toujours être jugé, pourvu que le fait délictueux à lui imputé soit soumis à la juridiction de nos tribunaux. Il est cependant d'autres conditions à remplir. Leur étude fera l'objet de l'article suivant.

ARTICLE QUATRIÈME.

DES CONDITIONS IMPOSÉES A L'EXERCICE DE L'ACTION PUBLIQUE.

370. Les termes de l'art. 6, Instr. crim., font connaître une de ces conditions : *Cette disposition pourra être étendue aux étrangers qui... seraient* arrêtés *en France ou dont le gouvernement obtiendrait* l'extradition. — De ces mots résulte clairement l'impuissance des tribunaux français à juger l'étranger comme *contumax* (1). Une procédure par contumace est impossible, car les moyens de coercition font entièrement défaut contre l'étranger absent. Ce serait commettre une erreur que de croire que la disposition précitée ne s'applique qu'aux crimes visés par l'art. 5, Instr. crim. Quel que soit le crime, c'est la présence de l'étranger sur le territoire qui peut seule autoriser les juges à prononcer. Cette pré-

_______

(1) Faustin Hélie, *op. cit.*, § 129. — Rodière, *op. cit.*, p. 26.

sence doit être le résultat de la libre volonté de l'étranger ou d'une extradition régulière.

371. L'arrestation doit être loyale. La présence de l'étranger, lorsqu'elle est le résultat d'une force majeure, ne saurait l'autoriser. Ce sentiment est confirmé par l'arrêté que prirent les consuls, le 18 frimaire an VIII, en faveur des émigrés naufragés à Calais : « Considérant, y est-il dit, qu'il est hors » du droit des nations policées de profiter de l'accident d'un » naufrage pour livrer même au juste courroux des lois des » malheureux échappés aux flots; arrêtons, etc. » Le malheur est une chose sacrée : il serait inhumain de saisir des infortunés que la tempête seule a livrés. Ils n'échapperaient à la mort que pour retomber sous le glaive de la justice. Mais ce principe doit être accepté avec quelques tempéraments ; le naufrage ne doit pas avoir surpris les prévenus dans la perpétration même de leur forfait. Si leur relâche forcée n'a fait que précéder ou suivre un arrêt volontaire, si loin de les jeter vers une côte qu'ils voulaient fuir, la tempête les a poussés plus précipitamment vers le rivage, but de leur voyage, vers lequel les guidait la pensée de quelque attentat, comment cette tempête pourrait-elle les arracher à la juridiction de nos tribunaux ? Auxiliaire inattendue, elle n'a fait que servir leurs passions : elle a réalisé leurs désirs. C'est en ce sens qu'il faut entendre l'arrêt rendu par la Cour de Cassation dans l'affaire du *Carlo-Alberto*, le 7 septembre 1832. On y verrait à tort une dérogation au principe équitable qui dicta l'arrêté des consuls.

372. On s'est demandé si l'étranger, entendu comme témoin dans une instruction faite en France, à raison d'un des crimes prévus par l'art. 5, Instr. crim., pouvait être arrêté, par suite de la découverte de sa complicité. Une distinction me paraît nécessaire. Cet étranger a-t-il été trouvé et cité en France, rien ne s'oppose à son arrestation et à sa mise en jugement. Il n'en saurait être ainsi s'il a été cité en pays étranger. Il n'est venu que sous la promesse

tacite que sa personne serait libre et respectée. L'arrêter, ce serait abuser de sa confiance, violer le droit naturel. Des traités diplomatiques pourraient seuls apporter des modifications à ce principe.

373. Les tribunaux français peuvent encore juger le délinquant étranger, si le gouvernement a obtenu l'extradition de l'accusé du gouvernement du pays où il habite. L'*extradition* est l'acte par lequel un Etat livre le prévenu d'une infraction, commise hors de son territoire, à la France (ou à uu autre Etat), dont la justice est compétente pour juger cette infraction et la punir. Le droit d'extradition n'est pas fondé sur le principe de la souveraineté, mais bien sur une convention concertée entre deux Etats, dans l'intérêt réciproque de chacun d'eux, et dans le but de faire servir cette convention de complément et d'auxiliaire à leur justice répressive. Comme le droit de punir, la demande d'extradition est légitime, puisqu'elle est le moyen d'assurer son exercice.

Les publicistes sont divisés sur la question de savoir si l'extradition est obligatoire pour l'Etat où le criminel a cherché un refuge. Grotius, Vattel, Burlamaqui, adoptent l'affirmative (1) ; au contraire, Puffendorf, Kluber, Martens, Mittermaier, réclament une convention spéciale pour qu'un Etat soit formellement tenu d'accorder l'extradition demandée ; et le savant Mittermaier regarde le fait même de l'existence de tant de traités sur la matière, comme une preuve concluante qu'il n'y a pas d'usage général parmi les nations, usage qui puisse prendre rang parmi les règles du droit international (2).

_________

(1) Grotius, *De jure belli ac pacis*, lib. 2, cap. 21, sect. 2. — Vattel, *op. cit.*, liv. 1, § 233, et liv. 2, § 76.

(2) Puffendorf, *De jure naturæ et gentium*, lib. 8, cap. 3, § 23. — Kluber, *Droit des gens*, § 66. — Martens, *Précis du Droit des gens*, § 101. — Mittermaier, *Procédure criminelle*, § 59.

Les cas d'extradition sont nettement spécifiés dans les traités qui l'accordent (1). Cette mesure, dont la demande a lieu par voie diplomatique, n'est jamais accordée pour crimes politiques, ni jamais applicable aux régnicoles du pays auquel elle est demandée. Mesure de haute administration qui rentre essentiellement dans le domaine du pouvoir exécutif, la matière de l'extradition est en dehors des limites d'une étude sur la compétence des tribunaux. Le pouvoir judiciaire n'a d'autre mission que celle de provoquer le gouvernement à la demander et de juger les individus qui en ont été l'objet. Je dirai seulement que l'extradition peut être demandée pour tous les étrangers autres que les sujets de l'Etat auquel la France adresse la demande ; car elle n'est que la restitution d'un coupable à la juridiction répressive compétente. Mais au cas où le prévenu n'est pas le sujet de la France, il ne peut être livré qu'après que son gouvernement a été consulté et mis en demeure de faire connaître

(1) Voir les traités conclus entre la France et l'Espagne, le 29 septembre 1765; le Wurtemberg, le 9 décembre 1765 et le 25 janvier 1853; la Suisse, le 18 juillet 1828; la Belgique, le 22 novembre 1834; la Sardaigne, le 23 mai 1838; l'Angleterre, le 13 février 1843; les Etats-Unis, les 9 novembre 1843, 24 février 1845 et 10 février 1858; Lucques, 10 novembre 1843; le grand-duché de Bade, le 27 juin 1844; l'ex-duché de Toscane, le 11 septembre 1844; le Luxembourg, le 26 septembre 1844; les Pays-Bas, le 7 novembre 1844; l'ex-royaume des Deux-Siciles, le 14 juin 1845; la Prusse, le 21 juin 1845; la Bavière, le 23 mars 1846; le Mecklembourg-Schwérin, le 26 janvier 1847; le duché de Strélitz, le 10 février 1847; le duché d'Oldenbourg, le 6 mars 1847; la ville de Brême, le 10 juillet 1847; celle de Lubeck, le 31 août 1847; celle d'Hambourg, le 5 février 1848; la Saxe, les 28 avril 1850 et 28 avril 1856; la Nouvelle-Grenade, le 9 avril 1850; l'Espagne, le 26 août 1850; la Hesse, le 12 novembre 1852; la république de Venezuela, le 23 mars 1853; le duché de Nassau, le 30 juin 1853; celui de Lippe, le 11 avril 1854; le Portugal, le 13 juillet 1854; le Hanovre, le 13 mars 1855; l'Autriche, le 13 novembre 1855; la Suède, le 15 mai 1856; l'ex-duché de Parme, le 14 novembre 1856; le duché d'Oldenbourg, le 6 mars 1857; la Russie, le 14 juin 1857; le duché de Saxe-Weimar, le 7 août 1858; les Etats-Pontificaux, le 19 juillet 1859; le Chili, le 11 avril 1860; les Pays-Bas, les 2 et 3 août 1860.

les motifs qu'il pourrait avoir de s'opposer à l'extradition. Dans tous les cas, le gouvernement, saisi de la demande en extradition, reste libre de donner à cette demande la suite qui lui paraît convenable et de livrer le prévenu soit à son pays natal, soit à la France, au sein de laquelle le crime a été commis. (Loi du 27 novembre 1850.)

L'extradé ne peut être poursuivi et jugé que sur les faits pour lesquels l'extradition a été accordée (1). Le consentement de l'extradé ne suffirait pas pour proroger la compétence des tribunaux français. Les Cours d'assises sont compétentes pour apprécier les exceptions soulevées par le délinquant étranger à propos de l'extradition dont il a été l'objet, et reposant sur ce que cette extradition n'a pas été consentie par le gouvernement étranger, qu'elle est illégale, contraire à des traités formels qui la défendent, que les faits sur lesquels on veut le juger sont autres que ceux qui ont motivé l'extradition (2).

374. Plusieurs criminalistes exigent le concours d'une seconde condition pour que l'étranger puisse être poursuivi en France devant les tribunaux de répression. Le délinquant ne doit pas avoir été, pour le même fait, déjà jugé par les tribunaux étrangers. Si la justice étrangère a déjà prononcé, les tribunaux français ne peuvent plus exercer sur l'accusé étranger leur pouvoir de juridiction. Cette condition existe-t-elle en réalité? Ne faut-il pas dire que la sentence étrangère ne peut créer un empêchement à une nouvelle poursuite devant les tribunaux français? La question est délicate. Je distingue d'abord les délits commis en France des infractions accomplies en pays étranger. Un fait délictueux a été commis en France par un étranger; le coupable fuit sur la

---

(1) Loi du 27 novembre 1850. — Cass., 4 septembre 1840.

(2) Crim., 15 mars et 6 juin 1822, 4 septembre 1840, 1er février, 9 mai et 5 septembre 1845, 18 juillet 1851 et 23 décembre 1852. — Faustin Hélie, *op. cit.*, t. II, § 132.

terre natale. La loi pénale de son pays, à la fois territoriale et personnelle, comme celles de la Belgique et de la Bavière, permet de punir les nationaux pour les crimes et les délits par eux commis en pays étranger. Le délinquant est poursuivi, acquitté, absous ou condamné par les tribunaux de sa nation. Il revient en France. La justice française peut-elle le juger? Telle est la question. Entièrement neuve en pratique, elle s'est présentée, pour la première fois, devant la Cour de Metz, le 19 juillet 1859, puis devant les Cours de Douai (31 décemb. 1861), d'assises du Nord (12 février 1862) et d'Amiens (17 mai 1862), et la Cour de cassation de Belgique (31 décemb. 1859). Pour la première fois aussi, la Cour Suprême a été appelée à se prononcer dans ses deux arrêts du 21 mars 1862. Deux systèmes sont en présence. Dans les deux, on reconnaît que les condamnations prononcées par les juges étrangers ne peuvent, en aucun cas, être exécutées en France, ni motiver l'aggravation de la récidive (1). La question porte entière sur le point de savoir si les sentences étrangères peuvent faire naître l'exception de la chose jugée.

375. Le premier système admet l'affirmative. La maxime *non bis in idem*, qui ne veut pas que le même fait soit ni puni, ni jugé deux fois, appartient au droit universel des nations. Elle domine toutes les règles et tous les principes du droit criminel. La pensée de justice qui a dicté cette maxime conserve une égale puissance à l'égard de tous les jugements rendus sur le même fait, qu'ils émanent de tribunaux étrangers ou de juges nationaux. « De ce que le » jugement émane de juges étrangers, résulte-t-il que le » prévenu ne serait pas successivement traduit devant deux » juridictions et frappé de deux peines à raison du même » fait? En matière de justice pénale, il n'est permis de faire

(1) Crim., rejet, 27 novembre 1828. — Blanche, *Etudes pratiques sur le Code pénal*, nº 450.

» abstraction d'aucun fait, il est dangereux d'établir une
» règle sur une fiction. Le jugement étranger, quelle que
» soit sa force hors du territoire où il a été rendu, existe ;
» les juges du territoire peuvent refuser de l'accepter, mais
» non de le reconnaître ; ils peuvent le rejeter comme au-
» torité, mais non comme fait ; ils se trouvent donc en face
» de ce fait d'une première poursuite, d'un premier juge-
» ment. Or, dans cette situation, prononceront-ils sur le
» même crime un nouveau jugement? Est-ce que la règle
» qui veut qu'un seul jugement suffise à la réparation d'un
» seul crime, ne domine pas toutes les législations et tous
» les peuples (1)? » Dès que le jugement étranger est l'acte
d'une juridiction légalement établie et compétente, ne possède-t-il pas l'autorité de la chose jugée? Ne s'oppose-t-il
pas à ce qu'une nouvelle sentence soit prononcée à propos
du même acte délictueux? L'exception de la chose jugée
dérive du fait même de l'existence du jugement. Elle n'est
pas un acte d'exécution : elle peut donc résulter d'un jugement non exécutoire. Le juge français n'applique point la
sentence étrangère ; il se borne à vérifier ; il constate que
le prévenu a déjà été jugé en pays étranger. L'autorité de
la chose jugée, c'est l'autorité du fait ; et un fait ne s'im-
pose-t-il pas avec toutes ses conséquences? Le juge français
se trouve en face d'un premier jugement. Ne doit-il pas
respecter cette vérité judiciaire, cette autorité des jugements, fondement de la stabilité de tous les droits?

L'exception de la chose jugée est, en outre, un droit de
la défense. Le prévenu ne peut rester dans une position incertaine, soumis à l'éventualité de plusieurs poursuites successives. Cette situation doit avoir un terme. Ce terme se
trouve dans le jugement qui a prononcé sur l'action publique
intentée en pays étranger. On ne saurait donc nier, en principe, l'autorité de la chose jugée aux sentences étrangères.

(1) Faustin Hélie, *op. cit.*, t III, p. 664.

Aussi la législation française consacre-t-elle la maxime *non bis in idem*. Au Conseil d'Etat, M. Berlier le reconnaissait hautement lorsqu'il répondait à M. Bérenger que « le » jugement du pays étranger, compétemment rendu, de-» vrait être respecté en France, et *que* la maxime *non bis* » *in idem* appartient au droit universel des nations (1). » C'est par respect pour la chose jugée, pour cette vérité judiciaire, que l'art. 360, Instr. crim., dispose que *toute personne acquittée légalement ne pourra plus être reprise ni accusée à raison du même fait*. Texte général dans sa formule et dans son esprit, cet article ne fait aucune distinction entre les jugements de nos tribunaux et les sentences étrangères. Telle est encore la disposition de l'art. 409, Instr. crim., qui ne veut pas que l'illégalité de l'acquittement puisse préjudicier à la partie acquittée. Appliquant la maxime *non bis in idem*, la Cour de cassation décide que l'exception de la chose jugée peut résulter de jugements émanés de tribunaux illégalement composés, ou rendus par des juges incompétents ou dénués des formes légales (2).

Mais un argument bien plus convaincant se tire de l'art. 7, Instr. crim. Ce texte ne prouve-t-il pas d'une manière évidente l'intention du législateur de reconnaître aux jugements étrangers l'autorité de la chose jugée ? Voyez : la juridiction française est dessaisie, si le Français a été jugé en pays étranger. La sentence étrangère fait obstacle à une nouvelle poursuite en France. Le législateur a compris que la maxime domine toutes les législations. C'est une loi de souveraine justice. La méconnaître, frapper de deux peines l'auteur d'un fait délictueux serait blesser les sentiments les plus nobles et les plus vrais de l'humanité. La conscience indignée se soulève ; la pitié s'attache au coupable et, résultat mauvais, la loi abhorrée perd tout son prestige (3).

(1) Locré, t. XXIV, p. 119.

(2) Crim., 26 thermidor an IV, 1er avril 1813, 20 juillet 1832.

(3) Faustin Hélie, *op. cit.*, t. III, p. 644, et *Rapport sur l'arrêt de la Cour*

376. Séduisant par l'appel adressé aux sentiments d'humanité, par sa conformité avec ce principe de la justice divine, qu'une seule expiation suffit à un seul crime, par la filiation qui le rattache à la grande loi de la solidarité humaine, par sa tendance à unifier les législations pénales, ce système est-il celui de la loi française ? Je ne saurais le penser. Oui, je l'espère, un jour viendra où, par des transactions internationales, par une entente plus vraie de la conformité des droits et des devoirs de tous les peuples, par l'élévation de la morale publique, le droit pénal, dépouillant insensiblement l'enveloppe personnelle et égoïste dont le revêtent presque toutes les législations, planera général et uniforme sur tous les peuples civilisés. Se prêtant une mutuelle assistance, les juges de toutes les nations réprimeront en tous lieux les crimes, partout frappés des mêmes peines. C'est le but vers lequel se dirige l'humanité. Les nombreux traités d'extradition sont un premier pas dans cette voie nouvelle. La personnalité des lois pénales forme le second : les législations qui l'ont admise s'avancent vers le progrès. La France y viendra à son tour : elle a essayé une première fois; elle essaiera de nouveau encore, lorsque la fièvre des passions politiques se sera apaisée sous un régime protecteur de la sécurité et de la liberté. Mais si tout esprit généreux doit désirer l'avénement de ce progrès futur, le jurisconsulte doit se prémunir et se défendre contre ces élans du cœur. Comme homme, il peut blâmer la loi, demander une réforme, en marquer le but et les limites ; comme juriste, il doit strictement appliquer la loi. Les criminalistes et les magistrats, qui ont adopté le premier système, n'ont pas, ce me semble, assez défendu leur esprit contre les séduc-

de cass. du 21 mars 1862. — Mangin, *De l'action publique*, t. I, n° 70. — — Observations de M. Grand J. P., 1859, p. 989. — Observations de M. Dutruc, Sir., 59, 2, 642. — Douai, 31 décembre 1861. — Cour d'assises du Nord, 12 février 1862.

tions de leur cœur. Avec une entière bonne foi, ils ont vu dans la loi la réalisation de leurs désirs et non la véritable pensée du législateur. Leur système peut être celui de l'avenir : il n'est pas celui du présent.

377. Les tribunaux français ont incontestablement le droit de punir les actes délictueux accomplis sur le territoire. C'est, on l'a vu, la conséquence directe et naturelle du droit de légitime défense, du droit de souveraineté et d'empire. C'est l'application, en matière de juridiction, du principe général et formel de l'art. 3, C. N. Le juge du lieu est le juge naturel du délit commis en France. L'exemple du châtiment doit être donné dans le pays où l'ordre a été troublé, où la peine est mieux proportionnée au mal causé, où la vérité judiciaire peut se manifester avec plus de certitude. C'est la société française qui a été attaquée dans ses lois. L'ordre qu'elle protége a été troublé. Les juges français ont donc le droit et le devoir de poursuivre et de punir le délinquant étranger. Saisis de la connaissance du litige criminel par la poursuite du ministère public ou sur la plainte de la partie, vont-ils se trouver dessaisis par le fait d'une juridiction étrangère ? Mais vous soumettez alors la souveraineté française à la souveraineté étrangère. Les droits de la France vont donc dépendre des actes d'un Etat étranger. Vous niez l'indépendance réciproque des Etats, leur droit propre de conservation. La France ne serait-elle pas le seul et le meilleur juge de la manière dont l'ordre, chez elle, doit être protégé et défendu ? Est-elle donc obligée d'abandonner aux mains souvent débiles d'une puissance étrangère la protection, la sauvegarde de tous ses intérêts ? Là est toute la question. Avec la Cour Suprême, je réponds négativement.

Les jugements civils et les sentences criminelles ne sauraient être assimilés. En matière civile, la décision étrangère peut bien avoir l'autorité de la chose jugée, s'opposer à une nouvelle appréciation du litige. La juridiction française n'avait pas un droit acquis à la connaissance du procès : les parties ont pu proroger la juridiction du juge étranger. Le quasi-contrat judiciaire s'est formé devant ce juge et doit être respecté. C'est ainsi qu'il faut entendre les arrêts de la Cour Suprême du 15 novembre 1827 et du 24 février 1846. Allons plus loin : la sentence étrangère ne saurait, en matière civile, être révisée par le juge français appelé à permettre son exécution : elle a l'autorité de la chose jugée, même aux yeux de la loi française, qui permet, avec l'accomplissement de certaines formalités, l'exécution du jugement étranger. Mais il n'en est plus ainsi en matière criminelle. Les sentences étrangères ne sauraient faire naître l'exception de la chose jugée, parce qu'il n'appartenait à personne, ni au juge étranger, ni au délinquant lui-même, de dessaisir les tribunaux français, ou, en d'autres termes, parce qu'aux yeux de la loi criminelle française, la juridiction étrangère n'avait pas compétence pour juger et punir le délinquant.

Mais, dit-on, la maxime *non bis in idem* appartient au droit des gens : elle gouverne et domine tous les principes du droit criminel. Cette maxime, la loi française la reconnaît et la consacre. Humanitaire, notre législation ne permet pas que le même fait soit jugé et puni deux fois. — Oui, la législation française admet cette maxime, mais seulement dans l'étendue du territoire : elle la repousse dans les relations internationales. Vainement invoque-t-on l'art. 360, Instr. crim. La seule lecture du texte montre que cet article ne s'applique qu'aux jugements rendus sur le territoire et au nom de la souveraineté française. L'article parle seulement de l'accusé acquitté ; car le législateur avait en vue le seul cas qui puisse se produire en France : celui où un individu, acquitté par un tribunal, serait encore poursuivi une deuxième fois sur de nouvelles charges. Si le législateur avait pensé aux relations internationales, il eût prévu et résolu le cas où le délinquant, condamné à l'étranger, viendrait affrontèr en France la loi qu'il a violée. Comme ce texte, l'art. 409 n'a en vue que les sentences émanées des tribunaux français.

L'art. 7, Instr. crim., ne peut non plus appuyer le système contraire, même en oubliant un moment que ce texte s'applique à une hypothèse toute différente. L'art. 7 confirme simplement le principe général du droit français, la prééminence et la supériorité de la souveraineté territoriale. Il s'arrête devant la juridiction du lieu où le crime a été commis. Le législateur crée en partie, dans ce texte, la compétence personnelle. Il fait, trop restrictivement sans nul doute, de la loi pénale française un statut personnel. Il édicte une mesure de protection en faveur du Français. Mais il s'arrête aussitôt devant le principe que lui-même considère comme fondamental, le principe de la compétence territoriale. Du reste, la question de la personnalité des lois pénales est tellement étrangère au sujet actuel, qu'en Belgique, où la législation punit les crimes et délits commis par des Belges en pays étrangers et consacre ainsi la double compétence, la Cour de cassation n'hésite pas à refuser aux sentences étrangères, en matière pénale, l'autorité de la chose jugée.

Au surplus, la disposition de l'art. 7 est toute exceptionnelle. Voyez : l'action publique est subordonnée à la plainte de la victime. Celle-ci doit être française ; le prévenu doit être français ; le crime a été commis en pays étranger. Y a-t-il la moindre analogie entre l'hypothèse de cet article et celle qui m'occupe ? Peut-on conclure que ce texte consacre l'autorité des sentences étrangères ?

Si l'exception de la chose jugée peut naître d'une sentence criminelle étrangère, pouvez-vous, sans vous contredire, choisir entre les jugements de tels juges et ceux de tels autres ? Non : votre principe est général ; il s'applique à toutes les juridictions. « Je veux bien ne pas demander, disait » M. Savary devant la Cour de cassation, quelle autorité ils

» accorderont aux décisions répressives rendues à Pékin ;
» et cependant, dès qu'il s'agit d'une nation régulièrement
» constituée, reconnue par toutes les nations européennes
» et avec laquelle nous entretenons des relations diploma-
» tiques, si la maxime *non bis in idem* a, par elle-même,
» la force qu'on lui prête, il n'est pas permis de choisir ;
» il faut accepter la chose jugée de quelque lieu qu'elle
» vienne. »

Dans le système opposé, on insiste vivement sur les considérations d'humanité. Le coupable, qui a déjà payé sa dette
au corps social, pourra-t-il subir une seconde peine pour le
même fait ? — Si la peine subie égale celle que prononcera
le juge français, l'expiation a été suffisante, et la souveraineté française satisfaite usera du droit de grâce. Si la peine
prononcée à l'étranger est illusoire, la souveraineté conserve
tous ses droits. Le coupable peut-il se plaindre d'être jugé
deux fois d'une situation qu'il a lui-même fait naître. Qui
l'obligeait à revenir dans le pays dont il avait offensé et
violé les lois ? L'humanité envers des coupables est, sans
aucun doute, un des devoirs d'une nation civilisée : les peines atroces accompagnent l'enfance des peuples ; mais l'humanité, si belle qu'elle puisse être, ne doit-elle pas se con-
cilier avec les garanties de sécurité que tout citoyen a le
droit d'attendre de l'Etat ?

Une théorie se juge par ses applications, un système par
ses conséquences. Eh bien : le seul inconvénient du système
admis par la Cour de cassation est de soumettre le délinquant étranger à une double peine. Mais cet inconvénient
disparaît aussitôt : 1° devant le pouvoir du juge français
qui, par l'admission des circonstances atténuantes, peut
abaisser la peine de manière à tenir compte au condamné,
dans une juste mesure, de l'expiation subie à l'étranger ;
2° devant le pouvoir du souverain, qui peut faire et fera
grâce, lorsque les deux peines cumulées dépasseront les
limites du juste. Nos magistrats s'empresseront de provoquer

la clémence du chef de l'Etat. A côté de cet inconvénient, moins grave en réalité qu'en apparence, se trouve l'avantage pour l'accusé de jouir en France, au cas d'acquittement, de tous les bénéfices d'une justification complète, que le système contraire rend pour lui impossible.

Cette impossibilité n'est pas le seul inconvénient du système opposé. L'étranger, poursuivi et condamné en pays étranger pour le fait délictueux commis en France, échappe à ses gardiens et rentre sur le territoire français. Vous ne pouvez le punir, dites-vous : car il a été déjà frappé. Lui ferez-vous subir sa peine ? Mais le principe de l'indépendance réciproque et de l'égalité des Etats souverains s'oppose à l'exécution en France des sentences criminelles étrangères. Le coupable va donc prescrire sa peine. — L'étranger condamné a été soumis à une peine insignifiante, dérisoire ; le fait, placé en France parmi les crimes, a été, en Bavière, considéré comme un simple délit ; l'assassinat commis par un Sarde sur la personne d'un Français, en France, est puni d'une peine minime, car ce fait lèse à peine les intérêts et la sûreté du royaume d'Italie. — Le prévenu a été acquitté, faute de preuves suffisantes, qu'une instruction locale aurait pu recueillir, par l'absence d'incrimination dans la loi étrangère, parce que le juge passionné, mis en présence d'un assassinat politique, n'a écouté que sa haine pour la nation française. — C'est le souverain étranger qui a fait grâce et remise de la peine au coupable. — Dans toutes ces diverses hypothèses, quel droit reste-t-il à la France, si l'étranger reparaît sur son territoire ? Le seul, l'unique droit d'expulsion. Ce droit, s'il est suffisant à protéger la sécurité, à maintenir le respect des lois, quand le crime a été commis par l'étranger hors de nos frontières, a-t-il la même puissance quand l'infraction s'est accomplie sur le territoire ?

Supposons actuellement que cet étranger, endurci dans le crime par la mansuétude ou l'indifférence du juge étranger, commette un nouveau délit sur le territoire français, on ne

peut lui faire subir l'aggravation de peine résultant de la récidive. La condamnation étrangère est impuissante à baser
l'application de l'art. 56 , C. pénal. Les effets que la loi française fait produire aux condamnations, saisie, confiscation,
incapacités, surveillance, ne peuvent pas atteindre l'étranger condamné dans son pays. Il sera donc placé dans une
situation plus favorable que le Français jugé par nos tribunaux. Est-ce possible ?

La différence des juridictions et des législations fait naître
dans le système opposé des difficultés insolubles. Comment,
devant une décision de non-lieu émanée du juge étranger,
serait-il possible d'examiner, d'apprécier régulièrement en
France, si la poursuite peut être reprise sur des charges
nouvelles.

Ces conséquences funestes où la juridiction française dé-
sarmée s'arrête devant l'impunité du violateur de ses lois,
ne prouvent-elles pas, en l'absence de toute autre démonstration, l'erreur des partisans du système contraire? Peut-
on admettre une législation pénale, obligée de s'incliner
devant le jugement étranger, impuissante à faire subir la
peine édictée par cette sentence, soumise à une législation
étrangère, et acceptant d'elle des incriminations opposées à
celles de ses propres Codes? Non ; dans l'état actuel des législations, en l'absence de conventions diplomatiques contraires, le principe de la souveraineté territoriale, exclusive
de chaque nation, doit être respecté. C'est lui qui domine
toute la matière criminelle : c'est lui qu'il faut craindre d'affaiblir imprudemment. Aussi la Cour Suprême était-elle bien
inspirée lorsqu'elle cassait les deux arrêts de la Cour de
Douai et de la Cour d'assises du Nord. Elle a définitivement
fixé la jurisprudence par ces arrêts remarquables. La doctrine doit aussi accepter cette interprétation ; mais le jurisconsulte peut et doit demander au législateur l'amélioration
de nos Codes, au pouvoir exécutif des transactions internationales sur l'exercice du droit de souveraineté, créant de

réciproques garanties d'une répression efficace, compatibles avec le droit de défense du territoire et la protection des nationaux (1).

378. La solution doit être la même, lorsque le crime accompli en pays étranger par un étranger rentre dans la catégorie des infractions prévues par les art. 5 et 6, Instr. crim. Quels motifs pourraient baser une solution contraire ? Le droit de punir n'existe-t-il pas aussi bien que dans l'hypothèse d'un crime commis sur le territoire ? Bien plus, les crimes prévus par ces articles ne peuvent être jugés qu'en France, puisque aucun autre Etat n'a intérêt à leur répression. Si cependant la législation d'un Etat étranger permettait de punir l'auteur d'un attentat contre la sûreté de l'Etat français (2), si, en fait, le délinquant avait été jugé et puni, rien ne saurait encore entraver le cours de la justice française. Mais, en pratique, la liberté d'appréciation laissée par ces mêmes articles au ministère public suffit pour faire cesser toutes les craintes. Croit-on que nos magistrats poursuivraient le délinquant, si, d'après la législation française, la répression infligée par le juge étranger était efficace ?

379. Donc, dans toutes les hypothèses, dès qu'en vertu des principes précédemment exposés, les tribunaux français sont compétents pour punir l'étranger délinquant, une seule condition est nécessaire : sa présence sur le territoire. Nulle autre n'est indispensable : mais si le prévenu a déjà subi sa peine en pays étranger, il n'espérera pas en vain en la clémence du chef de l'Etat.

---

(1) Molinier, *Cours oral de 1863*. — Morin, *Journal de Droit criminel*, 1859, art. 6891, et 1862, art. 7386. — Dalloz, *Observations*, D., 60, 2, 1 ; 61, 2, 230 ; et 62, 1, 147. — Metz, 19 juillet 1859. — Crim., Cass., 21 mars 1862. — Amiens, 17 mai 1862.

(2) Voyez art. 6 du Code pénal du grand-duché de Hesse.

## ARTICLE CINQUIÈME.

### LÉGISLATIONS ÉTRANGÈRES.

380. La plupart des législations étrangères s'écartent de la législation française en ce qui concerne la punition des crimes et délits commis par des étrangers. Si toutes admettent que l'étranger délinquant doit répondre devant les tribunaux du pays des infractions commises sur le territoire, des attentats à la sûreté de l'Etat commis en pays étranger, presque toutes accordent aussi à leurs juges le pouvoir de punir les crimes commis à l'étranger contre un national. Pour elles, le droit d'expulsion n'est point suffisant, et la protection que tout Etat doit à ses nationaux leur a paru exiger cette extension du droit de punir. On a déjà vu que plusieurs criminalistes français des plus autorisés désiraient voir la législation française se modifier en ce sens. Je ne puis me joindre à eux ; en dehors des nombreuses difficultés pratiques que présente nécessairement une instruction sur un crime accompli à de grandes distances du sol français, l'intérêt, le droit de conservation de l'Etat ne me paraît pas engagé dans la question, au point de rendre insuffisant le droit d'expulsion. Celui-ci donne une entière satisfaction à l'intérêt social, sauf le cas où le crime s'est accompli à une faible distance de nos frontières. Dans cette hypothèse, je verrais volontiers la législation française faire un emprunt au Code de Sardaigne.

La *Belgique* a conservé les dispositions des art. 3 , Code civ., 5, 6 et 7, Instr. crim. Après elle, ce sont les législations des duchés de *Hesse* qui se rapprochent le plus du droit français actuel. L'art. 6 du Code pénal du grand-duché de *Hesse* déclare punissables les étrangers, auteurs de délits commis dans le territoire du duché ou de crimes attentatoires à la sûreté de l'Etat, de haute trahison, de fabrication de fausse monnaie, etc., accomplis hors du territoire. Si des crimes de ce genre ont été commis dans le territoire du duché au préjudice d'un Etat étranger, le délinquant est puni, à moins qu'il n'ait été déjà jugé dans cet Etat. Dans la *Hesse électorale*, les étrangers répondent devant les tribunaux du pays des infractions commises sur le territoire, sauf le cas où, en vertu d'un traité, le crime commis par l'étranger dans l'Electorat est de la compétence exclusive du juge du domicile du prévenu. Quant aux infractions accomplies en pays étranger, la jurisprudence admet la compétence exclusive des juges du lieu du délit. On doit se borner à l'expulsion ou à l'extradition de l'étranger délinquant.

Les législations suivantes s'écartent au contraire de la législation française. En *Bavière*, les étrangers sont responsables devant les tribunaux bavarois de tous les crimes ou délits par eux perpétrés dans la Bavière et des crimes commis en pays étranger, lorsque ces derniers causent un préjudice au souverain, à l'Etat de Bavière ou à un Bavarois, sauf les dispositions contraires contenues dans des traités ou des conventions particulières (art. 4, Code pénal). A l'égard des autres infractions, le délinquant étranger est livré aux autorités du lieu du délit. Si le gouvernement étranger refuse de le recevoir, on l'expulse hors du royaume. Des dispositions semblables se trouvent dans les législations du grand-duché d'*Oldenbourg* (art. 514, 515 et 516, Code pénal), de la *Saxe* (art. 3 et 4, Code pénal), des duchés de *Saxe-Weimar* et de *Saxe-Altenbourg* (art. 3 et 4, Code pénal), du royaume de *Wurtemberg* (art. 4, Code pénal), du duché de *Brunswick* (art. 205 de la constitution), du royaume de *Hanovre*. L'art. 3 du Code pénal de ce dernier Etat ajoute que les étrangers, auteurs de crimes commis en pays étrangers contre des Hanovriens, seront punis par les tribunaux de l'Etat, lorsqu'ils n'auront pas été jugés en pays étranger, ou lorsque, après leur acquittement en pays étranger, il y aura des motifs de reprendre l'instruction dirigée contre eux.

Les législations du grand-duché de *Bade* (Code pénal, § 5), et de la Norwége (Code pénal; § 2), sont semblables à celle de la Bavière.

Le Code d'instruction criminelle des *Pays-Bas* permet de punir les étrangers, auteurs de crimes ou délits accomplis dans le territoire du royaume, d'un attentat à la sûreté de l'Etat ou de certains crimes déterminés accomplis, au préjudice d'un Néerlandais, en pays étranger. Mais l'étranger ne peut plus être poursuivi, s'il a été jugé en pays étranger.

La législation *prussienne* permet de punir tous les crimes commis par des étrangers. Le Code général de *Prusse* contient les dispositions suivantes, part. II, tit. 29, § 13: « En » conséquence, ces étrangers seront punis, d'après les lois » du royaume, lorsqu'ils commettent un crime ou un délit » dans le territoire. — § 14. Les étrangers poursuivis à raison » de crimes ou délits commis hors du royaume, seront jugés » d'après les lois du lieu de la perpétration de ce crime ou » délit. — § 15. Toutefois dans ce cas, si la peine prononcée » par les lois étrangères est plus forte que celle portée par » les lois du royaume, celle-ci sera seule appliquée. »

En *Autriche*, on punit l'étranger pour les infractions accomplies dans le territoire de l'Empire, et pour les crimes commis en pays étranger et attentoires à la sûreté de l'Etat, ou préjudiciables aux effets publics et au crédit de l'Etat. Pour les autres faits délictueux, le délinquant étranger n'est jugé par les tribunaux autrichiens que si l'Etat dans le territoire duquel le crime a été commis refuse de le recevoir. La peine édictée par la loi étrangère est alors appliquée si elle est la moins forte. Le jugement doit prononcer l'expulsion du délinquant de l'Empire à l'expiration de sa peine (Code pénal de 1852. §§ 37, 38, 39 et 40).

Le Code pénal du royaume de *Sardaigne* punit les étrangers coupables de crimes ou délits accomplis sur le territoire du royaume. Les tribunaux sardes peuvent juger l'étranger, accusé d'avoir commis hors du royaume : 1° un crime attentatoire à la sûreté de l'Etat, ou de contrefaçon de monnaie ou d'effets publics ; 2° des vols commis à force ouverte, pourvu que le crime n'ait pas été commis à plus d'un demi-myriamètre des frontières, ou lorsque le coupable a introduit en Sardaigne les sommes ou objets volés ; 3° tout autre crime, au préjudice d'un sujet sarde, lorsque le gouvernement du pays où le crime a été commis refuse l'offre qui lui est faite de lui livrer le coupable, ou lorsque la législation de ce pays permet de juger les étrangers pour les crimes ou délits commis en pays étrangers.

Dans les *Etats-Pontificaux*, comme en *Angleterre*, en *Ecosse* et aux *Etats-Unis*, le juge du lieu du crime ou délit est seul compétent pour en connaître : aucune autre nation n'a le pouvoir de punir le délinquant. La loi pénale est exclusivement territoriale. C'est en combinant ce principe avec son refus de reconnaître aux navires de commerce certaines prérogatives, que l'Angleterre admet que le crime commis sur un navire étranger par un homme de l'équipage contre un autre homme de l'équipage, est de la compétence de l'autorité du port, bien que ni la tranquillité de ce port, ni la sécurité d'aucun des habitants n'aient été compromises. C'est ainsi qu'elle refusa, en 1844, à Riga, de recevoir et de punir un matelot anglais accusé d'assassinat commis, à bord d'un navire anglais, sur la personne du timonier. Elle laissa juger le coupable par les autorités russes.

En *Espagne*, une ordonnance de Charles III, en date du 24 octobre 1782, et insérée dans la *Novisima Recopilacion*, ordonne de punir les étrangers qui ont commis quelque crime ou délit sur le territoire espagnol, mais se tait sur les infractions commises en pays étranger (1).

---

(1) *Novisima recopilacion*, lib. 12, tit. 36, l. 8. — Voir Foucher, *Collection des lois civiles et criminelles*.

Toutes les législations étrangères admettent, en principe, l'extradition des délinquants étrangers, mais ne permettent pas celle des nationaux (1).

## CHAPITRE II.

### DE LA COMPÉTENCE SPÉCIALE.

381. Quel sera, parmi les tribunaux français, le tribunal compétent pour connaître du crime ou du délit imputé à l'étranger ? La réponse nous est fournie par les art. 23, 29, 30 et 63 du Code d'Instr. crim. Seulement, il ne peut y avoir concurrence qu'entre le juge du lieu du délit et celui du lieu de l'arrestation, à moins que l'étranger ne réside en France. Je pense que dans ce cas le juge de cette résidence serait compétent. Le juge du domicile n'existe pas dans l'hypothèse où je me place, puisque ce juge du domicile est un juge étranger. L'étranger, domicilié en France, est, en cette matière, complétement assimilable au Français (2).

382. Souvent même la concurrence ne pourra pas exister. Il en sera ainsi lorsque le prévenu n'aura pas été arrêté en France mais bien livré aux autorités françaises, en vertu d'une clause d'extradition. Le juge compétent sera alors le juge du lieu du délit ; car on ne peut dire que la Cour d'assises ou le tribunal correctionnel de l'arrondissement limitrophe où s'est opérée la remise, soit le juge du lieu de l'arrestation. Il n'y a pas une véritable arrestation.

383. L'étranger qui, d'après les règles exposées, est devenu justiciable des tribunaux criminels de France, pourra-t-il, à raison de certaines circonstances, être soumis aux tribunaux dits d'exception, ou doit-il être toujours jugé par

(1) Voir Fœlix, *op. cit.*, t. II, n° 616 et suiv.
(2) Crim., 17 mars 1816.

les tribunaux ordinaires ? L'art. 64, du Code de justice militaire, fournit la réponse : *Sont également justiciables des conseils de guerre, lorsque l'armée se trouve sur le territoire français, en présence de l'ennemi, pour les crimes et délits commis dans l'arrondissement de cette armée : 1° les étrangers prévenus des crimes et délits prévus par l'article précédent* (les crimes et délits prévus par le titre II du livre IV du même Code). Voir art. 108 du Code de justice maritime du 22 avril 1858.

384. Au cas de complicité, l'art. 77 du même Code indique la solution. Il est ainsi conçu : *Tous les prévenus indistinctement sont traduits devant les tribunaux militaires... 2° s'il s'agit de crimes ou de délits commis par des justiciables des conseils de guerre et par des étrangers.* La généralité des termes de cet article embrasse toutes les hypothèses : il suffit que le crime ait été commis par des justiciables et des étrangers. L'étranger ne jouira pas des mêmes droits que le Français. Il ne pourra pas, comme lui, attirer le militaire devant la juridiction ordinaire : il le suivra devant le conseil de guerre pour y être jugé avec lui. « La loi ne doit pas à » l'étranger, disait M. Langlais au Corps Législatif, le 25 mai » 1857, tout ce qu'elle doit au citoyen français. Aucune » considération ne commande de changer pour lui l'ordre » des juridictions ; et s'il vient à troubler cette société qui » le protége et le fait vivre à l'ombre de ses lois, il n'a pas » le droit de se plaindre, quand on le traite comme un sol- » dat dont il a partagé ou provoqué la faute. »

385. Mais que décider vis-à-vis de l'étranger autorisé à établir son domicile en France ? Faut-il lui appliquer le bénéfice de l'art. 76, ou le soumettre aux prescriptions de l'art. 77 ? Je m'attache volontiers à l'opinion de mon honorable et savant maître, M. Molinier, professeur de Droit criminel à la Faculté de Toulouse : je pense que l'étranger domicilié doit jouir du bénéfice de l'art. 76. Cet étranger jouit de tous les droits civils ; sauf les droits politiques, il est assimilé à

un Français. Il doit, dans la question actuelle, être traité comme un Français : la faveur de l'art. 76 ne crée pas au profit du régnicole un droit politique, mais bien un droit civil.

386. « Ce que nous venons de voir pour la complicité, » ajoute M. Molinier, est également applicable, lorsque la » connexité exige que des délits communs et distincts, res- » pectivement imputables à des militaires présents à leur » corps... et à des étrangers non autorisés à établir leur » domicile en France, soient compris dans une même pro- » cédure... L'étranger ne pourra pas décliner la juridiction » du conseil de guerre pour amener devant les tribunaux » ordinaires des militaires présents à leurs corps, à raison » d'une poursuite qui comprend à la fois des délits dont la » connaissance appartient aux juges militaires, et des dé- » lits qui seraient jugés par les tribunaux ordinaires sans la » connexité qui ne permet pas de les disjoindre (1). »

387. J'ajoute qu'il a été jugé par la Cour de cassation, le 23 décembre 1858, que les artistes civils, fussent-ils étran- gers, commissionnés et attachés à un régiment comme mu- siciens, sont, en cette qualité, justiciables des conseils de guerre, à raison des crimes et délits par eux commis, quelle que puisse être l'irrégularité de leur incorporation (Code milit., art. 55 et 56).

(1) *Recueil de l'Académie de législation*, 1859, p. 402.

# LIVRE TROISIÈME.

## Exceptions générales.

---

388. Le droit public international apporte de remarquables exceptions aux principes exposés dans les deux livres précédents. Le caractère propre à certains fonctionnaires publics d'un Etat étranger s'oppose à ce qu'ils soient soumis en France à la juridiction civile ou criminelle de nos tribunaux. Une sujétion semblable porterait une directe et vive atteinte à l'indépendance de l'Etat étranger. — La France doit respecter cette indépendance, comme elle peut exiger le respect de celle qui lui est propre. — Sans ce respect réciproque, les relations politiques deviendraient impossibles. L'intérêt général des nations, celui de la France elle-même, a donc fait créer diverses immunités en faveur de ces fonctionnaires. Les publicistes se sont exercés à en déterminer la nature et l'étendue. Peu de matières ont fait naître des décisions plus contradictoires et des règles plus indécises : la raison en est toute naturelle. Il n'y a pas de loi internationale positive, pas de droits sanctionnateurs. Les règles du droit international public se fondent sur des précédents dirigés en sens divers par des intérêts opposés. Elles s'inspirent des notions éternelles du droit ; mais ces notions, que de fois la passion ou l'intérêt les obscurcissent ! Aussi la

doctrine et la pratique internationale offrent-elles au jurisconsulte les solutions les plus variées.

Trois catégories de personnes, revêtues d'un caractère public, sont l'objet habituel des études des publicistes. Je suivrai leur exemple et, comme eux, je chercherai quel est le pouvoir juridictionnel des tribunaux français sur les souverains étrangers, les agents diplomatiques et les consuls des nations étrangères. Ce livre contiendra donc trois chapitres consacrés à chacune de ces trois catégories de personnes publiques. Dans un quatrième, je dirai quelques mots des législations étrangères. Que le lecteur ne s'étonne point de l'abondance des citations : dans une matière fondée sur la coutume générale, les écrits des publicistes forment presque l'unique source où l'on puisse puiser.

# CHAPITRE PREMIER.

### DES SOUVERAINS ÉTRANGERS.

389. L'histoire nous offre de fréquents exemples de souverains étrangers traversant le territoire de la France. De nos jours, il semble que les princes ont encore plus que leurs ancêtres le goût des voyages, la passion des entrevues ; et sous le seul règne de Napoléon III, les murs de notre capitale ont donné et donnent tous les jours l'hospitalité à plusieurs têtes couronnées. Ces princes sont-ils, pendant leur séjour en France, soumis à la juridiction des tribunaux français ? J'emprunte à un éminent professeur de la Faculté de Paris, M. Ortolan, une lumineuse distinction.

390. Si ces princes étrangers, constituant dans leur Etat, d'après le droit public de la nation, l'autorité investie du pouvoir de négocier, de nommer des ambassadeurs, viennent eux-mêmes traiter personnellement, comme le faisait, il y a quelques mois à peine, Léopold, roi des Belges, une

négociation politique, qui pourrait leur dénier le droit à l'immunité de juridiction dont jouissent leurs propres ambassadeurs? Le caractère, le but de leur séjour sont les mêmes ; en outre, leur personne appartient à un ordre plus élevé. Ils résument en eux la plus haute autorité de l'Etat : ce caractère les accompagne et les suit hors du territoire national. N'est-ce pas lui qui leur donne le pouvoir de venir négocier les affaires de l'Etat? Méconnaître ce caractère, ne serait-ce pas attenter à l'indépendance, à l'égalité souveraine de l'Etat étranger? Ces princes doivent donc être inviolables, exempts de tout pouvoir : ils ne peuvent recevoir ni mandement ni défense. En fait, l'hypothèse d'une négociation diplomatique devra être ordinairement supposée. Les princes souverains, les magistrats suprêmes, investis du gouvernement d'une nation, ne se dérangent guère que pour les intérêts de l'Etat.

391. Mais si cette hypothèse est inadmissible, parce que le voyage du prince, accompli dans un incognito vrai ou supposé, a, comme celui d'Alexandre II de Russie, un tout autre but, une raison de santé, de distraction, un motif d'instruction privée, ou bien encore parce que les lois de l'Etat ne donnent pas au prince le pouvoir de négocier personnellement les affaires publiques, la solution doit être cherchée dans une considération différente. Le noble voyageur est-il un monarque régnant, inviolable et dégagé de toute responsabilité dans l'Etat soumis à sa puissance, sur la personne duquel repose le gouvernement du pays, est-il le chef d'une République, à l'égard duquel les lois de la République suspendent, pendant la durée de ses fonctions, toute responsabilité, la France doit aux autres nations de respecter cette inviolabilité, cette suspension de la responsabilité civile ou pénale. C'est un sacrifice fait au droit public d'un autre Etat, causé par l'intérêt majeur qui s'attache pour cet Etat à la personne du chef de son gouvernement, sacrifice commandé par les rapports de bonne amitié et de

convenance réciproques qui doivent exister entre Etats souverains, unis par des relations amicales.

392. Au contraire, la législation du pays qu'il gouverne rend-elle le prince ou le magistrat, chargé du gouvernement, responsable en cette qualité devant les tribunaux civils ou criminels de l'Etat, le juges français seront compétents pour connaître des contestations civiles ou des procès criminels dans lesquels ce prince ou ce magistrat étranger sera intéressé.

393. Donc, sous le bénéfice de cette distinction, si un tribunal français était saisi d'une action civile dirigée contre la personne de ce souverain étranger, en cette qualité, il devrait se déclarer incompétent et débouter le demandeur. Ce dernier ne pourrait que s'adresser à son propre souverain, afin que, grâce à cette entremise, le prince étranger fît droit à ses justes réclamations. — Un crime a-t-il été commis par le royal visiteur, celui-ci ne sera pas davantage soumis à la juridiction française : nos tribunaux de répression sont encore incompétents. A l'Empereur seul appartient le pouvoir de réclamer satisfaction, tant au nom des parties lésées qu'à celui de la justice outragée. La question paraît, du reste, plus théorique que pratique : mes souvenirs ne m'offrent guère que les noms de Christine de Suède et de Monaldeschi ; et Christine n'était plus souveraine, et sans l'extrême jeunesse de Louis XIV et les embarras de l'époque, le crime de Fontainebleau ne serait peut-être pas resté impuni.

394. Mais cette exemption de la juridiction des tribunaux français ne s'étend pas assurément aux immeubles que le souverain étranger peut posséder sur le territoire de la France. Ces biens sont soumis à la loi française, et les tribunaux sont compétents pour juger toutes les questions qui s'élèvent à leur sujet (art. 3, C. N.). De même, si le souverain étranger a contracté une obligation en son nom personnel, dans son intérêt privé, il sera encore justiciable de

nos tribunaux comme un simple particulier. Je n'admettrais pas cependant la validité de la citation en justice faite personnellement au prince. Sa présence momentanée sur le territoire français ne suffit pas pour autoriser une dérogation à la marche habituellement suivie. Le demandeur français devra donc adresser, par l'intermédiaire du procureur impérial, l'exploit introductif d'instance au ministre des affaires étrangères. Ce secrétaire d'Etat le fera parvenir par les voies diplomatiques au ministre du souverain étranger, et le procès suivra son cours ordinaire (1).

## CHAPITRE II.

### DES AGENTS DIPLOMATIQUES.

395. Chargé d'une mission occasionnelle ou d'une légation en permanence, l'ambassadeur étranger doit venir en France soutenir avec fidélité, avec fermeté les prétentions, les intérêts, les droits de sa nation. Il se confie à la foi de notre gouvernement. Cette situation spéciale, la nature même des missions diplomatiques exigent des garanties spéciales et particulières. Leur absence rendrait impossibles ces fonctions si nécessaires. A défaut d'une force matérielle, le droit international doit protéger les ambassadeurs. L'Etat est obligé de protéger la personne et les biens de tous les étrangers, résidant ou passant dans le pays, contre tout acte illicite. Mais il doit une protection plus spéciale aux envoyés diplomatiques. Cette protection particulière consiste à assu-

(1) Ortolan, *Eléments de Droit pénal*, t. I, n° 531 et suiv. — Puffendorf, *De jure naturæ et gentium*, lib. 8, cap. 4, § 21. — Bynkershoek, *De foro legatorum*, cap. 3, § 13. — Wheaton, *Eléments du Droit international*, t. I, p. 119. — Martens, *Précis du Droit des gens*, liv. 5, § 172. — Kluber, *Droit des gens*, p. 323. — Burlamaqui, *Principes du Droit de la nature et des gens*, t. V, chap. 13, § 6.

rer leur inviolabilité, à les affranchir de certaines règles auxquelles sont assujétis les autres étrangers, et notamment à les exempter, en matière civile ou criminelle, de la juridiction locale. Quel est le fondement, quelle est l'étendue de ce privilége ?

### § 1. — Fondement de l'immunité diplomatique.

396. Les diverses opinions émises par les publicistes sur le fondement de l'immunité diplomatique peuvent se grouper en quatre systèmes. Le premier considère la demeure de l'envoyé diplomatique comme une terre étrangère, une continuation du sol de sa patrie. Tout acte de la juridiction locale est une violation du territoire. Ce système s'appuie sur une fiction qui a depuis longtemps cours dans toute la diplomatie. Passée à l'état d'axiome, elle semble, par la force de l'habitude, donner la solution des difficultés. On la désigne par le mot d'*exterritorialité*. Pleinement admise par Grotius, Réal, Ch. de Martens, et même par Wheaton (1), cette fiction dangereuse ne saurait être adoptée. Inventée d'abord pour rendre plus saisissante l'immunité des ambassadeurs, prise ensuite presque à la lettre, elle a conduit les publicistés les plus accrédités à des solutions inacceptables. « Une fiction, dit M. Ortolan, c'est-à-dire quelque chose de » contraire à la vérité, ne saurait être une raison (2). » La fiction de l'exterritorialité se trouve chaque jour en perpétuelle contradiction avec les faits. Les publicistes, désunis, reculent devant le plus grand nombre de ses conséquences. Chacun, suivant la tendance propre de son esprit, étend ou resserre la fiction avec cette facilité à laquelle elles se prê-

---

(1) Grotius, *De jure belli ac pacis*, lib. 2, cap. 18, 8. — Réal, *Science du gouvernement*, t. V, chap. 1, sect. 7. — Ch. de Martens, *Manuel diplomatique*, § 21. — Wheaton, t. I, p. 199.

(2) Ortolan, *op. cit.*, n° 521.

tent toutes. Ce résultat suffit seul pour montrer que ce n'est pas dans une supposition fausse, démentie par les faits quotidiens, qu'il faut chercher le véritable motif des solutions désirées.

397. Dans un deuxième système, le privilége des ministres étrangers reposerait sur une sorte de convention. Un contrat se forme entre eux et le souverain près lequel ils sont accrédités. Ils s'obligent à respecter le souverain et les lois du pays ; le souverain s'oblige à les protéger. S'ils manquent à leur engagement, s'ils commettent quelque attentat, la nation n'est plus tenue de respecter seule un contrat violé et de conserver des priviléges aux violateurs de leur foi. Cette convention est tacite ; elle résulte, suivant Wheaton, d'un côté, du fait de l'envoi de l'ambassadeur, et de l'autre côté, de sa réception : en vertu de ce contrat, l'envoyé ne peut, tant qu'il le respecte, être soumis qu'à l'autorité de sa propre nation (1). Système faux et impraticable : il livre l'ambassadeur à l'arbitraire caprice du chef de l'Etat. Remplit-il vigoureusement, énergiquement sa mission, on l'accuse de complots, on déclare le contrat détruit. Cette théorie contient une portion de la vérité ; l'ambassadeur doit respecter les lois du pays ; mais quel besoin de recourir à un contrat tacite ? C'est encore une fiction.

398. Quel est donc le motif de l'immunité de juridiction accordée par le droit international aux agents diplomatiques ? C'est la nécessité de leur assurer toute la sécurité et toute l'indépendance nécessaires à l'accomplissement de leurs importantes fonctions. S'ils pouvaient être poursuivis, arrêtés, condamnés par les juges du pays où ils sont accrédités, emprisonnés à la requête de leurs créanciers, ils se trouveraient dans une position inférieure et subordonnée, eux, les représentants d'un Etat souverain égal en droit. Pour-

_______

(1) Thomasius, *Jurisprudentia divina*, lib. 3, cap. 9, § 36. — Barbeyrac, notes sur Bynkershoek, chap. 24, § 12. — Burlamaqui, *op. cit.*, chap. 15.

raient-ils avoir la liberté d'action qui leur est nécessaire ?
Ne craindraient-ils pas que de fallacieux prétextes ne ser-
vissent à pénétrer les secrets de leur mission, ou à se venger
du dévouement et de l'activité déployés dans la défense des
droits de leur souverain? L'exemption de la juridiction locale
en matière civile ou criminelle est donc fondée sur l'utilité
mutuelle que trouvent les nations dans la consécration de
l'indépendance des ambassadeurs. Elle repose aussi sur l'idée
d'égalité. « Le fait, dit Wicquefort, la raison pourquoi le
» droit des gens exempte le ministre public de la juridiction
» du lieu de sa résidence est parce qu'il représente un
» souverain sur lequel un autre souverain n'a ni supériorité
» ni juridiction. C'est pourquoi il ne peut l'étendre sur son
» ambassadeur non plus (1). » « Le droit des gens, dit
» Montesquieu (2), a voulu que les princes s'envoyassent des
» ambassadeurs, et la raison, tirée de la nature de la chose,
» n'a pas permis que ces ambassadeurs dépendissent du
» souverain chez qui ils sont envoyés, ni de ses tribunaux.
» Ils sont la parole du prince qui les envoie, et cette parole
» doit être libre. Aucun obstacle ne doit les empêcher d'agir.
» Ils peuvent souvent déplaire, parce qu'ils parlent pour un
» homme indépendant. On pourrait leur imputer des crimes,
» s'ils pouvaient être punis pour des crimes ; on pourrait
» leur supposer des dettes, s'ils pouvaient être arrêtés pour
» dettes. Un prince qui a une fierté naturelle parlerait par
» la bouche d'un homme qui aurait tout à craindre ! Il faut
» donc suivre, à l'égard des ambassadeurs, les raisons tirées
» du droit des gens et non pas celles qui dérivent du droit
» politique. Que s'ils abusent de leur être représentatif, on
» le fait cesser en les renvoyant chez eux : on peut même

---

(1) Wicquefort, *L'ambassadeur et ses fonctions*, liv. 1, p. 822. — Villefort,
*Revue critique*, 1858.

(2) Montesquieu, *Esprit des lois*, liv. 26, chap. 21. — Bynkershoek, *De
foro competenti legatorum*, chap. 8, § 2.

» les accuser devant leur maître, qui devient par là leur
» juge et leur complice. »

« La loi naturelle impose à tous les souverains l'obligation
» de consentir aux choses sans lesquelles les nations ne
» pourraient cultiver la société que la nature a établie entre
» elles, correspondre ensemble, traiter de leurs affaires,
» ajuster leurs différends. Or, les ambassadeurs et autres
» ministres publics sont des instruments nécessaires à l'en-
» tretien de cette société générale, de cette correspondance
» mutuelle des nations. Mais leur ministère ne peut attein-
» dre la fin à laquelle il est destiné, s'il n'est muni de toutes
» les prérogatives capables d'en assurer le succès légitime
» et de le faire exercer en toute sûreté, librement et fidèle-
» ment. Le même droit des gens qui oblige les nations à
» admettre les ministres étrangers les oblige donc aussi
» manifestement à recevoir ces ministres avec tous les droits
» qui leur sont nécessaires, tous les priviléges qui assurent
» l'exercice de leurs fonctions. Il est aisé de comprendre que
» l'indépendance de la juridiction doit être l'un de ces pri-
» viléges. Sans elle, la sûreté, si nécessaire au ministre
» public, ne sera que précaire ; on pourra l'inquiéter, le
» persécuter, le maltraiter sous mille prétextes. Souvent le
» ministre est chargé de commissions désagréables au prince
» à qui il est envoyé ; si ce prince a quelque pouvoir sur lui,
» et régulièrement une autorité souveraine, comment espé-
» rer que le ministre exécutera les ordres de son maître
» avec la fidélité, la fermeté, la liberté d'esprit nécessai-
» res? Il importe qu'il n'ait point de juges à redouter, qu'il
» ne puisse être distrait de ses fonctions par aucune chi-
» cane (1). »

399. Si ces trois systèmes diffèrent quant au motif de
l'exemption de juridiction, du moins ont-ils ce point commun, que tous admettent cette exemption. Un quatrième

_________

(1) Vattel, *Droit des gens*, liv. 4, chap. 7, 92.

système la refuse, au contraire, aux agents diplomatiques, tout en proclamant leur inviolabilité. D'après le droit des gens lui-même, la puissance souveraine de chaque nation s'étend exclusivement sur toutes les personnes, sur toutes les choses placées dans les limites du territoire, sur tous les faits qui s'y accomplissent. Cette puissance est absolue : les agents diplomatiques n'en sauraient être affranchis. L'inviolabilité est une sauvegarde contre les injustices et les violences ; elle ne saurait donner la liberté de commettre des forfaits et procurer l'impunité. Il suffit d'éloigner des ambassadeurs les atteintes de la force : ils restent soumis à la loi de responsabilité qui régit toutes les actions humaines. Craignez-vous que l'indépendance du ministre étranger soit compromise? que des délits imaginaires ne permettent d'indiscrètes poursuites ? Craignez plutôt pour la sûreté de l'Etat, *salus populi suprema lex esto* (1).

Ce système faux a été complétement repoussé par la pratique qui, sans admettre l'une ou l'autre des trois premières opinions, attribue à l'ambassadeur une entière indépendance de la juridiction de l'Etat où il réside. L'immunité de la juridiction est un principe consacré par les usages internationaux.

400. La législation française reconnaît qu'en cette matière, c'est le droit international qui doit être suivi. Cependant, tout en admettant le principe de l'indépendance des ministres publics étrangers, on cherchait autrefois à le limiter et à le circonscrire *par des exceptions qui en diminuaient singulièrement les effets*, dit Merlin (2). En 1789, les ambassadeurs et ministres étrangers firent demander à l'Assemblée nationale, par le ministre des affaires étrangères, l'explica-

---

(1) Perezius, *Prælectiones in Codicem*, liv. 10, tit. 63, n° 10. — Antonio de Vera, *Le parfait Ambassadeur*, n° 45. — Cocceius, *Jus. civ. controv. lib. XL, de legationibus*, quest. 3, traduit par Le Seyllier, t. II, p. 595.

(2) Voir les documents rapportés au *Répertoire*, v° *ministre public.*

tion d'un décret du 13 octobre 1789, déclarant « que dans
» tous les cas où le salut de l'Etat est compromis, il n'y a
» pas de lieux privilégiés. » L'Assemblée décida « que la
» demande de MM. les ambassadeurs et ministres étrangers
» devait être renvoyée au pouvoir exécutif ; mais que dans
» aucun cas elle n'avait entendu porter atteinte par ses dé-
» crets à aucune de leurs immunités. » Un décret de la Convention nationale du 13 ventôse an II, encore en vigueur de
nos jours, est ainsi conçu : « La Convention nationale inter-
» dit à toute autorité constituée d'attenter, en aucune ma-
» nière, à la personne des envoyés des gouvernements
» étrangers ; les réclamations qui pourraient s'élever contre
» eux seront portées au Comité du Salut public, qui seul est
» compétent pour y faire droit. » En vertu d'un arrêté du
22 messidor an XIII, ces réclamations doivent être adressées
au ministre des affaires étrangères.

Enfin, le premier projet du Code civil contenait un article qui proclamait, en termes exprès, les ministres étrangers complétement indépendants de la juridiction des tribunaux français. Il était ainsi conçu : « Les étrangers revêtus
» d'un caractère représentatif de leur nation, en qualité
» d'ambassadeurs, de ministres, d'envoyés, ou sous quel-
» que autre dénomination que ce soit, ne seront point tra-
» duits, ni en matière civile, ni en matière criminelle de-
» vant les tribunaux de France ; il en sera de même des
» étrangers qui composeront leur famille ou qui seront de
» leur suite. » Cet article fut supprimé par le motif qu'il appartenait au droit des gens et non à une loi de régime intérieur ; les modifications apportées au principe de l'art. 3,
C. N., devant être l'objet de traités ou de stipulations entre
les Etats (1). Mais si le texte a été supprimé, la volonté de
nos législateurs a toujours été de reconnaître l'immunité di-

_______________

(1) Locré, *Séances du 6 thermidor an IX et du 23 frimaire an X.* — Gre-
nier, *Rapport au Tribunat.*

plomatique. Avec sagesse, ils se tiennent volontairement dans les généralités, renvoyant au droit international public la solution de difficultés qui intéressent également les autres peuples. Ils se bornent à défendre à toute autorité de s'immiscer dans les affaires des ministres étrangers, laissant ainsi au chef de l'Etat toute liberté d'action. Mais la doctrine, appuyée sur les précédents, sur les clauses des traités, sur les opinions des publicistes, doit suppléer au silence du législateur.

### § 2. — Nature de l'immunité diplomatique.

401. L'exemption de juridiction, qui appartient à l'agent diplomatique, est-elle une institution d'ordre public, obligatoire pour l'agent lui-même? Est-elle un privilége purement personnel dont il puisse abandonner le bénéfice? Le ministre étranger peut-il renoncer à son immunité? Distinguons les matières civiles des matières criminelles.

402. A l'égard des premières, il est peu de questions sur lesquelles les publicistes soient plus divisés et la plupart moins explicites. Wheaton déclare que l'exemption de la juridiction locale ne s'applique pas aux affaires contentieuses dans lesquelles l'ambassadeur s'est volontairement porté partie (1). Vattel, Ch. de Martens, de Réal, refusent au ministre étranger le pouvoir de renoncer à son immunité sans l'assentiment de son souverain. Ce privilége est un droit, fondé sur un motif d'ordre public, droit qui appartient au prince représenté plus qu'à l'ambassadeur lui-même. La Cour de Paris a pensé, comme ces publicistes, que les agents diplomatiques n'avaient pas le pouvoir de se dépouiller de leur privilége et que l'incompétence des tribunaux français était d'ordre public (2).

(1) Wheaton, *op. cit.*, t. I, 3ᵉ part., chap. 1, § 15.

(2) Vattel, *op. cit.*, § 111. — Ch. de Martens, *op. cit.*, § 22. — Wicquefort, *op. cit.* — De Réal, *op. cit.*, t. V, chap. 1, sect. 7. — Paris, 21 août 1841.

Bynkershoek, Martens, Wicquefort admettent que le ministre peut renoncer à son privilége en formant une demande devant nos tribunaux; cette renonciation ne peut engager l'ambassadeur à autre chose qu'à permettre de juger et de prononcer; on n'exécutera pas la sentence, s'il peut résulter de cette exécution quelques empêchements pour l'ambassade. Ce dernier système convient parfaitement, par sa vague généralité, à une matière où il n'y a rien de déterminé et d'absolu. L'usage a toujours tendu à exagérer le droit, et *cette tendance n'a rien qui doive étonner quand on considère qu'il s'agit de priviléges, c'est-à-dire de cette nature de droits qui, par eux-mêmes, cherchent toujours à s'agrandir* (1). Pourquoi l'ambassadeur ne pourrait-il renoncer à son privilége, toutes les fois que cette renonciation ne blesse nullement son caractère représentatif?

403. Conformément à ce dernier système, si le ministre étranger a soumis lui-même une affaire contentieuse au jugement de nos tribunaux, il doit subir les conséquences de son action. Se démet-il de la demande par lui formée et est-il condamné aux dépens? il sera forcé de défendre aux poursuites dirigées contre lui pour la liquidation de ces dépens; l'exception d'incompétence qu'il essaierait de soulever serait justement repoussée. De même, s'il gagne sa cause en première instance, il devra se laisser juger en appel. Une demande reconventionnelle lui est-elle opposée? il est obligé de souffrir qu'elle soit jugée par nos magistrats, saisis en vertu de l'action qu'il a lui-même intentée. Seulement, le créancier ne pourra pas faire exécuter le jugement sur la personne de l'ambassadeur, ni sur ses biens mobiliers ou son hôtel. Il ne pourra saisir que les immeubles que l'envoyé diplomatique possède, à titre privé, en France ou à l'étranger.

404. La renonciation à l'exemption peut-elle s'induire de

_______

(1) Villefort, *Revue critique*, 1858.

certains faits ? peut-elle être tacite? Le tribunal civil de la Seine a rendu, en 1855 (le 10 août?), dans une espèce assez remarquable, un jugement qui montre que ces questions n'appartiennent pas, comme on pourrait le croire, à la pure théorie. Un ensemble de circonstances relevées dans le jugement, fit admettre au tribunal que l'agent diplomatique, contre lequel l'action était dirigée, devait être considéré comme ayant renoncé à l'exemption de juridiction. Ce jugement fut confirmé par un arrêt de la Cour de Paris, du 14 août 1857, qui, moins bien motivé que le jugement, ne résisterait peut-être pas à une critique un peu serrée ; mais elle m'entraînerait trop loin de mon sujet.

405. En matière criminelle, on décide généralement que le ministre étranger ne peut renoncer à son privilége et se laisser juger par les tribunaux français. Ceux-ci devraient se déclarer incompétents. En effet, leur jugement futur ne produirait aucune conséquence. La peine ne pourrait être infligée, en pays étranger, à l'envoyé après la cessation de ses fonctions, puisque les jugements étrangers n'ont, au criminel, dans les législations les plus avancées, que l'autorité de la chose jugée et non la force exécutoire. D'autre part, l'agent ne pourrait être tenu de la subir en France pendant la durée de ses fonctions : la nature de ces dernières s'oppose à un semblable état de choses. Mais que décidera-t-on, si l'envoyé diplomatique se porte partie civile devant la Cour d'assises, ou use en police correctionnelle du droit de citation directe, reconnu par l'art. 64, Instr. crim. La question a sa valeur : car la partie civile, agissant à ses risques et périls, peut être condamnée aux frais de la procédure et à des dommages-intérêts ; et, ce qui est beaucoup plus grave, la responsabilité très-onéreuse qui pèse sur elle, peut donner lieu à l'application d'une peine corporelle, lorsque l'accusation a été déclarée calomnieuse, art. 373, Code pénal.

Cette dernière conséquence me porte à penser que les

envoyés étrangers doivent prudemment s'abstenir de se porter partie civile. Ils se contenteront d'adresser leurs plaintes au ministre des affaires étrangères, qui avisera le Garde-des-sceaux.

Après avoir indiqué la nature et le fondement de l'immunité diplomatique, il faut en fixer l'étendue, et quant aux actions et quant aux personnes investies de ce privilége.

### § 3. — Etendue de l'immunité diplomatique.

406. L'inviolabilité de l'agent diplomatique le soustrait à la juridiction française en matière civile et en matière criminelle. L'ambassadeur ne relève pas de la juridiction du lieu de sa résidence, et ne saurait être troublé dans l'exercice de ses fonctions. Ne peut-on cependant le traduire en matière civile devant nos tribunaux? Il faut, je crois, user d'une distinction. Si la citation en justice a pour objet un acte dont les conséquences puissent porter atteinte à l'inviolabilité de l'ambassadeur, à sa liberté, au paisible exercice de ses fonctions, la citation doit être considérée comme nulle. Tout ce qui peut porter atteinte à la liberté de l'ambassadeur est prohibé par le décret du 13 ventôse an II. Ainsi, on ne saurait prononcer contre un envoyé étranger une condamnation emportant la contrainte par corps. Il ne peut être traduit devant nos tribunaux pour violation de dépôt et ne peut être constitué gardien judiciaire (1). On doit repousser encore toute action relative à des faits qui se rattachent plus ou moins à l'objet de la mission. On ne saurait poursuivre les personnes, attachées à une ambassade en France, devant les tribunaux français, pour l'exécution des obligations par elles contractées en cette qualité, envers des Français, pendant la durée de leurs fonctions et pour des intérêts non étrangers à leur caractère (2).

(1) Paris, 5 avril 1813 et 19 mai 1829.
(2) Paris, 29 juin 1814.

407. Si l'action intentée devant les tribunaux civils n'a, au contraire, aucun lien avec la mission diplomatique, si elle a seulement pour objet de forcer l'ambassadeur à reconnaître, à exécuter un engagement civil, non susceptible par lui-même de faire naître la contrainte par corps, je ne vois pas pourquoi on ne pourrait soumettre l'ambassadeur à la règle de l'art. 14. C. N. Il n'en peut résulter aucun empêchement pour l'accomplissement de sa mission ; et le jugement, sauf certaines distinctions, peut recevoir son exécution sur les biens de l'ambassadeur.

408. Sous certaines distinctions, dis-je : en effet, l'exemption de la juridiction est un privilége personnel ; elle ne saurait couvrir que les biens intimement attachés à la personne ; mais elle couvre tous ces biens. L'indépendance personnelle de l'ambassadeur lui serait peu utile, si elle ne s'étendait à tout ce qui est nécessaire au digne accomplissement de ses fonctions. Tout ce qui est à son usage doit suivre sa condition, tous les objets nécessaires à son entretien et à celui de la légation doivent être exempts de la juridiction locale, et tous ses effets sont insaisissables (1).

409. Mais si l'envoyé étranger s'est livré au commerce, s'il a fait exploiter pour son compte une manufacture, un domaine, un magasin, s'il élevait des animaux, des chevaux ou des bêtes à corne, quelle liaison rattache les obligations contractées dans ces différents négoces à la mission diplomatique dont il est chargé? Toutes ces conventions sont étrangères à l'ambassade : elles ne sont point indispensables à son existence. Ces conventions restent donc soumises à la juridiction française, et l'on appliquera à l'ambassadeur le principe de l'art. 14. C. N. Seulement, d'après plusieurs auteurs, on ne pourrait citer directement le ministre étranger, mais on devrait seulement saisir les choses relatives à

_______

(1) Vattel, *op. cit.*, liv. 4, chap. 8, § 113. — De Martens, *op. cit.*, § 217. — Ch. de Martens, *op. cit.*, § 28. — De Réal, *op. cit.*, t. V, chap. 1, sect. 9,

son commerce, et s'il y avait nécessité de plaider, la citation devrait lui être adressée par l'intermédiaire du ministre des affaires étrangères (1). Mais les effets de son commerce ne pourraient être saisis pour une cause étrangère, provenant des affaires faites en sa qualité de ministre, pour le paiement de son loyer, etc.

M. Gérard de Rayneval me paraît aller plus loin : il refuse au ministre étranger la faculté de contracter des dettes sans se voir aussitôt déchu de son immunité. « C'est par une » conséquence nécessaire de ces maximes, dit-il, qu'un » agent politique, s'il se permet de faire des dettes, peut » être forcé de les acquitter (2). »

410. Quant aux immeubles de l'ambassadeur, ils sont soumis à la juridiction française. Le caractère politique de l'ambassadeur ne change rien à sa possession. Tous les immeubles situés sur le territoire français sont soumis à la loi française, et nos juges sont compétents pour connaître des contestations élevées à l'occasion de ces biens. Je n'admettrais cependant pas que l'on pût procéder à la saisie immobilière de l'hôtel habité par l'ambassadeur, auquel il appartient ; ou tout au moins devrait-on respecter l'habitation de l'envoyé diplomatique et le laisser jouir de l'hôtel pendant toute la durée de sa mission, sauf à régler ensuite le loyer qui pourrait être dû à l'acquéreur sur expropriation. J'avoue toutefois qu'il serait plus prudent et plus conforme aux bienséances de s'adresser au ministre des affaires étrangères, pour obtenir, par son intermédiaire, une solution satisfaisant les intérêts divers des créanciers de l'ambassadeur et de la mission diplomatique.

411. Burlamaqui donne une plus grande extension à l'exemption accordée à l'ambassadeur, en déclarant indis-

______

(1) Vattel, *loc. cit.* — De Réal, *loc. cit.* — De Martens, *loc. cit.* — Kluber, *Droit des gens,* § 209.

(2) *Institut., du Droit de la nat. et des gens*, chap. 14, § 5.

tinctement que ses biens quelconques sont à l'abri de toute
saisie. Il veut qu'en cas de refus de l'ambassadeur de payer
ses dettes, on s'adresse à son souverain. Si ce prince refuse
de faire justice, Burlamaqui permet alors de saisir les biens;
conclusion qui détruit ses propositions précédentes. Le système de ce publiciste ne fait que créer un détour inutile (1).

412. M. Pinheiro-Ferreira, au contraire, dans ses notes
sur de Martens, refuse aux ambassadeurs l'exemption de
la juridiction civile. L'Etat ne peut accorder de privilége
diplomatique, parce qu'il ne peut disposer des droits légitimes des citoyens. Il devrait alors se charger de payer les
dettes de l'envoyé diplomatique. Cet estimable publiciste
paraît croire qu'on veut dispenser l'ambassadeur de l'obligation de payer ses dettes. Personne n'a élevé cette inqua-
lifiable prétention. La question porte toute entière, non sur
le fond du droit, mais sur le mode d'exécution. Sera-ce le
juge local, le juge français qui condamnera l'ambassadeur à
payer? Ne faut-il pas décider de préférence que c'est le souverain de l'individu lésé qui doit, par voie diplomatique,
réclamer le désintéressement de son sujet? M. Pinheiro-
Ferreira recommande la circonspection aux officiers ministériels chargés de procéder aux saisies. Cette recommandation est excellente ; mais où commence, où finit le droit
de saisir?

413. Une action criminelle ne peut être intentée contre
un ambassadeur étranger. Quelques criminalistes proposent
de distinguer les grands crimes des délits légers, de punir
l'ambassadeur pour les premiers, de méconnaître les seconds. Je ne saurais souscrire à cette distinction. Rendre les
ambassadeurs justiciables des tribunaux français pour les
grands crimes qu'ils peuvent commettre, c'est ouvrir toute
grande la porte à l'arbitraire et au caprice. Quel pouvoir fixera
la limite infranchissable qui sépare les délits légers des

(1) Burlamaqui, *op. cit.*, chap. 13, § 12.

crimes atroces ? Ne verra-t-on pas aussitôt apparaître, au sein même de la doctrine, les opinions les plus divergentes et les plus opposées ? Sous le prétexte de rechercher les traces, les preuves d'un crime atroce, ne pourra-t-on violer le secret de la mission? en interrompre le cours? L'inconvénient que l'exemption de juridiction devait faire disparaître, ne renaît-il pas aussitôt? Nulle distinction donc entre les faits délictueux, basée sur leur gravité, leur atrocité ou leur légèreté.

414. La France n'a jamais admis que ses ambassadeurs fussent, en matière criminelle, justiciables des tribunaux étrangers. François I<sup>er</sup> se plaignait amèrement, en 1533, au duc de Milan, et lui demandait compte de la mort du chevalier Merueille, son ambassadeur. Dans le droit international public la réciprocité est la règle : il ne faut pas blesser cette égalité parfaite qui doit régner entre les divers Etats souverains. « J'avoue, dit Grotius, qu'il y a des crimes si » manifestes, qu'on ne saurait raisonnablement douter qu'ils » ne soient tels; mais, quoiqu'il puisse arriver qu'un am- » bassadeur commette des crimes de cette nature, cela » n'empêche pas qu'il ne soit à propos de le mettre, même » alors, à couvert de toute punition de la part de la puis- » sance auprès de laquelle il est envoyé. Car il suffit, pour » rendre juste et utile une loi générale, qu'elle tende à pré- » venir un danger auquel on est exposé le plus souvent (1). »

415. L'ambassadeur étranger sera-t-il donc irresponsable du crime par lui commis? Non ; s'il n'est pas tenu de répondre de ses actes devant nos tribunaux de répression, l'envoyé diplomatique est responsable devant les autorités de son pays. La punition méritée, les réparations à fournir deviennent une affaire internationale. Le gouvernement français exige alors, par voie diplomatique, le châtiment mérité. L'autre Etat ne peut se refuser à l'infliger au ministre

______

(1) Grotius, *De jure belli*, etc., traduction de Barbeyrac, liv. 2, chap. 18.

prévaricateur, sans devenir, selon l'expression de Montesquieu, le complice de son ministre. Le gouvernement français peut non-seulement demander son rappel, mais encore, comme le dit Grotius, enjoindre à l'ambassadeur de quitter le territoire dans un délai déterminé, si les circonstances l'exigent (1).

446. Le ministre étranger échappera-t-il encore à la juridiction de nos juges, si le crime qui lui est reproché est un crime en cours d'exécution contre l'Etat français ? C'est une conjuration dans le but de renverser le trône qui se trame dans l'ombre, une rébellion qui se prépare : on attente à la fortune publique par la falsification des monnaies ou des papiers nationaux. L'Etat français doit-il se contenter de renvoyer le ministre étranger à son souverain ? L'histoire et les publicistes ne nous offrent que des précédents et des opinions contradictoires. Wheaton reconnaît qu'il est impossible de tirer des règles générales des exemples fournis par l'histoire politique des nations. Barbeyrac, en ses notes sur Bynkershoek, soutient que, dans cette hypothèse, les ambassadeurs sont justiciables des tribunaux du pays. Bynkershoeck et Vattel pensent que les inconvénients qui, dans la pratique, résulteraient de l'application de cette opinion, la rendent inadmissible. Ils la restreignent au cas où l'ambassadeur en vient aux voies de fait, prend les armes et recourt à la violence. Le droit suprême de légitime défense, de conservation autorise cette manière d'agir : la défense de soi-même est de droit naturel. *Quod si vim armatam intentet legatus*, dit Grotius, *sanè occidi poterit*. La majorité des publicistes s'est ralliée à l'opinion des publicistes hollandais.

447. Si l'ambassadeur, sans aller jusqu'à la violence armée, ourdit des trames dangereuses, conspire contre la

_______________

(1) Merlin, *loc. cit.* — Mangin, *De l'action publique*, t. I, nº 79. — Legraverend, *Législation criminelle*, t. I, p. 102.

sûreté de l'Etat ; sera-t-il justiciable de nos tribunaux de répression ? Je ne le pense pas. Mais l'Etat français n'est point désarmé. Il s'agit de se défendre. Le gouvernement attaqué a le droit de prendre contre l'agresseur toutes les mesures de défense indispensables pour écarter le péril. Se saisir de sa personne, le faire conduire sous escorte jusqu'à la frontière ou le retenir prisonnier, exiger du gouvernement étranger un désaveu formel et une punition exemplaires, poursuivre par les armes contre l'Etat étranger, complice de son ambassadeur, la défense de nos droits : telles sont les mesures que peut prendre l'Etat français. Le décret de ventôse an II garantit bien aux envoyés étrangers leur inviolabilité contre les tentatives de toutes les autorités inférieures, chargées de poursuivre les crimes et les délits ; mais cette loi ne défend pas, permet même d'arrêter le ministre qui attente à la sûreté générale. Est-il mis dans l'impossibilité de continuer ou de renouveler ses attentats ? il reste à la disposition du chef de l'Etat. Celui-ci demande satisfaction au souverain étranger qui l'avait accrédité. Mais je ne saurais dépasser ces limites. La France n'a pas le droit de faire juger et punir par ses tribunaux l'agent diplomatique. La trahison de l'ambassadeur ne le dépouille pas *ipso facto* de son caractère. Il ne peut être justiciable de nos tribunaux de répression que pour les délits postérieurs à la cessation de ses fonctions, lorsque son gouvernement l'a relevé de sa mission. Décidez que l'ambassadeur, qui conspire est justiciable de nos tribunaux, et on chargera aussitôt « d'odieuses couleurs les intrigues d'un ministre qu'on vou- » dra troubler ; on calomniera ses intentions et ses démar- » ches par une interprétation sinistre, on lui suscitera même » de fausses accusations. Enfin, les entreprises de cette na- » ture se font avec précaution ; elles se ménagent dans le » secret ; la preuve complète en est difficile et ne s'obtient » guère que par les formalités de la justice. Or, on ne peut » assujétir à ces formalités un ministre indépendant de la

» juridiction du pays (1). » On devra donc se contenter de mettre l'ambassadeur dans l'impossibilité de poursuivre ses attentats odieux, par la mise sous scellés de ses papiers et par la demande de rappel adressée à son souverain (2).

418. Le droit de légitime défense existe assurément pour les crimes et délits en cours d'exécution contre des particuliers. On peut employer contre l'agresseur, fût-il agent diplomatique, tous les moyens propres à empêcher la perpétration du crime. La personne attaquée a le droit de repousser par la force une violence coupable. Le droit de légitime défense est sacré : il est inhérent à la nature humaine ; nul privilége, nulle immunité ne saurait l'affaiblir. Il cesse dès que disparaît l'imminence du péril : les mesures ultérieures qu'il faut prendre contre le ministre étranger forment toujours une affaire internationale réglée par la voie diplomatique.

### § 4. — Des personnes qui jouissent de l'exemption de juridiction.

419. Cette immunité appartient incontestablement à tout agent diplomatique, à toute personne chargée d'une mission internationale auprès du gouvernement français. L'usage a ait introduire, dans le droit international positif, une certaine division, au point de vue honorifique, entre les envoyés diplomatiques. La conférence d'Aix-la-Chapelle les a, en 1818, divisés en quatre classes. Dans la première se placent les *ambassadeurs*, les *légats* et les *nonces*, dont le caractère distinctif est d'être accrédités auprès de l'Empereur, avec aptitude à l'entretenir directement et sans l'intermédiaire du ministre des affaires étrangères. La deuxième

(1) Vattel, *op. cit.*, liv. 4, chap. 7.

(2) De Réal, *loc. cit.*, n° 15. — Favard, *Répert.*, v° *ministre public.* — Mer'in, *loc. cit.* — Voir dans les Mémoires de Saint-Simon, t. XVII, le récit de la conspiration de Cellamarre, ambassadeur d'Espagne.

classe comprend les *envoyés* proprement dits, les ministres *plénipotentiaires* ou *internonces*; la troisième, les ministres *résidants.* Les envoyés ou résidants sont accrédités auprès de l'Empereur par leur souverain, mais ils ne peuvent traiter qu'avec le ministre des affaires étrangères. Les *chargés d'affaires* forment la quatrième classe. Leur trait distinctif est d'être seulement accrédités auprès du même secrétaire d'Etat. Le rang de ces agents internationaux est différent, mais tous sont investis d'une mission diplomatique. Tous doivent pouvoir porter une parole libre et fière aux pieds du trône ou dans le cabinet du ministre : tous doivent donc jouir de l'exemption de la juridiction française.

420. Si l'ambassadeur, accrédité auprès d'un souverain, est en même temps au service de ce dernier, il reste soumis à la juridiction locale. Ce cas, assez fréquent dans les petites cours d'Allemagne, est entièrement hypothétique en France (1).

421. Entraîné par la fiction de l'exterritorialité, de Martens veut que l'ambassadeur, déjà sujet de l'Etat auprès duquel il réside, soit, à moins de renonciation expresse, soumis à la juridiction des tribunaux de cet Etat. Je ne puis adopter cette opinion. La réception d'un régnicole, comme ministre public d'une autre puissance, sans aucune réserve expresse de fidélité et d'obéissance, doit être considérée comme une renonciation tacite à ce droit. Ne faut-il pas que la parole de cet ambassadeur soit libre comme le souverain qui parle par sa bouche? N'est-il pas exposé à déplaire? Le représentant d'un Etat indépendant peut-il n'être pas indépendant lui-même (2)?

422. Cette exemption de la juridiction s'étend à la femme

(1) Wheaton, *op. cit.*, p. 201. — Ch. de Martens, *Manuel diplomatique*, chap. 3, § 23.

(2) Bynkershoek, *De foro competenti legatorum*, cap. 2. — Vattel, *op. cit.*, liv. 4, chap. 8. — Wheaton, *loc. cit.*

et à la famille de l'envoyé diplomatique. Les liens intimes, qui l'unissent à ces diverses personnes, sont trop puissants pour que le ministre étranger put jouir d'une indépendance complète, alors qu'il serait menacé dans la personne d'êtres aussi chers. La Cour de Paris a consacré cette doctrine, en matière civile, le 21 août 1841. La Cour a jugé que la femme d'un agent diplomatique ne peut être poursuivie devant les tribunaux français, incompétents *ratione personœ*, en paiement d'une lettre de change, souscrite en France dans l'espèce (1).

423. Jouissent de la même immunité toutes les personnes qui composent la suite officielle de l'ambassadeur, qui, comme conseillers, secrétaires, chanceliers, interprètes, attachés de légation, courriers, etc., concourent à des titres divers, mais d'une manière effective, à la mission diplomatique. La solution contraire porterait directement atteinte à la sécurité et à l'indépendance de la mission (2).

424. Mais le privilége ne saurait s'étendre aux individus attachés au service personnel du ministre étranger, à son secrétaire particulier, à ses domestiques. Cependant s'appuyant sur des faits et sur d'anciens usages, plusieurs publicistes veulent étendre jusqu'aux domestiques l'immunité propre à l'ambassadeur. Ces personnes paraissent à Grotius *sacrées à titre d'accessoire* (3). La pratique internationale tend à repousser cette assimilation. Les motifs de l'exemption font ici complétement défaut : aussi, sans distinguer entre les domestiques français et les domestiques étrangers de l'ambassadeur étranger accrédité en France, j'estime que tous sont justiciables des tribunaux français. Quel empêche-

(1) Vattel, liv. 4, chap. 9, § 121. — Kluber, *op. cit.*, § 191.

(2) Molinier, *Cours oral de 1863*. — Vattel, *op. cit.*, liv. 4, chap. 9, § 123.

(3) Perezius, *loc. cit.* — Bynkershoek, *op. cit.*, cap. 15, § 5. — Wicquefort, *op. cit.*, sect. 27. — Grotius, *op. cit.*, lib. 2, cap. 18, § 8. — Vattel, *op. cit.*, liv. 4, chap. 8, § 112. — Wheaton, *op. cit.*, t. I, p. 200.

ment pourrait-il résulter pour la mission diplomatique, si le maître d'hôtel ou le cocher de l'ambassadeur étaient poursuivis pour quelque crime ou délit devant nos tribunaux de répression, ou même emprisonnés pour dettes ? Merlin rappelle que les ministres des congrès de Munster et de Nimègue étaient convenus, que la connaissance des crimes de leurs domestiques serait de la juridiction du magistrat de la ville (1). La solution opposée est une de ces conséquences funestes, tirées de la fiction de l'exterritorialité dont je signalais ci-dessus les dangers. Le ministre étranger ne doit donc mettre aucun obstacle aux poursuites dirigées contre ces personnes. Si elles ont commis quelque crime et se sont réfugiées dans l'hôtel de l'ambassade, les autorités françaises ne devront point y pénétrer pour ne porter aucune atteinte à l'inviolabilité de l'ambassadeur : on priera ce dernier de livrer les coupables à la justice et d'autoriser les perquisitions nécessaires. Au cas de refus, la police pourra garder les alentours de l'hôtel pour se saisir des coupables à leur sortie. Du reste, toutes les difficultés de cette matière doivent et ne peuvent être aplanies que par l'intermédiaire du ministre des affaires étrangères. La Cour de cassation a récemment fait l'application de ces principes de droit international, dans son arrêt de rejet du 11 juin 1852 (2).

425. Les solutions les plus opposées nous sont offertes par les publicistes sur la question de savoir si l'ambassadeur exerce la juridiction civile et criminelle sur les personnes de sa suite, exemptes de celles de nos tribunaux. Mornac, Hotman reconnaissent à l'ambassadeur un véritable pouvoir judiciaire sur les personnes de sa suite. M. de Rayneval partage cette opinion. « Il est conséquent aux principes, dit-il,

----

(1) *Répertoire*, v° *ministre public*, § 6.

(2) Molinier, *Cours oral de 1863*. — Faustin Hélie, *op. cit.*, t. II, p. 127. — De Réal, *op. cit.*, t. V, chap. 1, sect. 9.

» qu'il peut leur infliger des peines corporelles et même la
» mort. Toute cette juridiction est fondée sur une fiction de
» droit, selon laquelle l'hôtel d'un ministre public est censé
» hors du territoire du souverain auprès duquel il est ac-
» crédité (1). » Grotius reconnaît que le droit des gens ne
crée pas un semblable pouvoir, et qu'il dépend du souverain de l'ambassadeur de le lui conférer. Vattel distingue
entre les domestiques de la nation et ceux qui sont sujets
du pays où réside l'ambassadeur. Pour les derniers, il doit
les chasser de sa maison et les livrer à la justice. Les premiers ne seront livrés à l'autorité locale que s'ils ont commis quelque crime atroce. Si l'ambassadeur a reçu de son
souverain le pouvoir de juridiction, il peut le conduire jusqu'à ses dernières limites. Bynkershoeck partage ce dernier
avis (2). A l'égard de la validité de la délégation, Merlin
distingue entre le prince qui jouit d'une autorité absolue et
celui dont le pouvoir est restreint par les limites d'une constitution : cependant il pense que, dans ce dernier cas, la
délégation pourrait être valable, le prince ayant reçu de la
loi toute autorité pour les affaires extérieures. En l'absence
de toute délégation, Merlin pense que le plus sûr est de livrer le coupable au magistrat local. Burlamaqui refuse à
l'ambassadeur le droit de punir lui-même ses domestiques
et les gens de sa suite. Ce droit n'est pas nécessaire au but
de son emploi, et il n'y a pas lieu de présumer que son
maître le lui ait donné. Mais cet auteur va trop loin, quand
il admet que l'ambassadeur, qui se refuse à livrer le délinquant, se rend coupable de son crime, et qu'on peut agir
contre lui comme si le fait lui était personnel. Wheaton accorde à l'ambassadeur toute juridiction civile et criminelle

(1) Mornac, sur la L. 2, § 3, D., *de judiciis.* — Hotman, *Traité de l'ambassadeur,* chap. 3, p. 71. — Rayneval, *op. cit.,* p. 366, app. 2, § 5.
(2) Grotius, *op. cit.,* lib. 2, cap. 8, § 18. — Vattel, *op. cit.,* liv. 4, chap. 9,
§ 124. — Bynkershoek, *op. cit.,* cap. 20, § 7.

sur les gens de sa suite (1). Je ne puis reconnaître un semblable pouvoir à un ambassadeur, ni en matière civile, ni en matière criminelle. Ce pouvoir ne lui est point nécessaire pour l'accomplissement de sa mission. Pourquoi déroger aux règles ordinaires du droit ? Le crime commis par un domestique sera puni par les tribunaux français. Le délinquant est-il protégé par le privilége diplomatique ? que l'ambassadeur l'envoie dans son propre pays pour être jugé et puni. Toutes les solutions contraires reposent sur la fiction de l'exterritorialité : elles sont fausses comme elle. Les principales légations diplomatiques adoptent en pratique cette dernière solution (2).

# CHAPITRE III.

### DES CONSULS ÉTRANGERS.

426. Indépendamment des agents diplomatiques, les nations étrangères entretiennent en France, dans les principales villes, dans les ports, des fonctionnaires portant le nom de *consuls*. Leur mission spéciale consiste à protéger les nationaux du gouvernement qui les a institués, de veiller à la conservation de leurs droits, de remplir auprès d'eux certaines fonctions de police, d'administration et de juridiction. Ces agents consulaires ne sont pas accrédités auprès de l'Empereur, ni auprès du Ministre des Affaires étrangères, comme chargés de négociations. Ils reçoivent, non des *lettres de créance*, comme les ambassadeurs, mais des *lettres de provision*, ayant pour objet de faire connaître aux autorités françaises la charge qui leur est confiée. Ces

____

(1) Merlin, *loc. cit.* — Burlamaqui, *op. cit.*, t. V, chap. 13, § 11. — Wheaton, *op. cit.*, t. I, p. 202.

(2) Crim., rejet, 11 juin 1852.

lettres de provision ne deviennent exécutoires et les consuls ne peuvent exercer leurs fonctions qu'en vertu de l'*exequatur* du gouvernement français. L'indépendance réciproque des Etats souverains, principe qui domine toute cette matière, s'oppose à ce que des actes d'administration ou de juridiction soient exercés sur le sol de la France, en vertu du seul mandement d'un prince étranger, en dehors de l'autorisation du chef de l'Etat.

427. Les diverses fonctions des consuls, les relations fréquentes qu'ils ont et doivent avoir avec les différentes autorités administratives, judiciaires ou militaires de la France, ont sans nul doute une importance considérable. Ces fonctions ne sont pas néanmoins tellement essentielles dans les rapports de nation à nation, qu'elles exigent l'exemption de la juridiction de nos tribunaux. Les consuls sont placés sous la protection du droit des gens : ils ont droit à certaines immunités, imposées par les nécessités mêmes de la mission consulaire, mais non à toutes les prérogatives attachées à la qualité d'agents diplomatiques. Cette protection spéciale ne fait point obstacle à ce que la justice française leur demande compte de leurs dettes commerciales, d'un crime ou d'un délit flagrant : elle les soustrait seulement aux mesures préventives habituellement appliquées aux citoyens. Par respect, par déférence pour la nation dont il est le représentant dans une certaine mesure, on ne saurait, sauf le cas de nécessité absolue, faire subir à un consul une détention préventive, et priver ses nationaux de sa protection. Toutefois, cette réserve se restreint nécessairement envers les consuls choisis par le gouvernement étranger parmi les nationaux. Ceux-ci ne cessent point d'être les sujets du pays et sont soumis d'une manière absolue à l'action de ses lois.

428. Les publicistes acceptent généralement l'opinion qui vient d'être énoncée. Wicquefort enseigne formellement que les consuls ne jouissent pas de la protection du droit des gens et qu'ils sont soumis à la justice du lieu de leur rési-

dence, tant pour le civil que pour le criminel. Vattel remarque que le consul, chargé d'une commission de son souverain et reçu en cette qualité dans l'Etat où il réside, doit jouir jusqu'à un certain point de la protection du droit des gens. Il voudrait même le rendre indépendant de la justice criminelle du lieu de sa résidence, et ne permet de l'incarcérer que s'il a commis quelque énorme attentat. Wheaton soumet les consuls, en matière civile et criminelle, à la juridiction locale, comme les autres étrangers résidant dans l'Etat (1).

429. En France, la jurisprudence n'admet pas l'exemption de la juridiction locale au profit des consuls étrangers. Ils sont justiciables des tribunaux ordinaires du lieu de leur résidence et sont soumis aux mêmes voies d'exécution que tous autres étrangers résidant dans l'Etat, sauf les stipulations contraires contenues dans des traités (2). De nombreuses conventions consulaires déterminent, en France, la position des consuls étrangers. En matière commerciale, la contrainte par corps peut être exercée contre eux. Mais ils ne sont pas soumis à cette voie d'exécution en matière civile, bien qu'elle soit applicable à tous les engagements contractés par des étrangers. Ils ne peuvent être arrêtés que pour crimes graves. Ces divers points ont été nettement établis par l'art. 2 de la convention passée entre la France et l'Espagne, le 13 mars 1769. On lit dans cet article : « Les » consuls, étant sujets du prince qui les nomme, jouiront » de l'immunité personnelle, sans qu'ils puissent être ar- » rêtés ni traduits en prison, excepté le cas de crime atroce » et celui où les consuls seraient des négociants, puisque,

_____

(1) Wicquefort, *op. cit.*, liv. 1, § 5. — Vattel, *op. cit.*, liv. 2, chap. 2, § 34. — Wheaton, *op. cit.*, t. I, p. 223. — Bynkershoek, *op. cit.*, cap. 10. — Fœlix, *Droit international*, t. I, n° 218. — Borel, *Fonctions des consuls*, p. 39.

(2) Aix, 14 août 1829. — Montpellier, 23 janvier 1841. — Paris, 28 avril 1841 et 25 août 1842. — *Contrà* Tribunal de la Seine, 1er décembre 1840.

» pour lors, cette immunité personnelle doit seulement s'en-
» tendre pour dettes et autres causes civiles, qui n'impli-
» quent pas crime ou presque crime, ou qui ne proviennent
» pas du commerce qu'ils exerceront par eux-mêmes ou par
» leurs commis. »

Une clause semblable, ou la clause que les consuls respectifs jouiront de tous les priviléges accordés à ceux de la
nation la plus favorisée, se retrouvent dans les conventions
consulaires conclues entre la France et la Russie, le 11 janvier 1787 (art. 15); — la Grande-Bretagne, le 15 janvier
1787 (art. 6); — le Mexique, le 8 mai 1827 (art. 11); —
la République Dominicaine, le 8 mai 1852 (art. 22); —
l'ex-grand-duché de Toscane, le 15 février 1853 (art. 19);
— le Portugal, le 9 mars 1853 (art. 24); — la République
de Libéria, le 7 avril 1852 (art. 7); — le Paraguay, le
4 mars 1853 (art. 12); — la Perse, le 12 juillet 1855 (art. 7);
— la République de Honduras, le 22 février 1856 (art. 2);
— la Nouvelle-Grenade, le 15 mai 1856 (art. 26); — le
royaume de Siam, le 15 août 1856 (art. 2); — la République de Venezuela, le 24 octobre 1856 (art. 2); — la Russie, le 14 juin 1857 (art. 15); — le roi des îles Sandwich,
le 29 octobre 1857 (art. 17); — la République de San-Sal-
vador, le 2 janvier 1858 (art. 23); — la Chine, le 27 juin
1858 (art. 2); — la République de Nicaragua, le 11 avril
1859 (art. 20); — le Brésil, le 10 décembre 1860 (art. 2);
— le Pérou, le 9 mars 1861 (art. 46); — l'Espagne, le 7 janvier 1862 (art. 12); — le royaume d'Italie, le 26 juillet 1862
(art. 2).

430. En l'absence de toute convention diplomatique sur
les priviléges consulaires, la Cour de cassation estime qu'il
faut se régler d'après le principe de la réciprocité. Ainsi,
« les consuls de France ne jouissant pas en Angleterre du
» privilége d'*exterritorialité*, les consuls anglais ne peuvent
» le réclamer en France. En conséquence, ils peuvent être
» traduits devant la juridiction criminelle à raison des délits

» qui leur sont imputés (1). » J'approuve la décision de la Cour au point de vue du principe ; mais dans l'espèce, j'aurais admis une solution différente, en présence du traité conclu en 1787 entre la France et la Grande-Bretagne. La Cour le considère comme abrogé. Je pense, au contraire, avec plusieurs arrêts antérieurs, que la survenance du fait de guerre suspend seulement, mais n'abroge pas sans retour les conventions diplomatiques ou traités de commerce, de navigation, antérieurement conclus entre les nations belligérantes : le rétablissement ultérieur de la paix fait revivre *ipso facto* de semblables conventions, qui doivent être soigneusement distinguées des traités politiques d'alliance défensive ou offensive, de délimitations de frontières ou de reconnaissances de nouvelles souverainetés, etc. (2).

431. La Cour Suprême proclame, en outre, un principe incontestable de droit international. L'ordonnance d'*exequatur*, accordée à un consul étranger pour lui permettre d'exercer ses fonctions en France, ne saurait être considérée comme une convention internationale, ayant par elle-même et indépendamment de toute stipulation expresse, le pouvoir de modifier les droits ou priviléges consulaires, tels que les ont établis, soit les traités antérieurs, soit les règles du droit des gens.

432. Si, en sus des fonctions consulaires proprement dites, le consul est investi de celles de chargé d'affaires et est accrédité par des lettres de créance, il jouit, en vertu de ce dernier titre, de l'immunité diplomatique.

(1) Crim., 23 décembre 1854.
(2) Cass., 11 juillet 1811 et 9 juin 1825. — Colmar, 2 avril 1824. — Poitiers, 2 juin 1824.

# CHAPITRE IV.

## LÉGISLATIONS ÉTRANGÈRES.

433. A l'inverse du droit français, plusieurs législations étrangères ont des dispositions spéciales sur l'exemption de juridiction dont jouissent les ambassadeurs. Ainsi, le Code de procédure civile de la *Bavière* porte, ch. I, § 11, que tous ceux qui jouissent du droit des ambassadeurs sont exempts de la juridiction ordinaire.

En *Prusse*, le Code général déclare que les ambassadeurs des puissances étrangères conservent, ainsi que les personnes placées à leur service, toutes leurs franchises, conformément au droit des gens et aux conventions diplomatiques; mais les sujets prussiens, accrédités par des cours étrangères, restent soumis, quant à leurs affaires privées, aux lois de la Prusse, §§ 36 et 37. D'après le Code de procédure civile, part. 1, tit. 29, § 89, aucune saisie-arrêt ne peut être autorisée ni contre les princes allemands régnants, ni contre les ambassadeurs, à moins que lors de la nomination de ces derniers la juridiction des tribunaux du royaume n'ait été réservée. En matière criminelle, aucune poursuite ni arrestation ne peut avoir lieu contre : 1° les princes et princesses de maison royale ; — 2° les princes allemands régnants ; — 3° les princes apanagers des maisons régnantes d'Allemagne et autres princes allemands ; — 4° les ambassadeurs étrangers accrédités près la cour de Prusse et les autres chargés d'affaires d'un Etat étranger, à moins d'ordres spéciaux donnés par le souverain à un tribunal ou à un officier de justice ; 5° les femmes des personnes déjà désignées ; 6° les différentes personnes appartenant à une mission diplomatique ; 7° les domestiques de tous les individus exemptés ; mais les femmes des domestiques ne peuvent jouir de cette prérogative, que lorsqu'elles se trouvent au service de l'ambassadeur ou du chargé d'affaires, ou qu'elles habitent son hôtel, §§ 251 et 252, Instr. crim.

En *Autriche*, le § 38 du Code civil porte : Les ambassadeurs, les chargés d'affaires et les personnes qui sont à leur service, jouissent des franchises établies par le droit des gens et par les traités publics. Le Code pénal, dans son § 221, place sous la protection du droit des gens les membres des ambassades étrangères et les personnes faisant partie des missions diplomatiques. Les gens de la maison et les domestiques de l'ambassadeur, sujets immédiats de l'Etat étranger, ne sont pas soumis à la juridiction ordinaire. S'ils commettent quelque crime ou quelque délit, ils peuvent être arrêtés par les autorités locales ; mais celles-ci doivent immédiatement avertir l'ambassadeur étranger, afin qu'il reçoive la personne arrêtée.

Dans les *Pays-Bas*, les Etats-Généraux avaient autrefois défendu, par un édit du 7 septembre 1679, d'arrêter et de détenir, pour dettes contractées dans le pays, les personnes, domestiques et biens des ambassadeurs étrangers passant ou résidant sur le territoire des Provinces-Unies, ni pendant leur séjour, ni à l'époque de leur départ (1). Une loi analogue existe en *Danemark* : c'est une ordonnance du roi Frédéric IV, du 8 octobre 1708 ; elle défend aussi toute poursuite criminelle contre un ambassadeur étranger (2).

En *Russie*, toute autorité saisie d'une réclamation quelconque, élevée contre un individu attaché à une mission étrangère, doit la transmettre au ministère des affaires étrangères. Aucun jugement ne peut être mis à exécution dans les hôtels occupés par les ambassadeurs et envoyés diplomatiques, autrement que par l'intermédiaire du même ministre. (Lois civiles, ch. X.)

(1) Bynkershoek, *op. cit.*, cap. 9.
(2) De Martens, *Recueil des causes célèbres du Droit des gens*, t. I, p. 353.

En *Angleterre*, le statut 7 de la reine Anne, ch. 12, de l'année 1709, déclare nuls et entièrement invalidés les procès ou les ordres qui auraient pour but ou pour résultat de faire saisir, arrêter les ambassadeurs étrangers, leurs serviteurs et leurs biens meubles ou immeubles. Ce statut fut porté à l'occasion d'une contrainte par corps exercée contre la personne de l'ambassadeur de Russie, Matweof (1).

De Martens, *op. cit.*, indique deux actes du congrès des *Etats-Unis*, des années 1787 et 1790, relatifs aux immunités dont jouissent les ambassadeurs (2).

En *Espagne,* une ordonnance de Philippe V, du 15 juin 1737, défend de poursuivre les ambassadeurs à raison de créances contractées antérieurement à leur mission, et autorise au contraire cette poursuite pour les créances personnelles contractées pendant la durée de la mission. L'ambassadeur doit être alors cité devant le tribunal compétent. En matière criminelle, une autre ordonnance de Charles III, du 3 avril 1770, permet d'arrêter les gens de la suite de l'ambassadeur, pris en flagrant délit (*sorprehendido*), pour procéder à la vérification du fait. On doit donner avis de l'arrestation à l'ambassadeur. Si le délit est léger, on remet le coupable à son maître pour que celui-ci le corrige, en l'avertissant qu'en cas de récidive il sera traité comme le demande la justice. Si le délit est grave, le coupable est puni comme un sujet (3).

A l'inverse de la législation espagnole, la loi *portugaise* ne permet de poursuivre l'ambassadeur étranger devant les tribunaux civils, que lorsque son engagement date d'une époque antérieure à sa mission diplomatique. Ce point est ainsi décidé par une loi de Jean IV, de 1640-1646. Ces deux législations pourraient réciproquement s'emprunter leurs

---

(1) Martens, *op. cit.*, t. I, p. 340.
(2) Martens, *op. cit.*, t. II, p. 397.
(3) *Novisima recopilacion*, lib. 3, tit. 9, l. l. 6 et 7.

décisions : dans toutes les deux, l'exemption de juridiction n'est que partiellement accordée. L'ambassadeur ne saurait avoir dans ces pays l'indépendance qui lui est nécessaire, si la pratique internationale ne corrigeait quelques-unes de ces lois dans leurs applications. Tous les peuples civilisés reconnaissent aujourd'hui que la parole de l'ambassadeur doit être libre et fière, comme celle de son souverain.

FIN.

## LIVRE DEUXIÈME.

### Matière criminelle.



## LIVRE TROISIÈME.

### Exceptions générales.

# TABLE

## ANALYTIQUE ET ALPHABÉTIQUE

DES

MATIÈRES CONTENUES DANS CET OUVRAGE.

---

*N. B.* — Les chiffres renvoient aux numéros de l'ouvrage.

---



25

jugé en pays étranger peut être poursuivi et condamné en France, 374 ; examen des législations étrangères, 380 ; les étrangers sont justiciables des tribunaux d'exception, 383. — Voir *ambassadeur*, *consul*, *navire*, *souverain*.

**Délit.** Voir *crime*.

**Domicile.** Il peut être acquis sans autorisation, 29 et 187 ; le Français domicilié à l'étranger peut user de l'art. 14, C. N., 61 ; le domicile empêche l'arrestation provisoire, la saisie foraine et la contrainte par corps, 93, 95 et 157, il rend l'étranger justiciable des tribunaux français, 189 ; l'élection de domicile rend nos tribunaux compétents, 209. Voir *arrestation*, *contrainte par corps*, *étranger*.

**Etat.** Les Etats souverains sont indépendants, 2 ; étendue du pouvoir judiciaire de l'Etat, 5 et suiv. ; un Etat étranger peut être cité en France, 57 ; on peut saisir sur lui, 57 ; les crimes attentatoires à la sûreté de l'Etat français commis en pays étrangers sont punissables en France, 353 et suiv. Voir *crime*, *saisie-arrêt*.

**Etranger.** Quelles personnes ont cette qualité, 26 et suiv. — *domicilié avec autorisation* : il jouit des droits civils, 27 ; il peut être cité devant les tribunaux français, 110 et 189 ; il peut invoquer l'art. 14, C. N., 68 ; il peut user du droit d'arrestation provisoire, 94, et du droit de contrainte, 153 ; il n'est pas soumis à ces voies d'exécution, 95 et 157 ; — *domicilié sans autorisation* : il n'a pas la jouissance des droits civils, 28 ; il peut acquérir un véritable domicile, 29 et 187 ; il n'est pas soumis à la saisie foraine, ni à l'arrestation provisoire, ni à la contrainte par corps, 93, 95, 157 ; il doit la caution *judicatum solvi*, 122 ; il ne peut invoquer l'art. 14, C. N., 214 et 226 ; il doit être assigné devant le tribunal de son domicile, 292 ; — *non domicilié* : il ne peut élever l'exception d'incompétence au cas d'action civile *ex delicto*, de mesures provisoires ou de faillite, 203 et suiv. ; — certains étrangers sont assimilés aux Français par des traités internationaux, 130 et 179. Voir *domicile*, *exception*, *traité*.

**Exception.** Les jugements étrangers produisent au civil l'exception *rei judicatæ*, 9 et 264 ; *secùs* au criminel, 377 ; l'exception d'incompétence n'est pas d'ordre public, 55 ; elle ne peut être élevée par l'étranger domicilié, 200 ; cas divers où elle ne peut l'être par le défendeur non domicilié, 202 ; l'étranger non domicilié propose utilement le déclinatoire, 217 ; caractère de cette exception ;

219 et 220 ; elle est quelquefois couverte, 223 ; on peut y renoncer, 227 ; cette exception est personnelle aux parties, 228. Voir
*domicile, étranger*.

**Extradition.** Elle permet de juger le délinquant étranger, 373 ;
elle n'est pas obligatoire, sauf le cas de traités, 373 ; nombreux
traités d'extradition, 373.

**Faillite.** Elle peut être prononcée contre un étranger non domicilié, 204 *bis ;* effets des jugements étrangers déclaratifs de faillite,
246 et suiv. Voir *jugement*.

**Foires.** Compétence du juge du lieu où elles se tiennent, 20 et
211 *bis*.

**Français.** Quelles personnes ont cette qualité, 24 et suiv. ; le
Français domicilié à l'étranger, l'ex-étranger naturalisé, le Français
cessionnaire d'un étranger peuvent user du privilège de l'art. 14,
C. N., 61, 63, 67 ; du droit d'arrestation provisoire, de celui de
contrainte par corps, 94, 152, 154 ; les Français doivent être cités
par les étrangers devant les tribunaux français, 110. Voir *arresta-*
*tion, caution, contrainte, jugement, maternité, naturalisation,*
*renonciation, séparation de corps.*

**Guerre.** Elle ne suspend pas l'application des art. 14 et 15, C. N.,
92 et 117 ; elle n'anéantit pas et suspend seulement les traités de
commerce, 184 et 430.

**Héritiers.** Ceux de l'étranger débiteur sont justiciables des tribunaux français, 58 ; même solution pour l'étranger héritier d'un
Français, 59 ; les héritiers du Français usent-ils de l'art. 14, C. N. ?
69, Voir *étranger, français*.

**Immeubles.** Leur possession dispense de la caution, 122 et 126 ;
elle fait obstacle à l'exercice du droit d'arrestation provisoire, 96 ;
*secùs* pour la contrainte par corps, 159 ; les immeubles de l'ambassadeur peuvent-ils être saisis ? 410.

**Inscription.** L'étranger demandeur n'est pas tenu de laisser prendre une inscription hypothécaire sur ses biens, 127.

**Instruction criminelle** (Code d'). Explication des art. 5 et
6 ; n° 353 et suiv.

**Jugements.** Les tribunaux français sont compétents pour rendre
exécutoires les jugements émanés des juges étrangers, 208 et 242 ;
quelle est l'étendue du pouvoir de ces tribunaux ? systèmes divers,
251 et suiv ; les jugements étrangers ne sont exécutoires qu'en ma-

tière civile ou commerciale, 256 ; *secùs* en matière criminelle, 377 ; les juges français ne peuvent réviser la sentence étrangère, 261 et 263 ; cette sentence a, au civil, l'autorité de la chose jugée, 264 ; *secùs* en matière criminelle, 377 ; divers traités autorisent l'exécution réciproque, 266 ; effets produits par une réunion ou séparation de territoires, 274 ; les tribunaux civils sont seuls compétents pour autoriser l'exécution, 277 ; la demande d'exécution s'introduit par voie d'assignation directe ou par simple requête, 278 ; examen des législations étrangères, 279. Voir *faillite, traité, territoire.*

**Juridiction.** Différences entre la juridiction gracieuse et la juridiction contentieuse, 243 ; effets des actes étrangers de juridiction gracieuse, 246 et suiv. ; la prorogation de juridiction ne lie pas le juge français, 229 et suiv. Voir *faillite.*

**Législations.** Anciennes, 12 à 16 ; — *étrangères* : ont-elles adopté l'art. 14, C. N. ? 103 ; elles admettent la caution *judicatum solvi* et la contrainte par corps, 149 et 171 ; leurs différentes règles au cas de contestations entre étrangers, 241 ; elles permettent l'exécution des jugements rendus en d'autres Etats sous diverses conditions, 279 ; *quid* au cas de sentences arbitrales ? 286 *bis* ; elles permettent de punir les étrangers délinquants, 380 ; quelques-unes règlent les droits des ambassadeurs, 433. Voir *caution, contrainte, crime, jugement.*

**Litispendance** n'existe pas entre tribunaux français et tribunaux étrangers, 86.

**Maternité.** Une action en recherche de maternité peut être intentée par un Français contre une femme étrangère, 74.

**Napoléon** (Code). Explication de l'art. 3, nos 36, 173, 306 ; de l'art. 14, nº 44 et suiv. ; de l'art. 15, nº 105 ; de l'art. 16, nº 118 et suiv. ; de l'art. 2123, nº 258 et suiv ; de l'art. 2128, nº 287.

**Naturalisation.** Dans quels cas elle a lieu, 25 ; quoique acquise postérieurement à la naissance de la créance, elle permet d'user du privilège de l'art. 14, C. N., 163. Voir *arrestation, caution, contrainte par corps.*

**Navires.** *Quid* des crimes ou délits commis à bord des navires étrangers, distinctions, 321 et suiv. ; 331 et suiv. Voir *crime.*

**Obligation.** Toute obligation rend applicables les art. 14 et 15,

C. N., 71 et suiv., 113 et suiv. ; — toute obligation civile autorise l'arrestation provisoire et la contrainte par corps, 98 et 164.

**Pouvoir judiciaire**. Son étendue , 5 à 9 , 303.

**Prisonnier** de guerre peut être cité devant les tribunaux français , 48.

**Procédure civile** ( Code de ). Explication de l'art. 59 , 292 ; de l'art. 166 ; 118 et 234 ; de l'art. 169 , 218 et suiv. ; de l'art. 546 , n° 258 et suiv., 287 et suiv.

**Prorogation**. Voir *juridiction*.

**Réciprocité** n'autorise pas les étrangers à ester entre eux devant les tribunaux français , 185.

**Renonciation**. Le Français peut renoncer au privilége de l'art. 14, C. N., 82 et suiv. La renonciation peut s'induire du fait d'avoir plaidé devant le juge étranger, 88 et suiv. ; le Français peut renoncer au droit de l'art. 15, C. N., 115 ; l'ambassadeur peut-il renoncer à son privilége ? 402. Voir *exception*.

**Saisie-arrêt** est valablement pratiquée en France sur un Etat étranger , 57 ; même solution entre étrangers, 205.

**Saisie-foraine** est applicable seulement à l'étranger non domicilié, 93. Voir *domicile , étranger*.

**Sentences arbitrales**. Comment les sentences étrangères sont rendues exécutoires, 280 ; *quid* dans les pays étrangers, 286 *bis*.

**Sentences judiciaires**. Voir *jugement*.

**Séparation de corps** est valablement intentée en France par une Française contre un étranger , 74 ; elle peut être intentée entre étrangers domiciliés de fait , 199 ; quand le défendeur doit-il proposer le déclinatoire ? 221. Voir *domicile , étranger, exception*.

**Séparation de territoires**. Ses effets quant à l'exécution des jugements, 274 ; ses effets quant à la compétence, 108.

**Sociétés étrangères** doivent être autorisées pour ester comme demanderesses, 31 et 109 ; décrets d'autorisation, 31 ; joignez aux nations indiquées n° 31 les suivantes : Espagne ( 5 août 1861 ) et Grèce ( 9 novembre 1861 ) ; quoique non autorisées, elles peuvent être citées comme défenderesses , 31 et 49 ; une société civile est une personne distincte des associés, 32.

**Souverains** étrangers sont exempts de la juridiction civile et criminelle, 389 ; ils peuvent être cités comme personnes privées , 394.

**Succession** d'un étranger. En quels cas nos tribunaux sont compétents pour connaître des contestations relatives à ces successions, 37 à 40 , 52 , 76 et 233.

**Territoire.** Son étendue, 3, 314 et suiv. ; effets de la réunion ou de la séparation de territoires sur l'exécution des jugements, 274 et suiv. Voir *crime*, *jugement*, *séparation*.

**Testament.** Les tribunaux français sont compétents pour apprécier le testament d'un Anglais mort en France, 77.

**Traités internationaux** : 1º avec la Suisse : il déroge à l'art. 14, C. N., 50 ; il déroge à l'art. 15, C. N., 111 ; à l'art. 16, C. N., 128 ; et à l'art. 59, P. civ., 295 et 301 ; il autorise l'exécution réciproque des jugements suisses et français, 266 ; autorise les Suisses à ester entre eux, 181 ; — 2º avec Bade ; il ne déroge pas à l'art. 14, C. N., 54 ; il autorise l'exécution réciproque des jugements, 269 ; — 3º avec l'Italie : il crée la compétence réciproque des consuls en certains cas, 233 ; il autorise l'exécution des jugements, 267 ; *quid* des traités passés avec les anciens États Italiens ? 268 ; — 4º avec la Russie : il autorise en certains cas les Russes à ester entre eux en France, 183 ; il autorise partiellement l'exécution des jugements, 270 ; — 5º avec la Chine, le Japon, le roi de Siam : ils créent la juridiction spéciale des consuls français, 56 et 112 ; — 6º d'Utrecht : il étend la compétence de nos tribunaux en matière de testament, 77 , il n'autorise pas les Anglais à ester entre eux en France, 182 ; — 7º traités divers : ils dispensent de l'arrestation provisoire, 96 ; de fournir la caution *judicatum solvi*, 128 ; ils autorisent à ester en justice en France, 179 ; énumération des traités relatifs à l'extradition, 373. — Ces traités ne sont pas anéantis, mais seulement suspendus par la guerre, 184 et 430. Voir *arrestation, caution, extradition, jugement*.

FIN.

www.ingramcontent.com/pod-product-compliance
Lightning Source LLC
LaVergne TN
LVHW050132060726
842524LV00001B/191